KB125524

폭염 살인

일러두기

이 책은 국립국어원 표준국어대사전의 표기법을 따랐다.
용어 및 원서의 원어는 첨자로 병기하였으며, 독자의 이해를 돕기 위한 옮긴이 주는 괄호에 '-옮긴이'로 표기하였다.
독자의 편의를 위해 본문의 마일, 피트, 인치, 파운드, 에이커 등의 도량형 단위는 미터법으로, 화씨온도(℉)는 섭씨온도(℃)로 환산하여 옮겼다.

The Heat
폭염 살인
Will Kill
폭주하는 더위는 어떻게 우리 삶을 파괴하는가
제프 구델 지음 | 왕수민 옮김
You First

웅진 지식하우스

추천의 글

"태초에 빛이 있었으나 그 전에 열이 있었다." 지난해 2023년은 산업혁명 이래 가장 더운 해였다. 이번 세기가 끝나기 전에 전 세계 인구의 절반이 목숨을 위협하는 더위와 습도에 노출될 것이다. 폭염의 진행 속도는 진화의 속도를 앞질렀다. 냉방 기술을 갖고 있지 않은 동물들은 더 시원한 고위도지대와 고산지대로 1년에 1.6킬로미터씩 이동하고 있다. 폭염에 구워지든지, 도망치든지, 아니면 행동해야 한다. 매년 전 세계에서 폭염으로 사망하는 사람이 48만 9,000명에 이르는데, 기후변화가 인간 때문에 일어났다고 믿는 미국인의 비율은 오히려 2018년 60퍼센트에서 2023년 49퍼센트로 떨어졌다. 이 책은 참 우울한 책이다.『1984』나『안네의 일기』만큼이나 우울하다. 그럼에도 불구하고 나는 전 세계 80억 인류 모두 이 책을 읽었으면 좋겠다. 부디 열이 만물의 끝이 아니길.

— **최재천(이화여자대학교 에코과학부 석좌교수, 생명다양성재단 이사장)**

책 제목이 심상치 않다. 지나친 공포 마케팅 아닌가 하는 생각도 들었다. 하지만 책장을 넘길수록 폭염의 시작과 끝을 파고든 저자의 솔직함과 치밀함에 빠져들었다. 참을 수 없는 더위가 가져올 참혹한 세상을 붓으로 그림 그리듯 묘사해냈다. 기후변화로 인한 폭염을 바라보는 저자의 시각은 비관과 낙관을 오가며 균형을 잡는다. 제프 구델은 더위로 창궐할 모기와 박쥐와 진드기로 인한 질병 대재앙에 비하면 코로나19 팬데믹은 온순한 편이라고 못 박는다. 동시에 그는 2023년 인류는 전년도에 비해 재생에너지 사용을 50퍼센트 늘렸고, 전기차 구입을 31퍼센트나 끌어올렸다고 말한다.
"우리는 이대로 끝장인가요?"라는 질문에 저자는 답한다. "내일이 어떤 모습일지는 오늘 우리가 어떻게 행동하느냐에 달렸다." 이 책을 관통하는 저자의 메시지다. 대한민국은 다른 어떤 선진국보다 폭염과 폭우라는 물리적 리스크와, 화석연료에 중독된 전환 리스크에 더 많이 노출돼 있다. 『폭염 살인』이 한국 사회에 기후위기에 대한 지적·실천적 충격을 불러일으켰으면 한다.

— **홍종호**(서울대학교 환경대학원 교수, 『기후위기 부의 대전환』 저자)

우리는 화염을 들이마시는 것 같은 뜨거운 세계에 들어섰다. 숨 막히는 열탕에선 뛰쳐나갈 수 있지만, 지구라는 한증막엔 열고 나갈 문이 없다. 『폭염 살인』을 읽는 내내 나는 '열국열차'를 타고 달궈진 지구를 한 바퀴 도는 것 같은 충격을 느꼈다. 남극에서 텍사스까지, 파키스탄에서 파리까지… 기후 저널리스트 제프 구델의 문장이라는 창을 통해, 추락하는 새, 허덕이는 물고기, 말라버린 작물, 굶주린 곰, 쓰러지는 노동자, 졸도하는 도시 산책자들을 바라본다.
폭염 사망자 50만 명 시대, 어느새 계급이 되어버린 실내 온도. 마지막 화석연료를 태울 때까지 달리는 이 '열국열차'의 머리 칸과 꼬리 칸은, 오싹한 한기를 즐기는 부자와 속수무책으로 익어가는 빈자들로 나뉘어 대치 중이다. 이 모든 것이 미래가 아니라 현재진행형의 풍경이라니!
여름이 오기 전에 반드시 『폭염 살인』을 읽으시라. 단테의 『신곡』을 읽듯, 세계 곳곳에서 벌어지는 폭염의 지옥도를 보라! 덥다는 푸념 대신 뭐라도 해야겠다는 각성이 머리를 칠 테니. 에어컨을 틀면 열기가 사라지는 것이 아니라 단지 다른 곳으로 이동할 뿐이라는 뼈아픈 진리와 함께. 농약 중독의 세계를 끝장낸 『침묵의 봄』처럼, 마침내 화석연료 과열의 세계에 찬물을 끼얹을 제대로 된 기후 대중서가 나왔다.

— **김지수**(마인즈 커넥터, 『이어령의 마지막 수업』 저자)

인류가 기후변화에 적극적으로 대응하지 않는 태도의 밑바닥에는 '선진국에 사는 내가 너위로 죽지는 않을 것'이라는 근거 없는 믿음, '노력만 하면 기온을 떨어뜨릴 수 있을 것'이라는 막연한 기대가 있다. 『폭염 살인』은 더위를 그저 온도로 치부하는 우리의 오해를 고쳐줄 뿐 아니라, 예전 상태로 돌아갈 수 없는 지구에서 우리가 가져야 할 태도를 가르쳐준다. 불행하게도 이 책은 더 이상 '경고'가 아니다. '살아남는 법'이다.

— **박상현**(칼럼니스트, 《오터레터》 발행인)

재미있고 철저하게 연구된 책. 더위가 인류의 과거와 현재, 그리고 미래에 미치는 실질적인 영향을 종합적으로 살펴봄으로써 기후위기라는 이슈에 활기를 불어넣는다.

— 앨 고어(미국 전 부통령)

지구가 따뜻해지면 우리의 모든 가정은 뒤집힐 것이다. 저자는 우리의 정신과 신체, 공동체, 그리고 경제에 미치는 영향을 생생하게 그린다. 미래에 관심이 있는 모든 이들을 위한 필독서다.

— 엘리자베스 콜버트(퓰리처상 수상자, 『여섯 번째 대멸종』 저자)

인류 역사상 가장 뜨거운 세상이 열렸다. 이 책은 다가올 미래, 심오하고 잔인한 폭염의 통치 아래 모든 생명이 지배당할 것이라는 사실을 훌륭하고도 생생하게 그려내고 있다.

— 데이비드 월러스 웰즈(『2050 거주불능 지구』 저자)

폭염은 기후위기의 가장 큰 위협이다. 저자는 환상적인 스토리텔링과 명쾌한 과학 커뮤니케이션, 그리고 낙관주의를 통해 기후위기의 심각한 위협과 우리가 할 수 있는 일을 자세히 설명한다.

— 마이클 만(펜실베이니아대학교 대기과학 교수)

뛰어난 보도와 예술적 스토리텔링, 매혹적인 과학 설명을 통해 세계를 재구성하는 힘으로서의 열을 생생하게 전달한다. 숙련된 솜씨로 일상과 신체, 사회 시스템을 한계까지 밀어붙이는 폭염의 실체를 드러낸다.

— 나오미 클라인(『이것이 모든 것을 바꾼다』 저자)

꼼꼼한 연구, 생생한 이야기, 그리고 굽히지 않는 정직함이 저자의 트레이드마크다. 저자는 폭염이 전 세계 공동체들을 파괴하고 있는 피해 현장, 해결책을 찾기 위해 쉬지 않고 일하는 과학자, 활동가 들의 노력을 그린다.

— 엘레니 미리빌리(유엔 최고폭염책임자)

이 책을 읽으면 뜨거운 여름날을 예전과 같은 시선으로 바라볼 수 없을 것이다. 잊어서는 안 될 뜨거운 이름과 얼굴, 그들의 이야기와 감정에 대한 책이다.

— **안드레아 더튼**(위스콘신대학교 지질학 교수)

우리 행성의 온난화가 개인의 삶에 미치는 영향을 친밀하게 그려낸다. 우리가 인류를 구할 시간이 부족하다는 것을 다시 한 번 극명하고 중대하게 상기시킨다.

— **《커커스 리뷰》**

총 14장에 걸쳐 북극권에서 열대지방으로, 그리고 다시 열이 얼음을 녹이고 산호에 미치는 영향을 추적하며, 창궐하는 열성 모기까지 다룬다. 폭염이 지배하는 미래에 관해 가장 무서운 것은 우리가 마땅히 존중과 관심을 가지고 그것을 다루지 않는다는 것이라고 지적한다.

— **《워싱턴포스트》**

기온 상승의 치명적인 결과에 대한 놀라운 탐구. 더위로 인한 피해는 자신을 보호할 수 없는 사람들에게 불공평하게 돌아간다. 자료만 넘쳐나는 기후과학서와 달리 이 책은 다채로운 이야기로 가득하다.

— **《이코노미스트》**

'선견지명'과 '흥미로움'은 구델의 책을 설명할 때 떠오르는 두 단어다. 명확한 과학적 근거와 훌륭한 스토리텔링을 통해 우리를 분명한 길로 안내한다.

— **《LA타임스》**

"이 책은 우리가 맞이한 새로운 세계,
폭염 시대에 관한 기록이다"

2억 명 [1]

2070년에 극단적인 더위 속에서
살아갈 확률이 높은 사람의 수

1년에 1.6킬로미터 [2]

육상 동물들이 더 시원한 고지대를 향해
이동하는 평균속도

2억 1,000만 명 [3]

2019년 이래 극심한
식량 불안정에 처하게 될 사람의 수

21%[4]

더위와 가뭄으로 인해 지난 20년 새에 줄어든
전 세계의 농업 생산량

48만 9,000명[5]

1년에 전 세계에서 극단적인 더위로
사망하는 사람의 수

특별
서문

가장 무더웠던 2023년이 말해주는 것들

2023년은 우리가 골딜록스 존Goldilocks zone(적응 가능한 범위) 바깥으로 한 발을 더 내디딘 해였다. 단순히 더웠던 해에 그치지 않고 인간이 지구에서 겪은 가장 뜨거운 한 해였다. 유럽 최고의 기후변화 전문기구인 코페르니쿠스기후변화서비스에 따르면 2023년은 인간이 산업적 규모로 화석연료를 태우기 전인 19세기 말(지구온난화 측정의 기준 시점)에 비해 1.48℃ 더 더웠다.[1] 단순히 연평균기온만 극단적으로 치솟은 게 아니었다. 2023년 6월부터 12월까지, 매달은 관측 사상 가장 더운 달로 기록됐다. 뉴욕시에 소재한 나사NASA의 고다드우주연구소 소장 개빈 슈밋은 2023년의 더위가 "솔직히 경악스러웠다"라고 했다.[2] 기후과학자 제케 하우스패더Zake Hausfather의 표현을 빌리자면 "완전히 미쳐 돌아가는" 날씨였다.[3]

뉴욕시에서는 더위로 발화한 캐나다의 산불 때문에 하늘이 영화 〈블레이드 러너〉처럼 오렌지색으로 물들어버렸다.[4] 플로리다키스제도에서는 물고기들이 수온 3.6℃로 치솟은 물속에서 익어버릴 정도였다.[5] 마다가스카르에서는 뜨거운 바다에서 발생한 사이클론(벵골만과 아라비아해에서 발생하는 열대성 저기압으로 성질은 태풍과 비슷하다-옮긴이)이 역대 최장 기간 동안 바다 위에 머물렀다.[6] 브라질에서는 열대우림 지대가 말라붙었고 강변의 공동체들은 바깥 세계와 단절되었다. 또 미국에서는 모기들로 인해 몇십 년 만에 말라리아가 발병하기도 했다. 피닉스는 더위로 인한 사망자가 2022년 386명에서 2023년 579명으로 늘었다.[7] 브라질 리우데자네이루에서는 23세의 아나 클라라 베네비데스라는 여성이 찜통더위 속에서 테일러 스위프트의 콘서트를 관람하다가 졸도했고 얼마 뒤 목숨을 잃었다.[8]

새해가 시작될 때만 해도 기후학자들은 2023년이 완전히 예측 불허일 것이라고 예상하지 않았다. 2023년 1월 하우스패더가 내놓은 예상에 의하면 새해는 기록상 다섯 번째로 온난한 해(2022년과 비슷한 수준)가 될 가능성이 컸다. 하지만 그의 예측은 다른 모든 기후학자들의 예측과 마찬가지로 완전히 빗나갔다. "2023년은 기록상 가장 온난한 해였던 것으로 판명 났을 뿐 아니라 모든 예측치의 신뢰 구간에서도 상당히 엇나갔다." 하우스패더는 썼다.[9]

그렇다면 2023년에 대체 무슨 일이 있었던 것일까? 이와 관련해 기후과학자들은 다섯 가지 요인을 꼽는다.[10] 그중 가장 중요한 것은 대기 중 이산화탄소 농도가 그 어느 때보다 높아졌다는 것이다. 쉴 새 없이 화석연료를 태운 것이 원인이었다. 2023년 5월에 대기 중 이산화탄소 농도는 424ppm(전체 양의 100만분의 1을 단위로 하는 비율. 기체 또는 액체 속에 다른 물질이 포함되는 비율을 나타내는 경우 따위에 사용된다–옮긴이)에 달하며 정점을 찍었다. 지난 80만 년을 통틀어 최고 수치다. 이산화탄소가 더 많아진다는 건 열도 더 많아진다는 뜻이다. 나사의 개빈 슈밋은 이렇게 설명한다. "앞으로 기록은 계속 깨질 겁니다. 지금 이 순간에도 기준온도가 쉬지 않고 계속 오르고 있거든요."[11]

두 번째 요인은 엘니뇨다. 엘니뇨는 2~7년에 한 번꼴로 발생해 장기적 차원에서 지구온난화를 더욱 부채질한다. 엘니뇨가 나타나면 보통 열대 태평양 지역의 동쪽에서 서쪽으로 부는 무역풍이 약해지게 마련이다. 남아메리카 인근 적도 부근의 바다 수면 역시 평소보다 더 따뜻해진다. 엘니뇨 발생 시기가 역사상 가장 무더웠던 해와 겹치는 것도 알고 보면 당연한 일인 셈이다. 2023년에도 그랬다. 2023년 5월에 발생한 엘니뇨는 하반기 기온을 극단적인 수준으로 끌어올리는 데 일조했다.

세 번째 요인은 점점 따뜻해지는 바다다. "지구 온도와 마찬가지로 바다의 수온도 지금 오르는 중입니다." 나사NASA의 해양학자 조시 윌리스의 말이다. "바다의 수온은 지난 1세기 동안 계속 상승해왔고 그 속도도 줄지 않고 있습니다. 오히려 속도를 높였다면 모를까."[12] 이 책 7장에서도 다루듯이 뜨거운 바다는 해당 지역은 물론 전 지구적 차원의 기후에도 커다란 영향을 미친다. (바다가 뜨거우면 허리케인의 강도도 큰 영향을 받는다. 2023년에는 허리케인 등급을 산정하는 5단계의 사피어 심슨 등급Saffir-Simpson scale 체계를 고쳐 풍속이 시간당 309킬로미터 이상인 태풍은 새 카테고리인 6등급으로 분류하자는 제안이 나오기도 했다.)

네 번째 요인은 대기 중 에어로졸 감소인데, 이는 선박 운항에 따른 공기 오염을 줄이고자 최근 해양 운송 연료의 황 함유량을 제한한 것과 일부 관련이 있다. 에어로졸(연기, 먼지, 화산가스, 검댕처럼 대기 중에 포함된 미세한 입자)은 햇빛을 반사해 대기를 약간 시원하게 만들기도 하지만, 한편으로는 햇빛을 흡수해 대기를 약간 더 온난하게 만들기도 한다. 내가 이 글을 쓰고 있는 이 시점에도 대기 중의 에어로졸 감소가 2023년 기온에 어떤 영향을 주었는지 과학자들 사이에서 조사가 이루어지는 중이다. 하지만 이산화탄소 증가로 발생하는 더위에 비하면 에어로졸 효과는 지극히 미미하다는 데에는 거의 이견이 없다.

마지막 요인은 남태평양에서 일어난 훙가통가 훙가하파이Hunga Tonga-Hunga Ha'pai 해저화산의 분출이다. 이 폭발로 어마어마한 양의 수증기와 에어로졸이 성층권으로 유입되었다. 온실가스의 하나인 수증기는 대기에 온난화 효과를 일으킬 가능성이 있는 반면, 앞서 말했듯 에어로졸은 냉각 효과를 일으킬 가능성이 있다. 하지만 지금까지 밝혀진 바로는 훙가통가 훙가하파이의 화산 분출이 2023년의 기록적인 고온에 영향을 미쳤을 가능성은 지극히 미미하다.

예상 밖으로 더 더웠던 2023년이 향후 지구온난화의 진행 경로에 어떤 의미를 갖느냐도 무척 헷갈리는 부분이다. 가령 펜실베이니아대학교의 마이클 만Michael Mann 같은 일부 과학자는 2023년 기온은 극단적 수준이었어도 여전히 대부분의 기후 모델이 예상한 테두리를 벗어나지 않았다고 지적한다. 반면 독일의 포츠담기후영향연구소 공동 소장인 요한 로크스트룀 같은 과학자는 특히 바다의 열기와 관련해 현재의 기후 모델들이 무엇인가를 놓치고 있는 건 아닌가 의구심이 든다고 했다. "바다의 열이 왜 그렇게 극적으로 증가했는지 그 이유를 우리는 알지 못합니다. 그 때문에 미래에 어떤 결과들이 빚어질지도 모르고요." 로크스트룀이 말했다. "대대적인 국면 전환의 첫 징조들이 모습을 드러낸 것일까요? 아니면 별난 예외일 뿐일까요?"[13]

지구온난화 연구의 대부로 꼽히는 제임스 핸슨James Hansen에게 2023년은 경계가 허물어진 순간이었다. 한때 핸슨은 기온 상승폭을 1.5℃로 제한하자고 했지만(이것이 위험한 변화를 억제하기 위해 국제적으로 합의한 한계치였다) 인류는 2024년이면 "온갖 현실적 목적을 들어 그 한계치를 결국 넘어설 것"이라고 했었다. "지금 우리는 점점 1.5℃의 세상으로 진입하는 과정에 있다."[14] 핸슨은 《가디언》과의 대담에서 말했다.

텍사스 A&M대학교의 기후과학자 앤드루 데슬러Andrew Dessler는 2023년을 미래의 관점에서 이렇게 되돌아보기도 했다. "이제 매해가 기록상 가장 더운 해가 될 것이다. 이 말은 결국 2023년이 21세기의 가장 추운 해 중 하나로 손꼽히게 될 것이란 이야기이기도 하다. 조금이라도 더 시원할 때 즐겨라."[15]

내게 2023년은 으스스하긴 해도 그렇게 놀랍지는 않은 한 해였다. 이 책이 미국에서 출간되고 수차례 진행된 언론 인터뷰와 대학 강연에서 사람들은 내게 어떻게 역사적으로 전례 없던 폭염이 닥친 딱 그 시기에 맞춰 이 책을 내놓을 수 있었냐며 종종 농담 섞인 질문을 던지곤 했다. 그러면 나는 이 세상이 아직도 게걸스레 화석연료를 태워댄다는 사실을 생각하면 이런 폭염이 전혀 예상 밖의 일은 아니라는 점을 짚었다. 그렇긴 해도 나 역시 약간은 비현실적인 느낌을 떨칠 수 없었다. 텍사스주 오스틴만 해도 2023년에는 기온이 40.5℃를 웃돈 날이 40일도 넘었다. 다른 텍사스인들처럼 나도 더운 날에는 뱀파이어처럼 살아야 했다. 이른 아침이나 늦은 저녁, 그러니까 죽일 듯한 기세로 내리쬐던 햇빛이 비로소 자취를 감추었을 때나 집을 나설 수 있었다. 여름 더위가 가장 기승을 부린 7월에는 하필 우리 집 에어컨이 고장 나 수리 업체를 찾는 데에만 몇 주가 걸리기도 했다. 우리는 땀을 빼며 더위를 견뎌야 했다. 혹독하기 짝이 없는 시간이었다.

하지만 2023년은 반가운 소식이 많이 전해진 한 해이기도 했다. 미국에서는 2022년 여름 조 바이든 대통령이 서명한, 청정에너지 생산과 기후변화 대응을 골자로 하는 야심차고 전방위적인 법령인 인플레이션 감축법이 시행에 들어가, 첫해에만 1,320억 달러의 투자금이 조성되는가 하면 관련 분야 일자리를 5만 개 창출하는 효과를 냈다.[16] 또 국제에너지기구IEA의 보고에 의하면 2023년 재생가능에너지 사용이 50퍼센트 증가해 지난 20년 새 가장 빠른 성장세를 보였다.[17] 이런 일들은 미국 내 화석연료의 본산으로 꼽히는 이곳 텍사스주에서도 벌어지고 있다. 내가 이 글을 쓰고 있는 오늘 텍사스주 전력망 전기 중 재생가능에너지에서 나오는 양이 무려 전체의 70퍼센트에 이른다.

우리에게 힘이 되는 소식은 또 있다. 전기차 판매가 31퍼센트나 급증해, 이제는 전 세계 승용차 시장에서 전기차가 차지하는 비중이 15퍼센트가 넘는다. IEA에 따르면 2030년에는 전 세계 승용차 시장에서 전기차가 차지하는 비중이 36퍼센트에 이를 것이다.[18] 같은 맥락에서 가스난로의 대체품으로 여겨지는 전기 열펌프 시장도 빠르게 성장하는 중이다. 한편 흰색 지붕과 더욱 효율적인 단열재 시공을 의무화한 도시와 카운티도 더 많아졌다. 폭염 기간 중 공공보건 기구에서 발송하는 알림도 한층 개선되었다. 이와 함께 시드니에서는 노숙자나 열악한 주택에서 생활하는 사람들을 위해 임시 냉방 센터를 배치하는 작업을 진행하고 있다. 2024년 올림픽이 열리는 파리에서는 이 연륜 깊은 도시를 21세기에 걸맞게 개조하는 작업이 계속되고 있으며, 그 덕분에 이제 맑은 물이 흐르는 센강에서 수영을 할 수 있게 되었다.

그러나 한 발 물러서면 빛이 또다시 희미해진다. 2023년에는 더위, 가뭄, 전쟁으로 쌀 가격이 2008년 금융위기 이래 최고가를 기록했다. 유엔에 따르면 "극심한 굶주림"을 겪는 사람은 2억 5,800만 명이라는 기록적 수치에 달했고 이 중 상당수가 아사 위기에 놓여 있다.[19] 기근조기경보 시스템네트워크Famine Early Warning Systems Network에 따르면, 2024년에는 더위와 가뭄으로 전 세계 농경지의 최소 4분의 1이 작황에 영향을 받을 것이다. 첨단기술 기반의 식량 생산자들 역시 험난한 시기를 겪을 것으로 보인다. 이 책의 6장에서 소개할 켄터키의 실내 농업 회사 앱하비스트AppHarvest는 2023년에 결국 파산선고를 받았다. 저널리스트 마이클 그룬월드는 말했다. "[실내] 농업 광풍을 보면 세계의 농업 문제에 첨단기술을 활용한 해법이 지극히 절실한 동시에 지극히 힘든 일임을 깨닫곤 한다."[20]

전염병과 관련해서는 반가운 소식도 있고 안타까운 소식도 있다. 우선 카메룬에서는 말라리아에 대비한 집단 예방접종이 사상 처음 시작돼, 매년 수만 명의 아동이 목숨을 건질 수 있을 것으로 보인다.[21] 하지만 그와 동시에 전 세계적 뎅기열 감염 사례는 극적으로 늘었고, 새로운 감염 사례의 70퍼센트가 아시아에서 발생했다. 세계보건기구의 추산에 따르면, 현재 뎅기열 감염 위험에 처해 있는 인구만 39억 명(전 세계의 인구 절반)에 달한다.[22]

남극과 그린란드의 빙상들은 계속 급격히 줄어들 것이다. 《네이처 기후변화》에 실린 새로운 연구 결과에 따르면, 남극해의 온난화로 서남극 빙상은 더욱 빠른 속도로 녹아내릴 것이라고 한다.[23] 영국남극연구소British Antarctic Survey의 케이틀린 노턴은 단도직입적으로 말했다. "서남극 빙상이 마냥 녹아내려도 이제 우리에게는 달리 뾰족한 수가 없어 보인다."[24] 다른 연구에서는 그린란드에서 사라지는 얼음이 '매시간' 3,000만 톤에 달한다는 추산을 내놓기도 했다.[25] 빙상이 녹아내린 차가운 민물이 대량으로 유입되면서, 열대지역과 남극 사이를 오가며 열과 영양분을 고루 순환시키는 대서양해류(일명 대서양 자오선 역전 순환류라고도 한다)가 점차 맥없이 약해지는 추세다.[26] 이러다 대서양해류가 아예 흐르지 않게 되면, 미국 동부 연안의 해수면이 더욱 빨리 상승하고 유럽의 겨울은 훨씬 추워지는 등 전 지구적으로 대재앙이 일어날 것이다. "이런 사태가 벌어지는 것은 유럽은 농업을 접어야 한다는 뜻이나 다름없습니다."[27] 한 기후과학자는 논평했다.

가장 우려스러운 사실은 이런 와중에도 악착같이 화석연료의 생산과 소비가 계속되고 있다는 점이다. 2023년 미국의 석유와 가스 생산은 사상 최고치를 기록했다. 2022년 4조 달러 이상의 수익을 낸 거대 석유 및 가스 회사들이 화석연료 생산을 2배 더 늘린 것은 어쩌면 당연한 일이었다. 영국의 석유회사 BP는 2030년까지 이산화탄소 배출량을 35퍼센트 줄이겠다는 약속에서 발을 뺐다. 엑손모빌Exxon Mobil은 조류를 원료로 한 바이오연료 생산에 대한 자금 지원에서 한 발 물러났다. 쉘Shell도 2023년에는 재생가능에너지에 대한 투자를 늘리지 않겠다고 공언했다. 화석연료의 위세는 두바이에서 열린 COP28(제28차 유엔기후 변화협약 당사국 총회)에서도 유감없이 드러났다. 각국 정상은 화석연료의 단계적 퇴출을 요구하는 대신 석유, 가스, 석탄 이용을 "점진적으로 줄이는" 것에 합의했다. 임페리얼칼리지 런던의 기후학자 프리데리케 오토는 정상회의 기간에 이렇게 말했다. "화석연료가 단계적으로 퇴출되기 전까지 이 세상은 점점 더 살기 위험하고 비싸고 불안정한 곳이 될 겁니다. 최종안에 담긴 애매한 말과 공허한 약속 때문에 앞으로 수백만 명 이상이 기후변화의 최전선으로 내몰리고 그중 상당수가 죽을 것입니다."[28]

기후위기는 문화 전쟁을 비롯해 정부, 기관, 학계에 대한 불신이 점차 팽배해지는 현상과도 깊은 관련이 있다. 시카고대학교의 설문조사에 따르면 기후변화가 대체로 혹은 전적으로 인간 때문에 일어났다고 확신하는 미국인의 비율은 2018년 60퍼센트에서 2023년 49퍼센트로 떨어졌다.[29] 마치 코로나19 사태 때 백신 반대 운동을 부채질했던 그 '바이러스'가 기후변화에도 똑같이 돌고 있는 것만 같다. 이에 앤드루 데슬러는 이렇게 주장했다. "적잖은 사람들이 안전하고 효과적인 백신을 맞는 대신 말 치약을 먹고 바이러스 전염병에 맞서려고 했던 것만 봐도 앞으로 1,000년 안에 인류가 끝장나리라는 것쯤은 쉽게 알 수 있다."[30]

"우리는 이대로 끝장인가요?" 내가 2023년에 가장 많이 들었던 질문이다. 나의 답은 골딜록스 존 바깥 언저리에서의 삶은 동전 던지기로 생사가 결정되지는 않는다는 것이다. 내일이 어떤 모습일지는 오늘 우리가 어떻게 행동하느냐에 달렸다. 기후위기에는 전 세계가 함께 겪을 티핑포인트도, 싸움에 지는 순간도, 종말이 닥치는 어느 한순간도 존재하지 않는다. 대기 중으로 1톤의 이산화탄소라도 어떻게든 쏟아내지 않으려는 한순간 한순간의 노력이 중요하다. 기후 문제를 똑똑하게 인식하고 대응하는 정치인에게 던지는 한 표 한 표가 중요하다. 지구가 살 만한 별이기를 바라는가? 그러면 팔을 걷어붙이고 싸워라. "우리는 화석연료를 토대로 지어진 거대한 체계에 발 들인 일원입니다." 컬럼비아기후학교의 기후과학자 제이슨 스머든Jason Smerdon은 말한다. "우리는 큰 고난에 맞닥뜨릴수록 뭐라도 해야겠다는 결의를 하게 됩니다. 내가 탄 배에 물이 차오르는데 선장한테 무슨 일이냐고 묻고만 있어서야 되겠습니까. 당장 양동이를 집어 들고 물을 퍼내야지요."[31]

그리고 맹세컨대 나는 이 책을 쓰기 시작한 4년 전보다 덜 비관적이다. 물론 2023년의 미친 듯한 더위를 겪고 나서 애초 우리가 지은 세상과 우리가 지금 살아가는 세상, 즉 점점 더 뜨거워지고 점점 더 혼란스러워지는 이 세상 사이의 간극이 그 어느 때보다 크다는 사실을 더욱 똑똑히 인식하게 되었지만.

하지만 이상하게도 기후위기를 똑똑히 인식하고 나니 내 삶이 더 생동감 있게, 더 의미 있게 다가왔다. 세상이 그렇게 쉽게 부서질 수 있다는 사실을 알고 나면, 여러분 눈에도 이 세상이 달리 보일 것이다. 급박하게 변화하는 세상은 달리 말하면 잠시뿐인 세상이다. 오늘은 여기 있지만, 내일은 없어지는 세상이다. 오스틴의 바턴스프링스 수영장에 서 있는 저 아름다운 아름드리 피칸나무는? 언젠가 저것도 사라지겠지만 지금은 이파리 사이사이로 햇빛이 비껴드는 가운데 위풍당당하게 서 있다. 내게 바다를 사랑하는 법을 일깨워준 산타크루스 해변은? 그곳도 잠시 모래가 쌓여 있는 것에 불과하지만 지금 당장은 내 발가락 사이에서 경외감만 일으킬 뿐이다. 지난달 멕시코만 연안에서 본 미국흰두루미는? 그 지역에 정유 공장이 우후죽순 들어서면서 지역 담수가 죄다 고갈되고 습지가 말라붙어도, 그 새들의 빨간 정수리와 커다란 날개는 얼마나 장엄하던가! 2023년이 내게 가르쳐준 게 바로 이것이다. 내가 이 세상에서 어떤 아름답고 감탄스러운 것을 발견하든, 지금 이 순간 그 모습을 실컷 봐두라는 것. 어쩌면 그 풍경은 오래지 않아 사라질지 모르니까.

부디 우리에게 지난 20년, 30년, 40년간의 화석연료 중독을 끊을 수 있는 지혜, 용기, 정치적 지도력이 있길 간절히 바란다. 우리가 그간 잘해왔다면 너무 큰 고통과 손실은 피할 수 있었을지도 모르지만 그래도 시인 W. S. 머윈의 시구를 빌려 이 글을 끝맺고자 한다.

이곳이 우리가 나이 들어 다다른 곳
우리 지식 변변찮고
우리 희망 별수 없어도
우리 앞에 막막하게 펼쳐진
가보지 못했으나 아직 가능성 있는 곳[32]

텍사스주 오스틴에서

2024년 2월

차례

추천의 글 4

특별 서문 10

프롤로그 **낭만은 끝났다**

모든 것을 질식시키다 29 | 폭염 앞에 비로소 평등해질 세계 36 | 여름의 낭만은 끝났다 39 | 더 잦은 전쟁과 더 많은 죽음 41 | 진화의 속도를 앞지르다 47

1장 **일가족 참변**

걷잡을 수 없는 죽음의 연쇄 반응

일가족 사망 현장 53 | 오전 7시 44분, 섭씨 21도 : 하이킹 시작 56 | 오전 10시 29분, 섭씨 38도 61 | 열탈진이 왔을 때 당신이 해야 할 일 63 | 오전 11시 56분, 섭씨 41.6도 : 인명 구조 요청 69 | 열사병, 죽음의 연쇄 반응 71 | 더위는 흔적을 남기지 않는다 79

2장 **열과 진화**

인간은 어떻게 열에 적응해왔는가

포유류의 열 관리 전략 89 | 최초의 인간 루시를 걷게 만든 것 93 | 진화의 동력 96 | 사바나 침팬지의 생존법 99 | 땀 흘리는 자가 지배한다 104

3장

열섬
실내 온도는 새로운 계급이다

아스팔트, 콘크리트, 강철의 제국 113 | 첸나이, 폭염 도시의 비극 117 | 무더위 쉼터 125 | 폭염에 갇힌 저소득층 아파트 127 | 기온, 계급과 인종을 가르는 지표 130

4장

기후 이주
더 이상 도망갈 곳이 없다

허리케인의 생존자들 137 | 열에 의한 대이동과 생태계 교란 140 | 적응할 수 있다는 착각 145 | 전 지구적 기후 이주 148 | 국경보다 더 삼엄한 장벽 154

5장

범죄 현장
폭주하는 더위, 인류 모두가 공범이다

극단적 폭염 163 | 열의 이해 166 | 럼퍼드의 발견과 열역학 법칙 169 | 기후과학의 역사 175 | 극단적 이변 원인 규명 과학 180

6장

마법의 계곡
식량 공황이 불러올 참혹한 미래

옥수수가 사라지면 195 | 식량 공황은 이제 시작이다 197 | 마법의 계곡 204 | 길어지는 농한기 207 | 무너지는 옥수수 공화국 211 | 더는 심을 작물이 없다 214 | 열을 이기는 유전자 조작 식량 216

7장

해양 폭염
바다의 사막화, 가장 치명적인 시나리오

재앙을 몰고 다니는 블롭 225 | 기후 체계를 움직이는 바다 228 | 바다의 사막화 233 | 산호초 백화현상 237

8장

땀의 경제

더위는 인종을 가리지 않는다

어느 이주 노동자의 죽음 245 | 온열 질환과 사망 방지법 248 | 더워도 쉴 수 없다 253 | 흑인은 더위에 강하다? 256 | 고작 그늘과 물, 10분의 휴식 263

9장

세상 끝의 얼음

남극에서 현관까지, 절망의 나비효과

남극행 1일 차, 빙붕이 무너진다 271 | 잠자는 코끼리 273 | 드레이크 해협 진입 278 | 5미터의 재앙 280 | 어머니 자연의 분노 284 | 훌륭한 연구 조교 287 | 열은 세상 모든 것에 닿는다 292

10장

모기라는 매개체

코로나19는 시작에 불과하다

모기를 매개로 한 질병 299 | 전례 없는 팬데믹의 폭발 302 | 야생의 대탈출과 바이러스 종간 전파 305 | 감염병의 온상 307 | 진화하는 모기들 312 | 살인 진드기 317

11장

값싼 냉기

에어컨의 안락함에 중독된 세계

킹 오브 쿨 327 | 에어컨의 발명 330 | 에어컨 경제, 그리고 매릴린 먼로 335 | 에어컨, 미국 정치 판도를 뒤집다 341 | 에어컨 의존의 악순환 344 | 정전은 곧 죽음 346 | 훌륭한 지혜를 잊어버리는 기술 349

12장

폭염 경보

극한 더위의 실체를 어떻게 알릴 것인가

운명을 바꾼 사진 한 장 355 | 폭염의 이미지를 찾아 358 | 보이지 않는 살인자를 수배하는 법 365 | 폭염에 이름을 붙이다 373 | 알리고 또 알려도 충분하지 않다 378

13장

행동 강령

구워지든지, 도망가든지, 아니면 행동하든지

그해, 파리의 여름 387 | 리모델링하는 도시들 391 | 더 이상 아름답지만은 않은 도시 397 | 더, 더 많은 나무들 402 | 가난한 지역에는 나무가 없다 409 | 도시 신진대사 개선 작업 413

14장

북극곰

폭염 시대의 윤리

북극곰과 마주치다 423 | 굶주린 곰이라는 이미지 427 | 최악의 시나리오 430 | 지구 기후 조작 기술 434 | 위험천만한 여행 439 | 곧 녹아 없어질 세상 끝에서 447

에필로그 **위대한 이야기**

골딜록스 존 너머의 미래 455 | 아주 오래된 미래 위에서 461

감사의 글 468

용어 해설 472

주 476

프롤로그

낭만은 끝났다

폭염은 인류 진화 속도를 앞질렀다

미국의 1년 GDP에서 3,000억 달러가 사라진다. 아동의 시험 성적은 떨어지고 임신부의 유산 위험은 높아진다. 심장 및 신장 질환으로 인한 사망률이 높아지며 자살률이 늘고 강간 사건도, 폭력 범죄도 더 많아진다. 바로 온난화가 1°C 진행될 때마다 벌어지는 일이다.

모든 것을 질식시키다

더위는 눈에 보이지 않게 우리를 찾아온다. 더위는 나뭇가지를 휘거나 얼굴 위로 머리카락을 흩날리며 자신이 여기 왔다고 알려주지 않는다. 땅이 진동하지도 않는다. 더위는 그저 우리를 감싼 채 우리가 제대로 예상할 수도 제어할 수도 없는 갖가지 방식으로 작용한다. 우선 땀이 난다. 심장은 빨리 뛴다. 갈증이 난다. 시야도 흐려진다. 하늘의 태양은 꼭 우릴 죽이려고 누군가가 들이댄 총구인 것만 같다. 식물들은 구슬프게 울고 있는 듯 보인다. 새들은 하늘에서 온데간데없이 사라져 깊숙한 그늘에 몸을 숨기고 있다. 차에도 함부로 손을 댈 수 없다. 색도 바랜다. 공기에서는 타는 냄새가 난다. 눈으로 보지 않아도 머릿속에 불이 저절로 상상된다.

2021년 여름, 태평양 북서부 연안(오리건, 워싱턴, 아이다호 일부를 이른다-옮긴이)의 기상예보관들이 폭염이 다가오는 중이라며 사람들에게 우려 섞인 경고를 보냈다. 워싱턴 야키마계곡의 일꾼들은 새벽 1시에 체리 농장으로 소집되었다. 다 익은 과일이 물러지기 전에 얼른 따야 했기 때문이다. 에어컨 냉방 업체에는 문의 전화가 빗발쳤다. 홈디포(미국의 가정용 인테리어, 조경, 조명, 전기설비 제품 판매 회사-옮긴이)와 로우스(미국의 주택 인테리어 및 기기 소매 체인 기업-옮긴이)에서는 선풍기가 날개 돋친 듯 팔렸다. 적십자에서도 더위 경보망을 가동해 사람들에게 수시로 물을 마시고 혼자 지내는 가족과 친구들의 안부를 확인하라는 안내 문자를 대거 발송했다. 도서관과 교회에서는 노숙자나 누구든 더위를 피할 데가 필요한 이들을 위해 무더위 쉼터를 만들었다. 포틀랜드에서는 오리건 컨벤션센터를 개방하기도 했다. 이 건물이면 냉방 시설이 있는 공간에 수백 명의 사람을 한꺼번에 수용할 수 있었다. "지금 다가오고 있는 것은 단순히 불편한 더위가 아니에요." 포틀랜드 보건국의 제니퍼 바인스가 한 말이었다. "이건 목숨을 위협하는 더위예요."[1]

이렇게까지 대비했는데도 폭염은 거의 누구도 예상치 못한 위력을 과시하며 미국을 강타했다. 그도 그럴 것이 어쨌거나 태평양 북서부 연안은 오랜 세월 기후위기의 피난처로 여겨져 왔기 때문이다. 기후변화의 영향으로부터 '안전한' 어딘가에서 살고 싶다면 바로 이 태평양 북서부로 이사 오면 됐다. 이곳에는 해변과 호수, 아름드리나무가 자리 잡은 것은 물론, 화산재 토양 위에 블루베리와 회양목을 비롯해 세계 최고급 피노누아 와인도 만들 수 있는 포도 등 그야말로 온갖 것이 잘 자라난다. 캐스케이드산맥에는 빙하가 있는가 하면 올림픽국립공원에는 온대 다우림이 울창하고 곳곳의 자연경관은 에덴동산의 흔적이라도 남은 듯 아름다워 수많은 이주자들이 오리건 이동로를 따라 이곳으로 발길을 재촉하기도 했다. 스티브 잡스는 1970년대에 이곳 농장에서 사과를 땄다가 그것이 마음에 쏙 든 나머지 자기 회사 이름을 '애플'이라 짓게 되었다. 이런 곳에서 폭염? 그게 뭐 대수인가. 여기는 더위가 주인으로 군림하는 피닉스가 아니다. 더위가 여신이자 악마로 통하는 뉴델리도 아니다. 그해 여름 태평양 북서부 연안에 살았던 사람들은 아마도 폭염이 다가오고 있다는 사실은 알았을 테지만, 그것이 아스팔트를 녹이고 사랑하는 이를 죽이고 내가 사는 세상이 이런 곳이었나 새삼 일깨울 정도로 매우 혹독한 괴력을 발휘할 줄은 누구도 생각하지 못했다.

그 폭염이 태평양 위에 발생한 것은 일주일 남짓 전부터였다. 북반구 전역에서 대기파atmospheric wave가 요동치더니, 고압의 덮개가 생겨나 대양에서 발산되는 열이 그 아래 한데 모이는 현상이 발생했다. 이렇게 쌓인 열은 해안 쪽으로 이동하면서 크기와 강도가 급속도로 커졌고(물보다는 땅에서 열 반사와 증폭이 훨씬 더 효율적으로 일어난다), 이 때문에 과학자들이 말하는 열돔heat dome이 형성되었다. 24시간도 채 되지 않아 포틀랜드 시내의 기온은 24.4℃에서 45.5℃까지 치솟아 147년의 관측 역사상 최고치를 기록했다.[2] 양치식물과 도롱뇽의 땅 태평양 북서부 연안이 느닷없이 강철과 모래의 땅인 두바이라도 된 것처럼 느껴졌다.

자연이 만든 가장 정교한 온도계인 얼음이 더위가 왔음을 가장 먼저 알려주었다. 캐스케이드산맥에 남아 있던 마지막 겨울눈이 그늘진 숲속의 구덩이며 산 정상의 빙하 꼭대기에서 어느덧 자취를 감춘 것이다. 보호막처럼 표면을 덮고 있던 눈더미들이 사라지자 이제는 푸른색의 빙하들마저 녹아내렸고, 이것이 토사가 담긴 잿빛 물줄기가 되어 강바닥과 계곡을 타고 소용돌이치듯 거세게 흘러내렸다. 그 물에 섞여 화석연료 시대는 물론 책과 피라미드가 생겨나기 이전의 아득히 먼 옛날부터 쌓인 침전물들도 함께 흘러 내려왔다. 녹아내린 물의 세찬 물살은 산 아래로 흘러 곳곳의 도로와 시내에까지 넘쳐 들었다. 태평양 북서부 연안에서 가장 커다란 강으로, 미국의 7개 주를 굽이굽이 휘돌며 총 64만 7,000여 제곱킬로미터의 땅을 아우르는 컬럼비아강의 경우에는 당시 떠밀려온 침전물이 얼마나 어마어마했는지, 그 희뿌연 물줄기가 태평양에 몇 킬로미터에 걸쳐 흩뿌려진 광경이 위성사진으로 찍히기도 했다.

시냇물과 강물에서는 이동 중이던 연어 떼가 물 온도의 변화를 즉각 알아차렸다. 이 연어 떼는 차갑고 짠 태평양 바닷물에서 3~4년 머물다 알을 낳기 위해 강물을 거슬러 자신들이 태어난 곳으로 돌아가던 중이었다. 고향을 찾아가는 연어 떼의 여정은 자연의 위대한 경이로 손꼽힌다. 하지만 동시에 무위로 끝나기 쉬운 여정이기도 하다. 강물에 따뜻한 물이 한계 이상으로 불어나자(깊이가 얕은 물은 산을 타고 아래로 흐르면서 순식간에 뜨거워질 수 있다) 강물을 거스르느라 발버둥치는 연어 떼는 숨쉬기가 힘들어졌다. (물이 뜨거워질수록 산소 분자는 운동 에너지를 받아 더욱 빠르게 진동하게 되고, 그러다 보면 결국엔 분자 결합을 풀고 공기 중으로 탈출하게 된다. "물속의 산소가 줄어들면 연어 떼는 머리에 비닐봉지를 쓰고 숨 쉬는 것 같은 느낌을 받게 되죠." 한 생물학자가 내게 해준 말이다.) 빛을 받으면 형형색색으로 빛나는 연어 떼의 은빛 비늘엔 어느새 빨간 병변이 일어났다. 등에는 곰팡이가 솜처럼 폭신하게 피었다. 몇 마리는 좀 더 시원한 물이 흐르는 지류를 찾아 대열을 이탈했다. 하지만 남아 있는 연어 떼 수만 마리는 결국 따뜻한 물속에서 맥이 빠지고 숨도 못 쉬다가 말 그대로 만신창이가 되었고, 다른 물고기의 밥이 되거나 강둑까지 쓸려가 너구리와 독수리의 발톱에 갈가리 찢기는 신세가 됐다.

산과 계곡에서도 온갖 풀이며 나무들이 더위의 맹공을 피하지 못했다. 한자리에 뿌리내리고 살기에 옴짝달싹 못하는 이 생물체들은 자신들 몸으로 그늘을 만들어주면서도 정작 자신은 피난처를 구하지 못한다. 기온이 오르자 이들 식물도 인간과 똑같이 더위와 사투를 벌였다. 폭염 당시 태평양 북서부 연안 전역에서는 대대적인 잠금 현상이 있었다. 즉, 식물들이 자신들 이파리 뒷면의 공기구멍을 전부 꽉 닫아 어떻게든 숨을 참고 폭염이 빨리 지나가기만을 기다린 것이다. 이때 블랙베리와 블루베리는 자기가 맺은 열매의 수분을 마셔버려서 열매는 줄기에 매달린 채로 바싹 마르고 시들어버렸다. 물푸레나무와 단풍나무 같은 활엽수는 이파리들이 부서지고 말려 올라갔다. 기온이 오를수록 햇빛에 노출된 나무들은 대부분 공기구멍을 열고 땀이라도 흘려서 열을 식히려 필사적으로 노력했다. 나무들의 뿌리도 메마른 흙에서 물을 빨아들이려 애썼지만, 물 대신 공기 방울이 잎맥으로 들어가 결국 나무줄기가 파열되고 말았다. 과학자들 말대로 제대로 된 음향기기만 있었다면 나무들이 내지른 비명을 들을 수 있었을 것이다.[3]

산속에서는 큰뿔야생양이 고도가 더 높은 곳을 찾아 올라갔다.

비둘기들은 나뭇가지 그늘에서 쉬면서 이따금 날개를 퍼덕여 몸에 바람이 통하게 했다. 개들이 그러는 것처럼 비둘기들도 숨을 헐떡였다. 새끼 독수리들은 둥지 안에서 다른 새끼들과 같이 익어갈지, 아니면 날기 연습을 하기도 전에 둥지 밖으로 뛰어내릴지 선택의 갈림길에 섰다. 많은 새끼 독수리가 뛰어내리는 쪽을 택했다.[4] 어딘가 부러진 채 퍼덕거리다가 등산객들에게 발견되어 야생동물 구조센터로 보내진 새끼 독수리만 수십 마리였다.

하지만 폭염으로 호시절을 만난 동물들도 있었다. 나방들은 무더위 속 쏟아지는 햇빛에 자기들 몸에 있는 병원균들을 싹 죽였다. 구더기들은 강둑에 널브러진 죽은 연어의 주둥이 안에 알을 낳았다. 침입종의 하나로 미국 서부 산림을 대거 훼손하고 있는 소나무좀에게는 더위가 레드불 음료 같은 역할을 했다. 날이 더워지자 신진대사량이 쑥 올라가고 입맛도 더욱 돌게 된 이 벌레들은 수천 헥타르를 뒤덮은 제프리소나무Jeffrey pine(북미 서부가 원산인 삼엽송의 일종–옮긴이) 숲을 사냥감을 찾아 헤매는 군단처럼 샅샅이 헤집고 다녔다.

도시와 교외에서는 에어컨이 숨 가쁘게 돌아갔다. 과부하가 걸린 전선들은 축 늘어진 채 웅웅댔다. 전기 시설 통제센터에서 전력 회사들에 다급한 메시지를 전하자 전력 회사들이 놀고 있던 천연가스 전기 시설을 가동하기 시작했다. 극심한 전력난 기간에는 이 시설로 전기를 (그리고 수익도) 재빨리 생산할 수 있었기 때문이다. 오리건주 멀트노마카운티에서는 야외 스포츠 행사가 취소되었다. 자원봉사자들은 전화를 수천 통 걸어 장애인과 노인들의 안부를 확인했다. 캐나다 브리티시컬럼비아주 밴쿠버에서는 숨을 잘 못 쉬겠다거나 심장마비를 일으켰다는 사람들의 신고가 경찰서에 빗발쳤다. 병원 응급실은 얼굴이 빨개진 채 숨을 헐떡이는 사람들로 북새통을 이뤘다. 환자들의 체온을 최대한 빨리 떨어뜨려야 했던 의사들은 궁여지책으로 시체 운반용 부대를 얼음으로 가득 채운 뒤 그 안에 환자들을 집어넣기도 했다.[5]

그날 포틀랜드주립대학교의 도시학 및 도시계획과 교수인 비벡 샨다스Vivek Shandas는 열한 살 난 아들 수하일을 자신의 프리우스 승용차에 태우고 도시 곳곳을 돌며 기온을 측정했다.[6] 렌츠Lents는 포틀랜드에서도 최악의 빈민가로 나무는 좀처럼 찾아보기 힘들고 온통 콘크리트인 동네인데, 여기서 샨다스가 측정한 기온이 무려 51.1℃였다. 그가 지난 15년간 기록해온 기온 중에서도 단연 최고치였다. "차를 세우고 차 문을 열었을 때 제일 먼저 들었던 느낌은 내 양쪽 눈이 불타는 것 같다는 것이었다." 샨다스가 당시를 회상했다. "피부도 불에 덴 듯 뜨거웠다. 그냥 녹아내리는 느낌이었다고 하면 맞을 것이다." 이후 샨다스는 곳곳에 공원과 녹지가 조성돼 있고 나무가 줄지어 늘어선 교외 지역으로, 평균 집값이 약 100만 달러에 달하는 윌래밋하이츠Willamette Heights에도 차를 몰고 가보았다. 이곳의 기온은 37.2℃였다.[7] 폭염 속에서도 부자들은 약 15℃를 더 시원하게 지낼 여력이 있는 셈이다.

폭염 앞에 비로소 평등해질 세계

극한 더위가 총 72시간에 걸쳐 태평양 북서부 연안을 지나는 동안 정확히 몇 사람이 목숨을 잃었는지는 아무도 알지 못한다. 공식 집계는 1,000명이지만,[8] 더위가 워낙 묘하게 사람을 죽이기 때문에 사망 진단서에 항상 기재되는 것은 아니다. 따라서 실제로 더위로 사망한 사람 수는 그보다 훨씬 많을 가능성이 크다. 실제 사망자 수가 정확히 몇이었는지는 모르지만, 이웃에게서 이런 문자를 받은 67세의 로즈메리 앤더슨도 당시 더위로 목숨을 잃은 사람 가운데 하나였던 것만은 분명했다.[9] "잘 자요. 편히 자요. 수많은 천사의 날개가 당신의 머리맡을 지켜줄 테니." 그 전날 밤 앤더슨은 집에서 죽은 채로 발견됐는데, 그때 측정된 실내 온도는 37.5℃였다. 앤더슨의 집에서 몇 킬로미터 떨어진 아파트에 살던 63세의 졸렌 브라운도 마찬가지였다.[10] 아들 셰인이 발견했을 당시 그녀는 안락의자에 앉아 다리 하나는 의자 발판에 올려놓고 다른 다리는 마룻바닥을 딛고 있었다. 그 모습이 마치 의자에서 몸을 일으키고 싶었지만 에어컨 없는 자그만 거실에 생겨난 더위의 벽에 가로막혀 차마 일어나지 못한 것처럼 보였다.

오늘날 발생하는 폭염도 마찬가지다. 혼자 사는 노인이나 집에 에어컨이 없는 가난한 이들, 혹은 속수무책 병상에 누워 있는 사람들이 가장 먼저 죽는다. 이런 면에서 보면 폭염은 힘없는 사람들을 도태시키는 약육강식의 현장인 셈이다. 하지만 이런 상황도 언젠가는 변할 것이다. 폭염이 더 강력해지고 빈번해지면서 더 많은 사람이 평등하게 폭염의 피해를 입을 테니 말이다.

사실 이 폭염이 태평양 북서부 연안을 강타하기 전에도 숲은 이미 불타고 있었다. 몇 년 동안 더위가 심해지고 가뭄이 길어지는 탓에 바싹 메마른 나무들은 불쏘시개나 마찬가지인 상태였다. 브리티시컬럼비아주에서는 이때의 폭염으로 인해 리튼Lytton이 자연연소한 것이나 다름없는 일이 벌어졌다. 리튼은 프레이저강과 톰슨강의 합류 지점에 자리한 오래된 탄광촌으로, 캐나다 원주민들이 수천 년 동안 살아온 곳이다. 1970년대에 이 작은 도시는 래프팅의 성지로 거듭나게 된다. 톰슨계곡의 검은 화강암벽 사이를 흐르며 장관을 연출하는 물살 덕분이었다. 폭염이 닥친 셋째 날, 리튼의 기온은 무려 49.4℃에 달했다. 로르나 판드리히는 그날 자신이 마을의 중국사박물관에서 창밖을 내다보고 있었던 일을 기억한다. 아직 6월밖에 되지 않았는데, 마치 가을인 듯 나무에서 이파리들이 우수수 떨어지는 게 보였다. "저는 '정말 이상하다'고 생각했습니다."[11] 그녀의 회고다. 그러더니 바람이 세차게 일면서 철로 위를 지나던 화물 열차의 강철 바퀴에서 불꽃이 튀었다. 몇 분도 지나지 않아 마을 여기저기에 불이 붙었다. 리튼 시장 얀 폴데르만이 부리나케 달려와 집을 떠나지 않으려는 주민들을 간신히 설득해 피신시켰다. 시장은 끝까지 꿈쩍 않던 주민 하나가 자신의 고양이를 우리 안에 넣어 도로를 달려 내려오자 그를 자기 차에 태워 함께 마을을 떠났다.[12]

마을 외곽에 살던 제프 채프먼은 저녁 식사를 준비하려다가 연기와 불길이 집을 향해 다가오는 걸 보았다. "10분 후에 우리 집은 완전히 불에 휩싸였어요. 우리가 할 수 있는 건 없었습니다. 어디로 가야 할지도 몰랐고요."[13] 그의 말이다. 활활 타오르는 불이 집과 주변의 나무를 집어삼키자 채프먼과 그의 부모는(둘 다 60대였다) 며칠 전 오수 처리 시설을 보수하기 위해 파놓은 구덩이로 황급히 달려갔다. 하지만 구덩이가 세 명이 들어갈 만큼 크지 않아서 채프먼은 근처 지붕에 얹혀 있던 철판을 한 장 가져와 부모님이 들어가 있는 구덩이를 덮었다. 그런 다음 자신은 근처 철로 어딘가에 몸을 숨기고 불이 지나가기만을 기다렸다.

바로 그때 송전선이 끊어지면서 부모님이 몸을 숨기고 있던 구덩이 위를 덮쳤다. "그 구덩이에 부모님이 계신 걸 알면서도 저는 그저 불에 타는 걸 지켜보며 이렇게 말할 수밖에 없었어요. '하느님 맙소사.'" 이 아비규환에서 채프먼은 목숨을 건졌지만 그의 부모님은 아니었다.

그로부터 며칠 뒤, 무슨 기적이라도 일어난 듯 리튼의 하늘은 다시 파랗게 개고 날씨도 시원해졌다. 마을은 온통 새까맣게 그을렸고 모든 게 깡그리 불에 탔다. 마을 가장자리에 심어진 개솔송나무는 꼭 새까만 창이 꽂혀 있는 것 같았다. 마을 사람들은 자신들에게 닥친 일을 슬퍼하고 끔찍해하면서도 한편으로는 마을을 다시 일으켜 세울 것을 굳게 다짐했다. 그러는 사이 연안 바깥에는 다리가 떨어져나간 불가사리와 홍합 그리고 조개껍데기가 헤아릴 수 없을 만큼 엄청나게 해안으로 떠밀려왔다. 브리티시컬럼비아대학교의 동물학자 크리스 할리Chris Harley의 추산에 따르면 이 사흘간의 폭염으로 죽은 바다 생물의 개체수만 10억이 넘는다.[14]

하지만 6월이 끝내 가고 가을로 접어들면서 삶은 예전처럼 다시 정상으로 돌아왔다. 폭염에 대한 사람들의 기억도 차차 흐릿해져 이제 그때의 일은 희미한 악몽처럼 잠시 머릿속을 스칠 뿐이었다. 아니 어쩌면 상상하고 싶지 않은 미래일지도 몰랐다.

여름의 낭만은 끝났다

아마도 더위라고 하면 사람들은 화씨가 됐든 섭씨가 됐든 온도계 눈금을 떠올릴 것이다. 우리는 더위란 일직선으로 서서히 쌓이는 무언가라고, 우리 주변을 감싼 채 일정량씩 증가하거나 감소하는 공기의 어떤 특성이라고, 혹은 온도 조절 장치로 얼마든지 조절되는 것이라고 생각한다. 21℃는 20℃보다 약간 덥고, 20℃는 18℃보다 약간 더 덥다는 식으로 말이다. 계절 변화도 더위가 서서히 쌓이는 무언가라는 인식에 한몫한다. 우리는 겨울이 서서히 따뜻해져 봄이 되고, 서서히 더워져 여름이 된다고 여기니 말이다. 물론 다른 날에 비해 유난히 덥거나 추운 날도 있지만 그럴 땐 에어컨을 최대한 틀거나 스웨터를 하나 더 껴입으면 된다. 조만간 유난스러운 날씨는 가고 모든 게 다시 평상시로 되돌아올 것이라고 믿으면서.

그런데 이 점진수의 개념이 기후위기에도 똑같이 적용되고 있다. 지금 지구가 점점 더 더워지고 있는 것은 우리가 화석연료를 태우기 때문이다. 밤하늘에 뜬 달만큼이나 분명하고 이는 더없이 단순한 진실이다. 산업혁명 이후 250년간 작정한 듯 연료를 태워서 대기를 이산화탄소로 꽉 채운 탓에, 지구의 온도는 1.2℃가 높아졌다. 이 추세는 계속되어 21세기 말이면 지구의 온도는 3.3℃ 혹은 그 이상까지 높아질 것으로 보인다. 우리가 석유, 가스, 석탄을 더 많이 쓸수록 지구는 더 뜨거워질 것이다.

산업사회 이전보다 기온이 2℃ 더 오르면 위험한 기후변화의 단계에 들어서서 더는 돌이킬 수 없게 된다고 과학자들은 이미 오래전부터 경고해왔다. 지금 우리는 그 정도의 온난화가 이루어지는 길을 벌써 절반도 넘게 지나온 셈이다. 국제연합의 기후변화에 관한 정부 간 협의체Intergovernmental Panel on Climate Change, IPCC가 작성한 보고서들을 보면 온난화가 2℃ 진행될 때 우리 세상에 일어날 법한 세세한 상황들이(빙붕 붕괴부터 농작물이 다 죽는 가뭄까지) 빼곡히 들어차 있다. 하지만 과학자가 아니라면, 다시 말해 이 지구에서 살아가는 대부분의 인간에게는 2℃의 온난화라고 해봤자 전혀 위험한 말로 들리지 않는다. 25℃인 날과 27℃인 날이 얼마나 차이가 나겠는가? 게다가 극한의 추위도 사람을 죽이고 온갖 종류의 날씨 관련 문제들을 일으키니 세상이 더 더워지는 게 결국 그렇게 나쁜 일은 아니지 않겠느냐는 궤변을 소셜미디어에 늘어놓는 사람들도 있다.[15] 심지어 '지구온난화'라는 말은 어감이 부드럽고 나긋나긋해서 화석연료를 태워서 생기는 가장 눈에 띄는 영향이라고 해봤자 해변의 날씨가 더 좋아지는 정도라고 말하는 것처럼 들린다.

이렇듯 사람들은 더위가 몰고 올 결과들을 잘 이해하지 못한다. 여기에는 '덥다hot'라는 말이 가지는 통상적 개념도 한몫한다. 가령 대중문화에서 핫하다는 것은 섹시하다는 뜻이다. 핫하다는 것은 멋있다는 뜻이자 새롭다는 뜻도 된다. 각종 웹사이트에서는 최신 서적, 영화, TV쇼, 배우들의 '핫 리스트'를 선정해 발표한다. 페이스북은 마크 저커버그가 하버드대학교 기숙사 시절에 만든 페이스매시에서 출발했다. 사람들에게 hot or not(멋져 안 멋져)을 물어 하버드대학교 여학생의 매력도를 순위 매기던 사이트였다.[16] 또 불끈 화를 잘 내는 사람들에게는 '다혈질hot-blooded'이라는 말을 쓴다. 지금 내가 살고 있는 오스틴의 집 근처 헬스장 이름은 히트heat 부트캠프다. 여기서 땀방울은 정화의 과정, 내적 강인함을 표시한다. 마이애미는 미국에서 가장 더운 도시(더위 때문에 야외 노동자들의 목숨이 위협받는다)인 데다 그린란드와 남극의 빙붕이 녹아 해수면이 상승하고 주기적으로 홍수가 일어나는 곳이지만, 이 도시조차 농구팀 이름은 (농담이 아니고) 마이애미 히트다.

더 잦은 전쟁과 더 많은 죽음

독자가 더위를 다른 방식으로 생각했으면 하는 것이 이 책의 목표다. 이 책에서 이야기하는 더위는 온도계 눈금이 점점 올라간다거나 봄이 서서히 여름으로 바뀌는 식의 더위가 아니다. 여기서 말하는 더위는 적극적인 힘, 철로를 휘게 한다거나 목숨이 위태롭다는 사실을 알아챌 새도 없이 나를 죽일 수도 있는 그런 힘이다. 이런 더위가 얼마나 빨리 이동하는지 혹은 다음에 어디서 나타날지 과학자들도 아직 온전히 알지 못한다(태평양 북서부 연안의 살인 폭염도 실제로 발생하기 전까지는 사하라사막에 눈이 내리는 것만큼이나 발생 확률이 적은 일로 보였다). 하지만 과학자들이 확실히 아는 사실이 한 가지 있다. 우리에게 닥쳐오기 시작한 이 더위는 화석연료를 태운 결과라는 것이다. 다시 말해 극단적인 더위는 전적으로 인간이 빚어낸 작품, 만리장성만큼이나 버젓이 존재하는 인류 문명의 유산이다.

화석연료 사용이 열을 얼마나 발생시키는지 사실 가늠하기 어렵다. 어느 수치에 따르면, 현재 대양이 흡수하는 열의 양은 1초마다 핵폭탄이 3개 터질 때 방출되는 열의 양에 버금간다고 한다. 게다가 이산화탄소가 대기 중에 머무는 시간은 수천 년에 달하기 때문에 우리가 이산화탄소 배출을 멈춘다 해도 대기는 좀처럼 식지 않을 것이다. 따라서 앞으로 우리는 무슨 일을 하더라도 온난화의 '추가 진행'을 멈출 수만 있을 뿐이다. 우리가 무슨 일을 하더라도 온난화 이전으로는 돌아가지 못한다. 하늘에서 어마어마한 양의 이산화탄소를 싹 빨아들일 방법을 찾아내기 전까지 우리는 더 뜨거워지는 행성에 머무는 수밖에 없다.

우리가 하늘로 뿜어내는 이 더위야말로 일련의 기후위기의 원동력이다. 해수면 상승에서 가뭄에 따른 산불까지 기후 관련 사태들은 전부 지구라는 행성이 더 더워진 데 따른 2차 효과다. 1차 효과는 더위다. 더위야말로 지구를 아비규환으로 몰아넣는 엔진이자 극지방의 빙붕을 녹여 전 세계 연안 도시를 침수시키는 보이지 않는 힘이다. 더위 속에서 토양은 바싹 마르고 나무의 수분은 증발되어 언제라도 불붙기 좋은 상태가 된다. 더위 속에서 농작물을 갉아

먹는 해충은 더욱 활발히 움직이고 마지막 빙하기의 박테리아가 남아 있던 영구동토층이 녹아내린다. 아마 다음번 팬데믹이 닥친다면, 살기 위해 더 시원한 곳을 찾아다닌 동물에게서 옮아온 바이러스가 병을 일으킬 가능성이 높다.

더위를 일종의 힘으로 봤을 때 아리송한 부분은 그 효과가 더디기도 빠르기도 하다는 것이다. 가령 더위에 바싹 마른 밀밭의 경우 수개월에 거쳐 땅에서 수분이 증발하며 건조가 서서히 진행된다. 게다가 사태를 파악하기도 전에 내 목숨을 앗아버리는 폭염도 있다. 극단적인 더위는 살아 있는 세포 하나하나를 모조리 뚫고 들어가 한여름 보도블록에 떨어진 아이스크림처럼 세포들을 녹아내리게 한다. 극단적인 더위는 진화의 과정을 뒤로 돌려 불확실성과 무질서를 몰고 온다. 극단적인 더위는 시인 W. B. 예이츠가 시에서 말한 것처럼 "점차 넓어지는 소용돌이"*로서 이 우주를 다시 혼돈뿐인 시작점으로 되돌리는 멸망의 힘이다. 태초에 빛이 있었으나 그전에 열이 있었다. 열이야말로 만물의 기원이자 만물의 끝이다.

극단적인 더위가 세상을 어떻게 바꿔놓을지는 굳이 할리우드 시나리오작가가 되지 않아도 충분히 상상해볼 수 있다. 그중에서도 반드시 벌어질 일이 몇 가지 있다.

우선 기온이 올라가면 사람, 동물, 식물, 일자리, 부富, 질병의

* 제1차 세계대전이 끝나고 얼마 뒤 1919년에 예이츠가 쓴 시 「두 번째가 온다The Second Coming」의 서두는 다음과 같다. "점점 커지는 소용돌이 속에서 돌고 돌아 / 매는 매잡이의 소리를 듣지 못하지 / 모든 게 무너지네 중심이 버티지 못하니"

대이동이 일어날 수밖에 없다. 이동하는 것들은 하나같이 자신들이 잘 살아갈 수 있는 더 시원한 생태 환경의 틈새를 찾으려 할 것이다. 그리고 이런 이동에 좀 더 유리한 것들이 있다. 예를 들어, 코끼리보다는 울새가 서식지를 더 수월하게 옮길 수 있다. 또 참나무보다는 덩굴옻나무가 서식지를 더 빨리 옮길 수 있다. 농부의 경우 복숭아를 재배하는 사람보다 밀을 재배하는 사람에게 선택지가 더 많다. 한편 갈 데가 전혀 없는 생물체들도 있다. 북극곰은 북쪽으로는 더 갈 데가 없다. 코스타리카의 개구리들이 캐나다까지 뛸 수 있을 리도 없다.

그나마 인간은 형편이 나은 편이다. 우리는 첨단기술의 힘을 빌려 수많은 것을 상황에 맞게 개조할 수 있기 때문이다. 한 건축가가 내게 말한 것처럼 "지금은 돈만 충분하면 뭐든 수가 생기는 시대"다. 어떤 면에서는 그의 말이 맞기도 하다. 우리가 로버를 운전해 화성 주변을 탐사할 수 있으면, 더운 지역에서 살아갈 새로운 방법들을 설계할 수 있을 것이다. 사실 이런 일은 지금 이 순간 파리와 로스앤젤레스에서도 일어나고 있다. 도시 곳곳에 그늘용 나무를 심는가 하면 햇빛을 막기 위해 거리를 하얀색으로 칠하는 것이 그런 예라 하겠다. 식물유전학자들은 고온에 강한 새로운 품종의 옥수수, 밀, 대두를 개발하는 중이다. 에어컨은 점점 더 값싼 가격에 더욱 폭넓게 이용되고 있다. 폭염 기간에 우리 스스로를 보호할 방법을 알려주는 보건복지부의 관리 기술도 점점 더 향상되고 있다. 의류 회사는 햇빛을 반사하고 열을 더욱 빨리 발산하는 최첨단 직물을 개발하고 있다.

하지만 부유한 사람들조차도 극단적인 더위에 적응하는 데에는 한계가 있다. 단순히 에어컨을 최대한 틀거나 소나무 그늘로 피신하는 식으로 80억의 사람들이 뜨거운 지구에서 충분히 잘 살아가리라고 생각한다면, 우리 손으로 자초하고 있는 미래의 모습을 단단히 오해하고 있는 셈이다. 가장 부유한 사람들만 에어컨을 가지고 있는 파키스탄 같은 곳은 인간이 살기에 너무 더운 날씨가 이미 1년에 몇 주씩 이어지고 있다. 나무를 2,000~3,000그루 심는 것으로는 사람들을 구제할 수 없다. 인도에서 내가 만난 가족들의 이야기에 따르면, 그들이 사는 콘크리트 빈민가는 너무 더워서 문을 열다가 손이 델 정도라고 했다. 메카나 예루살렘 같은 성지는 성지순례를 위해 수백만 명이 한꺼번에 몰리기도 하는 만큼 땀이 절로 나는 가마솥이나 다름없다. 2022년 여름에는 9억 명에 달하는 중국인들이(중국 전체 인구의 63퍼센트) 농작물을 죽이고 산불까지 일으키는 극단적인 더위가 두 달이나 이어지는 통에 고통을 면치 못했다.[17] 한 기상 역사학자는 "현재 중국에서 벌어지고 있는 사태와 아주 조금이라도 견줄 만한 경우는 세계 기후사를 통틀어 찾아볼 수 없습니다"[18]라고 단언했다.

더위가 몰고 온 혼돈의 세상에서는 불평등과 부정의의 깊은 균열도 더위를 통해 드러난다. 더위 앞에서는 가난이 곧 취약함이 되기 때문이다. 돈이 있으면 에어컨도 틀 수 있고, 먹을 것과 생수를 쟁여놓을 수 있고, 정전에 대비해 예비 발전기도 설치할 수 있다. 도저히 방법이 없을 때는 집을 팔고 더 시원한 곳으로 이사할 수도 있다. 반면에 가난하면 단열도 안 되는 아파트에서 땀을 뻘뻘 흘리거나, 아예 에어컨이 없거나 냉방은 감히 생각할 수도 없는 이동식 주택에 살면서 무더위에 시달려야 한다. 가난하면 어딘가 더 시원한 데로 이사 갈 생각도 할 수 없다. 실직이 두려울뿐더러 뭔가를 새로 시작할 만큼 모아놓은 돈도 없기 때문이다. "우리는 지금 다 같이 태풍 속에 있지만 한배를 탄 건 아닙니다. 항공모함에 올라타 자리를 차지한 사람들이 있는가 하면, 물놀이용 튜브에 올라타 바다를 둥둥 떠다니는 사람들도 있습니다." 미시시피주 그린빌의 전 시장 헤더 맥티어가 미국 의회에서 증언했다.[19]

캘리포니아대학교 버클리의 경제학자이자 기후학자이고, 기후영향연구소Climate Impact Lab의 공동 대표이사인 솔로몬 시앙의 계산에 따르면, 온난화가 1℃ 진행될 때마다 미국의 1년 GDP의 1.2퍼센트, 즉 3,000억 달러가 사라진다고 한다.[20] 더위는 아동의 시험 성적을 떨어뜨릴 뿐만 아니라,[21] 임신부의 유산 위험도 높인다.[22] 더위에 장시간 노출되면 심장 및 신장 질환으로 인한 사망률도 높아진다.[23] 사람들은 더위로 스트레스를 받으면 더욱 충동적으로 행동해,[24] 쉽사리 분쟁을 일으킨다.[25] 소셜미디어에서는 인종차별적인 비방과 혐오 발언이 급작스레 늘어난다.[26] 자살하는 사람이 많아지고,[27] 총기 사고도 늘어난다.[28] 강간 사건도 폭력 범죄도 증가한다.[29] 아프리카와 중동에서는 높은 기온과 내전 사이에 연관성이 있다는 연구 결과가 나왔다.[30]

하지만 지나치게 뜨거워진 행성의 삶과 관련한 가장 엄혹한 진실은 바로 이것이다. 기온이 올라가면 살아 있는 수많은 것들이 목숨을 잃을 것이고, 거기에는 내가 아는 사람들이나 내가 사랑하는 이들도 포함될 수 있다는 것이다. 명망 있는 의학저널인 《란셋》의 추산에 따르면, 2019년에만 극단적인 더위로 목숨을 잃은 사람이 전 세계적으로 48만 9,000명에 달했다.[31] 이는 허리케인과 산불을 비롯한 다른 모든 자연재해로 발생한 사망자를 전부 합친 것보다 많은 숫자다. 총기류와 불법 마약으로 인한 사망자 숫자보다도 많다. 더구나 이 수치는 더위가 직접 사인이 된 사망자만 추린 것이다. 그와 함께 지상의 오존 오염(스모그)이 증폭되는 현상, 즉 바싹 마른 산림에서 일어난 산불 연기 때문에 사망하는 사람들도 있다. 이 연기는 수천 킬로미터를 떠다니며 미세한 입자를 대기 속으로 밀어 올린다. 우리가 이 입자를 들이마실 경우 천식이나 심장마비에 이르기까지 각양각색의 질환을 일으킬 수 있다. 전 세계적으로 산불로 발생한 연기를 들이마시고 사망하는 사람들만 매해 26만~60만 명에 달한다.[32] 이 같은 연기 오염은 화재 현장 부근에 있는 사람들의 목숨만 앗는 게 아니다. 일전에 캐나다 서부의 산불은 현장에서 수천 킬로미터나 떨어진 미국 동부 연안 지대에서 장기 입원 환자가 급증한 것과 직접적 관련이 있었다.[33]

진화의 속도를 앞지르다

지구의 역사에는 화산 폭발, 유성 충돌, 지질학적 대혼란으로 기온이 급격하게 널뛰는 일이 그야말로 숱하게 많았다. 한때 북극에는 야자수가 자랐고 뉴욕시는 600여 미터 두께의 얼음으로 뒤덮여 있었다.[34] 하지만 인류가 진화해온 지난 300만 년 동안은 그래도 기후는 비교적 안정적인 편이었다. 어쨌거나 우리 조상들이 이주하고 적응하고 번성할 만큼은 충분히 안정적이었다.

하지만 그런 시절이 이제는 끝난 것인지도 모른다. 지구가 오늘날보다 더 뜨거웠던 때는 지금으로부터 최소 12만 5,000년 전이 마지막이다.[35] 이때는 인간 문명이 출현하기 훨씬 전이다. 1970년 이후 40년간 지구의 온도는 그 어느 때보다 가파르게 상승했다.[36] 2014년에서 2022년은 역사상 가장 뜨거웠던 기간으로 기록되었다.[37] 2022년에는 상시 고온 지역에서 산 사람들이 8억 5,000만 명이었다.[38] 살인 폭염이 더 길게 이어지고, 더 뜨거워지고, 더 빈번해지는 경향은 이제 전 세계에서 나타나고 있다.[39] 최근 한 연구에 따르면, 오늘날 태평양 북서부 연안을 달구었던 것과 같은 폭염이 일어날 확률은 산업화 시대 초기에 비해 150배나 높아졌다.[40] 수백만 명의 사람들이 먹거리를 구하고 날씨 자체에도 지대한 영향을 미치는 바다도 2022년에 그 어느 때보다 뜨거웠던 것으로 기록되었다.[41] 심지어 지구에서 가장 추운 곳인 남극조차도 더위를 피하지 못하고 있다. 2022년 3월 폭염이 이 얼음 대륙을 침략해 남극의 기온을 평상시보다 21℃나 오르게 했다.[42]

극단적인 더위는 우리의 지구를 인간이 차마 살아가기 어려운 행성으로 다시 바꾸는 중이다. 최근 진행된 한 연구에 따르면, 40년 후에는 지난 6,000년간 문명 탄생의 토대였던 기후 조건 밖으로 밀려날 인구가 10억~30억 명에 달할 것이라고 한다.[43] 설령 우리가 청정에너지로 꽤 빨리 갈아탈 수 있다고 해도 2100년이면 전 세계 인구의 절반이 목숨을 위협하는 더위와 습도에 노출될 것이다.[44] 또 다른 연구에서는 지구 일부 지역은 기온이 너무 높아져 단 몇 시간 밖에 있는 것만으로도 "가장 건장한 인간조차 죽음에 이를 것"이라고 경고했다.[45]

지구 위의 생명은 미세 조정이 이루어진 기계, 다시 말해 진화에 의해 부여받은 설계 변수 안에서 아주 원활히 작동하는 기계와도 같다. 더위는 그런 기계를 근본적인 차원에서 망가뜨린다. 더위로 인해 세포의 기능 방식은 물론 단백질의 전개 방식, 분자들의 이동 방식에 혼란이 생겨난다. 당연히 상대적으로 더 높은 기온에서 잘 살아가는 유기체들도 있다. 가령 길달리기새는 큰어치보다 고온에서도 잘 살아간다. 사하라은개미는 다른 곤충이었으면 곧바로 죽고 말았을 지독히 뜨거운 사막 모래 위를 사방팔방 가로지르며 잘도 달린다. 미생물들은 옐로스톤국립공원의 77℃로 펄펄 끓는 온천물에서도 살아간다. 30세의 철인3종경기 선수는 심장질환이 있는 70세 노인보다 43.3℃의 날씨를 더 잘 견딘다. 우리 인간이 급속하게 변화하는 세상에 적응하고 그것을 바꿔나갈 엄청난 능력을 가진 뛰어난 생물체임은 두말할 나위 없다.

하지만 극단적인 더위는 우리가 지금껏 예상했던 그 어떤 것도 뛰어넘는 힘이다. 그것은 인간이 초래한 결과이지만, 그것이 보여주는 힘과 예언은 신에 버금간다. 살아 있는 모든 것은 결국 하나의 단순한 운명을 함께하기 때문이다. 다시 말해 자신들이 익숙해져 있던 온도(과학자들의 용어로 자신들의 골딜록스 존)가 너무 많이, 너무 빨리 오르면 살아 있는 모든 것은 죽는다.[46]

The Heat

1장

Will Kill

일가족 참변

걷잡을 수 없는 죽음의 연쇄 반응

You First

극단적 더위에 노출되어 체온이 40℃를 넘어서면 발작이 일어나고 우리 몸의 세포가 망가지거나 녹아내린다. 혈액 안에서 응고 연쇄 반응이 일어나 온몸 구석구석에서 출혈이 생긴다. 이 죽음의 소용돌이에서 자유로울 이는 아무도 없다.

일가족 사망 현장

2021년 8월 16일 월요일 오전 11시 무렵, 미주Miju Gerrish를 돌보기 위해 아이 집에 도착한 베이비시터는 텅 빈 집 안을 보고 당황했다. 미주는 조너선 게리시Jonathan Gerrish와 엘런 정Ellen Chung의 한 살배기 딸이다. 이들 부부는 최근 베이에어리어(미국 샌프란시스코시를 중심으로 하는 광역 도시권-옮긴이)를 떠나 캘리포니아의 시에라네바다 산기슭으로 이사한 참이었다. 4만여 제곱미터 부지에 자리한 침실 세 개가 딸린 현대식 주택은 목재로 마룻바닥을 깔고 석재로 커다란 굴뚝을 올렸으며, 직사각형 통창으로는 일명 악마의 골짜기Devil's Gulch라고 하는 민둥한 바위산 협곡도 보였다. 2층 침실에 서면 화강암이 수직으로 솟아올라 요세미티계곡의 명물로 손꼽히는 엘카피탄 꼭대기가 한눈에 들어왔다.

베이비시터는 마침 열쇠를 하나 갖고 있던 터라 문을 따고 들어가 일가족의 이름을 불렀다. 아무런 답이 없었다. 주말 날씨가 무더웠지만 에어컨이 계속 강하게 틀어져 있었는지 집 안은 시원했다. 하지만 베이비시터는 정과 게리시가 지갑을 놔둔 채로 집을 비웠다는 사실이 마음에 걸렸다. 더욱 미심쩍은 건 부부가 외출할 때 꼭 챙기는 기저귀 가방까지도 집 안에 덩그러니 놓여 있었다는 점이었다.

베이비시터가 일가족을 마지막으로 만난 건 전주 금요일, 미주네 집 정리를 말끔히 마쳤을 때였다. 그날 저녁에는 정이 미주가 걸음마를 떼기 시작했다고 무척 기뻐하며 동영상을 보내주기도 했다. 하지만 그때도 자신들이 월요일에 집을 비울 것이라는 말은 없었다. 미주를 끔찍이 아끼는 부부는 시에라 산기슭에서의 새 삶을 더할 나위 없이 행복해하는 듯 보였고, 라스베이거스 같은 곳을 즉흥적으로 다녀올 그런 부류의 사람은 절대 아니었다.

베이비시터는 평소 게리시와 연락하고 지내는 건물관리자에게 전화를 걸었다. 처음에 관리자는 대수롭지 않게 여기는 눈치였다. 나중에 경찰 조서에도 썼듯, 정과 게리시는 "워낙 활동적인 부부"[1]였기 때문이다. 그래도 베이비시터와 건물관리자는 여기저기 전화를 걸고 친구들에게도 연락해보았다. 마리포사에 사는 친구 스티브 제프는 페이스북에 이런 게시글을 올렸다. "안녕, 엊그제 이후로 조니 게리시와 엘런 정을 본 사람이 제발 있었으면 좋겠는데…."[2] 그날 오후 5시 무렵 몇몇 친구들이 차를 타고 인근을 돌며 일가족을 찾기 시작했다. 밤 11시, 이들은 마리포사 경찰서에 사건을 신고했다.

그로부터 몇 시간 뒤, 한 경찰관이 게리시의 집에서 몇 킬로미터 떨어진 하이트코브 등산로 초입에서 게리시의 트럭을 발견했다.

새벽 4시 무렵 수색구조대가 현장에 도착했다. 이들은 오프로드 사륜차를 타고 등산로를 돌며 칠흑 같은 어둠을 전등 빛으로 구석구석 더듬었다. 무전기로 등산로에 자동차의 바큇자국이 있다는 소식이 흘러나왔다. 사람들이 바큇자국을 따라가봤지만 머세드강에 이르자 흔적은 온데간데없이 사라졌다. 이제 동녘에서는 해가 떠오르고 있었다. 헬리콥터가 수색에 동원되었다. 수색구조대도 추가로 현장에 속속 도착했다. 그중 한 팀이 강 쪽을 향해 구불구불 나 있는 가파른 등산로를 따라 내려갔다. 오전 9시 30분경 등산로를 따라 약 2.5킬로미터 내려간 지점에서 수색대가 게리시와 미주, 이들 가족의 반려견 오스키의 사체를 발견했다. 게리시가 미주와 오스키를 옆에 끼고 앉은 채 숨을 거둔 모습이었다.

처음에 수색구조대는 정의 시신이 어딨을지 도무지 종잡을 수 없었다. 30분쯤 후 순경 하나가 게리시가 발견된 지점에서 등산로를 되짚어가다가 "등산로 오르막에서 흙이 한 뭉텅이 파헤쳐진 걸 발견했다. 무언가 혹은 누군가가 언덕을 올라가려 애쓴 흔적처럼 보였다."[3] 거기서 그는 신발 한 짝을 발견했고 이어 정의 시신도 찾았다. 나중에 수사관들은 등산로를 걷는 도중 일가족이 사망했다고 결론을 내렸다. 시신이 발견된 위치로 보아 정은 등산로를 벗어나 험한 산비탈을 막무가내로 타고 오른 듯했다. 이는 당시 일가족의 상황이 얼마나 급박했는지, 아울러 정이 트럭까지 가려 얼마나 필사적으로 애썼는지를 보여주었다.

하지만 우여곡절 끝에 차까지 갔더라도 정은 차 문을 열고 안에 들어가지는 못했을 것이다. 수사관들이 일대를 샅샅이 살피다가 게리시의 시신 아래쪽으로 약 30미터 떨어진 등산로에서 포드 자동차의 리모컨 키를 발견했기 때문이다. 어쩌다 이 열쇠는 게리시의 주머니를 빠져나와 바닥에 떨어진 것일까? 혹시 게리시가 손에 들고 있던 열쇠를 떨어뜨리고도 미처 몰랐던 건 아닐까? 그만큼 게리시가 당시 완전히 겁에 질렸거나 어찌할 바 몰랐던 건 아닐까?

구조대가 보기에 폭행치사의 흔적은 없었다. 시신에는 외상이 전혀 없었을 뿐만 아니라 누군가와 실랑이를 벌인 흔적도 없었다. 사건 현장이 워낙 외진 데다 지형까지 험악해 일가족의 시신을 곧바로 옮기기 어려웠다. 대신 순경 둘이 밤새 사건 현장을 지키면서 곰이나 코요테의 접근을 막았다. 이튿날 아침이 되어서야 캘리포니아 고속도로 순찰대 헬리콥터가 도착해 일가족의 시신을 옮겼다.

오전 7시 44분, 섭씨 21도 : 하이킹 시작

게리시와 정이 마리포사로 이사 온 것은 약 1년 반 전, 부부의 첫아기 미주가 태어나기 직전이었다. 마리포사로 오기 전 샌프란시스코에서 정은 상담심리학을 공부하며 요가 강사로 일했고, 게리시는 스냅챗에서 컴퓨터 코드를 붙들고 씨름했다. 그러다 둘 사이에 미주가 생기고 팬데믹이 발생하자 부부에게도 변화가 필요했다. 둘은 도시를 벗어나 자연과 좀 더 가까운 데서 미주를 키워야겠다는 생각이 들었다. 요세미티국립공원 입구에서 불과 한 시간 거리에 있는 마리포사는 야생의 자연과 뛰어난 경관이 뒤섞여 더할 나위 없이 이상적인 곳이었다. 게리시 가족을 알고 지내던 한 친구는 이렇게 말했다. "게리시 부부는 마리포사에 흠뻑 빠졌었죠."[4]

게리시는 영국 동북부의 오래된 항구인 그림즈비에서 태어났다. 아버지는 초등학교 교사, 어머니는 병원에서 접수원으로 일했다. 게리시와 두 살 터울 동생인 리처드는 어릴 때 형제가 부모 손에 이끌려 먼 데까지 걸어서 다녀오곤 했다고 회상했다.[5] "형과 나는 산골짜기 개울물에 댐을 짓기도 하고 범인 잡기 놀이(술래잡기보다 스릴 넘쳤다)를 하기도 했다." 리처드가 어린 시절을 회상하며 쓴 글이다. "하지만 막바지에는 가는 길이 멀다며 투정을 부리거나 울음을 터뜨리기 일쑤였다. 그때쯤이면 몸이 지칠 대로 지친 데다 배도 고프고 발까지 욱신거렸기 때문이다." 고등학교 졸업 후 게리시는 뉴캐슬대학교에 들어가 컴퓨터공학을 전공했다. 영국의 소프트웨어 회사 몇 곳을 전전하던 그는 구글 런던 지부에 입사하게 됐다. 그런 그에게 어느 날 구글에서 캘리포니아에서 일하지 않겠느냐고 제안했고 게리시는 그에 덥석 응했다.

매해 여름이 끝날 무렵 네바다사막에서 열리는, 광란의 음악 축제 버닝맨Burning Man에 다녀온 것이 게리시에겐 가장 뜻깊게 보낸 휴일이었다. 친구들은(게리시에겐 친구가 많았다) 게리시를 조니라는 애칭으로 부르곤 했다. 게리시의 소년 같은 순수한 열정과 매력을 그 이름이 잘 담고 있었기 때문이다. "조니보다 행복하게 산 사람은 아마 별로 없을 거예요."[6] 한 친구가 내게 한 말이다.

한편 정은 캘리포니아 오렌지카운티에서 나고 자라 2012년 캘리포니아대학교 버클리를 졸업했다. 정의 부모님은 1970년대에 한국에서 미국으로 건너온 이민자로, 갖은 고생 끝에 오렌지카운티에 식당을 차려 큰 성공을 거두었다. 정은 대학 졸업 후 기술회사 마케팅 부서에 들어가 몇 년을 일했지만, 어느 순간 계속 그렇게 살 수 없다는 생각이 들었다. 그래서 샌프란시스코에 소재한 사립 대학으로 동양 문화와 철학을 바탕으로 하는 캘리포니아통합연구소에 입학한다. 그리고 자신이 어려움을 겪는 사람들의 이야기를 들어주는 일에 끌린다는 사실을, 아울러 그런 일에 재능이 있다는 사실을 깨닫게 되었다. 정은 캘리포니아 해안에 우거진 삼나무 사이로 비치는 햇살과 유타주 자이언국립공원의 탁 트인 풍광을 무엇보다 좋아했다.

게리시와 정은 둘 다 딸 미주를 끔찍이 아꼈다. 가족 사진에서 게리시와 정의 얼굴에 기쁨과 함께 초보 부모의 피로가 묻어나는 것만 봐도 미주를 얼마나 애지중지했는지 짐작할 수 있다. 게리시와 정은 미주가 행여 잘못될까 늘 걱정했고, 그래서 아이의 환경에도 특별히 신경을 썼다. 한번은 아이의 침실이 "너무 갑갑하다"[7]며 지역의 한 업자를 불러 딸의 방을 더 시원하게 개조하기도 했다.

하이킹에 나서기 전날 게리시는 자신의 휴대전화에 깔린 올트레일스Alltrails 앱으로 경로를 짰다. 이 앱으로는 인근의 등산로뿐 아니라 일대의 지도와 해발고도는 물론 다른 이들이 하이킹하며 댓글을 남긴 장소들도 확인할 수 있었다. 게리시는 2021년 이 앱에 로그인해 총 16회 하이킹을 했다.[8] 대부분 5~6킬로미터 코스였으며, 집 근처의 산과 계곡을 벗어난 경우는 단 한 번도 없었다.

사건 당시 게리시는 오지로 들어가는 야생 탐험을 계획했던

게 아니었다. 초반부엔 그냥 차로 몇 분 달려서 그들의 앞마당이나 다름없는 악마의 계곡 정상부까지 갈 생각이었다. 거기에서 등산로는 산등성이를 따라 죽 이어지다 제법 가파른 길을 내려간다. 그러면 머세드강의 남쪽 지류가 나왔다. 요세미티에서부터 흐르는 강물은 계곡들 사이를 타고 흘러 마리포사로 향했다. 등산로는 머세드강 양안의 평평한 지대를 따라 약 5킬로미터 굽이굽이 이어졌다. 게리시는 이 5킬로미터가 끝나는 지점에서 오른쪽으로 방향을 꺾을 생각이었다. 그렇게 해서 가파른 길을 타고 700미터 높이의 산을 올라 악마의 계곡을 통과한 다음 자신들의 트럭으로 돌아올 계획이었다. 한마디로 당시 하이킹은 10여 킬로미터를 고리 형태로 빙 도는 식이었다.

게리시는 자연을 사랑했지만 야외 활동에 그리 열정적이지는 않았다. 주말 모험가라고 해야 더 좋은 타입이었다. 게리시의 집을 개조해준 건물관리자는 게리시와 정을 영락없는 "도시인들"[9]이라고 했다. 게리시는 마트에서 장작을 사오지 자기 손으로 장작을 팰 사람은 아니었다.

하이킹 전날 게리시가 육아 상담이 필요하다며 동생 리처드에게 전화를 걸었다. 게리시는 동생에게 그날 땅을 좀 보고 다녔는데 날이 유난히도 무더웠다고 이야기했다. 그러면서 다음 날 가족이 하이킹에 나서 머세드강에 수영할 만한 물웅덩이가 있는지 찾아볼 계획이라고도 했다. 무더위 속 하이킹이 얼마나 위험한지 잘 알고 있던 리처드는 형에게 물을 넉넉히 챙겨가는 것은 물론, 아침 일찍 출발해야 한다고 일러주었다. 게리시는 그러겠다고 하면서 날씨가 너무 뜨거워지기 전에 등산을 마치겠다고 약속했다.

일요일 아침, 게리시와 정은 새벽에 잠자리에서 일어났다. 둘은 아침은 건너뛴 채 짐부터 꾸렸다. 하이킹 폴, 아기띠, 미주의 기저귀와 유아용 컵, 그리고 여덟 살 반려견 오스키(아키타 품종이 일부 섞인 오스키는 덩치가 커다랗고 힘도 셌다)의 목줄을 챙기는 것도 잊지 않았다. 정은 가족들이 마실 물로는 오스프리 하이드레이션 팩을 하나 챙겼다. 2.5리터들이였다. 게리시는 진한 색 반바지에 노란색 티셔츠를 입고 테니스화를 신었다. 정은 등산화를 신고, 스판덱스 반바지에 노란색 탱크톱을 입었다. 둘은 미주에게 소매가 짧은 유아용 점프슈트를 입히고 분홍색 신발을 신겼다. 그리고 모든 물건을 2020년형 회색 포드 랩터(오프로드형 차량–옮긴이)에 싣고 5분간 차를 몰아 등산로 초입을 향했다.

개를 데리고 산책하던 한 여성이 등산로라기보다 비좁은 흙길에 불과한 하이트코브 길을 걷다가 픽업트럭 한 대가 자신을 지나쳐 등산로 초입에 주차하는 것을 본 것은 그날 아침 7시 30분경이었다. 게리시가 등산로에서 첫 번째 가족 셀카를 찍은 것은 오전 7시 44분이었다. 당시 온도는 21℃ 정도로 습하지 않고 따뜻한, 아주 화창한 아침이었다. 평소라면 게리시는 그 원형 고리 모양의 등산로 10여 킬로미터를 다 도는 데 네다섯 시간이면 충분하리라고 계산했을지 모른다. 모든 계획이 착착 들어맞기만 하면 가족은 해가 이글이글 타오르기 시작한 직후인 오후 1시경에는 하이킹을 마치고 등산로를 떠날 수 있을 것이었다.

오전 10시 29분, 섭씨 38도

시에라 산기슭에는 1850년대와 1860년대에 이곳을 휩쓴 캘리포니아 골드러시의 흔적이 아직도 역력히 남아 있다. 곳곳의 강줄기를 따라 케케묵은 자갈 더미가 수북이 쌓여 있는가 하면 사람들이 버리고 떠난 채굴용 판잣집과 수문들도 그대로 방치돼 있다. 마리포사 지역의 경우 석영 광맥(지질학적으로 금이 주로 출토되는 부분)이 60여 센티미터 두께로 산맥을 따라 길게 파묻혀 있다. 게리시와 정이 사건 당시 산책했던 하이트코브도 한때는 100명 이상이 모여 살았던 광산촌이었다. 골드러시의 열풍은 사라진 지 오래지만, 지금도 이 지역에 가면 금속 탐지기를 들고 배회하는 금 시굴자들을 심심찮게 볼 수 있다. 하지만 요즘에는 봄철 야생화를 구경하기 위해 이곳을 찾는 등산객이 대부분이다. 뜨겁고 건조한 돌투성이 흙에서 잘 자라는 오렌지빛 캘리포니아양귀비가 지천으로 필 때면 일대가 그야말로 장관을 이룬다. 이 길을 따라 걷다 보면 곰, 보브캣, 코요테를 마주칠 수도 있다(정확히 말하면, 이들 동물이 싸놓은 똥을 마주칠 확률이 더 높겠지만). 계곡 맨 끝까지 내려가면 머세드강이 만드는 깊숙한 물웅덩이와 소용돌이 속에서 무지개송어가 고요히 헤엄치는 광경을 볼 수도 있다.

기후변화로 인한 무더위와 가뭄이 이 지역을 부싯깃통으로 바꿔놓은 것은 최근 일이다. 2018년 퍼거슨 산불이 일렀다. 당시 수백만 에이커의 땅을 화마가 집어삼키는 바람에 요세미티국립공원이 문을 닫는 사상 초유의 사태가 벌어지기도 했다.[10] 소방대원도 둘이나 목숨을 잃었다. 어느 차량의 자동차 촉매장치에서 발화한 불은 삽시간에 마른 풀과 나무좀에 걸린 나무에 옮겨붙으면서 일대를 지옥의 불구덩이로 만들었다. 화재가 나고 3년 만에 야생화가 다시 피고 돌투성이 흙에서 어린 묘목들도 고개를 내밀었지만, 나무들 대부분이 새까만 숯덩이가 되어 뼈만 앙상하게 남은 이곳에 등산객이나 야생동물이 더위를 피할 그늘은 거의 찾아볼 수 없다.

사실 2018년 화재가 있기 전에도 게리시와 정이 택한 등산로는 위험하기로 악명 높았다. 계곡을 벗어나는 가파른 오르막길은 산의 남동쪽 사면을 따라 나 있었다. 다시 말해 이 길을 타게 되면 태양의 무자비한 열기에 그대로 노출된다는 뜻이었다. "그 등산로는 아주 끔찍합니다."[11] 한 주민이 소셜미디어에 써놓은 말이다. "곳곳에 옻나무가 자라고 방울뱀들이 도사리는 데다 까딱 잘못하다가는 발목이 부러질 수도 있습니다. 이 길은 하이킹할 가치가 없다고 보면 됩니다." 그리 무덥지 않은 어느 봄날에 이 등산로를 올랐던 또 다른 주민은 산비탈에 만개한 야생화에는 찬탄을 금치 않았지만, 이 길이 위험할 정도로 햇빛에 노출돼 있다는 사실을 지적하는 것을 잊지 않았다. "저라면 무더운 날엔 이 짓(등산)을 안 할 것 같습니다."[12]

게리시 일가족의 하이킹은 순조롭게 시작되었다. 초반 3킬로미터는 대체로 내리막이었다. 산을 비추는 아침 햇살이 아마 이때까진 기분 좋게 느껴졌을 것이다. 일가족이 머세드강에 다다르는 데는 불과 한 시간 남짓밖에 걸리지 않았고, 여기서 잠깐 멈추어 가족 셀카를 찍은 것이 오전 9시 5분이었다. 이후 일가족은 강의 곳곳을 돌아보며 한 시간 반가량을 보냈다. 아마도 중간중간 멈추어 배낭에서 물을 꺼내 목을 축이기도 하고, 시원한 강물에 손과 얼굴을 적시기도 했을 것이다.

그러다 강을 배경으로 마지막 셀카를 찍고 나서 산을 타기 시작한 것이 오전 10시 29분. 이제 기온은 38℃에 육박했고, 1분 1분이 흐르기 무섭게 날은 점점 더 뜨거워졌다. 가파른 등산로 주변의 나무들은 최근 화재로 온통 새까맣게 변한 채 앙상하게 가지만 남아 있었다. 키 큰 풀들도 햇빛에 그슬려 마치 지푸라기처럼 누렇고 거무스름하게 변해 있었다.

열탈진이 왔을 때 당신이 해야 할 일

살아 있는 모든 것이 그렇듯 인간의 몸은 열을 내는 기계다. 단순히 살아 있는 것만으로도 열이 발생한다. 하지만 우리 몸이 지나치게 빠른 속도로 너무 뜨거워지면(날이 무더운 탓에 외부에서 열이 발생하든, 아니면 펄펄 끓는 신열로 인해 몸 안에서 열이 발생하든) 우리는 엄청난 곤경에 처하게 된다.

모든 유기체는 나름의 방식으로 열을 관리한다(이 점에 대해서는 곧 이어질 장에서 다시 중점적으로 다룰 것이다). 우리 인간은 바깥 온도가 얼마든 우리 몸의 온도를 36.5℃로 일정하게 유지하려 무던히 애를 쓴다. 밖의 기온이 낮으면 몸은 신체 중요 기관의 온도를 따뜻하게 유지하려고 피를 그곳으로 보낸다. 반면 밖이 더울 때는 피부 쪽으로 피를 밀어내 땀을 통해 피부가 식도록 한다. 마른 열이 습한 열보다 덜 위험한 이유도 바로 여기에 있다. 공기가 습하면 습할수록 땀이 수증기로 증발하기 힘들고 따라서 열을 없애기도 더 힘들어지는 것이다. 아울러 살아 있는 모든 것들이 그렇듯 우리 몸에도 한계온도가 있다. 습구온도 35℃(이는 기본적으로 바깥 기온과 습도가 모두 높다는 의미한다)가 습한 열에 적응할 수 있는 인간의 최고 한계치라는 것이 연구자들의 중론이다.[13] 이 한계치를 넘으면, 우리 몸은 스스로 없앨 수 있는 것보다 더 빠른 속도로 열을 발생시키는 셈이 된다.

고체온증이 나타나는 순간 일이 꼬이기 시작한다. 체온이 비정상적으로 높은 상태가 되면 갖가지 생리적 반응들이 일어난다. 애초엔 어지럼증과 열경련(높은 온도와 습도 속에서 땀을 많이 흘리고 혈액 속 수분과 염분이 부족해지면 일어난다–옮긴이)으로 시작했다가 종국에는 열사병(생명을 앗아갈 만큼 치명적이다)으로 치달을 수도 있다.

대략 열사병에는 고전형과 운동형 두 종류가 있다. 고전형 열사병은 새파랗게 젊은 사람, 나이 지긋한 노인, 과체중·당뇨병·고혈압·심장병 같은 만성질환으로 고생하는 이들을 가릴 것 없이 누구나 걸릴 수 있다. 알코올을 비롯한 특정 약물들(이뇨제, 삼환계 항우울제, 정신병 치료약)은 열사병 위험을 높이기도 한다. 차량에 갓난아기를 두고 내리거나 노인들이 에어컨 없는 고층 아파트에서 여름을 지낼 때 종종 걸리는 게 고전형 열사병이다.

반면 운동형 열사병은 종종 젊고 건장한 이들을 덮치기도 한다. 운동이 체온 상승을 급격히 가속화하기 때문이다. 근육은 수축

할 때 어김없이 열을 발생시킨다. 사실 우리가 근육을 움직일 때 근육 수축에 들어가는 에너지는 약 20퍼센트에 불과하고 나머지 80퍼센트는 열로 방출된다. 마라톤 선수, 사이클 선수를 비롯한 여타 육상 선수들이 이따금 운동에 따른 고체온증(보통 신체 내부의 온도가 37.7~40℃까지 치솟는다)을 겪는 이유가 바로 이것이다. 물론 보통의 경우라면 운동에 의한 고체온증을 겪는다고 지속적 손상이 일어나지는 않는다. 하지만 체온이 높아지면 높아질수록 생리적 반응도 더 극적으로 진행되고, 그에 따른 합병증도 더한 손상과 심각성을 동반하게 된다. 종국에는 높아진 체온이 기폭제가 되어 연달아 재앙과 같은 일들이 터지기도 한다. 가령 체온이 높아지면 신진대사가 매우 빠르고 뜨겁게 돌아가기 시작해 통제 불능의 핵 원자로처럼 스스로 열을 식히지 못하는 지경에 이른다.

그렇게 되기까지 시간이 오래 걸리는 것도 아니다. 게다가 젊다고 해서, 혹은 몸이 건장하다고 해서 목숨을 건질 수 있는 것도 아니다. 오히려 젊고 튼튼하면 이미 손쓰기에 늦을 때까지 열탈진의 징후가 드러나지 않을 수도 있다. 몇 년 전 유명 육상 스타이자 야심찬 저널리스트였던 18세의 청년 켈리 와트가 무더운 여름날 자신이 종종 훈련하던 언덕배기의 도로에 차를 주차하고는 50분 정도를 달렸다.[14] 그로부터 몇 시간 뒤, 와트의 아버지는 아들의 차에서 그리 멀지 않은 숲 어딘가에서 아들의 시신을 발견했다. 차에 찍힌 손자국들로 보아 와트는 달리기를 마치고 차 안으로 들어가려 했으나, 더위 때문에 정신을 못 차리고 근처 덤불 숲으로 들어가 헤매다가 풀썩 쓰러져 그대로 숨을 거둔 것이었다.* 2021년 7월 어느 날 아침에는 어린아이 둘을 키우는 37세의 울트라마라토너 필립 크레이킥이 달리기를 하고 오겠다며 캘리포니아주 플레전턴에서 가까운 야트막한 산악지대로 차를 몰고 갔다.[15] 그는 자신의 프리우스 차량을 흙길에 대고는 콘솔 박스에 물병을 놔둔 채 14킬로미터 달리기에 나섰다. 그날 정오 무렵 기온은 45.5℃까지 올라갔다. 몇 시간 뒤 남편이 실종됐다는 크레이킥의 아내의 신고가 접수되고 수백 명이 수색에 나섰다. 알라메다카운티 경찰서에 의하면 서부 해안에 이루어진 역대 최대 규모의 수색 작업이었다. 크레이킥을 찾는 페이스북 모임에 동참한 사람들도 1만 2,000명에 달했고, 크레이킥의 가족 후원 모금액도 15만 달러가 넘었다. 하지만 그는 실종일로부터 24일 뒤, 한 외딴 지역에서 시신으로 발견되었다. 사망 원인은 고체온증이었다.

와트와 크레이킥은 둘 다 뛰어난 기량을 가진 운동선수였다. 두 사람은 달리는 도중 날씨가 더워질 거란 사실을 알고도 물을 챙기지 않았다. 그런데 물을 챙기지 않은 게 과연 중요한 변수였을까? 2016년 세계 최고로 손꼽히는 초장거리의 시에라 네바다 산악지대 수백 킬로미터를 아무렇지 않게 달리곤 했던 마이클 포포브는 8월 어느 무더운 날 데스밸리를 찾아 약 10킬로미터 달리기에 나섰다.[16] 물과 얼음이 든 물통 네 개를 챙긴 터였다. 두 시간 뒤, 마이클은 도롯가에 풀썩 쓰러진 채로 발견되었다. 그러고는 몇 시간

* 와트는 샬러츠빌의 신문 《더 후크The Hook》의 '스포츠 랩Sports Wrap'이라는 코너에 매주 칼럼을 연재했다. 사망 당일 와트는 늘어지게 자고 일어나서 집을 나선 것이었다. 얼마 전 승마 선수 에마누엘 호세 산체스가 리치먼드 근방의 경마장 콜로니얼 다운스에서 열사병으로 사망한 사건을 다루는 글을 쓰다가 그 전날 밤을 꼬박 새우다시피 했기 때문이었다.

후에 숨을 거두었다.

물과 열탈진, 열사병과의 관계에 대해서는 헷갈리는 부분이 많다. 땀을 계속 나게 하려면 물이 필요한 것은 사실이다. 탈수 상태에서는 땀이 날 수가 없기 때문이다. 하지만 물을 마시는 것 자체가 심부체온을 떨어뜨리는 것은 아니다. 다시 말해 탈수가 열탈진과 열사병 증상을 악화시킬 수는 있지만, 수분 공급이 잘 이뤄지는 중에도 얼마든지 열사병으로 목숨을 잃을 수 있는 것이다. 몬태나에서 진행된 한 연구에서는 산불 진화 전문 소방대원이 끊임없이 엄청난 양의 물을 마셔가며(그의 동료 소방대원이 마신 물의 2배가 넘는 양이었다) 총 7시간 동안 극심한 열과 싸웠음에도 그의 심부체온은 여전히 열사병 수준에 이르고도 남을 45.5℃에 달했다.[17]

미국 육군환경의학연구소US Army Research Institute of Environmental Medicine에서 20년 넘게 일하고 있는 샘 슈브롱Sam Cheuvront은 이렇게 설명했다. "탈수 상태가 아니어도 열탈진과 열사병 모두 일어날 수 있습니다. 다만 탈수는 열탈진 증상을 악화시키는 경향이 있는 만큼 적절한 수분 공급이 열탈진의 속도를 늦추는 것은 사실입니다. 그렇지만 적절한 수분 공급이 열사병을 막을 수 있는 것 또한 아닙니다."[18]

날이 더울 때 물을 충분히 마셔야 한다는 것은 두말할 나위도 없다. 중간 온도에서 중강도 활동을 1시간 하는 경우 일반적인 1인당 물 권장량은 약 500밀리리터다. 그러나 극단적인 조건에서 이 정도로는 어림없다. 수분 공급이 충분한 사람은 시간당 최대 약 2.8리터의 땀을 흘릴 수 있지만, 우리가 얼마나 많은 물을 마시든 우리 몸이 다시 채워 넣을 수 있는 물의 양은 약 1.9리터에 불과하다. 따라서 더운 장소에 오래 있을 경우 탈수를 걱정할 수밖에 없는 것이다.

그런데 약 1.9리터의 비율로 땀을 흘릴 때조차도(소방관이 더운 환경에서 보호복까지 착용하고 진화 작업을 할 때 흘리게 되는 땀의 양이라고 생각하면 된다) 1시간이 지나면 탈수 수치가 2퍼센트를 넘어서게 된다. 이 지점에 도달하면 실질적 탈수가 시작되어 혈류 감소로 인한 심장 근육 강직 현상이 일어난다. 게다가 탈수가 일어나면 근육, 피부, 뇌, 장기들 사이에서 서로 피를 더 많이 차지하기 위한 경쟁이 더욱 과격해진다.

슈브롱에 따르면, 어떻게 이런 모든 일이 벌어지는지 그 원리를 이해하려면 몸을 일종의 열 실린더로 생각하는 것이 가장 좋다. "열 손실이 최소이거나 혹은 없는 상황에서 우리가 과도하게 운동을 하면(그래서 과도하게 대사열이 발생하면), 그 실린더의 열용량이 단숨에 위험 수위까지 올라갈 수 있습니다."[19] 그가 내게 해준 말이다. "제아무리 물을 마셔도 이 현상을 막을 수는 없습니다. 현실적으로 섭취 가능한 물의 양에 담긴 열용량으로는 실질적인 차이를 만들기에 턱없이 부족하거든요."

그런 만큼 열사병을 효과적으로 치료할 수 있는 길은 단 하나, 심부체온을 재빨리 낮추는 것뿐이다. 따라서 찬물 샤워나 얼음이 담긴 욕조(혹은 서문에서 언급한 것처럼 시체 운반용 부대)를 이용하는 게 최선이다. 타이레놀이나 아스피린 복용은 별 도움이 되지 않는다. 오히려 신장의 원활한 기능을 방해해 문제를 더 꼬이게 할 수 있다.[20] 오로지 심부체온을 낮춘 뒤에만 비로소 열사병으로 인한 손상이 멈추고 치료와 회복의 희망이 있다.

오전 11시 56분, 섭씨 41.6도 : 인명 구조 요청

게리시, 정, 미주 그리고 오스티가 곤경에 빠진 것은 머세드 강둑을 떠난 지 약 한 시간 반이 흘렀을 때였다. 힘겹게 산을 타고 3킬로미터 정도 오긴 했지만 트럭으로 돌아가려면 구불구불하고 가파른 산길을 아직 2킬로미터 더 올라야 했다.

오전 11시 56분, 게리시는 주머니에서 전화기를 꺼내 메시지를 보내려고 했다. "[실명 삭제], 우리 좀 도와줄 수 있을까. 우리 지금 하이트코브로 다시 돌아가는 중인데, 길이 아주 고약하고 험하네. 아기가 더위에 익어가는데 몸 위에(or ver) 끼얹을 물이 하나도 없어."[21] 당시 기온은 41.6℃였다. 하지만 그 등산로는 강한 볕이 그대로 내리쬐는 데다 그늘 한 점 없는 상태에서 바위들이 열기를 오롯이 빨아들여 증폭시키고 있었던 만큼 게리시와 그의 가족이 느낀 체감온도는 훨씬 더 높았을 것이다.

게리시와 정은 차라리 이쯤에서 등산을 멈추고 길을 되돌아가 강 옆에 피난처를 찾으려 하지 않았을까 싶다. 강 쪽도 마땅한 그늘이 없긴 마찬가지였지만 그나마 나았을 테니까. 더구나 강 쪽으로 갔다면 시원한 물에 뛰어들어 더위를 좀 달랠 수 있었을지 모른다. 하지만 설령 거기서 길을 멈추고 강 쪽으로 돌아간다 해도 결국 그날 내로 다시 산을 타야 할 것이었고, 오후 날씨는 점점 더 무더워지고 있었다. 기온이 떨어지고 햇빛이 누그러질 때까지 기다린다는 것은 결국 늦은 오후나 이른 저녁까지 기다려야 한다는 뜻이었다. 그 결정이 어쩌면 안전할 수도 있었지만 거기에도 나름의 위험은 따랐다. 우선 게리시의 가족은 물이 완전히 바닥난 상태였고, 머세드강 곳곳에 있는 안내판에는 독성 조류가 있으니 강물을 마셔서는 안 된다는 내용이 적혀 있었다. 열사병의 위험에 비하면 독성 조류를 먹고 실제 탈이 날 위험은 극히 낮았지만, 당시 게리시와 정은 그 점을 미처 몰랐을 것이다.

그뿐만 아니라 미주에게 먹일 음식도 문제였다. 기저귀도 이유식도 충분히 챙겨오지 않은 터라 온종일 밖에 있는 것은 무리였다. 아마도 부부는 아이를 위해 자신들이 무더위 속에서 고생을 좀 하더라도 어떻게든 다시 트럭으로 돌아가 에어컨을 틀고 악몽 같은 무더위에서 한숨 돌리는 편이 더 낫겠다고 생각했을 것이다.

게리시의 문자 메시지 속 오타(or ver)도 그의 다급한 마음을 짐작하게 한다. 그와 동시에 더위가 이미 게리시의 인지 능력을 떨어뜨렸을 수도 있다. 극도의 열탈진에는 인지 능력 저하가 흔히 나타나기 때문이다. 정말 게리시의 인지 능력이 저하된 거라면, 그 더위 속에서 등산을 계속할지 아니면 강 근처에 피난처를 찾을지 또렷한 정신으로 결정하기란 더욱 어려웠을 것이다.

당시 게리시의 머릿속이 어떤 생각으로 차 있었건, 그는 당시 상황이 시시각각 악화일로로 치닫고 있다는 것만큼은 명확히 인식하고 있었다. 이후 27분 동안 게리시는 다섯 번의 통화를 시도했지만, 서비스 가능 지역이 아니었던 탓에 모두 연결되지 않았다.[22] 게리시는 911에는 전화하지 않았다. 만일 했더라면 연결됐을 수도 있다. 외진 지역이라도 911 호출은 다른 경로를 따라 기지국에 연결되기 때문에 더러 연결되는 경우도 있다. 이 사실을 게리시가 미처 몰랐을 수도 있고, 어쩌면 너무 경황이 없어 911에 전화할 생각 자체를 아예 못 했을 수도 있다. 어찌 됐든 게리시가 도움을 요청하기 위해 누군가에게 마지막으로 통화를 시도한 것은 오후 12시 36분이었다. 이때는 일가족이 그늘이 있는 머세드강 주변을 떠난 지 이미 두 시간 뒤였다.

열사병, 죽음의 연쇄 반응

몇 년 전, 5월의 어느 무더운 날 나는 니카라과의 마데라스화산을 오른 일이 있다. 니카라과호의 오메테페섬에 있는 이 화산은 여행객들이 많이 찾는 하이킹 명소였다. 이곳 등산로는 울창한 우림을 굽이굽이 뚫고 지나는데, 숲에 들어서면 알록달록한 앵무새들이 쏜살같이 날아들거나 거미원숭이들이 나무에 축 늘어진 채 옹기종기 모여 있는 모습을 볼 수 있다. 화산 꼭대기까지 가려면 총 9.6킬로미터에 걸쳐 해발고도 1,143미터를 올라야 한다. 가파른 길을 타야 하는 산행이었지만 당시 나는 몸도 좋고 건강했으며 의학적으로 별다른 문제가 없었다. 그러니 못할 게 무엇인가? 어느 날 아침 일찍 나는 머물던 마을 근처에서 버스를 타고 인간을 공격하는 황소

상어가 서식하는, 전 세계 몇 개뿐인 담수호 니카라과 호수로 갔다. 호숫가의 자그만 판잣집에서 산행에 동행해줄 현지 유료 가이드를 만날 수 있었다(니카라과에서는 현지 가이드 동반이 법으로 규정돼 있다). 저 멀리 마데라스화산이 시야에 들어왔다. 산세가 밋밋하면서도 대칭을 이룬 것이 꼭 여섯 살 꼬마가 대충 그린 그림 같았다.

나와 동행하는 가이드 로베르토는 우리에게 물은 충분하니 걱정하지 말라고 했다. 물과 함께 견과류와 초코바와 말린 과일도 얼마쯤 챙겼다. 로베르토는 영어를 몰랐고 나 역시 스페인어가 유창한 편은 아니었다. 오하이오 벅아이스 풋볼팀 로고가 그려진 티셔츠를 입은 로베르토는 등에 작은 배낭 하나를 메고 있었다.

출발 당시 기온은 26.6℃ 정도로 따뜻하고 습한 편이었다. 내 입장에선 그 정도도 이미 꽤 따뜻한 축에 속했다. 업스테이트 뉴욕(뉴욕 대도시권을 제외한 지역으로, 뉴욕의 북부, 중부, 서부를 가리킨다–옮긴이)에서 쾌청하고 쌀쌀한 겨울을 보내고 있던 터라 이곳의 초가을 날씨도 제법 따뜻하게 느껴졌다. 니카라과에 도착한 지 불과 며칠밖에 되지 않아서 내겐 더위에 익숙해질 겨를이 없었다. 니카라과 여행 이후 알게 되었지만, 더운 날씨에서 몇 주간을 보내고 나면 우리 몸이 미세하게 적응해 더위 스트레스를 더 잘 견디게 된다고 한다.* 우선 적응기를 거치면 심부체온이 떨어진다. 또 몸이 더 낮은 온도에서도 땀을 흘리게 되어 심장의 근육 긴장이 덜 일어나

* 더 무더운 날씨에 적응하는 데 정확히 시간이 얼마나 걸리는지는 더위 속에서의 운동량과 신체 조건 등 다양한 요인에 따라 달라진다. 대부분 사람의 경우 보통 2주의 시간이 걸린다. 흥미로운 사실은 이 기간 동안 잠깐이라도 에어컨 바람을 쐬면 적응 과정이 늦춰지거나 아예 멈춘다는 점이다.

고, 이것이 심장박동이 빨라지는 것을 막아준다. 이와 함께 심장이 1회 박동 시 뿜어내는 혈액 양도 늘어난다. 우리 몸이 더 많은 체액을 보유함과 동시에 혈액량도 늘어나면서 땀으로 몸을 식히는 데 필요한 비축량도 늘어난다. 하지만 이런 변화들이 계속 유지되는 것은 아니다. "무더위를 벗어나면, 몇 주 만에 우리 몸은 원래 상태로 돌아옵니다."[23] 샘 슈브롱은 말한다.

내 경우 몸이 그렇게 적응할 시간을 전혀 주지 못했다. 게다가 무덥고 습한 날에 화산을 오르는 것이 얼마나 위험한 일인지에 대해서는 전혀 생각해보지 않았다. 자칫 내가 열사병으로 쓰러지지는 않을까 하는 생각은 내가 외계인에게 납치당하는 것만큼이나 가능성 낮아 보였다.

가파른 진흙투성이 등산로는 우림을 뚫고 이어졌다. 우리는 느리되 꾸준한 속도로 산을 올랐다. 그때까진 내 두 다리도 그렇게 힘들어하지 않는 것 같았다. 산을 오르며 나는 로베르토와 몇 마디라도 말을 나누려 했지만, 그는 말없이 조용히 오르는 것을 좋아하는 듯 했다. 그는 수시로 뒤돌아보며 내가 잘 따라오는지 확인했다. 그렇게 한 시간쯤 지났을 때 나는 몸이 땀으로 흥건한 것을 알아차렸다. 무덥고 습한 날씨 속에서 가파른 화산을 오르고 있으니 그럴 만했다. 나는 멈춰 서서 몇 분간 숨을 골랐다. 그런데 가만 보니 로베르토는 나만큼 땀을 흘리지 않았고, 그래서 지금 내 봄 상태가 생각만큼 좋지 않은 모양이라고만 생각했다. 그때도 별로 피곤하지는 않았고 두 다리도 괜찮았다. 나는 물을 몇 모금 마셨다.

그러고 나서 20분 정도 더 산을 탔다. 여전히 땀이 비 오듯 흐르고 날씨도 계속 무더웠지만 그래도 괜찮았다. 이상한 일이 일어난 건 바로 그때였다. 한계를 넘어버린 것이다. 갑자기 몸에서 물이 철철 새기라도 하듯 주체할 수 없을 만큼 많은 땀이 흐르기 시작했다. 심장이 쿵쾅대고 얼굴로 피가 몰렸다. 피부는 차갑고 축축했다. 몸이 후끈 달아오르면서 동시에 오한이 드는 느낌이었다.

나는 "칼리엔테Caliente(덥네요)"라고 말하면서 그늘에 놓인 통나무 위에 걸터앉았다. 로베르토는 걱정스러운 눈으로 나를 바라보았고, 내가 알아들을 수 없는 스페인어를 몇 마디 했다. 대충 이런 뜻인 것 같았다. "쉬면서 물 좀 마셔요, 바보 같으니라고." 하지만 땀은 더욱 비 오듯 흘렀다. 바지가 홀딱 젖었다. 심장은 더욱 빨리 요동쳤다. 내게 무슨 일이 일어나고 있는지 도무지 감을 잡을 수 없었다. 머리가 핑핑 돌면서 당장이라도 쓰러질 것 같았다. 심장은 이내 터져버릴 것만 같았다.

여기서 분명히 밝혀둘 게 있다. 당시 내 상황은 캘리포니아에서 게리시 가족이 당한 일과 사뭇 달랐다는 것이다. 우선 나는 우림 속에 있었던 만큼 따가운 햇빛을 장시간 직접 쬐지는 않았다. 그뿐만 아니라 숲속 온도도 더 낮았다. 내가 산을 오를 당시 날씨가 얼마나 더웠는지 정확히는 모르지만, 내가 이상을 느꼈을 즈음에는 32.2℃까지 올라갔을 것이다. 그 정도면 게리시 가족이 맞닥뜨린 기온보다 5~7℃는 낮은 수준이다. 반면 습도는 내가 산행하던 때가 훨씬 높았다. 그 말은 당시 공기에는 내 몸에서 배어 나오는 습기를 빨아들일 여지가 거의 없었다는 뜻이다. 아울러 증발이 일어나지 않는 만큼 열이 식을 일도 거의 없었다.

다만 한 가지 비슷한 점이 있었다. 둘 다 더위가 얼마나 위험한지 잘 몰랐다는 것이다. 헬멧 없이 자전거를 타거나 안전띠를 하지 않고 운전하는 게 위험하다는 걸 모르는 사람은 없다. 또 흡연이 위험하다는 사실도 모두 안다. 내 아버지가 쉰셋에 폐암으로 돌아가셨기 때문에 그 위험성을 누구보다 잘 알고 있다. 하지만 더위는 어떤가? 그때까지만 해도 내게 더위는 그냥 온도일 뿐이었다. 사람 목숨을 앗아가는 무기까지는 아니었다.

이후 10~15분 동안 나는 그 괴상한 상태에서 좀처럼 벗어나지 못했다. 내 몸에서 물이 줄줄 새듯 땀이 흘러나오는 걸 보고, 내 몸이 이렇게나 많은 물을 담고 있다는 사실에 놀랐다. 그나마 물을 넉넉히 가져온 것이 천만다행이었다. 나는 물을 마시고 또 마셨다. 하지만 물은 마시는 족족 내 세포막들을 그냥 통과해 그대로 몸에서 쏟아져나오는 것 같았다. 나는 로베르토가 나를 안쓰럽게 지켜보는 가운데 이대로 죽는 것은 아닌가 걱정이 들었다.

바로 그 순간 땀이 조금씩 잦아들고 심장박동도 느려졌다. 몸이 차분해지면서 다시 내 말을 듣는 느낌이 들었다. 이 중에서 내가 의식적으로 혹은 의도적으로 노력해 일어난 일은 하나도 없었다. 나는 물을 몇 모금 더 마셨다. 그러고서 땀을 5분 정도 더 흘린 뒤 땀이 멈췄다. 나는 온몸이 땀으로 흥건한 데다 약간 기운도 달렸지만, 이젠 살았구나 싶었다. 나는 배낭에 챙겨 넣었던 말린 과일 몇 개를 입에 넣고는 마침내 자리를 털고 일어나 로베르토를 향해 웃어 보이며 다시 가자고 말했다. 그는 미심쩍은 눈치였으나 '어차피 당신 목숨이지 뭐'라는 듯 어깨를 들썩할 뿐이었다.

그렇게 우리는 다시 화산을 오르기 시작했다. 로베르토는 내가 언제든 쓰러질 수 있다는 생각에 겁이 났는지 아까보다 내 옆에 바싹 붙었다. 그렇게 한 시간 정도 갔을까, 우리는 정상에 다다라 분화구에 생겨난 석호를 감상할 수 있었다. 거기서 점심도 먹었다. 그때 우리가 챙겨온 약 4.8리터의 물은 내가 이미 다 마셔버린 상태였다. 남은 산행은 전부 내리막이니 나는 별일 없을 거라고 생각했다.

실제로 그날 나는 괜찮았다. 별다른 사고 없이 우리는 무사히 화산을 내려올 수 있었다. 그날 저녁 나는 우림 안에 자리한 자그만 술집에서 마치 몸속의 바싹 마른 구멍을 열심히 메우기라도 하려는 듯 차가운 맥주를 몇 잔이나 들이켰다. 하지만 나는 이 책을 쓰기 시작하고 나서야 비로소 제대로 알 수 있었다. 그때 나는 정말 위험한 상태였고 정말 운이 좋았다는 사실을 말이다.

게리시의 가족이 어쩌다 비극을 맞게 됐는지 그 정확한 내막을 알 길은 없다. 하지만 무더운 날에 열사병에 이르는 과정은 대체로 이렇다. 우선 무더운 날에는 우리가 집 밖으로 발을 내딛는 순간부터 해가 내뿜는 열기와 활발해진 신진대사가 내는 열로 인해 우리의 피가 점점 더 따뜻해진다. 그러면 이제 체온을 36.5℃로 유지하는 작업이 이뤄져야 한다. 뇌 시상하부에 자리한 수용체들이 발화를 시작해 순환계의 열이 좀 날아갈 수 있도록 피부 쪽으로 더 많은 피를 보내라고 명령을 내린다. 땀샘은 분비선 아래쪽 자그만 저장소에서 짠 체액을 피부 표면으로 뿜어낸다. 이제 몸에선 땀이 흐른다. 그리고 이 땀이 증발하면서 열도 함께 날아간다.

하지만 우리 몸이 땀을 통해 날려 보낼 수 있는 열의 양에는 한계가 있다. 땀을 낼 때 혈관은 확장해 과열된 피를 최대한 많이 우리 몸의 표면으로 보내려고 한다. 그런데 더위를 식힐 만한 데를 찾지 못할 경우 몸속 온도가 빠른 속도로 올라간다. 이와 함께 우리 몸이 근육을 더 많이 쓰면 쓸수록 체온이 올라가는 속도도 더 빨라진다. 그러면 심장은 정신없이 펌프질해서 최대한 많은 피를 피부 쪽으로 밀어내려 하지만 그 양을 도저히 감당하지 못한다. 우리 몸의 심부에 있어야 할 피가 다른 데로 몰리면서 간, 신장, 두뇌에는 피와 산소가 턱없이 모자라게 된다. 그러면 머리가 멍해진다. 시야도 흐려지고 좁아진다. 체온이 38.3℃, 38.8℃, 39.4℃로 점차 오르면 세상이 핑 도는 느낌이 든다. 두뇌의 혈압도 떨어져 졸도할 가능성이 커진다. 사실 이는 우리 몸의 불수의적 생존 기제라고 할 수 있다. 이런 식으로라도 몸을 수평으로 눕히면 얼마간이라도 피가 머리 쪽으로 가기 때문이다.

만일 이 단계까지 왔을 때 우리가 누군가의 도움으로 재빨리 몸을 찬물에 푹 담글 수 있다면 별다른 영구 손상 없이 회복이 가능하다. 하지만 만일 우리가 햇빛이 쨍하게 내리쬐는 맨땅에 고꾸라져 그대로 거기 누워 있다면, 어떻게 되겠는가? 이건 뜨거운 프라이팬 위에 고꾸라진 것이나 다름없다. 지면 온도는 기온보다 20~30℃ 높을 수 있다. 우리의 심장은 어떻게든 피를 돌려서 몸의 열을 식히려 필사적으로 애쓸 것이다. 하지만 심장이 빨리 뛰면 뛸수록 신진대사도 더 빨라지고, 그러면 더 많은 열이 발생해 심장은 훨씬 더 빠르게 뛴다. 치명적인 악순환이 시작되는 것이다. 이런 식으로 점점 체온이 올라가면, 우리 몸의 에어컨은 더는 켜지지 못하고 아궁이의 불길만 더욱 거세진다. 심장이 약한 사람이라면, 바로 세상을 떠날 수도 있다.

체온이 40.5~41.1℃에 달하면, 발작이 일어나 팔다리가 사정없이 떨린다. 체온이 41.6℃를 넘으면, 말 그대로 우리 몸의 세포 자체가 망가지거나 "제 모습을 잃기"[24] 시작한다. 다시 말해 세포막(세포의 내부 활동을 보호해주는 얇은 지방질 벽)이 말 그대로 녹아내리는 것이다. 우리 세포 안에는 생존에 꼭 필요한 단백질들(음식이나 햇빛에서 에너지를 뽑아내고, 침략자들로부터 몸을 보호하고, 노폐물을 처리하는 등의 일을 한다)이 있고, 이 단백질들은 아름다울 만큼 정교한 형태를 띤 경우가 많다. 이들 단백질은 처음엔 기다란 실로 시작해 나중에는 나선형, 머리핀 모양 등 복잡한 배열로 꼬이는데, 이는 단백질을 구성하는 성분의 순서에 좌우된다. 그리고 이들 모양에 따라 다양한 단백질의 기능이 정의된다. 그런데 열이 올라갈수록 단백질의 꼬임이 풀어지는 동시에 일정한 구조를 유지해주는 매듭도 끊어진다. 처음엔 약한 것들만 끊어지지만 나중에 체온이 더 올라가면 강한 것마저도 끊어진다. 그러다 결국에는 우리 몸 자체가 허물어진다.

이 지경에 이르면, 제아무리 강하고 건강한 사람도 생존 확률이 미미해진다. 혈액 속의 노폐물과 불순물을 거르는 신장의 미세한 관들도 허물어지기 시작한다. 근육조직들도 무너져내린다. 장에는 구멍이 뚫리고 소화관에서 생성되는 위험한 독소들이 혈액 안으로 흘러든다. 이런 식으로 몸이 완전히 아수라장이 되어가는 와

중에도 우리 몸의 순환계는 혈액 응고에 반응해 신체 중요 기관들로 가는 혈액의 흐름을 차단한다. 이렇게 되면 이른바 응고 연쇄 반응이 일어나 혈액 안에서 응고 단백질들이 전부 소진된다. 그러면 역설적이게도 다른 데서도 걷잡을 수 없이 피가 흘러나온다. 한마디로 몸의 내부가 녹아내리며 해체가 일어나는 것이다. 그리고 온몸 구석구석에서 출혈이 일어난다.

더위는 흔적을 남기지 않는다

게리시 가족의 시신을 헬리콥터로 운구한 뒤, 마리포사 경찰서의 수사관 제러미 브리스는 당연하면서도 한편으론 당혹스러운 문제에 맞닥뜨릴 수밖에 없었다. 도대체 이들 가족을 죽인 것은 무엇 혹은 누구일까? 일가족이 등산길에서 급사하는 일은 좀처럼 없는 일이고, 어린 아기와 함께 등산하는 가족이라면 더더욱 그렇다. "현장에 외상의 흔적은 전혀 없고 뚜렷한 사인도 없습니다. 유서도 발견된 게 없습니다."[25] 마리포사 경찰서의 대변인 크리스티 미첼의 말이다. "이들 가족은 낮에 등산하던 중 국립공원 숲에서 목숨을 잃었습니다."

미디어에서는 이들 가족의 죽음이 초미의 관심사였다. 마리포사 경찰서 주차장은 방송국 차량들로 만원을 이루었고, 기자들은 등산로를 직접 걸으며 어떻게 그 단란했던 가족이 등산로에서 한꺼번에 목숨을 잃었는지 대대적으로 보도했다.

"이 사건은 일산화탄소 때문에 벌어진 것일 수 있습니다. 우리가 이번 일을 환경오염과 관련지어 다뤄야 하는 이유가 바로 여기 있습니다."[26] 미첼은 설명했다. 한편 인근의 폐광에서 갑자기 유독가스가 배출되면서 일가족이 목숨을 잃었을 수도 있다는 가설도 제기되었다. 반면 낙뢰의 가능성은 처음부터 배제되었다. 그날은 하늘에 구름 한 점 없이 맑았던 데다 가족의 시신에서도 화상의 흔적이 전혀 발견되지 않았기 때문이다.

수사관들은 일가족이 머세드강의 독성 조류로 인해 사망했을 가능성도 따져보았다. 머세드강 몇 군데에서 물을 떠다 분석한 결과 아나톡신A 양성 반응이 나왔다. 하지만 이 남세균은 동물의 목숨을 빼앗을 수는 있으나 인간을 사망하게 한 사례는 보고된 적이 없다.[27] 게리시, 정, 딸 미주가 어떤 식으로든 강물을 마셨다는 증거도 없었다. 탄광에서 독성 가스가 유출됐을 거라는 생각과 관련해서는 3킬로미터 떨어진 지점에서 오래된 탄광의 입구가 발견되긴 했으나 일가족이 그 근처에 갔던 흔적을 발견하지 못했다.

게리시와 정의 시신을 부검했지만 드러난 사실은 거의 없었고, 반려견 오스키의 부검 결과도 마찬가지였다. 어쩌면 이는 당연한 일이었다. 더위와 관련된 대부분의 사고에서 사람들은 장기 기능 손상으로 사망하지만 이럴 경우 쉽사리 식별되는 어떤 특징이 남지는 않기 때문이다. 물론 때로는 부검을 통해 내출혈이나 간·신장 손상의 징후들이 발견되기도 한다. 게리시와 정의 경우는 목숨을 잃고 나서 이들 시신이 한동안 방치되어 보존이 제대로 이뤄지지 않았다는 점이 사인 규명을 한층 어렵게 했다.

"이런 식의 사망은 저도 난생처음 봅니다. 이들은 누가 봐도 건강했어요."[28] 수사관 제러미 브리스가 기자들에게 말했다. "지금 이들 가족 사건에 모든 인력이 매달려 있습니다. 이 사건을 종결짓기 위해 무척 애쓰고 있습니다. 사건의 진상이 밝혀질 때까지는 쉬지 않을 생각입니다."

사건 당일 제일 먼저 곤경에 처한 건 오스키일 가능성이 크다. 개들은 땀을 흘리지 못하기 때문에 더위에 아주 취약하다.[29] 무더운 여름날 개를 데리고 산책을 해본 사람이라면 알겠지만, 개가 열을 방출하는 유일한 메커니즘은 숨을 헐떡이는 것뿐이다. 이는 그다지 효율적인 방법이 못 된다. 게다가 더위에 유독 취약한 견종이 있다. 최근 연구에서 밝혀진 바에 따르면, 일사병과 더위로 인한 사망과 관련이 있는 개들의 특징은 크게 세 가지다. 바로 체중, 연령 그리고 해부학적 신체 구조다. 잉글리시불독처럼 얼굴이 납작하고 두개골이 넓은 개들은 무더위에 쓰러질 확률이 비글, 보더콜리 등 코가 돌출된 다른 견종보다 2배는 더 높다.

당연한 얘기지만, 털가죽이 두꺼운 개들도 더위에 약하다. 골든리트리버의 경우 더위 관련 질환으로 고생할 확률이 래브라도리트리버보다 3배는 더 높다. 그레이하운드처럼 활동성이 뛰어나고 근육이 발달한 개들도 더위에 취약하기는 마찬가지다.[30] "그레이하운드는 멋진 기다란 코를 가진 데다 털도 가늘고 과체중인 경우도 드뭅니다. 다만 근육의 비율이 높다는 게 문제입니다." 근육 비율이 높으면 운동 후 일사병에 걸릴 위험도 더욱 커진다고 한 연구자는 말한다. "게다가 그레이하운드는 제일 무더운 날에도 잘 쏘다니는 경향이 있습니다. 그 뒤에 벌어질 일은 생각지 않고 말이지요."

오스키도 덩치가 크고 힘이 센 데다 털가죽이 두꺼웠다. 그런 오스키에게 37.7℃에 육박하는 낮에 가파른 산비탈을 오른다는 것은 아주 잔혹한 일이었을 것이다.

한 살배기 아기였던 미주도 더위를 빨리 탈 수밖에 없었을 것이다. 그날 미주는 아빠 등에 업혀 있었는데, 그 상태에서는 도저히 시원할 수가 없다. 아기 배낭 안에 있는 것도 모자라(천 배낭 자체가 옷을 한 벌 더 껴입은 것처럼 열을 가두는 역할을 했을 것이다), 아빠의 몸과 태양이 내뿜는 열을 함께 빨아들였을 테니까. 설상가상으로 사춘기 이전 아동의 몸에는 아직 땀샘이 완전히 발달해 있지 않기 때문에 어린 아기가 열을 방출하기란 여간 어려운 게 아니다.[31] 게다가 아기는 어른보다 피가 적어서 심장이 몸을 식히려고 피부 쪽으로 피를 펌프질하면 몸 안쪽의 주요 장기들에서 피가 빠져나가 손상이 일어날 가능성이 있다. 아기를 더운 차 안에 혼자 둘 경우 사고가 나기 쉬운 이유도 바로 여기에 있다. 아기들은 원래 더위에 속수무책으로 당할 수밖에 없는 것이다.

그날 더위가 힘들기는 게리시도 마찬가지였을 것이다. 게리시는 몸무게가 92.5킬로그램 나가는 거구였다(게리시의 친구 스티브 제프는 애정 어린 말투로 "게리시는 아저씨 몸매였어요"[32]라며 그를 떠올렸다). 성인을 기준으로 성별이나 인종과는 상관없이 땀샘의 수는 거의 똑같지만, 열을 식힐 때는 몸집이 클수록 불리하다. 몸집이 큰 동물일수록 작은 동물에 비해 더 많은 양의 열을 몸에 담고 다니기 때문이다. 게리시는 그 커다란 몸집에 미주까지 등에 업고 있었으니 땀을 흘리기도 더 곤란했을 것이다.

이 등산에서 살아남기에 가장 유리했던 사람은 정이었을 것이다. 그녀는 물주머니와 미주의 아기 용품 몇 가지가 든 가벼운 배낭만 지고 있었다. 정의 아담한 체구를 감안하면, 아마도 그녀는 더위도 천천히 탔을 가능성이 높다. 여자도 남자와 똑같은 수의 땀샘을 갖고 있지만, 여자의 경우 호르몬 균형이 수시로 바뀌면서 땀 반응에 확연한 영향을 미치곤 한다. 예를 들어, 월경주기의 황체기(배란 이후 시작되어 월경 첫날 끝난다)에는 여자도 남자와 비슷하게 땀을 흘린다.[33] 하지만 난포기(월경 마지막 날 시작되어 배란일까지 지속된다)에는 땀 분비 반응이 평소보다 더 늦게 시작되곤 한다. 피임약 역시 심부체온을 올려 더위 속에서 몸을 시원하게 유지하는 것을(혹은 추위 속에서 몸을 따뜻하게 유지하는 것을) 한층 어렵게 한다.[34] "엘런은 몸이 정말 좋았어요. 늘 운동했거든요. 군살 없는 몸이었어요. 이 사고에서 누구라도 살아남을 수 있었다면, 그건 아마 엘런이었을 거예요." 그녀의 친구가 내게 한 말이다.

10월 21일, 그러니까 게리시와 정, 미주가 자신들의 충직한 반려견 오스키를 데리고 여름날 아침 등산을 떠나고 두 달 남짓 흘렀을 때 브리스 수사관이 기자회견을 열어 일가족 사망과 관련한 공식 수사 결과를 발표했다. "환경적 노출에 따른 이상 고열과 그로 인한 탈수증이 사인이었습니다."[35] 그는 살짝 떨리는 목소리로 말했다. 더위와 관련 있는 사망이 대개 그렇듯, 수사관들이 이상 고열을 사인으로 단정 지을 만한 증거는 단 하나도 발견되지 않았다. 현장 조사로 사망 당시의 상황을 살펴보고 다른 사망 원인을 합리적 차원에서 배제한 결과 사인이 정해진 것이다. 브리스 수사관은 일가족의 시신이 발견된 일대를 그래픽 자료로 보여주며, 등산로 남쪽 사면이 오후 내내 해가 내리쬐는 그늘 한 점 없는 지역임을 지적했다. 브리스 수사관의 추산에 따르면, 일가족이 등산할 당시 등산로의 지표면 온도는 42.7℃에 육박했다.

게리시, 정, 미주 그리고 오스키가 당한 참변은 단순히 그날 이 가족에게 운이 따라주지 않았고 야생에서 어설픈 결정을 내린 탓이라고만은 할 수 없다. 이 사건은 급속도로 온난화되는 세상에서 살아가는 것이 얼마나 위험한지, 아울러 더위의 본성 자체를 미처 헤아리지 못한 우리 모두의 과오가 빚어낸 비극이나 다름없다. 우리는 이런 죽음을 받아들일 줄 모른다. 이런 식으로 죽는다고 생각하는 사람은 아무도 없다. 우리가 첨단기술이 발전한 세상에 살고 있고, 따라서 자연의 난폭한 힘은 이미 다 길들였다고 생각하기 때문이다. 또한 세상이 너무 빠르게 변하는 바람에 우리에게 얼마나 크고 급박한 위험이 닥치고 있는지 미처 깨닫지 못하기 때문이다.

일가족이 사망하고 1년 남짓 흐른 2022년 8월, 마리포사에 있는 게리시와 정 부부의 고즈넉한 소유지에 가족과 친구들이 모여 화장한 일가족의 유골을 땅에 묻었다. 아름답고 맑은 토요일 아침이었다. 하지만 "약간 비현실적으로 느껴지는" 하루였다고 리처드는 회상했다. 바로 몇 주 전 오크 산불로 일대 80제곱킬로미터 땅을 비롯해 건물 180채가 타는가 하면, 게리시와 정의 집 1킬로미터 밖에까지 불길이 들이닥쳤기 때문이다. 그날도 길에는 소방차가 여러 대 주차돼 있었고, 불도저가 아직 연기가 피어오르는 숯덩이들을 파묻고 있었다. 4년 동안 벌써 두 번째로 이 지역을 덮친 대형 화재였다.

가족과 친구들이 곁을 지키고 있는 동안 리처드와 정의 자매 멜리사가 게리시, 정, 미주, 오스키의 화장한 유골이 한데 들어 있는 짙은 색의 나무 상자를 땅에 놓았다. 그러고 나서 리처드가 스코틀랜드 던바 출신의 작가 존 뮤어의 글을 몇 편 낭독했다. 뮤어가 생전에 캘리포니아의 산들에 관해 쓴 유려한 글은 미국 곳곳의 국립공원 탄생에 초석이 되었을 뿐만 아니라 수 세대 동안 사람들이 자연과의 관계를 다시 생각하도록 영감을 불어넣었다. 뮤어는 지금보다 소박했던 시절에 울려퍼진 목소리였다. 그 시절만 해도 그가 사랑했던 요세미티에 가장 큰 위협은 댐이었지, 기후변화가 아니었다. 리처드가 고른 글에서 뮤어는 죽음을 "집으로 돌아가는 것"이라고 표현했다. "기쁨에 겨워 무수한 생명체들이 한순간에 죽음의 품으로 떨어지는 일은 1시간, 1분, 아니 어쩌면 1초가 멀다 하고 일어난다." 리처드가 읊었다. "하지만 모든 것은 우리와 같이 삶을 즐기고, 우리와 함께 천국의 은총을 받으며, 죽음 이후 푹 파인 땅에 묻혀, 우리와 함께 영원에서 왔다가 다시 영원으로 돌아간다."

다른 가족과 친구들도 시를 읊거나 애도의 말을 전했다. 그다음 리처드와 멜리사는 삽으로 흙을 몇 차례 듬뿍 떠서 나무 상자를 덮고는 그 위를 발로 밟아 다졌다. 동쪽 저 멀리서 엘카피탄의 둥그런 화강암 정상부가 어른거렸다. 아직 정오가 되기 전이었지만, 벌써 열기가 후끈 달아오르고 있었다.

The Heat

2장

Will Kill

열과 진화

인간은 어떻게 열에 적응해왔는가

You First

최초의 걷는 인간은 과일을 더 쉽게 딸 수 있었으며 더 쉽게 더위를 피할 수 있었다. 햇빛과 더위에 적응하는 과정에서 루시의 후손들은 땀샘이 생겨나고 피부색이 변화했으며 털이 빠지기 시작했다.

포유류의 열 관리 전략

오늘날 우리가 겪고 있는 극단적인 더위가 얼마나 위험한지 제대로 이해하려면 과거에 우리가 더위와 어떤 식으로 살아왔는지 알아보는 것이 도움이 된다. 그중에서도 반드시 알아둘 사실은 우리 인간은 몸을 덥히고 식히는 기발한 방법들을 진화시켰고 이것이 우리 선조들에게 경쟁자들을 제칠 진화상의 이점으로 작용했다는 것이다. 다만 이런 이야기를 풀어가려면 우리는 아득히 먼 옛날까지 거슬러 올라갈 수밖에 없다. 원래 열이란 사물의 시작과 떼려야 뗄 수 없는 것이기 때문이다.

지금으로부터 140억 년 전, 우주가 그야말로 무지막지하게 뜨거워지면서 엄청나게 조밀한 덩어리로 응축됐다가 순식간에 확장하는 일이 일어났다. 이 덩어리는 팽창하면서 차갑게 식었고, 그러면서 그 안의 입자들은 정신없이 날뛰다가 차차 멈추고 자기들끼리 무리를 짓기 시작했다. 시간이 흘러 이것들이 별, 행성으로 (그리고 종국에는 우리까지) 탄생하게 된다.

우주의 이 뜨거운 난장판에서 어떻게 생명이 출현했는지 그 정확한 내막은 아직 속 시원히 밝혀지지 않았다. 가장 널리 받아들여지는 이론에서는 지구가 생겨난 직후 바다 위로 솟아오른 화산 근처에서 처음 생명이 출현했으며, 지금으로부터 1억 년 내의 일이다.[1] 이들 화산은 간헐천이 뿜어져 나오는 못과 부글부글 기품이 이는 온천에 둘러싸여 있었고, 이 물은 지구로 날아든 소행성과 별똥별에서 나온 유기 화합물을 포함하고 있었다. 이때 화산들이 일종의 화학 반응기chemical reactor 노릇을 하면서 뜨거운 화산 수프가 만들어졌다. 이 속에서 RNA 분자들이 자라났고, 종국에는 이것들이 점점 더 길어지고 복잡한 형태를 띠더니 서로 꼬여 온전한 단백질과 두 가닥의 DNA를 만들었다. 이들 단백질과 DNA에서 생겨난 미생물들은 화산 못 위에 두텁게 쌓인 층 속을 떠다니게 됐다. 못의 물이 마르자 바람이 거기 있던 포자를 쓸어 올려 먼 곳으로 흩뿌려 놓았다. 마지막에는 결국 비가 내리면서 미생물들이 물에 쓸려 바다에 이르렀다. "이 미생물들이 바다에 이르자, 드디어 지구 전체에 생명의 활기가 돌았다."[2] 과학 분야 저술가 칼 짐머는 말한다.

진화가 다음으로 쓴 묘책은 동물들이 급격한 온도 변화를 견딜 방법을 만들어낸 것이었다. 그 기나긴 자취 속에서 진화가 선보인 전략은 두 가지였다. 하나는 체온이 주변 기온에 맞추어 변화하게 만든 것이다. 생물체들은 처음 35억 년 동안 이 방식으로 체온을 조절했다. 이 전략을 쓰는 동물들은 필요할 경우 양지바른 곳에서 햇볕을 충분히 쐬거나 따스한 바위 위에 앉아 있는 식으로 몸을 덥히곤 한다. 이런 전략은 오늘날에도 외온(냉혈)동물인 물고기, 개구리, 도마뱀, 악어를 비롯한 모든 파충류와 양서류에게서 발견할 수 있다.

그런데 지금으로부터 2억 6,000만 년 전, 새로운 열 관리 전략이 나타난다.[3] 몇몇 동물들이 주변 기온과는 상관없이 자신의 내부 온도를 제어할 방법을 찾아낸 것이다. 이는 결국 몸을 자그마한 열 엔진으로 만들어, 바깥세상과는 독립적으로 (내부의 체온을 일정하게 유지한다는 조건에서) 작동할 수 있게 한 것이다. 이런 식의 열 관리 전략은 내온(온혈)동물에게 확연히 남아 있다. 개, 고양이, 고래, 호랑이를 비롯해 지구상의 거의 모든 포유동물이 여기 해당한다. 따지고 보면 날아다니는 공룡이나 다름없는 새들 역시 온혈동물이다. (“새들은 날아다니는 공룡과 같은 게 아닙니다.” 한 과학자가 내 말을 정정했다. “새들은 그냥 날아다니는 공룡이에요.”)

온혈이라는 특성의 탄생은 진화의 역사에 일대 획을 그은 일로, 이에 대해서는 과학자들도 아직 온전히 이해하지 못했다. 무엇보다 온혈이라는 특성은 화석에 잘 반영되지 않기에 먼 옛날 생물체의 뼈만으로는 그것이 온혈인지 냉혈인지 결정할 방도가 없다. 이와 함께 냉혈에서 온혈로의 이행이 단번에 이뤄진 것도 아니었다. 이 두 가지 특성을 모두 지니고 있던 종들도 많았다(공룡이 특히 그랬다).

얼핏 생각하면 냉혈 생물체로 사는 게 더 편해 보인다. 이들 동물은 내부에서 자신의 체온을 조절하지 못하기 때문에 같은 체구의 온혈 생물체에 비해 소비하는 에너지가 30배는 적다.[4] 따라서 포유류와 조류가 높고 안정적인 체온을 유지하는 데 항상 칼로리를 투자한다면, 파충류와 양서류는 그냥 주변 어딘가 햇볕 잘 드는 곳을 찾으면 그만이다. 그런데 만일 냉혈의 특성이 그렇게나 훌륭한 것이라면, 왜 포유류와 조류는 다른 전략을 찾은 것일까?

왜 온혈동물이 높고 안정적인 체온을 갖도록 진화했는지에 대해서는 숱한 이론이 있다. 그중 몇 가지는 다음과 같다. 안정적인 체온은 소화 및 영양소 흡수 같은 생리 과정에 도움이 된다는 것, 동물들이 오랜 기간 활동을 유지하기가 좋다는 것, 부모가 조숙 성장하는 새끼들을 돌볼 수 있다는 것이다. 아울러 온혈의 특성 덕에 심장과 근육은 물론 신경계의 특정 세포들이 더 정확하고 힘차게 기능한다.

질병에 대한 저항력도 안정적 체온의 이점일 수 있다. 곤충의 경우 체온을 유지하고 자신을 침략해오는 유기체들에 대항하려면 햇볕을 양껏 쐬야 한다(인간은 자기 몸의 열을 올리는 방식을 쓴다). 그런데 문제는 냉혈동물이 침략자를 죽일 때 외부의 열원에 의지해야 한다는 것이다. 메뚜기는 바깥 날씨가 덥지 않을 때는 자기 몸 안의 위험한 미생물을 태워죽일 방법이 없다. 거기에다 만일 이 메뚜기가 양지바른 데를 찾아 길을 나서기라도 하면, 새로운 장소로 모험을 떠났다가 되레 포식자에게 잡히는 수가 있다. 온혈동물은 이런 식의 위험이 없다. 어딜 가든 열 엔진을 켜면 되니까 말이다.

온혈동물은 움직임도 더 빠르다. 뉴멕시코대학교의 생물학자 존 그래디John Grady는 발 빠른 포식자가 되는 것에 따르는 경쟁적 이점 덕분에 온혈성이라는 생물학적 특징이 더욱 빠르게 진화할 수 있었다고 말한다. 다른 생물체보다 체온이 높다는 것은 곧 신진대사율이 높다는 것이고, 이는 곧 더 빨리 반응하고 더욱 활발하게 포식 활동을 한다는 뜻이다. "가령 몸집이 젖소만큼 큰 이구아나가 있다고 생각해보세요. 과거에 이런 동물이 정말 있긴 했습니다. 하지만 오늘날 이런 동물은 있을 수 없습니다. 너무 느리기 때문입니다. 오늘날 이런 동물에 가장 가까운 것을 꼽으라면 코끼리거북일 텐데, 이들은 등껍질을 무장 전략으로 씁니다. 그래서 빠를 필요가 없어요. 우리가 몸집이 크다면 속도가 중요한 문제가 됩니다. 당신이 덩치 큰 냉혈동물일 때는 뭔가에 죽임을 당할 수 있다는 것이 현실적인 문제입니다."[5] 그래디가 말했다.

온혈성의 특별한 장점이 무엇이든 포유류가 이에 큰 덕을 본 것만은 분명한 사실이다. 7,000만 년의 세월을 지나는 동안 포유류는 저마다 안에 불이 담겨 있는 나름의 생물학적 발전기를 하나씩 갖고 지구 구석구석으로 퍼져나갔다. 포유류의 번영은 이족 보행하는 영장류의 출현을 낳았고, 이들은 커다란 뇌와 이를 몸에 달고 다니기 위한 훨씬 더 정교한 열 관리 체제를 발달시키게 된다. 이 기막힌 생물체가 어떤 생김새를 하고 있는지 궁금하다면, 거울을 들여다보기만 하면 된다.

최초의 인간 루시를 걷게 만든 것

1974년 당시 오하이오 소재의 케이스웨스턴리저브대학교 교수로 재직 중이던 도널드 조핸슨Donald Johanson은 에티오피아 아와시강

협곡에서 뼈 무더기를 발견했다. 약 340만 년 전 지구에 살았던 한 여자 인류 조상의 뼈였다. 하나도 썩지 않은 사랑니와 볼기뼈의 형태로 보건대, 여자는 죽을 당시 10대였을 거라고 추정됐다. 조핸슨은 그녀에게 루시라는 이름을 붙여주었다. 발견 당시 그와 팀원들이 야영장에서 줄곧 듣던 노래가 비틀스의 〈루시 인 더 스카이 위드 다이아몬즈Lucy in the Sky with Diamonds〉였기 때문이다.[6]

이것은 인류 진화의 역사를 새로 쓴 놀라운 발견이었다. 그때에도 이미 루시보다 더 오래된 인류의 조상들이 있었지만, 루시 덕분에 초기 호미닌에서(다시 말해 약 700만 년 전 우리가 침팬지와 갈라진 후에 존재했던 그 모든 우리의 인류 조상들) 현생 인류로 이어지는 진화 계보의 중요한 공백 하나가 메워질 수 있었다. 루시는 300만 년도 훨씬 전에 땅에 묻힌 10대 소녀치고는 보존 상태도 놀랍도록 훌륭했다. 루시의 척추, 골반, 다리뼈의 형태는 현생 인류와 매우 유사했다. 루시는 현생 인류만큼 뇌가 크지는 않았지만 이족 보행을 했다는 사실만큼은 분명했다.

사실 우리 조상들이 일어서는 법을 배우기까지 얼마간 시간이 걸렸다. 고생물학자들이 우리 조상들이 남긴 화석의 구조와 형태를 보고 분석한 바에 따르면, 초기 호미닌은 대체로 나무에서 생활한 시간이 길었을 것으로 추정된다. 땅 위를 돌아다닐 때도 오늘날 침팬지의 보행과 크게 다르지 않게 사지를 이용해 이동했다.

그런데 루시는 달랐다. 무릎의 발달 상태는 물론이고, 대퇴골 하부의 형태로 봤을 때 루시는 적어도 일정 시간 똑바로 서서 걸어 다녔던 것으로 추정됐다. 그렇다고 루시가 우리와 비슷했던 건 아니다. 루시는 엉덩이가 넓적하고 다리도 짧았다. 한마디로 루시는 진화의 역사에서 보면, 나무 그늘에서 벗어나 사바나로의 모험을 이제 막 시작한 아기나 다름없었다.[7]

그런데 여기서 떠오르는 질문이 있다. 루시를 일어나 걷게 만든 것이 과연 무엇이냐는 것이다.[8] 이는 고생물학자들 사이에서도 논쟁이 분분했다. 우리 조상들이 직립해 걷기 시작하면서 도구를 들고 다닐 수 있게 되었다고 주장하는 이들이 있는가 하면, 직립해 걸으면서 높은 나무에 달린 과일을 손으로 딸 수 있었다고 주장하는 이들도 있다. 이와 함께 이족 보행이 일부일처제와 가족 탄생의 밑바탕이었다고 주장하는 학자들도 있다. 수컷 호미닌이 밖에 나가 먹을거리를 구해오면 암컷은 재생산을 하는 식으로 보상한 것이 이족 보행을 계기로 일어났다는 것이다.

아니면 몸을 똑바로 세우고 서는 것이 몸을 차갑게 식히는 하나의 방법이었을 수도 있다. 땅을 딛고 일어서면 루시는 불어오는 산들바람 속에서 몸의 열을 발산하기 더 수월했을 것이다. 그뿐만이 아니라 몸을 똑바로 일으키고 서면 땅바닥과도 얼마간 멀어질 수 있었다. 기온은 늘 바닥 쪽이 그 위쪽보다 훨씬 따뜻한 법이다.

그 동기가 무엇이든 루시는 걸었다. 그리고 그것이 모든 것을 바꾸었다.

진화의 동력

열의 위력을 제대로 이해하기 위해서는 더위를 단순히 온도 변화가 아니라 진화상의 장애물 차원에서 생각해야 한다. 열을 관리하는 일은 지구상 모든 생명체에게 하나의 생존 기술과 다름없다. 따라서 열을 다루는 전략도 동물의 왕국 자체만큼이나 각양각색이다.

그중에서도 유독 흥미를 잡아끄는 것은 코끼리다. 코끼리는 일과의 많은 시간을 햇빛 속에서 보내곤 한다. 그러다가 열을 좀 식혀야겠다 싶으면 그늘과 물을 찾아간다. 코끼리가 가느다란 털을 갖고 있고 귀를 곧잘 펄럭이는 것도 열 방출에 도움이 된다. 그런데 이보다 더 중요한 점은 코끼리의 가죽은 온도가 오를수록 투과성이 좋아진다는 것이다. 그러면 피부가 거의 열리다시피 해서 땀샘이 따로 없어도 땀을 흘릴 수 있다.[9]

코알라는 껍질이 주변 기온보다 시원한 나무들을 꽉 끌어안는 전략을 쓴다. 캥거루는 양팔에 침을 뱉어 열을 식힌다. 다람쥐는 북슬북슬한 꼬리를 파라솔처럼 활용하는가 하면, 하마는 진흙 속에서 뒹군다(물은 진흙 속에서 천천히 증발하고, 그래서 좀 더 오랫동안 시원한 상태로 있을 수 있다). 사자는 뜨거운 땅을 피해 나무 위로 올라간다. 토끼는 커다란 귀로 피를 보내 양쪽 귀를 방열기로 활용한다. 독수리와 황새는 다리 위에 분비물을 배설한다. 왜가리, 쏙독새, 펠리컨, 비둘기, 올빼미는 목을 부풀려서 몸을 식힌다. 그런 식으로 목의 점막에 수시로 진동을 주면 공기의 흐름이 증가하고 그에 따라 증발이 늘어난다. 아름다운 무늬가 있는 기린의 피부도 열을 내

보내는 창문 기능을 한다. 기린은 따뜻한 피를 이 무늬의 가장자리에 자리한 혈관 쪽으로 곧장 보내서 몸에서 억지로 열을 빼낸다.

이 외에도 인간이 건물에 냉방 시설을 설치하는 것과 별반 다르지 않은 방식으로 자신들의 거처에 열을 식히는 구조물을 만드는 동물들도 있다. 흰개미의 경우 둔덕 형태의 집을 지을 때 안쪽에 여러 개의 에어 포켓을 정교한 구조로 배치한다. 꿀벌은 꿀을 딸 때 물도 함께 따는데, 그렇게 따온 물을 입으로 벌집 안의 벌들에게 전달해준다. 그 과정에서 벌집 위에 작은 물방울이 튀기도 한다. 또는 날개로 물을 부채질해서 벌집을 시원하게 만드는 벌들도 있다.

사하라은개미(이 개미는 모든 걸 태워버릴 듯한 사하라사막과 아라비아반도의 무더위 속에서도 끄떡없이 살아간다)도 진화를 통해 더위를 극복하는 몇 가지 기막힌 전략을 발달시켰다.[10] 사하라은개미가 먹잇감을 구하러 집을 나설 때 그들에게 주어진 시간은 10분이다. 이 시간이 지나면 말 그대로 사막의 더위 속에 튀겨지기 때문이다. 50℃가 넘는 기온을 무릅쓰고 길을 나선 사하라은개미는 보통 더위로 죽은 동물들의 사체를 먹잇감으로 삼는다. 이들 개미는 도마뱀들이 돌아다니며 개미를 잡아먹기엔 너무 뜨겁고 자신들이 순식간에 푹 삶아지지 않을 만큼은 서늘한 때만을 골라 그때만 집을 나선다. 무지막지하게 뜨거워진 모래를 피하는 방법은 빨리 달리는 것이다. 그 속도는 초속 1미터로, 이 개미들의 자그만 체구를 감안하면 인간이 시속 724킬로미터로 달리는 것이나 다름없다. 사하라은개미가 아름다운 은빛 색조를 띠는 것은 몸에 난 단면이 삼각형인 독특한 털 때문인데, 이 털이 열을 반사해준다(우리도 검은색보다 흰색 옷을 입으면 더 시원한 것처럼 말이다).

열과 동물의 이야기에서 빼놓을 수 없는 건 무엇보다 낙타다.[11] 낙타는 지금으로부터 약 4,000만 년 전 북아메리카에서 진화했다. 기다린 속눈썹, 넓은 발, 혹 등 낙타 하면 가장 먼저 떠오르는 특징들은 북아메리카의 겨울을 견디기 위한 것으로 보인다. 낙타는 지금으로부터 1만 4,000년 전만 해도 다리처럼 이어져 있던 베링 해협의 땅을 밟고 유라시아 대륙으로 넘어가 아라비아반도에 자리 잡았다. 사람이 낙타를 길들인 지는 수천 년으로, 거의 말만큼이나 오랜 시간을 인간과 함께 지내왔다.

낙타는 북아메리카에서 건너왔음에도(아니 어쩌면 북아메리카에서 건너왔기 때문에) 뜨거운 사막에서 더할 나위 없이 잘 적응했다. 낙타는 눈꺼풀이 투명해서 눈을 감은 채로 모래폭풍 속을 걸을 수 있다. 그뿐만 아니라 모래는 막고 물은 안으로 들어오도록 콧구멍을 닫을 수도 있다. 또 흉골 위쪽에 두툼한 근육이 있어서 누워 있는 동안에도 머리는 뜨거운 땅에 닿지 않도록 쉽게 쳐들 수 있다. 낙타의 혹은 그늘을 만드는 동시에 내부의 장기들을 열로부터 보호한다. 낙타의 혹에는 지방이 저장되어 있어서 먹이가 바닥났을 때 이를 활용할 수 있다. 그래서 낙타는 음식을 먹지 못하는 시간이 길어지면 등의 혹이 푹 꺼진다.

뜨거운 기후에서 살아가려면 물 관리에 공을 들여야 하는데, 이런 면에서 낙타는 그야말로 탁월하다. 우선 낙타는 특이하게도 혈구가 타원형이다. 이 타원형 혈구는 농도가 짙은 혈액 속을 순환하다가 물이 필요할 때 그 크기가 재빨리 커진다. 낙타는 추운 계절에는 몇 달간 물을 마시지 않고 지내기도 한다. 매우 무더운 조건 속에 있을 때는 8~10일에 한 차례만 물을 마셔도 되며, 탈수로 자기 체중의 3분의 1까지 감량하기도 한다. 탈수 상태의 낙타는 고농도의 소변을 몇 방울만 배설하고, 이 때문에 뒷다리와 꼬리 사이에 하얀 줄무늬가 있는 것처럼 보인다(알고 보면 소금 결정들이 눌어붙은 것이다). 이런 방식으로 소변을 처리하면서 낙타는 물을 아낄 수 있다. 이와 함께 바닷물보다 짠 물도 마실 수 있고, 나아가 대부분의 다른 동물에게는 독이 될 수 있는 짠 식물들까지도 먹을 수 있다. 낙타의 대변은 매우 건조해서 땔감이 된다.

사바나 침팬지의 생존법

열이 진화의 동력으로 작용했으리라는 가설에 질 프러츠Jill Pruetz만큼 몰두한 사람도 드물 것이다. 지난 20년 동안 그녀는 해마다 세네갈의 퐁골리라는 촌락 인근에서 많은 시간을 머물며 무더운 환경 속에서 살아가는 침팬지들을 연구해왔다.[12] 프러츠가 침팬지들과의 삶을 들려줄 때면 많은 부모가 자기 자식에 대해 아는 것보다 그녀가 침팬지에 대해 더 잘 알지 않을까 하는 생각이 든다.

어느 화창한 봄날 프러츠와 나는 그녀가 사는 2헥타르 부지의 농장에서 멀지 않은 텍사스주 배스트롭의 한 레스토랑에서 만났다. 텍사스 남부에서 자란 프러츠는 대학 졸업 직후 생물의학 연구용으로 침팬지를 사육하는 연구소에서 일하면서 침팬지에게 푹 빠졌다. 현재는 텍사스에서 인류학 교수로 재직하며 퐁골리 사바나 침팬지 프로젝트Fongoli Savanna Chimpanzee Project를 진행하고 있다. 이 프로젝트는 국립공원 바깥의 100제곱킬로미터 지역에 32마리의 침팬지들이 살게 하는 것이다.

프러츠와 나는 콜로라도강 위쪽에 자리한 목재 피크닉 테이블에 앉아 피자를 먹으며 이야기를 나누었다. "제가 침팬지를 연구하는 이유는 여러 가지예요. 그래도 가장 주된 이유를 하나 꼽으라면 침팬지가 살아 있는 생물종 가운데 우리와 가장 가까운 친척이기 때문이고, 그래서 침팬지가 어떻게 행동하고 삶의 다양한 스트레스에 어떻게 반응하는지 보면 초기 인간 발달에 대해 많은 걸 알 수 있기 때문이지요." 그녀가 말했다.

퐁골리의 침팬지들에게는 더위가 무엇보다 큰 스트레스다. 세네갈이 무더운 건기에 접어들면(3~4월이 절정이다) 기온이 무려 48.8℃까지 치닫기도 한다. "그때는 얼마나 더운지 따귀라도 맞는 것 같아요." 프러츠의 말이다. 나무의 잎이란 잎은 죄다 떨어지고, 물 한 방울 찾아보기 힘들다. 침팬지들이 지내는 지역 곳곳에 화재가 일어난다. 이 침팬지들은 지구상에 존재하는 침팬지 중 가장 무덥고 메마른 땅에서 살아간다. 종말을 맞은 듯 잔혹한 이곳의 풍경은 침팬지들의 서식지인 나무가 울창한 숲이나 정글과는 완전 딴판이다.

이런 땅에서 이 침팬지들이 산 지도 이제 1,000년에 가깝다. 그리고 그 세월 동안 침팬지들은 차츰 각양각색의 이상한 행동, 한마디로 다른 침팬지들에게서는 좀처럼 보기 힘든 행동들을 진화시켜왔다. 일반적으로 숲속의 침팬지들은 과일에서 수분을 충분히 얻기 때문에 따로 목을 축일 필요가 적고, 먹잇감을 찾아 숲속 여기저기로 거처를 옮길 수 있다. 그에 반해 퐁골리의 침팬지들은 매일 마실 물이 꼭 있어야 하기 때문에 메마른 땅 가운데서도 확실히 물이 나는 곳을 찾아 그곳을 거처로 정하는 경향이 있다.

이와 함께 숲속의 침팬지들은 낮 동안에는 내내 활발하게 활동하는 반면, 프러츠가 알아낸 바에 따르면 사바나의 침팬지들은 낮에는 5~7시간 정도 휴식을 취한다. 건기에는 침팬지들이 작은 동굴 안에 몸을 숨기고 있는 경우를 종종 볼 수 있고, 우기에는 새로 생긴 웅덩이에 쏙 들어가 몇 시간씩 물장구를 치기도 한다. 숲속의 침팬지들은 밤에는 줄곧 나무에 지은 보금자리에서 지낸다. 하지만 퐁골리에서는 밤이 이슥하도록 침팬지들이 시끄러운 소리를 내곤 한다.

"무더운 계절을 나는 동안 침팬지들은 종전과는 행동이 완전히 달라져요." 프러츠의 말이다. 침팬지들은 하늘을 뚫어질 듯 바라보며 자신들이 알고 있는 비가 어서 쏟아지기만을 기다린다. 퐁골리에서 나무는 좀처럼 보기 힘들며, 설령 있다 해도 그늘을 만들 만큼 이파리가 무성하지 않다. 날씨가 무더운 어느 날, 프러츠는 홀로 우두커니 서 있는 나무 그늘에 앳된 침팬지 한 마리가 숨어 있는 모습을 지켜봤다. 그날 낮 동안 이 침팬지는 그렇게 해서라도 더위를 피해보려는 듯 이동하는 그림자를 따라 자리를 옮겼다.

당시 프러츠가 눈여겨본 침팬지들의 모습은 또 있었다. 어쩌면 이것이 인류의 이야기를 오롯이 이해하는 핵심 열쇠가 될 수도 있다. 바로 더위를 견뎌야 할 때 퐁골리의 침팬지들은 오히려 시원한 곳에 사는 침팬지들보다 주변을 걸어 다니는 시간이 더 많다는 것이다.

루시가 살았던 당시에 이 세상은 급속도로 변화하던 중이었다. 물론 오늘날 우리가 사는 세상에는 턱없이 못 미치지만, 진화의 틀에서 보면 당시 세상도 분주히 변화하고 있었던 것만은 분명하다. 동아프리카의 경우 날씨가 점점 더 뜨겁고 건조해지고 있었다. 우림은 점점 자취를 감추고 삼림지대가 그 자리를 메웠고, 탁 트인 지대가 생겨나면서 대초원이 모습을 드러냈다. "지난 300만~400만 년을 거치는 동안 동아프리카의 풍경은 말하자면 〈타잔〉의 배경에서 〈라이온 킹〉의 배경으로 뒤바뀐 셈이다."[13] 우주 생물학 연구자 루이스 다트넬이 『오리진』에서 한 말이다. 에티오피아 열곡대Rift Valley는 복잡한 지형이 되어, 삼림지대와 고지대, 산등성이, 깎아지른 비탈, 구릉지, 고원과 평원, 계곡, 차츰 그 면적을 넓혀가던 협곡 바닥의 깊은 담수호를 한꺼번에 볼 수 있었다. 그러는 사이 킬리만자로 같은 화산에서는 속돌(화산의 용암이 갑자기 식어서 생긴, 다공질의 가벼운 돌–옮긴이)과 화산재가 뿜어져 나와 일대를 온통 뒤덮었다. 나무 아래나 초지에서는 얼룩말 같은 새로운 종이 하나둘 모습을 드러내고 있었다.

이 역동적인 새로운 세상에서 루시는 민첩하게 살아가지 않으면 안 되었다. 호우로 인해 마실 물은 넉넉했다가 다시 가물기를 반복했다. 굴에는 표범과 사자가 먹잇감을 노리며 숨어 있기 일쑤였다. 루시는 포식자인 동시에 먹잇감이기도 했다. (우리는 루시가 살았던 세상을 지금 우리 세상과 너무도 다른 곳으로 생각하곤 한다. 하지만 당시 동아프리카 세계를 이루고 있던 생물체들은 오늘날 그곳에 있는 생물체들과 비슷한 모습을 하고 있었다. 사자, 하이에나, 코끼리 모두 오늘날과 별반 다를 바 없었다.) 그런데 오늘날 침팬지의 행동으로 짐작건대, 이들 초기 호미닌은 사실 민첩한 편은 아니었다. 탁 트인 평지를 무서워하고 조심성이 많아서 툭하면 나무 위로 도망쳤다. 지형이 계속 변화하고 그렇게 변화하는 환경에서 살아야 한다는 것은 가장 취약한 자가 포식자에게 죽임을 당해 사라진다는 뜻이었다. 반면 적응력이 누구보다 강한 자는 살아남아 연장을 이용해 사냥하는 등 새로운 기술을 익혔다. 덕분에 인류는 과일, 흰개미, 숲속의 작은 동물이 주식이었던 식단에서 벗어나 가젤, 얼룩말 등을 주식으로 하는 식단으로 이행할 수 있었다.

인디애나대학교 인류학 교수로 인류 진화를 연구하는 케빈 헌트가 보기에 인간의 이족 보행은 100만 년 남짓한 세월에 걸쳐 서서히 진화한 산물이다.[14] 루시는 그 1단계의 본보기인 셈이다. 루시가 직립하게 된 것은 아마 더위를 피하고 과일을 더 쉽게 따려는 두 가지 목적에서였을 것이다. 2단계의 특징은 호모에렉투스Homo erectus가 등장했다는 것이다. 이들은 종전보다 길어진 팔다리로 더 빨리 걷고 달릴 수 있었고, 호리호리해진 몸매 덕에 열을 더 잘 발산할 수 있었으며, 육식성이 강했다.

하지만 인류 진화의 다음 단계로 넘어가려면, 다시 말해 우리 조상들이 종전과는 달리 사뭇 따뜻해진 세상에서 세력권을 더욱 넓힐 수 있으려면 진화에 있어 핵심적인 혁신이 있어야만 했다. 한마디로 이제 우리 조상들은 땀 흘리는 법을 배워야 했다.

땀 흘리는 자가 지배한다

인류의 땀샘이 어떻게 진화했는가는 이족 보행의 진화보다 훨씬 복잡한 문제다. 이족 보행의 경우는 화석을 통해 추론이 가능하다. 하지만 땀샘은 그렇지 않다. 땀샘에 대해 알려진 것이라고는 고작해야 갖가지 다른 방식으로 나타나는 행동 패턴들에서 얻은 실마리, 인간과 다른 동물들의 몸을 함께 살펴보고 얻은 증거를 통해 간접 추론하는 게 전부다.

한 가지 분명한 것은 루시와 그 후손들은 나무를 벗어나 대초원을 향해 나아가며 나무들 속에서 한 번도 겪어보지 못한 방식으로 더위와 싸워야 했다는 점이다. 결국 우리 조상들은 두 경우 모두에서 유용하게 쓰일 중요한 혁신을 내놓게 되는데, 이는 지금 우리가 사는 방식에도 커다란 함의를 지닌다.

첫째, 당시에는 햇빛에 잘 대처하는 것이 관건이었다. 나무 아래를 벗어나 여기저기를 배회하면서 우리 조상들은 자연스레 자외선에 점점 많이 노출될 수밖에 없었는데, 자외선은 피부의 세포 조직을 손상시키는 동시에 DNA에도 해를 끼칠 수 있다. 그래서 루시와 그 조상들은 멜라닌을 생성하는 능력을 발달시키게 되는데, 이 암갈색 색소는 천연 햇빛 차단제의 역할을 한다. 그때껏 몇백만 년의 세월 동안 우리 조상들의 피부색은 하나같이 어두웠다. 그러다 아프리카를 벗어나 더 북쪽 지방의 기후, 나아가 고위도의 땅에 정착하게 된 후에야 비로소 어두운 피부색이 불리한 진화상의 특징이 되어버린다. 피부색이 어두우면 햇빛 통과에 한계가 생기면서 비타민D 생성이 어려워지기 때문이다. 따라서 햇빛이 그렇게까지 강렬하지 않은 지역에서는 피부색이 밝은 것이 유리하다.

하지만 이보다 더위에 잘 대처하는 것이 더 복잡한 문제였다. 온혈동물 입장에서 햇빛을 많이 받는다는 것은 곧 열을 더 많이 받는다는 뜻이다. 활동이 더 많아지는 것 역시 열을 더 많이 받는다는 뜻이다. 더위 속에서 내가 상처 입은 영양을 얼마나 멀리 뒤쫓을 수 있는가는 내가 열을 얼마나 잘 관리하느냐에 좌우된다. 내가 아프리카 평원에서 사는데 더위를 많이 탄다면 배를 주리기 십상이다. 그뿐만이 아니라 당시 한창 진화 중인 우리 조상의 뇌는 날이 갈수록 커지고 있었다. 뇌가 크면 열도 많이 식혀줘야 하는 만큼 막강한 냉각 체제를 발달시키는 것은 도구 제작과 같은 다른 기술을 개발하는 데도 중요했다.

그래서 진화가 내놓은 해법이 다름 아닌 우리 몸 안에 일종의 스프링클러 시스템을 만들어 우리 몸이 너무 더워지면 피부를 물로 적시는 것이었다. 이 물이 증발하면서 열도 함께 식고, 그러면 우리의 피부는 물론 피부 바로 아래에서 순환하는 피도 함께 식는다. 이렇게 식은 피가 몸을 순환하면 체온도 덩달아 떨어진다.

무더운 날에 한 번이라도 말을 타본 사람이라면 알겠지만, 동물들도 땀을 흘린다. 말도 다른 수많은 포유류와 마찬가지로 아포크린샘이라는 특정한 땀샘을 모낭의 일부로 갖고 있다. 이 땀샘에서 우윳빛의 점성 높은 액체가 흘러나온다. 경주마를 타면 이 액체를 가장 확실하게 확인할 수 있는데, 경주를 끝낸 경주마의 목 언저리가 때로 면도 크림이라도 바른 것처럼 허여멀건한 것도 그런 이유다(흥분하거나 화를 낸다는 뜻의 '거품 물다get in a lather'라는 표현도 여기서 생겼다). 침팬지는 물론이고 낙타와 당나귀 같은 털가죽이 있는 포유류 중에는 아포크린샘을 가진 동물이 많다. 그런데 이 아포크린샘이 열 관리를 돕는 건 맞지만, 많은 양의 열을 재빨리 발산하는 데는 별 소용이 없다.

인간도 겨드랑이와 음부에 아포크린샘이 약간 분포해 있는데, 인류 역사 초기의 진화가 남긴 흔적이라 할 수 있다. 이 아포크린샘은 열에도 반응하지만 신경에도 반응하는 특징이 있다. 우리가 면접을 볼 때 긴장하면 겨드랑이에 땀이 나는 것도, 땀을 흘릴 때 특유의 냄새가 나는 것도 이 때문이다. 일부 인류학자들은 아득한 옛날에는 냄새가 이성을 유인하는 수단이었을 것으로 보기도 한다. 한마디로 냄새도 우리가 서로 어떤 사람인지 알아내는 한 방법이 된다는 이야기다.

그런데 우리 조상들은 아프리카 대초원의 더위 속에서 여기저기 떠돌며 영양들을 뒤쫓던 중 이 아포크린샘보다 훨씬 더 훌륭한 열 관리 도구를 완성했다. 바로 에크린샘이다. 이 땀샘은 비누 거품 같은 물질을 분비하는 게 아니라 우리 몸에 물을 분사해주는 기제로, 나중에 이 물이 증발하면서 우리 몸을 차갑게 식혀준다. 어떻게 보면 간단한 기제인데 이게 기막히게 효율적이다. 호미닌은 이

에크린샘을 몸에 만들지 못했다. 긴꼬리원숭이 마카크의 경우는 에크린샘과 아포크린샘이 동일한 비율로 분포돼 있다. 우리와 촌수가 더 가까운 침팬지와 고릴라는 에크린샘과 아포크린샘이 2 대 1 비율로 분포돼 있다. 하지만 우리 인간의 몸에 있는 땀샘은 겨드랑이와 음부에 남아 있는 것을 제외하면 전부 에크린샘이다.

오늘날 우리 몸에 있는 땀샘의 수는 자그마치 약 200만 개에 달한다. 땀샘은 코일 형태의 자그만 튜브처럼 피부 속에 묻혀 있는데 그 크기는 세포 하나 정도로 엄청나게 작다. 땀샘을 눈으로 확인하려면 현미경이 있어야 한다. 땀샘은 우리 몸에 고루 퍼져 있지는 않다. 우리의 양손, 양발, 얼굴에 가장 많이 분포해 있고, 엉덩이에 가장 적게 분포해 있다. 특정 부분에서 여자가 남자보다 땀샘이 더 많은 경우가 종종 있지만, 최대 발한 비율maximum sweating rate은 여자보다 남자가 높은 경우가 많다. 땀샘에서 분비되는 액체의 99.5퍼센트가 물이다. 한마디로 우리 몸을 축축하게 적시는 게 땀샘의 유일한 기능인 것이다. 무더위 속에서 대부분의 사람은 시간당 약 0.95리터, 하루 약 11.3리터의 땀을 너끈히 흘린다. 침팬지가 흘리는 땀보다 약 10배는 많은 양이다.

하지만 땀샘이 훨씬 더 효과적으로 기능하려면 루시의 후손들은 진화적으로 한 가지 적응을 더 이뤄내야 했다. 바로 몸에서 털이 빠지게 한 것이다. 털hair(인간이 아닌 다른 동물의 털은 fur라고 한다)은 젖으면 무겁게 축 처져 몸의 열이 효율적으로 빠져나가는 것을 어렵게 하는 만큼 땀샘의 전략을 방해하는 요소다. 우리 몸에서 털이 아직 꽤 덥수룩하게 남아 있는 유일한 부위는 머리다. 그 이유는 열에 아주 민감한 우리 뇌가 열을 받지 않도록 털이 일종의 햇빛 가리개 역할을 하는 것이다(바닥으로 넘어질 때 머리를 보호하는 쿠션 역할도 한다).

우리 몸에서 털이 빠지고 에크린샘이 발달한 것은 진화의 역사에서 커다란 의미를 지니는 사건이다. 그 중요성은 연장과 불의 사용에 견줄 정도다. 아프리카 대초원의 다른 동물들도 갖가지 열 관리 전략을 마련했다. 개들처럼 혀를 내밀고 숨을 헐떡이는 것은 그중 가장 단순한 전략이다. 하지만 이렇게 숨을 헐떡이는 것은 포식자 입장에서 썩 훌륭한 전략은 못 된다. 사자가 단거리를 무척 빠른 속도로 질주할 수 있는 것은 사실이지만, 달리는 중에 숨까지 헐떡이지는 못한다. 한마디로 더위 속에서 질주할 때는 반드시 중간에 멈춰 숨을 헐떡이며 열평형 상태를 되찾아야 하는 것이다. 반면 인간은 몸을 움직이는 도중에도 몸을 식힐 방법을 찾아낸 셈이다. 우리는 어딘가로 이동하는 동시에 땀을 흘린다. 이는 인류 진화의 역사에서 매우 큰 진전이 아닐 수 없었다. 열을 관리할 수 있게 되면서 인간은 샘을 벗어나 점점 더 멀리까지 가고, 장거리 여정에 오르기 시작하고, 사냥 구역을 넓힐 수 있었다.*

그렇게 해서 인간은 무더위 속 탁월한 사냥꾼이 될 수 있었다. 다른 동물들은 감히 엄두도 못 내는 한낮 무더위 속 사냥을 당당히 나설 수 있었던 것은 포식자 입장에서 확실히 유리했다. 지금으로부터 약 200만 년 전 지구상에 호모에렉투스가 출현했을 무렵, 우리 조상들은 긴 다리와 재빠른 발, 강한 다리와 엉덩이 근육을 가진 탁월한 기량의 장거리 달리기 선수가 돼가고 있었다. 우월한 열 관리 시스템 덕에 인간은 동물들이 말 그대로 열사병에 걸려 나가떨어질 때까지 그들을 뒤쫓을 수 있었다. 이런 식의 사냥 관습은 오늘날까지 이어지고 있다. 남아프리카 칼라하리사막의 수렵채집인들은 말 그대로 열사병으로 기절할 때까지 뒤쫓는 방법을 써서 한창 무더운 한낮에도 단거리를 인간보다 훨씬 빨리 질주하는 쿠두(영양의 일종) 사냥에 성공하곤 한다.

하지만 인간의 열 관리 전략은 살아 있는 모든 것들의 전략과 마찬가지로, 우리가 이제껏 만 년 남짓 살아온 이른바 골딜록스 존의 환경에 최적화돼 있다. 재빠르게, 그러니까 진화의 선택이 따라잡기 힘들 만큼 너무도 빠르게 변화하고 있는 세상에서는 이들 전략도 이제 한물간 유물이나 다름없다. 열 관리 전략에 관해 말하자면, 지금 우리는 무성영화 시대 할리우드에서 연기하고 있었는데 유성영화가 발명돼 갑자기 자기 목소리로 연기해야 하는 처지에 놓인 배우나 다름없다. 대본 내용은 잘 알지만, 그것을 연기하는 우리의 기술은 더 이상 지금 세상에는 잘 들어맞지 않는 셈이다.

* 세간에는 무더운 기후 속의 우리 조상들이 매운 음식을 좋아하게 된 건 매운 음식을 먹으면 땀을 흘리게 되기 때문이라는 통념이 흔히 퍼져 있는데 이는 잘못된 생각이다. 그보다 우리 조상들이 매운 음식을 좋아하게 된 것은, 냉장 기술이 나오기 전에는 갖가지 향신료가 방부제 역할을 했기 때문일 가능성이 크다. 무더운 지역에서는 음식이 빨리 상하는 만큼 그런 방부제의 역할이 특히나 중요하다. 마늘, 양파, 올스파이스, 오레가노는 탁월한 박테리아 퇴치제이며(이것들이 죽이지 못하는 박테리아는 없다), 그렇기는 타임, 시나몬, 커민도 마찬가지다. "항박테리아성 향신료가 든 음식을 즐겨 먹은 사람이 더 건강했을 가능성이 큽니다. 특히 무더운 기후 속에서 살아간 경우에는 더 그렇겠지요." 진화생물학자 폴 셔먼Paul Sherman의 말이다. "그들은 장수하면서 더 많은 후손을 남겼겠죠. 그리고 자식들에게 이렇게 가르쳤을 겁니다. '마스토돈 요리는 이렇게 해 먹는 거야.'"[15]

The Heat

3장

Will Kill

열섬

실내 온도는 새로운 계급이다

You First

도시들이 점점 커지고 더위가 기승을 부릴수록 기온은 계층, 재산, 그리고 종종 인종을 가르는 알려주는 지표가 될 것이다. 에어컨으로 결계를 치고 오싹한 한기를 즐기는 이와 46℃에 육박한 7월 오후에 속수무책으로 익어가는 사람으로 나뉘는 것이다. 마치 온도 격리정책이라도 시행된 듯이.

아스팔트, 콘크리트, 강철의 제국

46℃를 웃도는 타는 듯한 한낮 무더위, 이런 날 피닉스 시내에서는 가림막을 찾지 않고는 무자비한 햇빛의 공격을 배겨낼 수 없다. 공기는 묵직하고 탁해서 오존을 잔뜩 머금은 열 커튼처럼 느껴진다. 주차장에서 뿜어져 나오는 열기가 신발 바닥을 뚫고 그대로 전해지는 것만 같다. 밴뷰런가의 철제 버스 정류장들은 컨벡션 오븐이나 다름없다. 스카이하버 국제공항에서는 산소가 희박하고 뜨거운 공기 속에선 비행기가 충분히 떠오르지 못해 항공편이 줄줄이 연기된다.[1] 태양을 형상화한 거대한 철제 엠블럼으로 입구를 장식한 피닉스 시청에서는 공무원들이 감히 바깥으로 나갈 엄두를 내지 못해 근처 식당에도 가지 못한 채 로비에서 점심을 때운다. 도시 외곽에서는 끝없이 치솟는 냉방 수요를 감당하기 위해 모든 전기 설비가 최대로 가동되느라 송전선이 축 늘어진 채 시끄럽게 윙윙댄다. 폭염이 닥친 애리조나주에서 전기는 단지 편의 수단이 아니다. 사느냐 죽느냐를 결정하는 생존 수단이다.

오늘날 도시들은 아스팔트, 콘크리트 그리고 강철의 제국이라 해도 과언이 아닌데, 이 자재들은 한낮의 열기를 그대로 빨아들여 증폭시켰다가 밤에 방출하는 특징이 있다. 에어컨도 뜨거운 공기를 밖으로 배출해 도시에 열이 쌓이는 문제를 한층 부채질한다. 피닉스 시내의 경우 온도가 주변 지역보다 6℃ 높아지는 일이 예사로 벌어진다.[2] 뉴욕시의 낮 기온도 우거진 숲이 자리한 교외보다 평균 1~2.5℃ 이상 높다. 밤에는 더러 6℃ 정도 더 따뜻하기도 하다.[3] 도시계획자와 연구자들 사이에서 이른바 도시 열섬 효과로 통하는 이 현상이 현재 곳곳에 너무도 만연해 있는 까닭에, 한때 기후변화 회의론자들은 기후변화는 실제가 아니라 과거 시골에 위치한 수많은 기상관측소 주변에 죄다 도시가 발달하면서 일어난 착시에 불과하다고 주장하기도 했다(이 같은 주장은 기후변화 회의론자들이 밀어붙이는 주장들이 대부분 그렇듯 하나부터 열까지 전부 잘못됐음이 드러났다).

"도시별로 보면, 기후변화 자체보다도 도시 열섬 효과가 해당 지방 온도에 훨씬 더 많은 영향을 미칩니다." 애리조나주립대학교의 과학자이자 피닉스시의 더위 대응 및 경감 대책 소장인 데이비드 온둘라David Hondula의 말이다.

2022년 한 해 사이 매리코파카운티에서 더위로 목숨을 잃은 사람만 386명에 달했다.[4] 2003년 유럽에 닥친 폭염으로 불과 며칠 만에 무려 7만 명이 목숨을 잃었던 때와 비교하면 별로 대수롭지 않게 여겨질 수도 있으나 이는 10년 전에 비해 무려 3배 늘어난 수치다.[5] 이 일이 있고 나서야 피닉스시에서는 무더위에 대응하기 위해 세심한 대책들을 마련하기 시작했다. 이 같은 추세는 곳곳의 도시들에서 더위 관련 사망 사고가 점차 늘어나고 있는 경향과도 맞물린다. 최근 미국 국립과학원NAS의 연구에 따르면, 전 세계적으로 지난 40년 동안 도시 지역에서 더위가 초래하는 위험은 3배가 늘어 현재는 이 같은 위험에 노출된 사람만 17억 명에 이르는 것으로 밝혀졌다.[6] 뭔가 극적인 조치를 취해 이산화탄소 배출을 줄이고 삶의 방식을 바꾸지 않는 한, 이런 식의 위험에 처하는 사람들은 기하급수적으로 늘어날 게 분명하다. 2050년 무렵에는 전 세계 인구의 70퍼센트가 도시에 살게 될 것이기 때문이다.[7]

하지만 미국에서 오랜 세월 가장 더운 도시로 손꼽혀온 피닉스 같은 도시에서조차 도시 지역의 극단적인 더위가 몰고 올 위험을 이제야 고려하기 시작했다. 애리조나주립대학교 메티스센터의 인프라 및 지속가능 엔지니어링 담당 소장으로 있는 미하일 체스터Mikhail Chester가 보기에 위험은 매년 증가하고 있다. "허리케인 카트리나와 동급의 극단적 더위가 닥치면 어떻게 될까요?"[8] 몇 년 전 애리조나주립대학교 캠퍼스 근처의 한 카페에서 그가 큰 소리로 던진 질문이다. 2005년 뉴올리언스를 강타한 허리케인 카트리나로 거의 2,000명의 사람이 죽었고, 1,000억 달러 이상의 경제적 손실이 발생했다. 이것만 봐도 극단적 기후변화에 도시가 얼마나 무방비한지 알 수 있다.

"허리케인 카트리나는 뉴올리언스의 도시 인프라를 순식간에 줄줄이 망가뜨렸습니다. 그런 일은 아무도 예상하지 못했죠. 제방들이 무너지고, 사람들은 오도 가도 못한 채 발이 묶였습니다. 구조

활동도 소용없었습니다. 극단적 더위가 닥칠 경우 피닉스에도 비슷한 재난이 줄줄이 일어날 수 있습니다. 그러면 지금으로선 예상하기 힘들지만 이 도시 인프라의 갖가지 취약한 부분과 약점이 사방에서 드러날 수 있습니다." 체스터의 말이다.

체스터가 보기에 피닉스에서 일어날 무더위 재앙은 아마 정전으로 그 서막을 열 것이다. 정전은 그야말로 갖가지 일을 계기로 일어날 수 있다. 우선 무더운 날에는 대규모 송전선 주변에서 얼마든지 산불이 날 수 있다. 변전소가 폭발할 수도 있고, 러시아 해커가 배전망을 박살낼 수도 있다. 2011년 실제로 유마 근방에서 평소처럼 유지 보수 작업을 하던 한 설비공사 노동자가 500킬로볼트 송전선을 건드리는 바람에 줄줄이 정전이 일어났고, 이 때문에 700만 명의 사람이 12시간 동안 전기를 공급받지 못했으며, 샌디에이고의 경우 거의 도시 전체가 이런 사태를 겪으면서 1억 달러의 경제적 손실을 입었다.[9] "피닉스에서도 대규모 정전 사태가 일어날 경우 수십억 달러쯤은 손쉽게 손실이 날 수 있습니다." 체스터는 말했다.

피닉스 같은 도시가 칠흑 같은 어둠 속에 잠기는 순간, 생활을 지탱해주는 각종 편의 시설도 엉망진창이 된다. 우선 에어컨을 틀 수 없게 되면 집과 사무실 내부 온도가 치솟는다(아이러니하게도 요새 새로 지어진 고효율 LEED 인증 건물들은 단단히 밀폐돼 있어서 정전이 되면 열을 내보내지 않고 가두는 열 트랩이 되어버린다). 길거리 신호등도 작동하지 않고, 고속도로는 과열된 도시를 빠져나가려는 사람들로 북새통을 이룰 것이다. 전기가 들어오지 않으면 주유 펌프도 작동하지 못하기 때문에 각종 운송 수단도 연료통이 텅텅 비어

오도 가도 못할 것이다. 병원에는 열탈진과 열사병을 앓는 사람들이 넘쳐날 것이다. 가까운 산에서 산불이라도 나면 공기가 탁해져 호흡이 곤란해질 테고 말이다. 이런 식의 정전 사태가 36시간 이상 이어지면 사회질서를 유지하고 곳곳에서 벌어진 약탈과 난동을 제어하기 위해 주방위군이 소집돼야 할 것이다.

이와 함께 사람들이 하나둘 죽기 시작할 것이다. 그 수는 과연 얼마나 될까? 체스터는 카트리나에 버금갈 정도일 거라고 예측했다. 다시 말하면, 수천 명은 목숨을 잃을 거라는 이야기다. 카페에서 이야기를 나누는 동안 체스터는 피닉스가 더위로 종말을 맞을 거라는 예측이 임의적 가설이 아니라 이미 굳어진 사실인 것처럼 무덤덤하게 이 모든 이야기를 풀어놓았다.

"이런 일이 일어날 가능성이 얼마나 될까요?"

"또 다른 대형 허리케인이 뉴올리언스를 강타할 확률과 거의 똑같을 거라고 봅니다. 이런 일이 정말 발생할지가 아니라 언제 발생할지가 더 큰 문제지요."

첸나이, 폭염 도시의 비극

뜨거운 도시는 뜨거운 정글 혹은 뜨거운 사막과는 또 다르다. 자연 속에서 느끼는 더위보다 도시의 더위가 우리에게는 더욱 잔인하고 피부에 와닿는다. 도시는 사람들로 꽉 차 있음에도 사람들 사이에 섬을 만드는 동시에 시원한 곳에 있을 방편이나 사회적 유대가 딱히 없는 사람들에겐 고초가 만만치 않은, 아주 괴이한 일이 벌어지는 곳이다. 그래서 빈곤한 사람들에게는 일상의 단순한 일을 해내는 것조차 위험을 무릅써야 하는 버거운 일이 되곤 한다.

여기 안잘라이의 경우를 살펴보자. 올해 39세인 그녀는 넓은 어깨와 늘 다음 질문을 생각하는 듯 초롱초롱 반짝이는 두 눈이 인상적이다. 오른쪽 콧구멍에는 황금 코걸이를, 귀에는 가느다란 금줄 끝에 자그만 진주가 달린 귀걸이를 찼다. 1,100만 명의 인구가 모여 사는 남인도의 도시 첸나이 라마푸람 지구에 야자수 잎으로 지붕을 올린 오두막이 그녀와 17세의 딸 그리고 49세의 남편이 함께 살아가는 집이다. 첸나이는 인도에서 가장 부자로 꼽히는 몇몇 기업가와 사업가들이 사는 곳이지만, 동시에 버려진 플라스틱과 굶주린 개들 천지인 황무지나 다름없는 슬럼가이기도 하다. 안잘라이 같은 사람들이 500만 명 이상 이 도시에 거주한다.

안잘라이의 오두막은 28제곱미터 규모로 작다. 깨끗하고 깔끔하게 정돈된 집 천장에는 선풍기 한 대만 덩그러니 달려 있다. 적도에서 가까운 첸나이는 1년 내내 뜨겁고 습하다. 특히 5월은 잔인한 달이다. 5월엔 거의 항상 한낮 기온이 32℃ 이상까지 오르며, 밤에도 좀처럼 시원해지지 않는다. 피닉스에서 경험할 수 있는 건조한 사막 더위의 매서움과는 그 종류가 전혀 다르다. 첸나이에서는 땀이 나도 증발하지 않고 그냥 몸에 고여 있다. 한때 이곳 땅을 뒤덮고 있던 정글은 기다란 포장도로와 콘크리트 더미에 밀려 과거의 기억이 되었지만 이곳은 여전히 탁하고 무더운 정글 같다. 아름드리 타마린드나무, 코코넛 야자수, 기다랗고 가느다란 이파리가 달린 님나무는 지금은 거의 흔적도 없이 사라졌다. 첸나이를 뒤덮은 수목의 비율은 현재 피닉스와 거의 다르지 않은 상황이다.

무더위가 한창인 5월에 안잘라이를 만났을 때 그녀의 일상을 좌지우지하는 건 더위였다. 아침이면 그녀는 차가운 쌀죽을 먹었다. 그래야 몸의 열기가 더 잘 가시기 때문이었다. 또 일터로 나서기 전에 매일같이 오두막의 초가지붕과 흙바닥에 물을 뿌렸다. 그렇게 물로 적시면 열기를 더 잘 빨아들인다고 그녀는 말했다. 그날 하루 동안 써야 할 힘을 비축하듯 안잘라이는 느릿느릿 움직였다.

"몸은 좀 어때요, 아난?" 안잘라이는 늘 이렇게 남편의 안부를 물었다. 안잘라이는 남편이 하루도 걱정되지 않는 날이 없었다. 심장질환이 있는 남편에게 무더위는 견디기 힘든 스트레스였다. 안잘라이의 남편은 건설 현장에서 일하는데, 그 말인즉 하루의 많은 시간을 햇볕이 내리쬐는 야외에서 보낸다는 이야기다. 에어컨 바람을 쐬며 한숨 돌리거나 냉수 샤워는 감히 꿈도 못 꾼다. 안잘라이는 남편이 집에 있었으면 하지만 남편은 생활비를 벌기 위해 일주일에 2,3일은 일을 나가야 한다. 이들 가족은 휴대전화를 사용할 형편이 못 되기 때문에 안잘라이는 혹여 남편에게 무슨 일이 생겼을 때 그 소식을 바로 전해 듣지 못할까 봐 노심초사한다. "오늘은 남편이 집에 있는 날이에요." 이렇게 말하는 안잘라이의 목소리에서 안도감이 묻어났다.

일요일은 빼고 매일 오전 11시경이면 안잘라이는 주택 청소를 하러 집을 나선다. 군데군데 녹슬고 변속장치도 없이 햇빛에 양 바퀴가 허옇게 바랜 자전거를 타고 그녀는 도시 곳곳을 누빈다. 일주일에 그녀가 청소하는 집은 대여섯 가구쯤인데, 따로 정해진 순서 없이 집집을 돈다. 이 집들은 부자들이 사는 곳으로, 안잘라이에게 부잣집이란 곧 번듯한 일자리를 가진 사람들의 집이다. 근사한 창문과 커다란 방 그리고 에어컨이 딸린 집. 실내에서 일할 때는 그녀도 그나마 숨을 좀 돌린다. 그럴 때면 종종 남편이 떠오른다. 자신은 이렇게라도 더위를 식힐 수 있는데 남편은 그럴 수 없다는 데 마음이 쓰인다. 하지만 이런 생각도 잠시뿐, 이내 곧 옥상 청소를 말끔히 해놓아야 한다(첸나이의 주택 중에는 옥상의 크기가 거실보다 2배 이상 큰 데가 많다). 하늘에서 태양이 이글이글 불을 뿜고 공기는 탁하고 무겁다. "그 위에 있다 보면 몸이 거의 결딴나요." 안잘라이는 내게 말했다. 옥상에서 일하다 보면 안잘라이는 이따금 자신이 나고 자란, 첸나이 외곽의 시골 마을이 떠오른다. 거기서 그녀는 나무 그늘에 앉아 나뭇가지 사이로 살랑이는 바람에 땀을 식히며 시원한 코코넛을 잘라 먹곤 했다. 스무 살이 됐을 때 그녀는 남편을 만나 결혼했고, 일자리를 찾아 도시로 이사했다.

이들 가족이 도시에 발 들인 2004년, 첸나이는 자동차, 의료 서비스, 기술, 영화 산업이 쑥쑥 성장하며 활황을 누리던 중이었다. 한때 마드라스라는 이름으로 널리 알려졌던 도시 첸나이에는 아직 그 옛날의 정취도 얼마쯤 남아 있다. 이를테면 1842년 미국인 사업가 프레더릭 튜더가 지은 얼음창고Ice House 같은 것이 그렇다.[10] 튜더는 뉴잉글랜드의 꽁꽁 언 호수와 못에서 얼음을 덩어리로 잘라 목재 부스러기로 포장한 뒤 배에 실어 전 세계로 수출했다. 뉴잉글랜드의 얼음은 마드라스의 바나나나무 아래서 진토닉을 홀짝이는 걸 무엇보다 즐겼던 영국인들 사이에서 인기 많았다. 그러다 얼음 기계를 비롯해 다른 현대식 편의 시설이 등장하면서 튜더의 사업도 막을 내렸지만, 지금도 첸나이에는 해변 근처에 얼음창고가 여전히 건재하다.

그때는 첸나이도 살기에 그렇게 고달픈 곳은 아니었다. 비포장 흙길에는 군데군데 정글이 만든 그늘이 드리워졌다. 주택과 건물 꼭대기에는 벽돌, 목재, 회반죽으로 만든 일명 마드라스 지붕을 얹어 건물 안을 시원하게 했다. 그땐 건물 사이의 공간을 충분히 두어서 멀리 벵골만에서 불어오는 바람이 도시를 자유롭게 돌게 했다. 대부분 샘에서 길어다 쓰던 물도 넉넉했다. 날씨가 덥긴 했지만 버터밀크를 마실 수 있었고(의학적 근거는 없지만 더위에 좋다고 알려진 오래된 민간요법이었다), 운이 좋으면 진토닉을 마실 수도 있었다. 사람들은 느리게 생활하며 더위를 이겨냈다. 그게 열대지방의 삶의 방식이었다.

그러다 1970년대에 들어서면서 인도에서도 대대적으로 도시화가 시작됐다. 델리나 다른 도시들이 수평으로 도시화가 진행된 것과 달리 첸나이는 수직으로 도시가 커나갔다. 곳곳에 자리한 습지와 늪이 메워졌다. 에어컨이 등장했다는 것은 이제 무언가를 지을 때 개발자나 도시의 관료들이 바닷바람이나 공기의 흐름은 굳이 염두에 두지 않는다는 뜻이었다. 전통적인 우물은 사라지고 지하 깊숙이 구멍을 뚫은 우물들이 그 자리를 대신했다. 이런 우물은 해당 지역의 깊은 땅속을 흐르는 대수층을 기반으로 만드는데, 가장 큰 문제는 틈새로 바닷물이 흘러들어 사람이 마실 수 없는 물이 되기 쉽다는 것이었다.

현재 인도에서 여섯 번째로 큰 대도시인 첸나이는 파리보다 5배 많은 인구가 모여 살고 있다. 이제까지 포장도로를 깔거나 도시개발에 사용된 부지만 해도 거의 약 260제곱킬로미터에 달한다.[11] 첸나이의 습지는 80퍼센트가 자취를 감췄다.

그리고 이런 개발로 인해 치러야 하는 대가가 하나둘 드러나고 있다. 더위도 더위지만, 물 문제도 심각하다. 2015년에는 심한 폭우가 며칠 내내 쏟아진 뒤 빗물이 전부 콘크리트와 아스팔트를 타고 도시 안으로 흘러들면서 도시가 거의 통째로 물에 잠기다시피 했다.[12] 그러더니 2019년에는 50.5℃에 육박하는 폭염이 인도의 상당 지역을 덮쳤다.[13] 이 더위로 첸나이는 그 어디보다 참혹한 상황에 처했다. 더위로 물까지 말라버렸기 때문이다. 원래 첸나이는 1년에 약 1,400밀리미터의 비가 내리는 곳으로, 이 정도면 런던의 2배가 넘는 강수량이다. 하지만 2019년에는 저장된 물이 넉넉지 않아서 도시 사람들이 마실 물마저도 충분치 않았다.[14] 결국 도시는 무더위가 가실 때까지 매일 1,000만 리터의 물을 트럭으로 날라와야 했다. 한 저널리스트가 썼듯 "산업화, 도시화, 극단적인 날씨가 한데 맞물리는 동시에 신흥 메트로폴리스가 새로운 공장, 주택, 사무실에 대한 수요를 채우려 그 안에 있던 범람원을 전부 덮어버리면 어떤 대가를 치르게 되는지 유구한 역사를 가진 이 인도 남부의 항구 도시가 여실히 보여주고 있다."[15]

옥상 청소를 마친 뒤 안잘라이는 자전거를 타고 사람들이 북적이는 길거리를 몇 킬로미터 달려 푸디야도르 학교Pudiyador school

에 도착했다. 20년 전 한 대학교수가 슬럼가 아이들의 대학 진학을 돕기 위해 세운 곳이었다. 안잘라이는 이곳에서 몇 년 전부터 일하고 있는데, 처음엔 건물 청소를 돕는다는 명목이었다. 그런데 안잘라이가 아이들과 워낙 잘 지내고 배우는 것을 누구보다 좋아한다는 사실을 알아챈 학교 직원들이 그녀에게 비정규직 교사 자리를 주었다. 이후 안잘라이는 정규직으로 채용돼 매일 오후 4시부터 저녁 8시까지 7~8세 아이들을 가르치게 됐다. 이렇게 아이들을 가르치며 안잘라이가 매달 학교에서 받는 급료는 70달러다.

5월 말의 어느 날 안잘라이가 자전거 페달을 밟으며 도시를 가로지르는데 머리에 두르고 있던 황금색 사리가 바람에 날아갔다. 그날 오후의 더위가 그녀를 훑고 지나갔다. 인도에서 5월은 '아그니 나크샤트람Agni Nakshatram'(불타는 별이라는 뜻)이 뜨는 달로, 초여름을 맞이하고 무루간Murugan(힌두교의 신이자 전쟁의 신)을 기린다는 의미가 있다. 인도에서는 5월의 찌는 듯한 무더위를 '카티리 베일Kathiri Veyil'(가위 베일)이라 부르기도 한다. 햇빛이 피부에 닿는 가윗날처럼 날카롭게 느껴지기 때문이다. 첸나이에서는 이 기간에는 집들이나 결혼 등의 모임은 피하는 것이 전통으로 굳어져 있다. 고기도 입에 대지 않는 것은 물론 냉장고에 든 물도 마시지 않는다. 대신 달콤하고 따뜻한 물과 레몬주스, 아니면 쿠민 씨앗을 탄 물을 마신다. 내가 만나 이야기를 나눈 한 의사는 일주일에 두 차례 기름 목욕을 하고, 호로파 물을 마실 것을 권했다.*

* 이런 민간요법은 문화적으로는 중요성이 있겠지만 과학적 근거는 거의 혹은 전혀 없다.

안잘라이가 자전거를 타고 푸디야도르 학교에 도착했을 때 땀에 흠뻑 젖고 얼굴은 벌겋게 달아올랐지만 그녀는 아무런 불평도 하지 않았다. 코로나19 전염병이 덮친 터라 교실은 텅 비어 있었다. 당시 세계의 수많은 다른 선생님들이 그랬듯 인도에서도 수업은 비대면으로 진행되고 있었다. 안잘라이는 수납장에서 노트북컴퓨터를 꺼내 매트가 깔린 분홍색 방 한가운데에 양반다리를 하고 앉았다. 선풍기 한 대가 그녀의 위에서 돌아갔다. 학교 임직원들은 에어컨 설치를 한사코 거부했는데, 에어컨을 설치하면 괜히 아이들 버릇을 잘못 들일 뿐만 아니라 아이들이 집에 돌아가 더위를 견디기 더욱 힘들 수 있다는 이유였다.

안잘라이는 이후 네 시간을 그렇게 교실 바닥에 앉아 컴퓨터 화면을 뚫어져라 바라본 채 아이들과 타밀어로 이야기하고 아이들에게 내준 수학과 지리 숙제를 봐주었다. 교실 안의 불빛들이 자꾸만 깜박였다. 노트북도 몇 번이나 연결이 끊겨 새로 연결 설정을 해야 했다.

안잘라이가 일을 끝마친 것은 저녁 8시가 지나서였다. 그녀는 노트북을 수납장에 다시 넣었다. 그런 후 집으로 가기 위해 자전거에 올라 푹푹 찌는 밤공기를 뚫고 페달을 밟았다. 개들이 짖어댔다. 길거리에는 남자들이 둥글게 쪼그려 앉아 나직한 소리로 이야기를 나누고 있었다. 썩은 음식, 말라가는 빨래, 재스민, 고인 물 냄새가 공기에서 풍겨왔다. 칠흑 같은 어둠이 깔렸지만 더위로부터 벗어날 틈은 없어 보였다. 그 무거운 열기는 밤새 사람들을 짓누를 것이다. 마침내 해가 뜨고 다시 하루가 시작될 때까지.

무더위 쉼터

피닉스 같은 도시들에서는 무더위가 연일 이어지는 시기에는 '무더위 쉼터'가 운영을 시작한다. 도서관이나 공동체 회관이 이런 쉼터가 되어 냉방 시설을 가동하면서 쉼터를 찾는 이들에게 간식과 찬물을 제공한다. 이론상 이런 쉼터는 혼자 힘으로는 더위를 피하기 힘든 사람들에게 제공된다. 그런데 내가 이제껏 찾아간 쉼터 대부분은 찾는 사람이 고작 몇 명에 불과했다. 어찌 보면 당연한 것 같기도 하다. 쉼터가 절실히 필요한 이들은 찾아올 방도가 아예 없을 가능성이 크기 때문이다.

그래서 선한 사마리아인 몇몇이 이런 이들을 직접 찾아가기도 한다. 어느 더운 날 오후 나는 브라이언 파레타, 리치 하이츠(둘은 모두 수련 목회자로, 노숙자의 길거리 생활 청산을 헌신적으로 돕는 교회 기반 자선단체 피닉스 레스큐미션Phoenix Rescue Mission에서 활동하고 있다)와 함께 차를 몰고 글렌데일 시내를 돌아다녔다. 피닉스 레스큐미션은 폭염 기간에 노숙인들에게 물을 비롯한 기타 생필품을 나눠주는 '코드 레드Code:Red'를 시작한 참이었다. "우리의 전략은 단순합니다. 사람들을 찾아 물을 주고 더위를 피하게 해주는 것이지요." 하이츠는 내게 설명했다.

올해 48세인 하이츠는 성년이 된 후로는 거의 줄곧 애리조나에서 생활했다. 온화한 성격의 그는 턱수염을 기르고 할리데이비슨 모자를 쓰고 다닌다. 그는 자신의 99년식 할리로드킹 바이크 사진을 보여주며 반농담조로 이렇게 말했다. "이 녀석이야말로 신이지요." 피닉스 레스큐미션에 입회하기 전에는 하이츠도 헤로인 중독자로 피닉스의 길거리에서 7년을 노숙한 전력이 있었다. "흐리멍덩한 채 제정신이 아니었어요"라고 그는 말한다. 그는 갖가지 죄목으로 몇 년을 교도소에서 보내기도 했지만 지금은 개과천선해서 남들을 돕는 데 전력을 쏟고 있다.

우리는 농구장과 소풍지가 딸린 전형적인 교외 유원지 샌즈파크Sands Park로 차를 몰았다. 하이츠와 파레타는 콘크리트 화장실 건물을 향해 갔고, 거기 다다르니 입구 근처 그늘진 바닥에 한 중년 여성이 앉아 있었다. 햇볕에 그을린 갈색 피부와 길게 늘어진 회색 머리칼에 상냥해 보이는 미소가 돋보였다. 몸에는 때 묻은 청바지와 티셔츠를 걸치고 있었다. 그녀 옆에는 아동용 컬러링북이 놓여 있었다.

"셰리, 잘 지냈어요?" 하이츠가 물었다. "날이 더운데 괜찮아요?"

벌겋게 상기된 그녀의 얼굴과 팔 아래 송골송골 맺힌 땀방울이 눈에 들어왔다.

"네, 여기서 더위를 식히는 중이에요."

하이츠는 밴으로 돌아가면서 셰리를 비롯해 이 도시의 모든 노숙자에게 이번 여름은 아주 가혹할 거라고 말했다. "머리가 돌아가는 사람이라면 생존할 방법이나 적응할 방법을 어떻게든 찾아내기 마련이잖아요. 시원한 집을 가진 친구들을 찾아 낮 동안만이라도 그 집에서 시간을 때울 수 있으니까요. 시설을 개방해두는 교회를 알아볼 수도 있고요."

하지만 이런 사실을 모든 사람이 알고 있는 건 아니다. 하이츠는 지난여름 찌는 듯한 무더위 속에서 보도 위에 누워 있던 한 남자를 발견한 이야기를 해주었다. 그의 얼굴은 벌겋게 달아올라 있었고 두 눈은 풀린 채 미동도 하지 않았다. "저는 911에 신고했고, 구급대원들이 그를 병원에 데려갔죠. 그는 길 위에서 그대로 익고 있었던 겁니다." 하이츠의 말이다.

폭염에 갇힌 저소득층 아파트

기후변화는 도시에 내재한 위험들을 가속화한다. 더위, 홍수, 인프라 마비, 철거민 문제 등이 그렇다. 2015년 홍수가 일어나 도시 상당 부분이 침수됐을 때 첸나이의 타밀나두 도시 거주지 개발위원회에서는 저지대의 오두막과 판잣집에 사는 사람들을 "더 안전한" 거처로 강제 이사시켰다.[16] 머시 무투와 그녀의 가족은 살던 곳에서 16킬로미터 떨어진 페룸바캄 개발지구의 고층 건물에 집을 배정받았다.

첸나이의 낙후한 지역인 페룸바캄에는 고층 건물들이 우후죽순 생겨났다. 페룸바캄이 어떤 곳인지 궁금하다면 이제껏 미국이 내놓은 저소득층 주거 프로젝트 중 가장 흉물인 것 그 이하를 상상하면 된다. 10층짜리 건물 여러 채가 우뚝 서 있지만 그 사이에 있는 것이라곤 잡초와 깨진 콘크리트 인도가 전부다. 나무는 물론 관목이나 덤불마저도 없다. 그해 여름 내가 무투와 그녀의 가족을 만나 이야기를 나눌 때 페룸바캄은 그저 무더위가 줄곧 이어지는 풍경이었다.

무투는 모두 10대인 아이 셋을 키우고 있다. 강인해 보이는 41세의 여인인 무투는 황금색 사리를 몸에 걸치고 머리칼은 뒤로 질끈 묶고 있었다. 그녀의 아파트는 페룸바캄 한가운데를 차지한 세 동짜리 건물의 5층이었다. 집 안 벽에는 화사한 분홍색 페인트가 칠해져 있다. 침실, 주방, 거실로 나뉜 집은 비좁고 북적했다. 창문은 침실에만 딱 하나 있었다. 가족은 모두 바닥에서 잠을 잤다. 아이들은 아파트의 콘크리트 복도를 놀이터 삼고 있었다. 무투가 내게 말했다. "너무 더워서 밖엔 나가지도 못해요. 몸에 땀띠가 안 난 애가 없어요. 전에 살던 데서는 적어도 밖에 나가서 놀 수는 있었어요."

페룸바캄이 첸나이 도심에서 외따로 고립된 지역이라는 것도 무더위의 위험을 한층 악화시킨다. 페룸바캄은 그 자체가 하나의 열섬인 것이다. 무투와 그녀의 가족은 약 2킬로미터 떨어진 상점까지 걸어가서 생필품을 사야 한다. 사막을 횡단하기라도 하듯 물을 잔뜩 싸 들고 길을 나서지 않으면 안 된다. 실제로 도중에 정신을 잃고 쓰러지는 사람들도 있다. 무투의 남편은 택시 기사로 일한다. 예전 인근에 살 때만 해도 5분만 걸으면 일터인 택시 승하차장으로 갈 수 있었다. "지금은 일터로 가려면 편도 32킬로미터, 왕복 64킬로미터를 가야 해요." 무투가 말했다. 페룸바캄의 고립성으로 인해 여자들도 일을 구하기 더욱 힘들었다. 이곳에도 가정부 일을 구하는 여자들이 많은데, 전에 살던 곳에서는 일하는 집까지 얼마든지 걸어갈 수 있었다. 지금은 그럴 수가 없다. 무투는 자기 친구 이야기도 들려주었다. 그녀의 친구는 매일 새벽 2시에 잠자리에서 일어나 도시락을 챙겨 새벽 3시에 집을 나선다. 그리고 새벽 4시에 버스를 타고 일하는 집으로 가서 오후 1시까지 일하고 오후 3시에 집에 돌아온다고 한다. "그렇게 스트레스에 시달리는 데다 더위까지 겹쳐서 지금 그 친구는 온몸이 종기투성이예요." 무투는 말했다.

수돗물이 나오지 않는 아파트도 숱하다. 그런 면에서 무투는 운이 좋았다. 그녀 집에는 물이 나오기 때문이다. 하지만 수돗물에서 악취가 나는 데다 그 물을 먹으면 항상 탈이 나기 때문에 수돗물은 오로지 씻는 용도로만 사용한다(가난한 많은 나라들이 그렇듯 인도에서도 깨끗한 식수는 쉽게 구할 수 있는 공공재가 아니다). 무투와 아이들은 뜰의 우물에 오렌지색 플라스틱 통을 들고 가서 식수를 길어온다. 그럴 때면 무투는 아이들에게 양수기 주변의 전기 장비에는 절대 손을 대지 말라고 단단히 이른다. 무투와 만나기 불과 몇 주 전에도 어떤 아이가 전선에 손을 댔다가 감전사하는 일이 있었다.

무투의 집에 에어컨은 없다. 그녀에 따르면, 600가구 남짓한 페룸바캄의 아파트에 에어컨이 있는 데는 단 서너 집뿐이다. 에어컨이 있어도 어차피 틀지도 못할 거라고 했다. "안타까운 건 노인들이죠. 그들은 밖에 나가는 것 자체를 두려워해요."

특히 엘리베이터에서 언제 사고가 일어날지 모른다고 생각하면 등골이 오싹해진다. "전기가 나가면 엘리베이터도 멈추잖아요"라고 무투는 말했다. "노인들은 거기에 몇 시간도 갇힐 수가 있어요. 늘 벌어지는 일이죠. 경보기가 울리지만 노인들의 위치를 파악하려면 시간이 걸리는 데다 위치를 알아낸다 해도 바로 구출하기 어렵죠. 그야말로 아주 난처한 상황인 거예요. 엘리베이터 안에서 통째로 익고 싶은 사람은 아무도 없으니까요."

기온, 계급과 인종을 가르는 지표

피닉스에서 기온은 계층, 재산 그리고 종종 인종을 드러내는 지표가 된다. 피닉스에서 부자라는 것은 큰 집에 살면서 에어컨을 최대한 틀고 아주 차가운 마티니를 마실 수 있다는 뜻이다. 하지만 기온이 무려 46℃에 육박했던 7월 어느 오후에 만난, 아이 넷을 키우는 46세의 싱글맘 레오노 후아레스처럼 궁핍한 처지에 있다는 것은, 나무 한 그루 보기 힘든 남부 피닉스에서 생활하면서 박봉을 쪼개 무더운 여름밤 한두 시간이라도 에어컨을 틀 수 있길 바란다는 뜻이다.

날씨가 무더울 때 후아레스의 아파트에 들어서면 마치 굴에 들어온 것 같다. 이 점은 첸나이에 사는 무투의 아파트와 크게 다를 바가 없다. 집 안으로 비치는 햇빛을 막으려 후아레스가 모든 창문에 두꺼운 보라색 커튼을 쳐놓았기 때문이다. "에어컨 없이는 여기서 도저히 살 수 없어요"라고 후아레스는 말했다. 후아레스는 가난한 데다 신용카드도 없어서 자신이 쓴 전기를 다달이 솔트리버 프로젝트Salt River Project에 납입할 자격 요건이 되지 않는다. 그래도 어떻게든 전기료를 내고 에어컨을 틀게 하자는 취지에서 솔트리버

프로젝트는 후아레스에게 카드 리더기를 지급해주었다. 이 기기를 콘센트에 꽂되 전원이 계속 들어오게 하려면 주크박스처럼 돈을 넣어줘야 한다. 후아레스는 하루에 고작 한두 시간 에어컨을 틀 뿐이다. 그런데도 여름에는 전기료만 한 달에 500달러가 나오기도 한다. 이 정도면 집세보다 전기료가 더 드는 셈이다. 새벽 1시가 지나면 적용되는 할인 때문에 굳이 한밤중에 버스를 타고 8킬로미터 거리의 빨래방까지 가는 후아레스로서는 한 달에 500달러는 어마어마하게 큰돈이다.

후아레스는 카드 리더기에 표시되는 숫자를 내게 보여주었다. 49달러가 들어 있다고 떠 있었다. 이 정도면 앞으로 하루 이틀은 더 전기를 쓸 수 있다. 그렇다면 이 돈이 다 떨어진 뒤에는 어떡할까? 일주일에 며칠씩 방문 노인 요양보호 일을 하는 후아레스는 자신이 아는 사람 중에도 고독사한 사람이 여럿이라고 말해주었다. 제때 전기료를 내지 못해서 에어컨 없이 생활하다 봉변을 당한 것이었다.

스테파니 풀먼이라는 여성이 그랬다.[17] 72세의 풀먼은 피닉스 시내 북쪽의 개발지구인 선시티웨스트의 자그만 집에서 혼자 살고 있었다. 오하이오에 살면서 아이 넷을 키워낸 풀먼은 자식들이 장성한 후엔 오하이오의 추운 겨울을 피해 1988년 애리조나로 이사했다. 원래는 병원에서 일했는데 2011년 은퇴한 후로는 한 달에 1,000달러도 안 되는 고정 수입으로만 생활했다. 그러던 중 2018년 여름, 전기료를 제때 내지 못해 176.84달러를 연체했다. 9월 5일 풀먼은 연체금 중 125달러는 납입했지만, 51.84달러는 미납으로 남겨두었다. 그로부터 이틀 뒤, 하필 기온이 41.6℃까지 치솟은 그날 풀먼의 집에 전기를 대주던 전기 회사 애리조나 퍼블릭서비스Arizona Public Service가 전기를 차단했다. 일주일 뒤 풀먼의 딸이 엄마와 연락이 되지 않자 동네 주민들에게 알렸다. 마리코파카운티의 보안관이 풀먼의 집에 들어가 침대에 죽어 있는 풀먼을 발견했다. 사인은 열 노출heat exposure이었다.

그로부터 한두 달 뒤 《피닉스 뉴타임스》에서 풀먼의 죽음을 다룬 기사를 실으면서 애리조나 퍼블릭서비스가 미납금 51달러를 이유로 전기를 끊은 사실이 세간에 널리 알려졌다.[18] 취재 결과 2018년 애리조나 퍼블릭서비스가 11만 명도 넘는 고객의 전기를 차단한 사실이 밝혀졌다.[19] 그중 5월에서 9월까지 유난히 펄펄 끓었던 무더운 시기에 전기를 차단당한 이들은 3만 9,000명이 넘었다.[20]

풀먼의 사망 소식을 언론이 초미의 관심사로 다루면서 애리조나 퍼블릭서비스에 항의하는 길거리 시위가 거세게 불붙었고, 결국 애리조나주 정부는 더운 여름날에는 함부로 전기를 끊지 못하게 규제했다. 하지만 풀먼의 죽음에서 제기되는 질문은 단순히 이런 차원에만 그치지 않는다. 온난화가 급속하게 진행되고 있는 세상에서 피닉스와 첸나이 같은 도시들의 미래에 대한 더욱 중차대한 문제가 남는 것이다. 조만간 몇 년 새에 지구의 기온이 걷잡을 수 없이 오른다고 하면, 우리가 맞닥뜨리게 되는 진짜 문제는 과도한 열을 받는 도시들이 지속가능한지가 아니다. 피닉스가 흐물흐물 녹아내려 사막밖에 안 남거나 첸나이가 다시 정글로 변하는 일은 없을 것이다. 진짜 문제는 누구를 위해 도시를 지속하느냐는 것이다. 도시들이 점점 커지고 더위가 더욱 기승을 부릴수록 피닉스와 첸나이(이들과 비슷한 숱한 도시도 마찬가지다)는 마치 온도 격리 정책이라도 시행되는 듯한 양상을 보일 것이다. 시원한 결계를 치고 그 안에서 오싹 한기를 느끼는 이들이 있는가 하면 숨이 턱턱 막히는 더위 속에서 속수무책으로 익어가는 사람들도 있을 것이다. 이런 상황에서 우리가 정말로 정의롭고 평등하고 평화로운 세상을 건설했다고 할 수 있을까.

The Heat

4장

Will Kill

기후 이주

더 이상 도망갈 곳이 없다

You First

더위에 호박벌이 죽어 없어지면 나무가 열매를 맺지 못하고, 배고픈 회색곰은 먹이를 구하러 인간 마을에 발을 들인다. 소나무가 더위에 질식해 죽으면 좀벌레가 폭발적으로 증식해 숲을 먹어치우고 백이면 백 산불이 나기 시작한다. 이런 현상을 '양의 되먹임 고리'라고 부른다.

허리케인의 생존자들

2017년 허리케인 하비Harvey가 휴스턴시를 물바다로 만들고 2,3주가 지났을 때 미국의 유서 깊은 66번 국도를 타고 애리조나 중부를 가로지른 일이 있었다. 이 국도를 타면 더스트볼Dust Bowl(1930년대에 미국을 휩쓴 먼지 폭풍으로, 펜실베이니아주와 맞먹는 서부의 한 지역에서 물이 바싹 말라 흔적도 없이 사라졌다−옮긴이)의 망령들이 길가의 주유소며 아이스크림 가게에 아직도 어른대는 걸 볼 수 있다. 소설가 존 스타인벡의 말마따나 66번 국도는 미국인들에겐 "어머니 도로mother road"[1]나 다름없었다. 미국 역사상 최초로 인간이 자초한 환경 재앙이 터졌을 때 수십만이 이 도로로 몰려들어 살길을 찾았다는 점에서 말이다.

플래그스태프가 나오자 나는 남쪽으로 방향을 틀어 17번 국도를 타고 피닉스를 향해 차를 몰았다. 그때부터 내 렌터카 대시보드의 온도계 눈금은 41.7℃, 42.2℃, 42.7℃로 계속 올라갔다. 도로의 아스팔트에는 아지랑이가 피어올랐고, 양옆에 늘어선 폰데로사소나무는 언제라도 제풀에 불이 붙을 것처럼 바싹 말라 있었다. 나는 기름을 넣고 물을 사기 위해 고속도로를 빠져나왔다. 그러고는 휴게소에 들어서서 스바루 차량 옆에 차를 댔다. 그 차의 뒤편 창문엔 화사한 분홍색 글씨로 "텍사스 오렌지 출신, 허리케인 하비를 이기고 살아남았습니다"라는 문구가 휘갈겨 적혀 있었다. 차는 진흙 범벅에 먼지투성이였고, 뒤쪽 좌석에는 짐과 상자들, 그리고 기타 케이스가 층층이 쌓여 있었다.

차에서는 중년 여성과 헝클어진 갈색 머리의 꾀죄죄한 남자가 내렸다. 차를 타고 먼 길을 달리느라 지친 기색이 역력했다. 남자는 자동차 덮개를 열어젖히고는 전선을 이리저리 매만졌다. 내가 차창의 문구를 보고 알았다는 듯 고개를 끄덕이며 말했다. "허리케인 하비를 피해 빠져나오신 건가요?"

"그렇답니다." 여자가 말했다. 그녀는 멜라니 엘리엇이라고 자신을 소개했다. "빠져나오지 않고는 도저히 안 되겠더라고요."

"난리도 아니었습니다." 남자가 자동차 덮개 아래쪽으로 몸을 구부린 채 말했다. 그의 이름은 앤드루 맥고원이었다.

허리케인 하비는 기후 재앙을 따로 고려하지 않고 설계된 콘크리트와 아스팔트의 도시 휴스턴을 강타하여 수십조 리터의 물을 들이부었다. 허리케인은 일종의 열기관이라고 볼 수 있다. 따뜻하고 습한 공기가 따뜻한 대양 위로 솟아오르는 힘에 의해 생겨나기 때문이다(북극에서 허리케인이 전혀 발생하지 않는 까닭도 여기에 있다). 세상이 뜨거워질수록 허리케인도 더욱 강해진다. 하비가 휩쓸고 지나가는 동안 침수된 가구만 수십만 호에 달했고 고지대의 호텔이나 피난처를 찾아 황급히 떠난 사람들도 수만 명에 이르렀다. 고가도로로 차를 몰고 가서 그 안에서 잠을 청한 이들도 있었다.

"우리가 살던 오렌지가 특히 난리였죠." 엘리엇이 설명했다. 나중에 알게 되었지만, 오렌지는 루이지애나주와 경계가 맞닿은 인구 1만 8,000의 오래된 산업 항구다. 최근 허리케인이 이 도시를 몇 번이나 연달아 강타했다. 우선 2005년에는 리타Rita가 도시를 쑥대밭으로 만들었다. 3년 뒤에는 허리케인 아이크Ike가 도시의 제방을 무너뜨려서 길거리에 4.5미터가량 물이 차올랐고 세 명이 목숨을 잃었다.

"그냥 늘 물과 씨름해야 했어요. 항상 물이 넘치니까요." 맥고원이 자동차 덮개 아래에서 말했다. "거긴 조만간 전부 물에 잠길 겁니다."

"하비가 직격탄이었죠." 엘리엇이 덧붙였다. "정말이지 물이 너무 많아서 더는 어떻게 못 하겠더라고요. 그래서 거길 떠나 지금 샌디에이고로 가는 길이에요."

"샌디에이고에서 뭘 하실 생각이세요?"

"모르겠습니다." 맥고원이 몸을 세우고 자동차 덮개를 덮었다. "우선은 기타 연주를 좀 하며 상황을 지켜보려고요."

"그냥 거기 가면 기회가 있을 거라고 생각해요." 엘리엇이 말했다.

나는 둘의 행운을 빌어주었다. 둘은 다시 진흙 범벅의 스바루에 몸을 욱여넣고는 고속도로로 나갔다. 문득 더스트볼 당시 고향을 떠나야 했던 농부들의 심경을 노래한 우디 거스리Woody Guthrie의 노래가 떠올랐다. "고물차에 짐을 산더미처럼 신고 그 위에 가족들까지 태우고는 덜컹덜컹 그 고속도로를 탔지. 다시는 돌아오지 못할 그 길을."

열에 의한 대이동과 생태계 교란

세상이 뜨거워질수록 움직임도 많아진다. 단순히 분자 차원만이 아니라 종의 차원에도 적용되는 말이다. 아득한 옛날부터 서 있던 레바논의 삼나무부터 태평양 밑바닥의 열수공熱水空에 사는 미생물까지 생물체는 모두 저마다 기본 온도권basic temperature range 안에서 진화해온 만큼 이 온도권에 너무 많은 변화가 일어나면 서식에 더욱 유리한 기후 틈새를 찾는 수밖에 없다. 인간의 경우 지극히 더운 곳에 그냥 머무느냐 아니면 떠나느냐는 결국 돈에 좌우될 때가 많다. 돈이 있어야 냉방 시설, 깨끗한 물, 음식 등을 살 수 있기 때문이다. 하지만 대부분의 살아 있는 것들은 냉방장치로 온도를 조절하거나 홀푸드 마켓Whole Foods Market(유기농 식품 판매를 전문으로 하는 미국의 슈퍼마켓 체인-옮긴이)에서 펠레그리노 탄산수 한 짝을 주문하는 등의 호사를 누리지 못한다. 대부분의 생물체에게 적응이란 경도나 고도가 더 높은 곳, 그래서 더 시원한 곳으로 이동하는 것을 뜻할 때가 많다. 이런 도피처를 찾지 못하면 그들은 말 그대로 죽는다.

지난 10년간 과학자들이 추적 조사한 4,000종의 동물 가운데 분포지가 바뀐 것들만 40~70퍼센트에 이른다.[2] 육상 동물들은 현재 10년마다 거의 20킬로미터를 이동하고 있다.[3] 이동에 별다른 장벽이 없는 해양 생물의 경우에는 이동 속도가 육상 동물에 비해 4배는 빠르다.[4] 두 눈이 의심스러울 만큼 놀라운 움직임을 보여주는 동물들도 있다. 과학자들의 추정에 의하면 대서양대구의 경우 10년간 160킬로미터를 북상하는 것으로 보인다.[5] 안데스산맥에서는 지난 70년간 개구리와 균류菌類의 서식지가 400미터 더 위쪽으로 이동하기도 했다.[6] 심지어 얼핏 생각하기에는 도무지 안 움직일 듯한 생물조차 이동하고 있다. 일본에서는 몇 종의 산호충(이 산호충이 모여 사방으로 가지를 뻗은 산호 숲이 형성된다)이 매년 약 32킬로미터씩 북상하고 있는 것으로 밝혀졌다.[7]

한창 이동 중이기는 식물들도 마찬가지다. 미국 동부에서는 나무들이 10년에 약 32킬로미터의 평균속도를 보이며 북쪽과 서쪽으로 서식지를 옮기고 있다.[8] 속도와 방향은 나무의 종류에 따라 달라진다. 침엽수는 대체로 북쪽을 향하는 반면, 오크와 자작나무 같은 활엽수는 서쪽으로 움직이고 있다. 과학자들 사이에서 이동 속도가 가장 빠른 종의 하나로 꼽히는 흰가문비나무는 10년에 약 97킬로미터의 속도로 북상하고 있는 것으로 알려졌다.[9]

일부 식물과 동물은 이런 면에서 더욱 뛰어난 적응성을 보여준다. 일례로 상어는 플로리다주에서 메인주까지 단숨에 이동할 수 있지만 홍합, 성게, 불가사리는 좀 더 시원한 물로 재빨리 헤엄쳐 갈 수 없다. 북극곰의 경우 바다를 둥둥 떠다니는 빙하가 있어야만 물개를 잡을 수 있다. 빙하가 없으면 굶어 죽는다는 이야기다. 박쥐는 주변을 돌아다니면서 새로운 서식지를 찾아내는 재주가 뛰어나다. 새들도 그런 경우가 많지만 개중엔 그렇지 못한 종도 있다.

예를 들어, 큰부리바다오리와 눈멧새는 모두 북극에서 흔히 볼 수 있는 새들로, 꽁꽁 얼어붙은 북쪽 지역에 잘 적응한다.[10] 그런데 북극이 점점 더워지면서 이 새들의 과도한 열을 까만 깃털이 쓸어 모으고 있다. 해가 비치는 한낮에 이 새들의 체온은 심지어 기온이 23.8℃인 날에도 무려 46.1℃까지 오른다. 한마디로 이 새들은 두꺼운 겨울 재킷을 입은 채 여름철 절정의 더위 속에서 일을 하는 것이나 다름없다. 더구나 이들은 이미 지구상에서 제일 추운 곳에서 살고 있기 때문에 좀 더 시원한 데를 찾아 이동하는 것은 생각할 수도 없다.

자유롭게 이동할 수 있는 동물들조차 힘겨운 시간을 보내고 있기는 마찬가지다. 태평양 연어는 숲이 우거진 강물이나 시원한 대양과 하구에서 적응해 살아왔다. 연어 서식에 적정한 물 온도는 14.1℃ 이하다. 물 온도가 15℃를 넘으면 연어의 몸이 스트레스를 받아 쉽게 포식자의 표적이 되는가 하면, 질병에 걸릴 위험도 높아진다. 물 온도가 21.1~22.2℃에 이르면 연어에겐 이른바 '이동 장벽'이 된다.[11] 이런 물은 너무 뜨거워서 연어가 헤엄쳐 통과하지 못하는 만큼 아주 치명적일 수 있다. 이런 극단적인 수온은 생식에도 영향을 준다. 설령 연어가 가까스로 생존해서 산란 지대에 도달한다 해도 제대로 생식 활동을 할 확률은 줄어드는 것이다. 물이 따뜻해지면 부화장에서 자란 어린 연어가 바다까지 무사히 나가는 일도 더 힘들어지게 마련이다. 실제로 폭염이 극성이었던 2021년 여름에는 캘리포니아주 야생동물 관리자들이 이동에 나선 어린 연어

들을 살리기 위해 수온이 제일 높은 곳에서는 연어를 탱크 트럭에 실어 옮기기도 했다.[12]

더 따뜻해진 세상에서 살아가기 위해서는 이외에도 극복해야 할 위험이 많다. 언젠가 보츠와나에 간 적이 있었다. 그곳 사자들은 하루 중 좀 더 서늘한 때, 즉 대체로 이른 아침이나 저녁에 사냥을 나섰다. 그 말은 겜스복(우제류에 속하는 초식동물로 아프리카에 서식한다-옮긴이), 얼룩말, 물영양 등 사자의 먹잇감이 사자들의 눈에 띄지 않기 위해 더운 낮에 먹이를 구하러 나온다는 뜻이다. 그런데 무더운 낮에 먹이를 구하려다 보면 더위 스트레스에 무방비로 노출될 수밖에 없다. 점점 높아지는 기온에 적응하는 능력이 떨어지는 것이다.

이와 함께 동시발생성synchronicity의 문제도 있다. 호박벌의 경우 기다란 털이 몸을 푹신하게 덮고 있어서 추운 기후에도 잘 살아간다. 그런데 바로 이런 특성으로 인해 작은 폭의 기온 변화에는 취약하다. 호박벌 개체군이 가장 막심한 타격을 입은 곳은 스페인과 멕시코같이 날로 따뜻해지고 있는 남부 지역들로, 일부 종은 이미 한계에 다다른 온도권에서 살아가고 있다. 심지어 호박벌의 몸이 너무 뜨거워진 탓에 더러는 하늘에서 죽은 채로 떨어지기도 한다고 오타와대학교의 생물학자 피터 소로이Peter Soroye는 말한다. "현재 호박벌은 다른 대량 서식지에 정착하는 속도보다 8배는 빠른 속도로 곳곳에서 사라지고 있습니다."[13] 자연환경에서 수분受粉에 중요한 역할을 하는 호박벌의 개체 감소는 생태계 전체에 영향을 미칠 수 있다(야생의 식물은 물론 토마토, 호박, 산딸기류 같은 농작물도 영향을 받을 것이다). 예를 들어 몬태나에서는 호박벌 개체군이 확고하게 자리 잡지 못하면 월귤나무의 수분이 이루어지지 않는다. 다시 말해 나무가 열매를 맺지 못한다는 뜻이다. 월귤나무 열매는 회색곰에게는 중요한 먹이가 되는 만큼 열매가 열리지 않으면 회색곰은 먹이를 구하러 돌아다닐 수밖에 없다. 그러다가 오지를 여행하는 하이커들의 야영지에까지 발을 들이게 된다.

그러면 이제 로키산맥 일대 소나무들을 무참하게 죽이고 있는 소나무좀pine bark beetle에 대해 이야기해보자. 더위에 적응하는 데는 사실 곤충이 유리하다. 곤충은 생명 주기가 짧아서 재빨리 진화할 수 있기 때문이다. 모든 곤충이 그렇듯 소나무좀도 스스로 체온을 조절하지 못한다. 다시 말해 날씨가 서늘해지면 곤충들은 움직임이 느려지거나 아예 활동을 멈춘다. 그러다 주변이 따뜻해지면 곤충들의 움직임도 빨라진다. 더 많이 먹고, 생식 활동도 더 많이 한다. 더구나 곤충은 겨울이 된다고 죽지도 않는다.

소나무좀이 제일 좋아하는 먹이는 바로 소나무껍질이다. "소나무좀은 기후변화의 덕을 아주 톡톡히 보고 있습니다." 몬태나대학교의 곤충학자 다이애나 식스Diana Six가 말했다. "소나무좀은 화학적인 방법을 통해 세상을 보죠. '냄새로' 더위와 가뭄에 시달린 나무들을 찾아내 먹어치우는 거예요." 최근 미국 서부에서는 소나무좀이 10년 전보다 대략 10배 많이 출몰하고 있다.[14] 콜로라도, 애리조나, 몬태나가 극심한 더위와 물 부족에 시달리게 된 탓이다. 게다가 예전에는 너무 추워서 소나무좀을 찾아보기 힘들었던 서부의 새로운 지역들에까지 세력을 넓히고 있다.

좀벌레의 침략은 숲만 사라지게 하는 것이 아니라 나무를 화재에 취약하게 만들기도 한다. 화재가 더 빈발하면 단순히 숲속에서 사는 생물만이(인간을 포함해서) 아니라 지구의 나머지 생물에게까지 연쇄적으로 영향을 미치게 된다. 대기 중에 더 많은 탄소가 배출되고 빙하 위에 더 많은 검댕이 내려앉으면서 지력地力이 바닥난 노지露地가 증가하게 된다. (검댕은 빙하를 더 빨리 녹게 한다. 검은색의 자그만 탄소 조각 하나하나가 죄다 열 흡수제 역할을 하기 때문이다. 빙하의 반사작용보다 더 빠른 속도로 탄소 조각들이 햇빛을 흡수해버리는 것이다.) 이로 인해 대기는 전보다 훨씬 더 많은 열을 받는다. 이 때문에 증강된 소나무좀의 신진대사는 새로운 숲으로 이동하는 동력이 된다. 그렇게 새로운 숲으로 들어간 소나무좀이 나무들을 게걸스레 먹어치우면 숲에서는 불이 나게 마련이다. 이런 현상은 양의 되먹임 고리positive feedback loop라고 불리며 수십억 마리의 좀벌레가 세상을 무너뜨릴 수 있음을 보여주는 증거가 된다.

적응할 수 있다는 착각

피닉스 북부에 자리한 로버트 스티븐스의 아파트는 상자들이 가득했다. 테이프로 꽁꽁 싸매고 그 위에 "CD", "만화책"이라고 표시한 상자들이 있는가 하면 활짝 열린 채로 옷가지들이 튀어 나와 있거나 묵직한 컴퓨터 프로그래밍 서적들이 수북이 쌓여 있는 상자들도 있었다. "젠장, 내가 갖고 있는 게 이렇게 많을 줄이야." 그가 혼잣말로 투덜댔다. 약간 산만한 29세의 소프트웨어 프로그래머인 스티븐스는 청바지에 티셔츠를 입고 플립플롭을 신었다. 우리가 만난 것은 20분 전. 차를 몰고 그의 아파트 옆을 지나는데 마침 먼지투성이의 SUV에 상자를 싣는 그가 눈에 띄었다. 나는 잠시 차를 멈추고 어디로 가느냐고 물었다. 길에서 그렇게 몇 마디를 나누다가 그가 대뜸 짐을 좀 날라줄 수 있느냐고 물었다. "이것부터 마무리해야 해서요." 차에 짐을 나르는 내게 그가 말했다. 다음 날 아침 그는 차를 몰고 미니애폴리스로 갈 예정이었다. 여동생과 함께 그곳에 살면서 프리랜서로 코딩 작업을 할 거라고 했다.

"여기가 아름답긴 해요. 그건 인정할 수밖에 없어요." 스티븐스가 눈짓으로 창문 밖을 가리켰다. 비죽비죽 솟은 사막 산이 보였다. 버팔로 출신인 그는 4년 전에 여자 친구를 따라 이곳으로 왔다. 이곳의 일출 광경에 홀딱 반한 그는 아침 일찍 일어나 피닉스 산악보호지로 등산을 가곤 했다. 여기 처음 이사 왔을 때만 해도 등산은 그가 피닉스에서 가장 좋아하는 활동 중 하나였다. 하지만 애리조나에 대한 로망이 그 산행길에서 깨질 줄 누가 알았을까. "지난여름에 산행을 나섰을 때예요. 정말 말도 안 되게 더운 날이었고 너무 멀리 갔다는 것까지는 기억나요. 그런데 그 뒤로는 저도 뭐가 어떻게 된 건지 모르겠어요. 그대로 쓰러졌으니까요." 스티븐스의 말이다. "완전히 정신을 잃었어요. 바위에 머리를 심하게 부딪쳤고, 여자 친구는 겁에 질려서 어쩔 줄 몰랐죠. 여자 친구가 물을 먹이고 나서 괜찮아지긴 했지만 이런 생각이 들더라고요. '내가 지금 여기서 뭐하는 거지? 뭔가 유전적인 문제일 수도 있지만, 이건 안 되겠어. 이 더위는 위험해.'"

물론 피닉스를 다른 식으로 느끼는 사람들도 많다. 피닉스가 위치한 마리코파카운티는 2020년 인구조사에서 미 전역을 통틀어 가장 높은 인구 증가세를 보인 곳 중 하나였다.[15] 일자리나 상대적으로 저렴한 집값을 염두에 두고 이곳을 찾는 이들도 있지만, 놀랍게도 날씨 때문에 이곳을 찾는 이들도 있다.

"사람들은 자신의 적응력을 과도하게 믿습니다." 캘리포니아대학교 버클리의 솔로몬 시앙Solomon Hsiang은 말한다. "온도가 몇 도든 해결 방법이 있을 거라고 사람들은 생각해요. '에어컨을 틀면 되지, 뭐가 문제야?' 하는 거죠. 하지만 실제로 살아보면, 문제가 그렇게 간단치 않다는 사실을 깨닫게 됩니다. 돈도 많이 들고요." 시앙도 지적했듯이 에어컨이 탑재된 우주복을 입고 다닐 수 있다면 애리조나의 찌는 듯한 더위가 뭐 대수겠는가. "하지만 누가 그렇게 살고 싶겠어요? 또 그럴 만한 능력이 되는 사람이 누가 있을까요?"

적응에서의 관건은 '무엇에 적응하는가?'다. 20~30년간 지구의 온도가 1.5℃쯤 오르는 것과 한여름의 폭염으로 지금 당장 기온이 10~15℃쯤 오르는 것은 전혀 다른 문제다. 물론 2022년 런던을 통째로 구워 삶았던 그런 폭염이 주기적으로 도시를 덮친다 해도 사람들이 생활하기에 충분히 좋을 만큼 런던을 재조성하는 작업이 아주 불가능하지는 않다. 하지만 엄청난 더위에도 녹아내리지 않는 철로, 찜통이 되지 않는 집, 푸딩처럼 흐물흐물해지지 않는 아스팔트를 만들려면 막대한 돈만 드는 게 아니라 시간도 수십 년은 걸릴 것이다. 오늘날 세상에는 우리의 적응 능력 이상으로 가파르게 열이 오르고 있는 곳이 한두 군데가 아니다.

이런 상황에서 자신의 본거지를 지키면서 대자연과 한판 붙으려는 사람들도 있겠지만 아마도 대부분은 그러려고 하지 않을 것이다. "사람들은 수천 년 동안 해왔던 대로 할 겁니다." 포틀랜드 주립대학교의 비벡 샨다스는 말한다. "기후가 더 좋은 곳으로 이주할 거란 이야기죠."

더스트볼이 덮쳤을 때도 그랬다. 더스트볼을 전방위적으로 연구해온 리처드 혼벡Richard Hornbeck 시카고대학교 경제학과 교수에 따르면, 당시 농부들은 경작지를 옮기거나 작물을 바꾸거나 자신들의 논밭을 소 또는 양의 목초지로 쓰는 방식으로 변화에 적응할 수도 있었다. 하지만 그들은 그러지 않았다. "그때까지 살아온 방식들에는 너무 큰 관성이 작용하고 있었던 데다 특정 농기계에 너무 막대한 투자를 해야 했기 때문에 사람들은 자신들에게 필요한 변화를 이루기가 너무 버거웠습니다." 혼벡은 말한다. "그래서 많은 이들이 그냥 캘리포니아로 떠나는 편을 택했어요."[16]

전 지구적 기후 이주

지금은 기후위기로 궁지에 몰린 사람들이 여기저기로 떠나는 일이 전 세계에서 벌어지고 있다. 남동아시아에서는 강우량이 점점 들쑥날쑥해지면서 농사를 짓기가 한층 어려워졌고 이 때문에 등 떠밀리듯 중동, 유럽, 북아메리카로 이주한 이들만 800만 명이 넘는다.[17] 아프리카 사헬(아프리카 사하라사막 남쪽 가장자리에 있는 지역으로서 건조한 사하라사막에서 열대 아프리카로 옮아가는 점이 지대. 식생은 스텝 또는 사바나의 경관을 보여준다. 1년의 대부분은 건계이고, 6~8월의 짧은 우계에 200밀리미터 안팎의 비가 내린다–옮긴이)의 경우 계속된 가뭄으로 곳곳의 작황이 실패하면서 수백만 명의 시골 사람이 연안과 도시로 흘러들고 있다. 유엔에 따르면, 아프리카에서 지속적인 수자원 관리가 이루어지지 않는 곳이 5개국 중 4개국꼴이라서 2030년이면 7억 명이 고국을 떠날 것이라고 한다. 2022년에는 대참사나 다름없는 홍수가 파키스탄을 휩쓸어 파키스탄 인구의 약 15퍼센트에 달하는 3,300만 명이 이재민이 되었다[18](히말라야산맥의 빙하가 더위에 녹아버린 데다가 무더운 공기가 더 많은 물을 머금고 있기 때문에 홍수가 일어날 수밖에 없었다).

"더운 기후에서 도망치는 일이 현재 연구에서 주장하는 규모만큼 일어난다면 전 세계의 인구 분포가 재편성될 것이다." 저널리스트 애브람 루스트가튼Abrahm Lustgarten은 이처럼 썼다.

이런 대대적인 인구 이동은 갖가지 정치적 결과를 초래할 것이다. 미국만 해도 짙은 피부색의 사람들이 이 나라를 비집고 들어와 미국 국민의 일자리를 빼앗고 범죄를 저지를 것이라는 근거 없는 두려움이 이른바 이주 관련 정책 토론으로 위장한 채 세간에 두루 퍼져 있지 않은가. 유럽과 호주에서는 외부인에 대한 두려움을 등에 업고 극우파가 맹위를 떨치기도 한다. ("호주의 정치를 제대로 이해하고 싶다면 북쪽에서 내려오는 황색인 군단을 우리가 얼마나 두려워하고 있는지부터 알아야 합니다."[19] 내가 호주 멜버른에서 만난 한 기업가의 말이다.) 이주를 부추기는 요인은 한두 가지가 아니지만 특히 식량과 물 부족이야말로(두 가지 모두 극단적인 더위가 닥치면 구하기가 더욱 힘들어진다) 가장 중요한 요인이다.

그런데도 2020년 미국 인구조사에서 드러난 가장 놀라운 사실은 바로 미국인들이 기후 충격(무엇보다 극단적인 더위)의 위험이 가장 높은 곳들을 향해 이동하고 있다는 것이었다. 부동산중개 회사인 레드핀Redfin의 분석에 따르면, 2016~2020년 미국에서 온도 상승의 위험에 노출된 50개 카운티의 인구가 이주로 인해 평균 4.7퍼센트 증가한 것으로 나타났다. 반면 태풍의 위험에 노출된 카운티의 인구는 평균 0.4퍼센트 증가한 것으로 나타났다.[20]

이를 어떻게 설명해야 할까? 우선 현실 부정과 무지로 설명되는 면이 있다. 사람들이 해로운 길로 가지 않게 막아야 할 정치인들 사이에서 현실 부정과 무지가 특히 심각하다. 미국 회계감사원GAO이 2020년도 보고서에서 결론 내렸듯이 "연방정부의 애매한 태도야말로 기후 이주를 회복 전략으로 삼지 못하게 막는 핵심적 장애가 되고 있다."[21]

이와 함께 기후 위험이 높은 지역일수록 생활비가 더 적게 들고 공간도 더 널찍하며 자연에 더 가까이 접해 있다는(자연을 접하는 것은 처음의 얼마뿐이라 해도) 점도 들 수 있다. 레드핀의 분석에 따르면 오늘날 사람들이 이주 시에 멀리하고자 하는 기후 위험은 태풍(겨울철 태풍도 포함해서) 단 하나뿐이다. 그래서 태풍의 위험이 가장 작은 카운티들이 가장 큰 카운티들보다 더 빠른 인구 성장세를 보이는 것이다.[22] 따라서 미국만을 놓고 본다면 사람들은 태풍에서는 멀어지고 더위에는 가까워지는 쪽으로 이동하고 있다.

레드핀의 분석에 따르면 미국의 더운 지역 가운데 가장 매력적으로 꼽히는 곳은 텍사스주의 윌리엄슨카운티다. 이곳은 모든 집들이 더위의 위험에 처해 있는데도 2016~2020년 이주 인구가 16퍼센트 늘어났다. 레드핀이 분석한 총 50개 카운티 가운데 가장 높은 성장세다. 그 뒤를 이은 곳은 애리조나주의 파이널카운티로, 15퍼센트의 증가세를 보였다. 상위 5위에 오른 나머지 세 곳은 모두 플로리다주에 자리한 곳들로, 파스코카운티, 오세올라카운티, 매너티카운티다.[23]

최근 몇 년간 윌리엄슨카운티에 갑자기 쇼핑몰, 콘도, 타코바, 사무실 건물이 우후죽순 들어섰다. 델, 아마존, 애플의 커다란 신사옥은 물론 테슬라 본사와 공장도 이곳에 자리 잡고 있다. 윌리엄슨카운티 주민 수만 명을 고용하고 있는, 펜타곤보다 3배나 큰 규모의 테슬라 공장은 여기서 몇 킬로미터밖에 안 떨어져 있다.

기후로 말하자면, 텍사스주만큼 열악한 데도 없다. "캔자스주에 산다면 허리케인이든 산불이든 걱정할 필요가 없습니다. 오리건주에 산다면 허리케인 대신 산불과 가뭄을 걱정해야 하죠." 텍사스주의 기후과학자인 캐서린 헤이호Katharine Hayhoe는 말한다. "하지만 텍사스주에 산다면 모든 걸 걱정해야 해요."[24]

나중에 내가 더운 곳으로 이사하게 되면서 왜 그렇게 많은 사람이 굳이 더운 곳으로 이사하는지 확실히 알게 되었다. 나는 20년 동안 뉴욕주 업스테이트에서 살았다. 이곳은 기후변화를 진지하게 걱정하는 사람이 살기에 더할 나위 없이 좋은 곳이다. 우선 여름에 너무 덥지 않은 데다가 농경지와 물이 풍부하고 해수면이 상승하는 바다와는 멀찍이 떨어져 있다. 게다가 지역 주민들이 정치 활동에 열심이고 애디론댁산맥과 힘 있는 예술 문화를 접하기도 쉬우며 허드슨강에서 뉴욕시를 잇는 철로는 미국 최고의 기차 여행을 선사하는 등 교통편도 아주 괜찮기 때문이다. 그런데도 난 이곳을 왜 떠난 것일까?

다름 아니라 사랑에 빠졌기 때문이다. 어느 날 새러토가스프링스의 경마장에 갔다가 노란색 드레스를 입은 시몬이라는 여인을 만났다. 나중에 알게 되었지만, 원래 오스틴에 살던 시몬은 8월 말의 며칠만이라도 텍사스에서 벗어나자고 마음먹었다고 한다. 바로 지독히도 더운 날씨 때문이었다. 그래서 시몬은 친구를 만난다는 핑계를 대고 좀 더 시원할 듯한 뉴욕주 업스테이트로 날아왔다. 덕분에 내 인생도 바뀌었다. 그로부터 1년도 지나지 않아 나는 뉴욕주 업스테이트의 푸른 언덕을 떠나 미국에서 가장 더운 것으로 손꼽히는 도시에 살게 되었다. 달리 말하자면, 시몬이 주말 동안 더위에서 도망치기로 결심한 덕에 나는 결국 더위를 향해 가게 된 셈이었다.

내가 이사한 것만 봐도 우리가 어디에서 어떻게 살지 결정하는 일이 얼마나 복잡한지가 잘 드러난다. 당시의 이사가 기후의 관점에서는 얼마나 터무니없는지는 나 자신이 너무 잘 알았다. 하지만 어쩌란 말인가? 나는 산속 호수의 태양광 저택에서 시몬 없이 살기보다는 사하라사막의 텐트에서 시몬과 함께 살 것이다. 오스틴은 이와 비슷한 개인적 이유들로(그게 음악계의 일자리든 최첨단 기술직이든) 이사 오는 사람들이 만원을 이루는 곳이다. 덕분에 교통 체증이 생겨나고 부동산 가격은 미친 듯이 치솟지만 그게 세상 돌아가는 방식인데 어쩌겠는가.

나는 해수면 상승을 다룬 전작을 집필할 때도 해변 근처의 집을 팔아야 할지 말아야 할지 고심하는 이들을 숱하게 만났다.[25] 자신이 사는 곳의 바다, 친구들, 공동체를 사랑하기는 다들 마찬가지였다. 하지만 현실적인 문제는 달랐다. 해수면이 상승하면 집값이 떨어지진 않을까 하는 걱정에 이사를 생각하는 사람들이 있었는가 하면 대형 허리케인이 닥치면 보험료가 오르거나 물리적 위험이 뒤따르진 않을까 하는 걱정에 이사를 생각하는 사람들도 있었다. 정말이지 단순하거나 쉽게 결론 내릴 수 있는 일이 아니었다.

중산층 미국인들은 극단적인 더위가 가져오는 위험쯤이야 이보다는 훨씬 쉽게 관리되리라고 여길지 모른다. 이곳 텍사스의 여름날은 정말이지 푹푹 찐다는 느낌이 들 만큼 더울 때도 있다. 하지만 날씨가 너무 더울 때는 에어컨을 켜고 집 안에만 머물면 되지 않을까. 볼일은 아침 일찌감치 해치우고 말이다. 야외활동 계획은 가을이나 봄에 잡아놓고, 밖에 나설 때는 모자에 시원한 옷을 입으면 된다. 물도 많이 마신다. 그러고는 더위가 지나가길 기다린다.

하지만 이곳의 삶도 더러 아슬아슬하게 흘러가는 듯하다. 오스틴처럼 한창 인기를 끄는 도시를 두고 이런 말을 하다니 좀 이상하게 들리겠지만 그게 사실이다. 이곳 텍사스로 이사한 이후 나는 첨단기술에 의지하지 않고는 이곳에서의 생활이 힘들겠다는 사실을 절감하고 있다. 냉방시설은 물론 전기를 공급하는 전기설비, 그리고 전기설비를 세우고 계속 돌아가게 하는 정치와 경제 논리까지 전부 갖춰져야만 내가 시원하게 지낼 수 있다. 하지만 2021년 겨울 수천만 명의 다른 텍사스인과 함께 나는 이 시스템이 얼마나 취약한지 깨닫게 되었다.[26] 미친 듯한 얼음 태풍이 한창 몰아치는 가운데 전기가 나갔기 때문이다. 느닷없이 칠흑 속에 갇힌 시몬과 나는 서로 몸을 바싹 붙인 채 추위에 오들오들 떨어야 했다. 도로도 완전히 빙판이 되어 차를 몰고 어디로 갈 수도 없었다. 우리가 손쉽게 이용하는 현대의 편의가 결코 그렇게 손쉽게 얻어지는 것이 아님을 일깨우는 대목이었다. 극단적인 더위도 마찬가지다. 기온이 37℃를 넘을 때 에어컨을 틀고 집 안에만 있으면, 바깥의 더위가 전선에 대롱대롱 매달린 채로 언제든 도시에 내리꽂힐 수 있는 다모클레스의 칼(고대 그리스의 참주 디오니소스가 측근인 다모클레스를 연회에 불러서 자신의 옥좌에 앉혔는데 옥좌 위에는 검이 매달려 있었다는 일화에서 생겨난 표현. 언제든 발생할 수 있는 위기를 의미하는 비유적 표현이다-옮긴이)처럼 느껴지니까.

국경보다 더 삼엄한 장벽

'악마의 고속도로'라는 뜻의 엘 카미노 델 디아블로El Camino del Diablo는 아득한 옛날부터 애리조나주 소노란사막을 지나고 있었다. 오르간파이프선인장 국립천연기념물Organ Pipe Cactus National Monument, 미 공군의 폭격 훈련지, 토호노 오담 인디언 보호구역Tohono O'odham

Nation reservation을 지나 사막의 말썽꾼인 작가 에드워드 애비의 무덤을 거의 관통한다.* 이 악마의 고속도로에는 섬뜩한 기운이 감돈다.[27] 사막의 무자비한 더위 속에서 생고생한 사람들의 이야기, 물이 부족해 혀가 퉁퉁 붓고 몸이 비비 틀리고 환각에 시달리고 옷가지를 훌훌 벗어던져야 했던 이야기들이 이 길에서 들려온 지만 벌써 수백 년이다. 사와로선인장과 경질의 수목 사이에 자리한 이곳에서 더위와 힘겹게 싸워야 했던 일은 먼 옛날부터 있어온 비극적 통과의례였다. 이곳에서 더위는 이주를 촉진하는 이주 엔진이라기보다는 이주하려는 것을 전부 막아서거나 죽이는 이주 장벽이라고 해야 옳을 것이다. 따뜻한 강물이 태평양 북서부 연안에서 산란을 앞둔 연어에게는 이주 장벽인 것처럼.

이 길에 얽힌 모든 사연을 누구보다 잘 아는 사람으로는 존 오를로브스키만 한 이가 없다. 이민자들이 위험천만한 미국-멕시코 월경 여정을 무사히 마치게 돕는 노모어데스No More Deaths라는 인도주의 단체에서 활동하고 있기 때문이다. 60대 초반인 오를로브스키는 헝클어진 백발과 까맣게 그을린 피부가 인상적이다. 평생 등산을 해온 덕에(요세미티의 깎아지른 엘카피탄 정상부를 무려 세 번이나 정복했다) 그는 힘이 넘치면서도 몸이 유연하다. 왕년에 싸움을 하다가 부러졌는지 코뼈는 오른쪽으로 휘어져 있다. 그와 비슷한 나이대의 사람들은 플로리다나 로키산맥의 콘도에서 은퇴 생활을 즐기는 반면 오를로브스키는 투손에서 약 두 시간 떨어진 멕시코 국

* 어찌 됐건 이는 뜬소문이다. 공식적으로 애비의 무덤 위치는 한 번도 공개된 바가 없다.

경의 오래된 구리 탄광촌인 아요Ajo(인구 3,600명)에서 이민자들이 사막을 무사히 건너도록 돕고 있다.

내가 오를로브스키를 만난 것은 아요의 한 식당에서였다. "아요는 무장 인원이 무척 많이 배치된 지역입니다." 오를로브스키가 말했다. 인적 드문 이 카운티에만 경찰관이 15명 배치된 것도 모자라서 시내 바로 외곽에 미국국경순찰청이 새로 들어섰다. 500명의 국경순찰 요원들이 일하는 곳이다. 물론 이 근방의 광대한 사막에 이민자의 숫자가 만만찮게 많기는 하다. 오를로브스키는 국경순찰대가 헬리콥터로 어떻게 국경지대의 가장 외진 지역까지 순찰하는지 설명해주었다. 이민자 무리가 눈에 띄면 헬리콥터로 거대한 먼지 폭풍을 일으켜서 이민자들을 뿔뿔이 흩어지게 만든다는 것이다. 일명 먼지 일으키기 기법이다. "사람들은 혼자가 되면 속수무책이 되기 쉽습니다." 오를로브스키가 말했다. 한마디로 인정사정없는 기법이다. 그렇게 가족이나 일행과 떨어져서 혼자 사막을 헤매다가 끝내 죽는 사람들도 많다. 노모어데스의 추산에 따르면 지난 30년간 이런 식으로 악마의 고속도로에서 사망한 사람만 9,000명 이상이다.[28] 대다수는 탈수와 열탈진으로 목숨을 잃었다.

오를로브스키는 국경을 넘기 쉬운 곳에는 국경순찰대 대원이 많이 배치돼 있기 마련이라는 점을 짚었다. 반면 기온이 높고 국경을 넘기 위험한 곳에는 그보다 훨씬, 훨씬 적은 인원이 배치되어 있다. "이민자들이 국경에서 가장 덥고 위험한 틈을 찾아 빠져나가게 하자는 것이 그들의 전략입니다." 오를로브스키는 설명했다.

"미국 국경순찰청이 더위를 무기화한 셈이네요." 내가 말했다.

"네, 그렇게도 생각할 수 있죠." 그가 대꾸했다.

아침 식사를 마친 후 우리는 먼지투성이인 그의 픽업트럭에 올라타고는 사막으로 들어갔다. 트럭의 짐칸에는 플라스틱 물통과 함께 콩 통조림 등 사막에서 몇 주는 너끈히 버틸 만한 식료품들이 실려 있었다. 우리는 차를 몰고 오르간파이프선인장 국립천연기념물을 지나쳤다. 사와로선인장들이 하늘을 향해 팔을 벌리고 선 모습이 꼭 기도라도 드리는 것 같았다. 저 멀리에서는 그라울러산맥의 바위투성이 산봉우리들이 무시무시하고 살벌한 얼굴로 우리를 굽어보고 있었다. 막바지에 우리는 국경선과 나란히 비포장도로를 달렸다. 국경선이어도 어딘가는 낮고 얄팍한 펜스만이 세워져 있어서 누구든 쉽게 건너뛰거나 기어 들어갈 수 있는가 하면, 어떤 곳은 괴기스러울 만큼 흉측하고 높은 철제 장벽(일명 트럼프의 벽)이 세워져 있기도 했다. 이따금 하얀 십자가도 하나씩 눈에 띄었다. 인간의 유골이 발견되었음을 알려주는 표시였다.

그렇게 비포장도로를 따라 45분 정도 덜컹덜컹 달린 뒤에 우리는 도로를 벗어나 어딘가에 차를 댔다. 부드럽고 시원하고 나긋나긋한 무언가로부터 1,600킬로미터 이상 떨어져 있는 느낌이었다. 우리는 배낭에 물통들을 쑤셔 넣고는 근처 산꼭대기를 향해 갔다. 오를로브스키는 그곳이 이민자들이 지나는 길목이라고 했다. 이 산행을 위해 나는 큰 챙이 달린 모자, 선글라스, UV 차단 바지, 긴팔 상의 등 만반의 준비를 했다. 하지만 곧장 더위에 땀이 줄줄 흐르기 시작했다. 하얀 십자가 몇 개가 더 눈에 들어왔다. 터덜터덜 산을 오르면서 내가 혹시 열기 때문에 거의 먼지가 되어버린 인간

유골을 밟고 지나가는 것은 아닐까 걱정도 했다. 엄마를 비롯한 다른 가족과 함께 이 국경을 건너던 여섯 살짜리 인도 소녀 구루피르티 카우르의 시신이 지금 우리가 오르고 있는 이 산길에서 몇백 미터밖에 안 떨어진 곳에서 발견된 것이 불과 며칠 전의 일이었다.[29] 얼마 전에 이곳을 지나간 사람들이 있었다는 증거는 많았다. 해진 나이키 운동화, 티셔츠, 비닐봉지, 휴대전화 충전기 전선, 약 3.7리터들이 검은색 물병(검은색이어야 물병이 빛에 반사되지 않고 그래야 국경순찰대에게 발각되지 않는다)이 곳곳에 널려 있었다. 산을 오르는 동안에는 사막의 수수한 아름다움이 눈길을 사로잡았다. 가시투성이의 부채선인장은 빨간 꽃을 활짝 피웠고, 뾰족한 가시가 빽빽하게 달린 오코틸로는 기다랗고 가느다란 가지를 문어발처럼 뻗고 있었다.

한 시간 정도 산을 오른 뒤 산 정상부에 다다랐다. 오를로브스키와 노모어데스의 동료들이 일주일 전 이곳에 두고 간 물과 콩 통조림은 온데간데없었다. 이민자들이 이곳을 지나갔다는 확실한 증표였다. 우리는 배낭에서 1갤런들이 물통 여섯 개를 꺼냈다. 오를로브스키는 마커를 꺼내더니 물통 위에 'Agua Pura'('깨끗한 물'을 뜻하는 라틴어–옮긴이)라고 적었다. 그는 배낭에서 여덟 개들이 선비스타SunVista 강낭콩통조림도 꺼내어 한자리에 놓았다. 저 멀리 미국 국경순찰대의 경고문이 붙은 탑들이 보였다. 헬리콥터 한 대가 상공을 훑으며 지나갔다. 여기에서는 남쪽의 멕시코, 북쪽의 투손과 피닉스가 한눈에 들어왔다. 나는 힘이 쭉 빠졌다. 몸이 뜨거웠다. 나는 오를로브스키와 바위 위에 걸터앉았다. 그러고는 미국에 오고 싶은 마음이 얼마나 간절해야 대엿새를 꼬박 걸어서 유령이 떠도는, 이 더위의 묘지를 통과할 수 있을지 상상해보았다. 더구나 날씨가 점점 더워지고 있으니 이 길을 지나는 일도 더욱 힘들어질 터였다. 이민 자체가 목숨 건 도박이 되는 것이다.

오를로브스키가 멀리 그라울러산맥을 가리켰다. "지금 이 순간에도 국경을 넘고 있는 사람들이 여기와 저기 사이에만 수십 명은 될 거예요. 우리 눈엔 안 보이지만." 그가 말했다. "더위가 그렇듯 우리는 그들을 볼 수 없죠."

The Heat

5장

Will Kill

범죄 현장

폭주하는 더위, 인류 모두가 공범이다

You First

폭염이 극단화될수록 이런 질문은 우리의 뇌리를 맴돌 것이다.

“이 사태는 누구의 책임인가”

누가 화석연료를 태우고 폭염을 일으켰는가는 총의 방아쇠를 당긴 것은 누구인가 하는 질문과 같은 차원에서 다뤄질 것이다.

극단적 폭염

당시 영국 역사상 가장 더운 날로 기록된 2022년 7월 19일의 이른 오후 39세의 기후과학자 프리데리케 오토Friederike Otto는 자전거를 타고 런던 브리지를 건넜다. 서더크구의 아파트를 나와 시내에서 열릴 회의에 참석하기 위해서였다. 오토는 마른 체형에 녹색 눈과 수줍은 미소가 돋보이는 여성이었다. 어딜 가든 녹색의 컨버스 하이탑을 신고, 현대 무용을 거의 현대 기후만큼 진지하게 대하는 것만 봐도 그녀가 어떤 사람인지 알 수 있었다. (어떤 저널리스트가 오토에게 그녀 자신을 네 단어로 설명해달라고 하자 그녀는 이렇게 답했다. "물리학자, 무용수 지망생, 미디어에 나가는 과학자, 시어터랜드theatreland(영국 런던의 극장들이 몰린 지구―옮긴이)요."[1]) 당시 열두 살이었던 오토의 아들은 그날 학교를 빠졌다. 학교에서는 전부터 학생들에게 더운 날에는 되도록 집에 머물면서 물을 많이 마시라고 당부해왔다.

더위가 닥친 어제만 해도 오토는 이미 준비되어 있었다. 1842년에 지어진 그녀의 빅토리아풍 저택에 에어컨은 없었지만(런던은 역사적으로 기후가 온화하기로 유명했기에 에어컨을 갖추고 사는 사람은 거의 없다) 단열은 잘되어 있었다. 한구석에는 지하실도 있어서 호리호리한 체구의 래브라도-콜리 믹스종인 반려견 스카일러는 더위가 기승을 부리기 시작하면 이곳에 내려와 더위를 피하곤 했다. 오토는 하루 중 대부분의 시간을 극단적인 기상 이변의 원인과 그 결과들을 생각하며 보낸다. 그런 그녀에게 폭염을 견디며 생활한다는 것은 자신의 상상 속에 갇혀 있는 것과 비슷했다. 폭염 속의 생활은 그녀에게는 익숙한 동시에 비현실적인 일이었다.

오토는 자전거를 타고 템스강을 건너며 강물 위의 뜨거운 바람을 들이마셨다. 폐가 타는 듯 뜨거워졌다. 오토는 깜짝 놀랐다. 그리고 자신이 깜짝 놀랐다는 사실에 또 깜짝 놀랐다. 어쨌거나 그녀는 10년 이상 더위를 연구한 데에다 극단적 이변 원인 규명학 extreme event attribution(이 분야에서는 갖가지 새로운 방법들을 개척해, 대기 중의 이산화탄소 증가가 극단적 기상 이변의 빈도와 강도를 어떻게 변화시키는지 결정해왔다)이라는 획기적이고 새로운 기후과학의 선두에 있지 않던가. 오늘날 우리가 경험하는 극단적 폭염은 대개 대자연의 표준적 영향, 다시 말해 기후변화 회의론자들의 말마따나 "단순히 날씨" 때문은 아니라는 것을 오토와 그녀의 동료들은 증명해온 참이었다. 극단적 폭염의 원인은 인간의 행동과 결정에 있었다.

그 뜨거운 바람에 오토는 오싹 몸서리가 쳐졌다. 그녀는 다리를 건넌 뒤에 1666년 도시 대부분을 집어삼킨 런던대화재 기념물 옆을 지났다. 도금한 불 항아리를 꼭대기에 이고 약 62미터 높이로서 있는 도리아 양식의 기념물을 보노라면 오토는 지금이 얼마나 급박한 상황인지를 알려주는 것 같아 쓴웃음이 지어졌다. "당신도 거기 있었다면 그 뜨거운 공기와 바람 속에서 건조함을 느꼈을 거예요." 오토가 나중에 내게 말했다. "불씨 하나만 있으면 런던은 언제라도 다시 화염에 휩싸일 거예요."*

오토는 자전거 페달을 밟으며 시내를 가로지르다가 화들짝 놀랐다. 창문을 활짝 열어젖힌 집들이 정말 많았기 때문이다. 폭염 시 집에 에어컨이 없을 경우 창문을 여는 것이 논리적인 듯하지만 절대 그래서는 안 된다고 오토는 말했다(도시에서는 특히 시원한 바람이 전혀 불어오지 않을 때는 아침 일찍부터 창문을 닫고 커튼까지 쳐서 햇빛과 열을 모두 차단하는 것이 훨씬 낫다). 자전거를 타고 달리며 오토는 바로 이 순간 더위 속에서 서서히 죽어가고 있을 이들을 떠올렸다. 뜨거운 다세대 주택에 갇혀 있을 사람들, 심장질환을 앓는 사람들, 바깥에서 일하는 사람들 말이다. 이들은 지금껏 더위라곤 모르고 살아온 터라 기온이 급격히 치솟으면 어쩔 줄 몰라 할 것이었다. 그녀는 지금 한 명의 과학자로서 자전거를 타고 런던 시내를 질주하는 것이 아니었다. 그녀는 지금 한 명의 탐정으로서 자전거를 타고 범죄 현장을 향해 질주하고 있었다.

* 실제로 런던의 일부 지역들에 화재가 풀밭의 불이 여러 채의 건물과 차량들에 옮겨 붙어 발생한 일이 있었다. 런던시에 따르면 2차 세계대전 이후 소방대가 가장 바빴던 날이었다고 한다.

열의 이해

폭염이 왜 그렇게나 위험한지를 제대로 이해하려면, 열의 속성에 대해 조금은 알아야 한다. 어쨌거나 열은 온도와 똑같지는 않다. 기온은 열을 측정한 값이기 때문이다. 그렇다면 열은 과연 뭘까? 일종의 화학 반응일까? 중력처럼 어떤 근원적인 힘일까? 아니면 전기처럼 진동하는 전자기파일까? 어린아이의 따뜻한 이마를 만지거나 아주 뜨겁게 달궈진 프라이팬 손잡이를 잡으면 뭔가가 느껴진다. 그때 느껴지는 것은 과연 무엇일까?

수천 년 동안 열은 정말로 유용한 도구였다. 인간은 불을 길들여 단순히 요리하고 음식을 보존하기만 했던 것이 아니다. 모험심 강한 인간들은 불을 길들인 덕분에 서늘한 곳으로까지 들어갈 수 있었다. 이집트인들은 열로 구리와 주석을 녹여 청동을 벼려냈고,[2] 이로써 예술과 전쟁의 새 시대가 열렸다. 힌두교에서는 열이 깨달음에 이르는 길이기도 하다.[3] 한 학자의 설명에 따르면 아스텍인들이 빨간색 오커(페인트나 그림물감의 원료로 쓰이는 황토–옮긴이)로 신들의 모습을 그린 것은 “그들이 열과 맺고 있는 특별한 관계”를 상징했다. 또한 라코타 수족의 선댄스Sun Dance(북아메리카의 평원 인디언 19부족이 치르던 의식–옮긴이)에서 볼 수 있듯 아메리카 원주민들에게 한증막은 영적인 곳으로서 원주민은 그 안에서 자연을 비롯한 초자연적인 존재와 다시 연결되기를 갈망한다.[4]

고대 그리스인들은 이 세계가 불, 물, 흙, 공기의 네 원소로 이루어져 있다고 믿었다. 이 네 원소의 상대적 비율을 바꾸면 한 물질을 다른 물질로 바꿀 수 있다고 했다. 예를 들어, 화덕 안에 점토를 넣고 열을 가하는 것은 물을 몰아내고 불을 더하여 점토를 냄비로 탈바꿈시키는 것이라고 여겼다. 플라톤을 비롯한 몇몇 그리스 철학자들은 열과 운동 사이에 어떤 연관관계가 있을 거라고 짐작했지만 거기서 생각을 더 발전시키지는 못했다. "열과 불 … 그 자체는 충격과 마찰에 의해 생겨난다. 그런데 이것은 운동이다. 그러니 결국 이것들이 불의 기원이 아니겠는가?"[5]

그로부터 1,500년이 흐른 기원후 10~11세기에 이슬람 문명이 황금기를 누리던 동안 두 명의 사상가가 나타나 열이 빛과 관련 있을 거라고 주장했다. 이로써 열과 관련한 생각이 크게 발전할 수 있었다. 가즈니 왕조(현재의 아프가니스탄)의 마흐무드 술탄Sultan Maḥmūd 치세의 수학자였던 알 비루니Al-Bīrunī는 최초로 시간을 분과 초 단위로 쪼갰다. 그는 어떻게 열이 태양에서 지구에 다다르는지를 최초로 질문한 사람이기도 하다. 그의 답은 이랬다. "여기에 열이 생기는 것은 빛의 반사 덕분이다."[6] 결국 알 비루니는 열은 "태양 광선이 떨어져 나온 것"[7]이라고 추정했지만 이와 함께 열은 "마찰"을 통해서도 일어난다는 점에도 주목했다. 이렇듯 열과 빛에 역점을 두기는 이븐 알 하이삼Ibn al-Haytham도 마찬가지였다. 천문학자이자 수학자였던 그는 광학의 창시자로도 손꼽히는 인물이다. 이븐 알 하이삼은 여러 개의 거울로 빛의 방향을 바꾸고 한곳에 모으는 실험을 하다가 결국 빛과 열이 서로 연결돼 있다는 결론에 도달한다. 더 많은 빛을 하나로 모을수록 물체에 더욱 빨리 열을 가할 수 있을 테니까.

온도계가 발명되면서 열을 과학적으로 측정하려는 시도가 본격화되었다. 1602년경 갈릴레오는 열이 가해지면 공기가 확장되는 원리를 토대로 온도 측정 장치를 만들었다.[8] 액체를 가득 채운(이따금 포도주를 쓰기도 했다) 유리관 안에 작은 유리구를 몇 개 띄운 장치였다. 온도가 올라가면 유리구 안의 공기가 확장되어 유리구들이 위로 떠오른다.

그로부터 100년 뒤 독일 물리학자 G. D. 파렌하이트G. D. Fahrenheit가 현대적인 온도계를 내놓았다.[9] 그는 폭이 일정한 가느다란 관의 한쪽 끝에 알코올이 담긴 구를 달고 다른 한쪽 끝을 밀봉했다. 그러면 구 안의 알코올이(나중에는 알코올 대신 수은을 넣었다) 온도 변화에 따라 관 안을 오르락내리락했다. 스웨덴 천문학자 안데르스 셀시우스Anders Celsius도 1742년 이와 비슷한 형태의 온도계를 만들었다. 두 온도계는 서로 다른 눈금을 사용했기 때문에 발명가의 이름을 따서 각각 파렌하이트 눈금(화씨)과 셀시우스 눈금(섭씨)으로 세상에 알려졌다.*

온도계는 무척 유용한 도구였지만, 열이 정말로 무엇인지 한 차원 깊이 이해하는 데에는 별 도움이 되지 못했다. 열의 우주적 본성을 제대로 간파한 사람은 매사추세츠주 출신인 일명 럼퍼드 백작Count Rumford이다.[10] 1753년 매사추세츠주의 한 농장에서 태어난 그는 파란만장한 삶을 살았다. 그는 미국 독립전쟁 중에는 영국의

* 파렌하이트 눈금에서는 해수면에서 물의 어는점은 32°F이고 끓는점은 212°F이다. 셀시우스는 물의 어는점과 끓는점을 측정한 뒤 둘 사이를 눈금 100개로 나누었다. 애초 셀시우스가 썼던 온도계는 눈금 순서가 오늘날 사용하는 눈금과 정반대였지만 (다시 말해 0℃가 물의 끓는점, 100℃가 물의 어는점이었다) 후대 들어 다른 과학자들이 이 눈금을 뒤집어 사용하게 됐다.

스파이로 활약했고 이후 바이에른 선제후인 카를 테오도르의 궁정에서 봉직했는가 하면 마지막에는 쇠락해가던 신성로마제국을 위해 일하기도 했다. 또한 그는 벽에 금박을 입힌 호화로운 궁궐에서 살기도 하고, 모차르트, 볼테르와 함께 파티를 즐기기도 했다.[11] 방탕하기로 유명했던 그는 기막히게 뛰어난 직관력을 가진 사상가이기도 했다. 럼퍼드가 열과학 분야에서 보여준 성취는 이후 열역학 1, 2법칙의 탄생으로 이어진다. 이 두 가지의 물리학 법칙은 우리가 우주를 이해하는 토대가 되어줄 뿐만 아니라 오늘날 사람들을 죽음으로까지 몰아넣는 폭염의 두 가지 핵심 요인이기도 하다.

럼퍼드의 발견과 열역학 법칙

럼퍼드의 시대에는 열과 관련해 두 가지 이론이 각축을 벌였다. 하나는 운동 이론이었다. 이 이론에 담긴 기본적 생각은 인체의 열은 몸을 구성하고 있는 입자들의 지속적 움직임과 연관 있다는 것이었다. 바퀴를 차축에 걸고 돌리는 것처럼, 무언가를 문지르거나 망치질하는 등의 움직임이 증가하면 몸도 더 더워지게 마련이었다. 럼퍼드의 실험이 있기 몇십 년 전인 18세기 초에 아이작 뉴턴Issac Newton은 이 원리를 이렇게 표현했다. "열을 구성하는 것은 신체의 가장 미세한 부분들이 온갖 방식으로 떨고 동요하는 활동이다. 아울러 모든 신체는 항상 어느 정도 동요하는 상태에 있다."[12]

그로부터 몇십 년이 흐른 19세기 후반 이런 운동 이론은 뒷전으로 밀려나고, 이른바 열소熱素(18세기 초에 연소를 설명하기 위해 상정했던 물질. 물질에서 열소가 빠져나가는 현상이 연소라고 보았다–옮긴이) 이론이 전면에 부상하게 된다.[13] 열소 이론이 부상하는 데는 프랑스 화학자 앙투안 라부아지에Antoine Lavoisier의 인기가 큰 역할을 했다. 라부아지에는 18세기 말을 풍미한 과학계의 스타로서 오늘날에도 종종 근대 과학의 아버지로 일컬어진다.

열소 이론에서 열이란 눈에 안 보이는 물질 혹은 액체로서, 열이 가해지면 몸 안으로 흘러들고 열이 식으면 몸 밖으로 흘러나오는 특징이 있었다. 몸이 뜨거워질수록 몸 안에는 더 많은 열소가 들어 있는 것이다. 몸이 뜨거워지면 몸의 부피가 더 늘어나는 이유도 이렇게 설명할 수 있었다(날이 더울 때는 손가락이 퉁퉁 붓곤 하지 않던가). 라부아지에는 열소를 실재하는 물질로 여겼기에 1789년에 33개의 원소가 들어 있는 주기율표를 내놓을 때 빛과 함께 열소도 포함시켰다.

하지만 럼퍼드가 보기에 열소 이론은 터무니없었다. 열소 이론이 틀렸음을 증명할 수만 있다면 사람들로부터 칭송을 받고 이름을 떨칠 수 있으리라는 것도 알았다. 라부아지에가 원소주기율표를 내놓고 10년 정도 흐른 1797년 럼퍼드는 바이에른의 신성로마제국 궁정에서 사령관으로 일하면서 뮌헨 방어를 위해 바이에른의 포병대를 한 차원 발전시켜야겠다고 결심한다. 그리고 포병대 강화를 위해 육중한 황동 대포를 주조하게 했다.

하지만 대포를 만드는 것은 만만한 일이 아니었다. 당시 럼퍼드의 작업장은 빛은 제대로 들어오지 않는 데다 자그만 창문들은 온통 검댕으로 덮여 있었다. 철을 자르는 요란한 쇳소리가 귀를 긁는 데다 방금 잘린 청동에서는 매캐한 냄새가 났다. 엄청난 크기의 목재 장비들이 우르르 울리는 소리는 요란했고 김이 푹푹 나는 짐수레 말들에게서는 악취가 진동했다. 한 과학사가가 지적했듯 "대포를 만들려다가 프랑스 사람들만 죽을 판이었다."[14]

당시 작업이 진행된 방식은 이랬다. 먼저 견고한 원통 형태로 주조한 대포통을 하나씩 기계 작업장으로 가져와서 평평한 선반旋盤 위에 놓고 한가운데 구멍을 뚫는 작업을 한다. 고정 드릴(강화한 강철로 만든 날)로 몇 톤의 힘을 가해 엄청나게 커다란 나사를 대포통의 앞쪽 끝부분에 밀어 넣는 것이다. 이와 동시에 대포통 뒤에 붙은 회전 막대는 축 위에서 돌면서 주조된 대포통 전체를 분당 32회의 속도로 회전시킨다. 대포를 이렇게 회전시키는 힘은 두 마리의 말에게서 나왔다. 말들은 마구로 권양기에 연결된 채 아래쪽 측면에서 기계를 돌렸다. 일련의 기어 체계가 이 권양기의 힘을 선반의 막대로 전달하는 것이었다.

그러다 럼퍼드는 대포의 구멍을 뚫는 장치를 잘 개조하면 열 실험이 가능하다는 사실을 알게 되었다. 그래서 대포에 구멍이 뚫리는 동안 그 몸체를 물에 담가놓기 위해 커다란 수조를 만들었다. 럼퍼드가 아는 바로는 공기보다는 이런 수조가 열을 담아두기에도 측정을 하기에도 더 좋았다. 아울러 그 결과는 굳이 과학자가 아니라도 충분히 이해할 수 있었다. 물이 끓는 것이야말로 열의 존재를 증명하는 가장 분명하고도 일상적인 실례였으니 말이다.

럼퍼드의 추론에 따르면 만일 열이 (열소 이론에서 말하는 대로)

황동 대포 안에 들어 있는, 눈에 안 보이는 어떤 액체 혹은 물질이라면 그 액체나 물질은 무한하지 않아야 했다. 다시 말해 그것이 설령 물을 덥힌다 해도 과연 얼마나 오래 덥힐 수 있을까? 대포에 구멍을 뚫는 장치가 있는 만큼 럼퍼드는 그 실험을 계속해볼 수 있을 것이었다. 말이 나가떨어지지만 않는다면 말이다. 당시 럼퍼드 자신은 몰랐지만, 그는 말의 운동 에너지를, 구멍 뚫는 기구의 날을 돌리는 기계 에너지, 나아가 물을 따뜻하게 데우는 열 에너지로 전환하고 있는 것이었다. 50년 뒤에나 제대로 이해받게 되지만 이는 열역학 제1법칙을 그대로 풀어놓은 것이나 다름없었다. 즉 에너지는 한 형태에서 다른 형태로 변환될 수는 있지만 새로 만들어지거나 없어질 수는 없다는 뜻이었다.

1797년 10월의 을씨년스러운 어느 날, 럼퍼드의 실험은 만반의 준비를 갖추고 시작만을 기다리고 있었다. 럼퍼드는 말들을 출발시키라고 명령했다. 기어가 회전하면서 대포의 밋밋한 앞쪽 면을 타공날이 뚫고 들어갔다. 럼퍼드는 탱크에 들어 있는 온도계에서 한순간도 눈을 떼지 않았다. 15℃였던 온도는 60분 뒤에는 41.6℃, 90분 뒤에는 65.5℃, 120분 뒤에는 80.5℃까지 올랐다. 그리고 150분 뒤에는 물이 끓기 시작했다.

나중에 럼퍼드는 이렇게 썼다. "불이 전혀 없는데도 그렇게 엄청난 양의 찬물이 끓는 것을 본 순간 구경꾼들의 얼굴에는 충격과 놀라움이 떠올랐다."[15]

과학사에 한 획을 긋는 중요한 순간이었다. 이후 몇십 년간 독일 물리학자 루돌프 클라우지우스Rudolf Clausius와 영국 수학자 켈빈

경Lord Kelvin은 럼퍼드의 연구를 바탕으로 현대 물리학과 화학의 근간을 이루는 열역학 이론을 정립했다. 그런데 이 단 한 번의 실험을 통해 럼퍼드가 증명한 것은 열이 눈에 안 보이는 액체가 아니라 끊임없는 에너지의 표현이라는 점이었다. 그리고 그 표현 방식은 우리의 삶 안에 얽혀 있는 언어와 크게 다르지 않다. 우리의 말에 끝이 없듯이 열의 양에도 끝이 없다. 당시에는 몰랐지만 럼퍼드는 사실 태양, 짐수레의 말들, 자신의 생명, 나아가 자기 주변의 모든 것을 연결하는 고리를 하나 찾아낸 것이었다. 이것들은 결국 모두 에너지, 다시 말하면, 움직임 그리고 열의 발현과 다름없었다.

럼퍼드와 그의 업적을 계승한 사람들 덕분에 이제 우리는 열이 무엇인지 꽤 쉽게 말할 수 있다. 열이란 결국 분자들의 진동이다. 달리 말해 온도는 분자 집합의 평균속도다. 무언가가 차갑다는 것은 그것을 이루는 분자들의 평균속도가 낮다는 뜻이고, 무언가가 뜨겁다는 것은 그것을 이루는 분자들의 평균속도가 높다는 뜻이다.

하지만 열이 강물처럼은 아니지만 흐르는 것도 사실이지 않은가. 뜨거운 여름날 자동차 문의 손잡이를 잡으면 열이 손안에 들어오는 것처럼 느껴진다. 하지만 실제로 열이 손안에 들어오는 것은 아니다. 우리가 손잡이를 잡는 순간 빠르게 움직이던 손잡이의 분자들이 느리게 움직이던 우리 손의 분자들과 충돌하면서 손의 분자들은 속도가 빨라지고 손잡이의 분자들은 속도가 느려진다. 이렇게 손의 분자들의 속도가 빨라진 것을 우리 두뇌는 따뜻함으로 인지한다. 실제로 우리 손안으로 열이 흘러들어 오는 것은 아니라는 말이다. 손잡이의 분자들은 손잡이에 그대로 머물고, 우리 손의 분자들도 우리 손에 그대로 머문다. 다만 손잡이의 분자들이 동요하는 것이 우리의 손에까지 전해지는 것뿐이다. "열이 전해지는 모습은 골짜기를 타고 흐르는 강물보다는 군중 사이에 퍼지는 웃음과 더 비슷합니다."[16] 물리학자 브라이언 그린Brian Greene은 말한다.

분자들은 어떤 구조를 가졌느냐에 따라 저마다 다른 비율로 진동한다. 공기가 물보다 열을 더 많이 붙드는 이유도 바로 여기에 있다. 강철이 나무보다 열을 더 많이 붙드는 것도 마찬가지다. 어떤 가스는 대기 중에 열을 가두는 반면 어떤 가스는 그러지 않는 까닭도 여기서 찾을 수 있다. 예를 들어 수소는 온실가스가 아니지만 이산화탄소는 온실가스다. 그 차이는 뭘까? 이산화탄소는 구조상 지구가 태양으로부터 흡수해 대기 중으로 반사하는 열에 민감하고(다른 온실가스도 마찬가지다) 지구가 햇빛을 반사하는 과정에서 열복사가 발생한다. 이산화탄소 분자들은 이런 복사에 반응해서 진동하거나 휘어지거나 춤추듯 마구 움직인다. 대기 중에 온실가스가 더 많이 쌓일수록 우리 머리 위의 하늘에서 춤추듯 움직이는 분자들의 움직임도 더욱 빨라진다. 우리가 화석연료를 태워서 대기 중에 이산화탄소 분자를 배출하는 순간 우리 세상이 점점 열을 받는 이유도 바로 여기에 있다. 말 그대로 하늘이 진동하는 속도가 더욱 빨라지는 것이다.

기후과학의 역사

오늘날 우리가 기후과학이라 부르는 분야를 처음 개척한 선구자들은(일례로 유니스 뉴턴 푸트Eunice Newton Foote가 1856년 발표한 논문 「태양 광선 안의 열에 관하여」는 이산화탄소 수치가 올라갈수록 기온이 더욱 상승할 거라고 언급한 최초의 과학 저술이었다) 진동하는 분자 같은 개념에 대해서는 전혀 알지 못했다. 푸트를 비롯한 연구자들은(당대에 이들은 스스로를 과학자라고 부르지 않았다) 이산화탄소 같은 특정 종류의 가스가 열을 잘 붙잡아둔다는 사실만 알았을 뿐이었다. 그래도 그들은 폭염을 크게 염려하지는 않았던 것이 분명하다. 어떤 식으로든 영향이 있을 거라 생각한 사람들은 약간의 온난화는 오히려 긍정적이라고 믿었다. 1896년 온실효과를 설명하는 추정치를 처음으로 내놓은 스반테 아레니우스Svante Arrhenius는 이 세상이 "지금보다 더 동등하고 더 나은 기후의 시대를 누리리라는 희망"[17]을 내비쳤다. 당시 대부분의 사람들은 '자연의 균형' 덕분에 온난화로 인한 재앙은 불가능할 것이고, 설령 인간 산업의 '진보' 때문에 어떤 변화가 일어난다 해도 인간에게는 전부 좋을 거라고 가정했다. "아무도 기후변화를 걱정하지 않는다. 설령 그런 일이 실제로 일어난다고 해도 그 효과는 자신들의 먼 후손에게나 미칠 거라고 과학자들은 예상했다."[18] 과학사가 스펜서 위어트가 썼다.

이제 50년을 훌쩍 뛰어넘어 1950년대로 가보자. 몇몇 과학자들 사이에서 대기 안의 이산화탄소 수치가 올라가고 있다는 인식이 싹트면서 21세기가 끝나기 전에 지구의 평균온도가 몇 도 상승할지 모른다는 의견이 나오기 시작했다. 저명한 과학자 로저 르벨Roger Revelle은 21세기에는 온실효과가 사실상 "지구 기후에 폭력적 영향력"[19]을 미칠 거라는 추측을 내놓기도 했다. 1957년에는 미국 의회 상임위원회에 출석해서 온실효과가 언젠가는 남부 캘리포니아와 텍사스를 "진짜 사막"[20]으로 만들어버릴 거라고 말했다.

과학계만 보면 당시 지구온난화에 대한 걱정은(그런 걱정이 정말 있었다고 한다면) 대부분 빙하가 녹아내리는 것과 관련 있었다. 충분히 그럴 만했다. 날씨가 더워지면 얼음이 녹기 마련이니까.

그러다 1984년 과학자 린다 먼스Linda Mearns와 스티븐 슈나이더Stephen Schneider가 사상 최초로 폭염에 대한 기념비적 논문을 발표한다. 폭염 사태의 가능성과 함께 폭염이 지금 우리가 염려하는 일과 어떤 관련을 갖는지 탐구한 최초의 저술이었다. 그들은 지금 세상은 단순히 따뜻해지고 있는 것만이 아니라면서 이렇게 말했다. "[평균]기온이 조금만 변해도 커다란 변화가 초래된다." 예를 들어, 지구의 평균기온이 약 1.5℃ 상승할 경우 35℃의 폭염이 아이오와에 5일간 지속될(이 경우 옥수수 수확을 완전히 망칠 수도 있다) 확률은 3배나 높아진다는 것이다. 그들은 이를 입증해 보이기도 했다.

1988년 현대 기후과학의 대부로 여겨지는 나사의 과학자 제임스 핸슨이 미국 의회에서 증언하면서 커다란 전환점이 찾아왔다.[21] "저는 이쯤에서 세 가지 주요 결론을 끌어내고자 합니다." 핸슨이 사람들이 가득한 상원 회의장에서 말했다. "첫째, 1988년 현재 지구는 장비 관측 역사상 그 어느 때보다도 더 따뜻해지고 있습니다. 둘째, 현재 지구온난화는 온실효과와 인과관계가 성립된다고 꽤 확신

할 정도로 대규모로 진행되고 있습니다. 셋째, 컴퓨터 기후 시뮬레이션에 따르면 이미 온실효과가 대규모로 진행되어 여름철 폭염과 같은 극단적인 이변의 가능성이 있습니다."

핸슨은 지난 100년에 걸친 지구 온도의 변화 추이를 그래프로 보여주면서 최근 25년간 온난화가 가장 심하게 일어났다는 사실을 짚었다. 그러면서 1988년이면 0.4℃ 정도 지구 기온이 상승할 거라고 예리하게 지적했다. 그만한 규모의 온난화가 일어날 확률은 1퍼센트 정도다. 상원 회의장에서 핸슨은 다음과 같은 유명한 말을 남겼다. "온실효과는 이제 막 감지됐을 뿐이지만 이 순간에도 우리의 기후를 변화시키고 있습니다."

핸슨이 온도 상승의 가장 명백한 징후로서 폭염에 초점을 맞춘 것은 당연한 일이었다. 그는 워싱턴 D.C., 오마카, 네브래스카에 뜨거운 여름철이 찾아오는 빈도를 비교했다. 그의 주장에 의하면, 1950년과 1980년 사이에는 뜨거운 여름을 보낼 확률이 33퍼센트였다. 하지만 1990년에는 온실효과로 인해 그 확률이 55~77퍼센트로 늘어났다.

하지만 온실효과가 어떤 식으로 작동하는지 그 메커니즘에 관해서라면 온실가스가 열을 붙잡아두는 효과가 있다는 것 외에는 핸슨도 아는 바가 없었다. 그는 당시 미국의 기온과 2029년 미국의 기온 차이를 담은 이미지를 몇 개 제시했다. 그에 따르면 2029년에는 미국의 거의 전역이 지금보다 따뜻해질 것으로 예측됐다. 또한 그는 자신의 모델에서 미국 남동부와 남서부의 경우 평균 이상의 온난화가 진행되는 "경향이 뚜렷하게" 나타난다는 사실도 지적했다. “우리 모델에서 이런 결과가 발생하는 이유는 미국 연안의 대서양이 육지에 비해 따뜻해지는 속도가 느리기 때문인 것으로 보입니다.” 핸슨은 말했다. “결국 미국 동부 연안을 따라 고기압이 형성되면서 북쪽의 따뜻한 공기가 중서부 혹은 남동부로 유입되게 됩니다.”

그 뒤에 핸슨은 나름의 경고를 내놓았다. “물론 이는 이런 현상이 일어나는 경향이 있다는 말일 뿐입니다. 분명히 매번 이런 일이 일어나지는 않을 것이고, 기후 모델이 불완전한 도구인 것도 분명 사실입니다. 하지만 온실효과로 인해 미국 남동부와 중서부에 폭염과 가뭄이 발생할 확률이 높아진다는 증거는 확실히 있습니다. 정확히 어떤 폭염 혹은 가뭄이 온실효과 때문에 발생한다고 말할 수는 없겠지만 말입니다.”

아주 의미심장한 말이다. 당시 상황에서는 분명 옳았던 이 말이 후일 기후변화 회의론자 등에게 악용되기 때문이다. 핸슨에 따르면 기후변화로 인한 폭염이 일어날 가능성이 변화할 수는 있을지언정 특정 폭염을 콕 집어서 “그 폭염은 기후변화 때문에 일어난 것이다”라고 단정 지을 수는 없다. 물론 틀린 말은 아니었다. 오랜 세월 우리는 어떤 폭염이 기후변화 때문에 일어났다고 단정 지을 수는 없었다. 하지만 오토를 비롯한 여러 사람의 연구 덕분에 이제는 그런 식의 단정을 할 수 있게 됐다.

핸슨이 의회에서 증언할 당시 오토는 여섯 살이었다. 오토는 1982년 독일의 킬에서 태어나 어린 시절에는 덴마크 국경에서 멀지 않은 시골의 한 오두막에서 자랐다. 그녀의 말에 따르면 "넌더리 날 만큼 따분한" 곳이었다. 어린 시절 그녀는 책을 좋아하는 수줍음 많은 아이였다. "공부를 썩 잘하지는 못했어요." 그녀는 말했다. 그때만 해도 뭘 하고 싶은지 통 알 수 없었다. 포츠담대학교에 입학해 물리학을 공부하긴 했지만, 좋아서라기보다 자신이 선택할 수 있는 학과 중 그나마 물리학이 제일 나았기 때문이었다. 2003년 폭염이 유럽을 덮치면서 7만 명이 목숨을 잃었을 때(베트남 전쟁에서 목숨을 잃은 미군 병사들의 숫자보다 많았다)[22] 오토는 대학교 1학년이었다. "그때만 해도 기후변화가 대단한 화두는 아니었어요. 적어도 제가 사는 세상에서는 그랬어요." 오토는 회상했다. "그 시절에 저는 여름이면 아이스크림 가게에서 일했죠. 그런데 그해 여름에는 가게가 정말 바빠서 거기서 일한 걸 후회할 정도였어요. 보통은 책을 읽을 만큼 한가한 시간이 많았는데, 2003년 여름에는 아이스크림을 사러 오는 사람들이 너무 많았거든요. 스트레스도 정말 심했고요."

그녀가 대학을 졸업한 2007년에는 기후변화를 진지하게 논하는 이야기와 글들을 심심찮게 만날 수 있었다. 그것이 그녀의 관심을 끌었다. "그래서 아버지에게 기후과학 쪽으로 진로를 정할지 모르겠다고 말씀드렸어요. 아버지는 터무니없는 생각이라고 일축하셨죠." 그녀는 말했다. "기후변화는 한때 유행할 화두일 뿐이지 몇 년만 지나면 아무도 관심을 안 가질 거라고 하셨어요."

대학 시절 오토는 베를린으로 거처를 옮기고 베를린자유대학교에 입학해 과학철학 분야의 박사 학위를 준비했다. "저는 갖가지 모델들에 관심을 갖게 됐어요. 사회 모델, 경제 모델, 기후 모델 같은 것들이요. 우리가 알 수 있는 건 뭐고, 알 수 없는 건 뭔지에 관심이 갔어요." 결국에는 기후 모델에만 집중하게 됐다. 이 세상을 구해야겠다는 사명감 때문이라기보다는 기후 모델을 구축하는 방식이 이 지구만큼이나 무한히 복잡하기 때문이었다. 2011년 오토가 자신의 박사 논문에 붙인 제목은 "지구 기후 모델 구축 인식론적 측면에서"였다. 124쪽의 이 논문은 어떻게 하면 모델들의 불확실성을 줄이고 투명성은 늘려서 더 큰 신빙성과 신뢰성을 갖추게 할 수 있을지를 다뤘다. 제대로 된 모델을 만드는 것이 중요한데도 기후변화와 관련해서는 과학자들이 지구 대기를 대상으로 실험을 진행할 수 없었다. "우리에게 주어진 지구는 단 하나뿐이다." 그녀는 썼다.

하지만 논문 집필을 마친 뒤에는 뭘 해야 할지 알 수가 없었다. 누가 과학철학 박사를 직원으로 고용하겠는가? "제게 취업은 하늘의 별 따기나 다름없었죠." 오토는 말한다. 그러다가 옥스퍼드대학교의 지구물리학자 마일즈 앨런Myles Allen과 공동으로 연구하는 단기직에 지원하게 됐다. 마침 앨런도 기후 모델을 개선하는 일에 관심이 있었다. 오토는 일자리를 얻고 옥스퍼드로 이사했다. 예기치 않은 행운이 오토를 찾아온 셈이었다.

극단적 이변 원인 규명 과학

2003년 기후과학에서 가장 중대한 반전이 시작되었다. 그해 앨런은 홍수로 넘치는 템스강이 사우스옥스퍼드의 자기 집 담장을 향해 수위를 높이는 광경을 주시하게 되었던 것이다. 앨런은 생각했다. 난 기후과학자야. 대체 누구 때문에 이런 일이 일어나는지 밝혀내지 못할 것도 없잖아?

하루하루 수위가 높아지는 강물을 지켜보던 어느 날, 앨런은 집에서 라디오를 듣다 우연히 영국의 기상청 직원이 라디오 방송에 출연해 이런 일의 책임이 누구에게 있는지 밝히기란 불가능하다고 말하는 것을 듣게 됐다. "이 홍수가 지구온난화 때문에 더욱 빈번해진 그런 종류의 사건임은 분명 맞습니다." 라디오 방송에서 이런 말이 흘러나왔다. 하지만 그 인과관계와 관련해 구체적인 뭔가를 이야기하기란 불가능하다는 것이었다. 핸슨이 20년 전에 펼쳤던 주장과 똑같았다. 그런데 지금도 그게 정설일까?

앨런에게 이 말은 누가 주범인지 어디 한번 밝혀보라는 도전으로 들렸다. 앨런은 템스강의 물이 자기 집을 향해 야금야금 올라오고 있다는 내용의 글에서 극단적인 기상 이변의 원인을 기후변화에서 찾는 것이 늘 불가능하지만은 않을지 모른다고 주장했다. 그건 "그저 기후 체제를 이해하는 우리의 이해가 빈약한 탓에 지금 당장 불가능한 일일 뿐"이라는 것이었다. 여기서 연구자들이 이 상황을 타개할 획기적 작업을 해낼 수만 있다면 대중도 기후 이변의 책임이 온실가스를 배출하는 사람들에게 있음을 알게 될 거라고 그는 주장했다. 앨런의 논평은 2003년 명망 높은 과학 서널《네이처》에 실렸고 (화석연료를 사용하는 기업들이 보면) 섬뜩하게도 "기후변화의 법적 책임"이라는 제목이 붙었다.[23]

몇 달 뒤에 앨런은 자신의 아이디어를 실험해볼 기회를 맞는다. 15세기에 기상 관측이 시작된 이래 최고의 폭염이 유럽을 덮쳤던 것이다. 앨런은 기상청의 기후과학자 피터 스토트Peter Stott와 한 팀이 되어, 이 폭염이 기후변화와 연관이 있는지를 탐구해보기로 했다. 연구의 내용은 무척 복잡하다. 하지만 간단히 말하면 대기 중의 이산화탄소 농도가 더 낮은 기후 모델들에서도 비슷한 폭염이 나타나는지 살펴보는 것이었다. 그들이 내린 결론은 다음과 같았다. "인간의 영향력이 이렇게 한계를 초과하는 폭염의 위험성을 최소한 2배는 높였을 것이라고 우리는 추산한다."[24] 바로 이 문장에서부터 극단적 기후 이변 원인 규명 과학이 탄생하게 되었다.

물론 이들의 방법론이나 자료에 의문을 던지는 과학자와 회의론자도 적지 않았다. 이들의 모델이 실제 세상을 정확히 반영하지 못한다고 주장하는 이들도 있었다. 하지만 명망 높은 과학자들이 내놓은 연구 결과를 별것 아닌 것으로 치부하기는 쉽지 않았다.

앨런과 스토트가 기후 이변 원인 규명 연구의 첫 주제로 허리케인 같은 재난 대신 폭염을 선택한 것은 어쩌면 당연한 일이었다. "폭염만큼 기후변화를 많이 반영하는 현상도 없어요." 오토는 말했다. 폭염의 강도와 기간에 영향을 미치는 변수는 지상의 습도와 대기의 순환 패턴을 비롯해, 한두 가지가 아니다. 하지만 허리케인의 복잡한 역학과 비교하면 폭염은 정의하기도 모델화하기도 쉬운 편이다.

2011년 오토가 앨런과의 작업을 위해 옥스퍼드에 왔을 때만 해도 원인 규명 연구는 금시초문의 생소한 분야였다. 하지만 부쩍 관심이 생기기는 했다. 거기에다 이런 종류의 연구들에서 제기하는 질문들은 오토가 박사 논문을 쓰면서 고민했던 것과 맞아떨어지는 부분이 많았다. 오토는 당장 작업에 들어갔다. 일단 2010년에 러시아가 40℃까지 기온이 치솟는 대규모 폭염에 시달렸다. 이때 사망한 사람만도 5만 5,000명이 넘었다.[25] 오토는 궁금증이 일었다. 이 극단적인 이변의 직접적인 원인이 정말 기후변화일까?

처음에는 확실치 않았다. 러시아에서 폭염이 발생한 직후 미국 과학자들이 펴낸 논문은 당시 폭염이 "주로 대기 내부의 자연적 변동성에서 비롯됐다"고 결론 내렸다.[26] 하지만 독일 과학자들이 펴낸 또 다른 논문에서는 기후변화가 없었다면 이런 기록적 기온이 나타나지 않았을 확률이 80퍼센트에 이른다고 했다.[27] 오토와 동료들(네덜란드 기후학자 기어트 얀 반 올덴보흐Geert Jan van Oldenborgh도 있었다)은 이들 연구가 정말 서로 모순되는지, 그렇다면 과연 어떤 이론이 옳은지를 몇 주간 분석했다. "그 결과는 여기에 발 들이고 있는 모두가 기뻐할 만한 놀라운 내용이었다." 나중에 오토는 자신의 책 『화난 기후Angry Weather』에 이렇게 썼다. "두 연구 모두 옳았다. 둘은 서로 다른 질문을 던진 것뿐이었다. 한 연구가 폭염 자체(폭염의 규모)에 초점을 맞췄다면, 다른 연구는 더위의 기록이 깨질 가능성을 살펴본 것이었다. 그렇다면 기후변화 때문에 폭염이 발생할 가능성이 더 높아진 것은 사실일까? 그 답은 아주 의미심장하게도 '그렇다'였다."

오토와 동료들의 이 작업은 극단적 이변 원인 규명이 기후과학의 한 분과로 자리 잡는 계기가 되었다. 심지어 오토의 글은 기후과학계의 최고 표준으로서 2014년에 최종 마무리된 IPCC 제5차

평가 보고서에도 실렸다.

극단적 이변 원인 규명이라는 학문이 인간으로 인한 기후변화를 바라보는 사람들의 관점에 근본적인 변화를 줄 수 있으리란 사실을 오토는 바로 알아차렸다. "저는 과학이 정의를 실현하는 하나의 수단이라고 생각해요." 오토가 말했다. "극단적 이변 원인 규명은 법적 절차를 염두에 두고 발전한 최초의 과학인 셈이지요."

이후 몇 년간 오토는 그간 자신이 써온 방법들을 다듬어서 극단적 날씨와 기후변화 사이의 점點들을 연결했다. 오토와 그녀의 동료들은 유럽에 나흘간 이어진 폭우로 다뉴브강과 엘베강이 범람한 것은 기후변화와 연관이 없음을 밝혀냈다. 오토가 보기에 어떤 사건들은 기후변화와 관련 없다고 말하는 것이 관련 있다고 말하는 것만큼이나 중요했다. 하지만 어떤 말을 하든 오토의 작업은 별다른 영향을 미치지 못하고 있었다. 사건이 발생하고 너무 오랜 시간이 지난 뒤에야 논문들이 나오는 바람에 아무도 관심을 기울이지 않기 때문이었다.

그러다가 2014년 오토와 앨런이 우연찮게 샌프란시스코에서 열린 과학 콘퍼런스에 함께 참석하게 되었다. 샌프란시스코 시내의 스타벅스에서 둘은 클라이밋 센트럴Climate Central(과학을 대중이 더욱 접하기 쉬운 것으로 만든다는 사명을 갖고 설립된 단체)의 수석 과학자인 하이디 컬렌Heidi Cullen을 만났다. 그 자리에서 컬렌은 극단적 이변 원인 규명이라는 분야가 사람들의 시각에 영향을 미치려면 극단적 날씨와 기후 사이의 관계를 더 빨리, 다시 말해 사람들의 뇌리에 해당 사건이 아직 생생하게 남아 있을 때 실시간으로 연구 결과를 내놓아야 한다고 했다. "연구 결과를 좀 더 빨리 내놓을 수는 없을까요?" 컬렌은 물었다. 오토와 앨런은 그럴 수 있을 거라고 했다. 하지만 분석 속도를 높인다는 것은 오류의 위험이 높아진다는 뜻이었고, 오류는 도리어 기후과학의 발전을 저해할 수도 있었다. 그런데도 오토는 해보겠다고 나섰다. 그로부터 몇 달 후 오토와 반 올덴보흐는 세계 날씨 원인 규명World Weather Attribution이라는 프로젝트에 착수했다. 극단적 기상 이변을 빠르게 분석해서 기후변화가 (만일 그렇다고 하면) 어떻게 이런 일들을 일으키는지를 헌신적으로 연구하는 과학자들을 규합했다. "그건 마치 전구가 처음 개발되고 2년밖에 안 되었을 때 그것이 대량 생산될 수 있는지조차도 모른 채 길거리에 빠짐없이 전등을 설치하겠다고 공언한 거나 다름없는 일이었다."[28] 오토는 나중에 썼다.

한편 기후과학계에는 실시간 원인 규명은 '진정한' 과학이 아니라고 여기는 이들이 많았다. 다른 논문들은 출간 전에 1년간 동료들의 심사를 받는 반면 오토와 동료들이 펴낸 논문들은 하나같이 이 과정을 거치지 않았다는 것이 이유였다(오토는 결과만이 아니라 그녀가 활용하는 모델들도 동료들의 심사를 받는다고 분명히 밝혔다). "제가 젊은 여자가 아니었다면 아마 그런 압박이 훨씬 심했겠죠." 오토가 설명했다. "과학계에 몸담은 나이 든 백인 남자 중에는 저를 그냥 자기 멋대로 일하는 미친 여자쯤으로 여기고 관심조차 없었던 이들이 많았어요."

오토와 그녀의 팀이 분석한 모든 날씨 이변들이 기후변화 때문에 규모가 커지는 것은 아니었다. 2017년 텍사스를 강타한 허리케인 하비를 분석했을 때는 이런 폭풍의 발생 확률이 기후변화로 인해 3~4배는 커졌음을 밝혀낼 수 있었다.[29] 하지만 그해 방글라데시에서 발생한 홍수는 기후변화와는 관련이 없는 것으로 밝혀졌다.[30] 2021년 폭염이 태평양 북서부 연안을 강타했을 무렵 오토와 그녀의 팀은 이미 10여 건에 이르는 극단적 날씨 이변을 분석해본 뒤라서 기법들도 잘 연마된 상태였다. 기후변화가 없었다면 그 폭염으로 1,000명 이상의 사람과 수억의 바다 생물이 죽는 일은 "거의 일어나지 않았을" 것임을 오토와 그녀의 팀이 밝혀내기까지는 9일밖에 걸리지 않았다.[31]

이런 의견 발표 덕분에(오토의 의견은 다른 연구자들의 강도 높은 심층 조사를 무사히 거친 만큼 결국 사실인 것으로 판명 난 셈이었다) 오토는 과학계에서 스타로 부상했다. 오토와 반 올덴보호는 2010년 《타임》 선정 100인에 이름을 올렸다. 명망 높은 과학 저널인 《네이처》도 오토를 2021년 과학에 중대한 기여를 한 10인으로 꼽았다.

"원인 규명 연구는 인간이 기후변화에 끼친 영향 면에서 보면 정말 필요한 분야입니다." 스웨덴 룬드대학교의 사회학자로서 기후 적응과 경영을 연구하는 에밀리 보이드Emily Boyd의 말이다. "이 학문 덕분에 우리의 사고방식이 급격히 바뀌고 있어요. 이런 식의 연구 덕분에 기후와 취약성 간의 관계를 완전히 새로운 방식으로 생각하게 됐습니다." 구체적으로 말하면, 극단적 이변 원인 규명은 기후위기를 논하는 공공 담론의 틀을 근본적 차원에서 다시 세우는 수단이 되고 있다. 지금도 종종 그러듯 사람들은 기후위기를 미래의 사건, 즉 우리 자식이나 손자 등 나중 세대에게나 영향을 끼칠 일로 치부했지만 오토의 연구는 기후위기가 지금 우리 눈앞에서 실시간으로 벌어지고 있는 일임을 증명했기 때문이다. 다른 무엇보다 실시간 원인 규명 연구는 법정에서 막중한 역할을 수행할 가능성이 크다. 애초에 앨런이 제기했던 다음과 같은 법적 책임의 문제를 해결할 법적 수단이 되어줄 것이기 때문이다. "기후를 망친 책임은 누구에게 있는가? 어떻게 그들에게 책임을 지울 것인가?"

이 모든 일이 무척 획기적이기는 하지만 이미 일어난 폭염을 살피는 것이 앞으로 일어날 폭염을 예측하는 것보다 쉽기는 하다. 다시 말해 기후변화 때문에 폭염의 빈도, 강도, 치명성이 높아졌다고 자신 있게 말할 수 있게 됐다고 해서 다음과 같은 질문들에 답하기가 쉬워진 것은 아니다. "앞으로 날씨는 얼마나 더 더워질까?" "다음번 폭염은 어디를 강타할까?"

2022년 남극에 폭염이 덮치면서 기온이 21.1℃로 훌쩍 오를 거라고 누가 예상했겠는가? 하지만 그런 일이 실제로 일어났다. 브리티시컬럼비아의 기온이 49.4℃까지 오르리라고는 누가 예상했겠는가? 하지만 그런 일도 일어났다. 런던 기온이 40℃까지 오르리라고 누가 예상했겠는가? 하지만 그런 일도 일어났다. 2023년 현재 피닉스의 최고 기온은 50℃였다. 이것이 57℃까지 오를 수 있을까? 60℃까지는? 피닉스에서는 그럴 일이 없다 해도 파키스탄은 어떨까? 최고 온도의 한계치는 과연 얼마일까? 나와 이야기를 나눈 많은 과학자들이 지적한 사실이 하나 있다. 폭염의 강도는 지역의 조건에 따라, 즉 토양이 얼마나 건조한가, 공기는 얼마나 오염되었는가(역설적이게도 스모그의 미립자들은 대기 중에서 자디잔 거울 역할을 해서 햇빛을 반사하고 공간을 서늘하게 한다), 대양의 핫스폿hot spot(맨틀 깊은 곳에서 기둥 모양으로 올라오는 물질의 흐름이 지표에서 화산이나 융기로서 나타난 지점−옮긴이)이 어디인가에 따라 얼마든 증폭될 소지가 있다는 것이었다. 그리고 우리가 화석연료를 더 많이 태우면 태울수록 더 극단적인 변화가 나타나리라는 것이었다.

하지만 우리에게 던져진 가장 다급한 질문은 아마도 "지금 당장 날씨가 얼마나 더워질 수 있을까?"일 것이다. 달리 표현하면, 지금과 같은 온난화 수준이 지속된다면, 우리가 경험하거나 상상한 수준 이상의 폭염이 일어나지 않도록 대기 오염을 막을 제동 장치가 과연 있을까?

이 질문에 답하려면 잠시 대기 역학에 대해 알아봐야 한다. 대기 역학이란 우리 머리 위의 공기가 어떻게 지구를 돌아다니면서 날씨를 만들어내는지를 다루는 아주 복잡한 과학이다. 우리는 대기의 순환을 엄청나게 거대한 열전달 체계로도 생각할 수 있다. 대기가 끊임없이 순환하면서 열대지방의 따뜻한 공기를 위쪽의 극지방으로, 극지방의 서늘한 공기를 아래쪽의 열대지방으로 나른다. 이 열전달 체계를 움직이는 주요 엔진은 대기 상층부에 머물며 서쪽에서 동쪽으로 부는 제트기류다. 텔레비전의 일기예보에서도 제트기류에 대한 이야기를 많이 하고 지구의 이미지 위에 빨간색(따뜻한 기류)과 파란색(서늘한 기류) 화살표로 표시될 때가 많다.

폭염은 제트기류의 변화 때문에 발생하는 경우가 가장 많다. 제트기류의 방향은 로스비 파동Rossby wave이라고 알려진 기압파에 의해 결정된다. 극지방과 열대지방의 온도 차이로 형성되는 기압파는 제트기류가 정해진 길을 벗어나지 않게 경계를 치는 일종의 가드레일이다. 그런데 현재 북극은 지구의 나머지 지역보다 온난화가 4배 빠른 속도로 진행되고 있다. 빙하가 녹아내리면서 탁 트인 대양과 개활지가 더 많은 열을 흡수하게 된 것이 원인의 하나다(빙하는 무척 훌륭한 반사체이기 때문에 햇빛을 튕겨내고 자신의 온도를 낮게 유지하는 특성이 있다. 그런데 결국 온난화로 인해 빙하가 많이 녹아 없어지면서 열을 흡수하는 땅과 물이 그대로 햇빛에 노출되었고, 그 바람에 빙하는 더욱 빨리 녹게 된다). 북극이 따뜻해지면서 극지방과 열대지방 사이의 기온 경사temperature gradient(두 공기층 사이의 기온 차이를 나타내는 용어–옮긴이)도 함께 변화하고 있다. 이는 로스비 파동을 약화시키면서 다시 제트기류가 길을 잃고 정신없이 굽이치게 만든다. 이렇게 꼬인 제트기류는 이따금 어떤 지역 상공에 뜨거운 공기를 붙잡아두고 빠져나가지 못하게 한다. 갇힌 공기는 아래의 따뜻한 지표면과 점차 높아지는 고기압(고기압은 구름을 몰아내고 햇빛은 증폭시킨다) 모두의 영향을 받아 갈수록 뜨거워진다. 지극히 단순화한 면이 있지만 이것이 바로 폭염이 닥치는 원리다.

따라서 현재 과학자들이 붙들고 씨름하는 커다란 질문 중 하나도 이것이라 하겠다. 세상이 계속 뜨거워질 경우 제트기류의 흐름은 과연 얼마나 더 괴상하고 불안정해질 것인가?

하나의 답을 살펴보자. 2022년 폭염이 런던을 덮치기 몇 주 전 연구자들이 유럽에 닥칠 폭염을 경고하는 연구물을 하나 출판했다. 이 책의 저자들에 따르면 유럽은 현재 폭염으로 인해 따뜻해지는 속도가 다른 중위도 지역의 평균보다 3~4배는 빠른 만큼 유럽이야말로 폭염 핫스폿이다. 그 이유는 뭘까? 제트기류는 유럽 상공에서 두 갈래로 나뉘기 때문에 고기압 지대가 더 많이 형성될 수밖에 없다.[32] 기상학자들이 곧잘 분류split flow라고 부르는 이 이중 제트기류는 자연적으로 일어나는 현상이기는 하다. 그런데 현재 이 이중 제트기류가 점차 늘어나는 추세이기 때문에 유럽도 더 빨리 더워지는 것일지 모른다는 것이다.

"최근의 극단적 이변이 무엇과 연관되어 있을까에 대해서는 다들 전전긍긍하는 상황입니다."[33] 2021년 반 올덴보흐가 암으로 사망하기 직전에 한 말이다. "누구도 이런 일이 찾아올 줄은 몰랐고, 누구도 이게 가능하리라고는 생각지 못했습니다. 과거에는 안다고 생각했지만 지금도 우리는 폭염이 뭔지 제대로 이해하지 못하고 있습니다."

따라서 나와 이야기를 나눈 과학자들이 "지금 당장 날씨가 얼마나 더워질까요?"라는 질문에 해줄 수 있는 최선의 대답은… 글쎄, 그들도 잘 모른다는 것이다. 그렇지만 이를 화두로 삼은 연구가 활발히 진행 중이기는 하다. "뉴욕시 기온이 조만간 한꺼번에 20℃씩 오를 거라고 믿는 사람은 아마 없을 거예요." 오토가 설명했다. "하지만 사상 최고치에서 3℃ 이상, 아니면 5.5℃ 정도는 분명 오를 수 있다고 여깁니다."

더욱 극단적인 폭염이 닥쳐올수록 대비가 되지 않은 취약 계층에게 치명적일 것이다. 아울러 마일스 앨런이 스스로에게 던진 다음과 같은 질문도 우리의 뇌리를 떠나지 않고 맴돌 것이다. 이 사태는 대체 누구 책임일까? 그리 머지않은 미래의 어느 시점이 오면 누가 화석연료를 태우고 폭염을 일으켜서 사람을 죽게 했는가 하는 질문은, 사람을 죽인 그 총의 방아쇠를 실제로 당긴 것은 누구인가 하는 질문과 같은 차원에서 다뤄질 것이다. 아울러 과학과 법이 충분히 발전해서 오토와 그녀의 동료들이 그 질문의 답을 자신들이 알고 있다고 판사를 설득하는 날이 오면 새로운 법적 책임의 시대가 막을 열 것이다. 그게 뭐 그리 대수냐고? 그러면 이렇게 생각해보라. (어떤 측정치에 의하면) 지금까지 이산화탄소 총배출량의 약 3퍼센트를 배출한 엑손모빌 같은 기업이 기후로 인한 과거, 현재, 미래의 홍수와 폭염으로 인한 사망자, 재산 피해, 경제적 손실의 3퍼센트를 책임지라는 소송을 당할 수도 있다는 뜻이다.[34] 이는 단순히 몇천억 달러가 걸린 문제가 아니다. 국제사회의 기후 회담들이 '손실과 손해' 문제로 그렇게 난항을 겪는 까닭도 바로 여기에 있다. 북반구의 부유하고 산업화한 국가들은 이 문제를 어떻게든 협상 테이블에서 치우려고 애쓰는 반면 기후가 철저히 파괴된 남반구의 나라들은 이렇게 주장한다. "지금 고통받는 것은 우리입니다. 지금 죽어가는 것은 우리라고요. 당신네가 우리한테 빚을 졌으니, 돈을 내야 합니다."

나는 오토에게 엑손모빌 같은 기업이 극단적 폭염으로 사망한 사람에게 법적 책임을 지는 모습이 상상되느냐고 물었다. "네, 앞으로 그렇게 될 거예요." 오토는 망설이지도 않고 대답했다. "단지 상상만이 아니에요. 저는 그 일이 당신 생각보다 훨씬 빨리 일어날 거라고 믿어요."

The Heat

6장

Will Kill

마법의 계곡

식량 공황이 불러올 참혹한 미래

You First

“식량 안전을 위협하는
전 지구적 차원의 가장 큰 변화를
단 하나 꼽으라면 바로 높아진
기온이다.”

옥수수가 사라지면

2022년 7월 람파사스카운티의 농장주 미키 에드워즈는 하늘도 무심하다 싶었다. 그의 말을 빌리면, 농장의 상당 부분은 풀들이 "바스러지고, 메마르고, 먼지투성이"[1]였다. 점점 야위어 뼈가 앙상하게 드러난 그의 소들에게 먹일 만한 게 못 됐다. 그래서 한동안은 작년에 수확한 건초 더미를 먹였지만 이제는 가축용 연못도 말라버려서 소들이 마실 물도 한 방울 남지 않았다. 결국 미키는 자신이 키우던 동물 40여 마리, 다시 말해 그가 키우던 가축의 15퍼센트 이상을 팔아야 했다.

댈러스에서 가까운 엘리스카운티의 존 폴 디닌은 280만 제곱미터의 땅에 심은 옥수수가 "비실비실하고 알도 듬성듬성하다"고 했다. 옥수수밭을 걷다가 자루를 따서 벗겨보면 바싹 마르고 딱딱한 데다가 옥수수알이 맺힌 부분은 절반밖에 안 됐다. 올해는 흉작이 뻔했다. 디닌은 7월 중순에 옥수수 수확을 시작했으나 텍사스주에서 옥수수를 키우는 많은 농부는 벌써 2주 전부터 수확에 들어가 있었다. 극단적인 고온 때문에 농작물이 원래 주기보다 이른 시기에 익었기 때문이었다. 수확 양도 많지 않았고, 보통은 1.8~2.1미터까지 자라는 옥수수 줄기도 기껏해야 1.5미터밖에 되지 않았다. "산출량이 평년의 50퍼센트 정도예요." 디닌은 말했다. "4,000제곱미터당 1,360킬로그램 정도 나오지 않을까 해요." 평소 2,700~3,000킬로그램의 수확량에 훨씬 못 미치는 양이었다.

이렇게 고생스럽게 옥수수를 재배하는 사람은 디닌만이 아니다. 미국 농무부에 따르면, 한여름에 열악한 혹은 매우 열악한 상태에 처한 텍사스의 옥수수 경작지가 전체의 42퍼센트에 달했다고 한다.[2] 상태가 매우 좋은 경작지는 단 3퍼센트에 불과했다. 텍사스 옥수수생산자협회Texas Corn Producers의 이사 데이비드 깁슨에 따르면, 옥수수의 시장가격은 높지만 더위와 가뭄이 기승을 부린 탓에 수많은 농민이 궁지에 몰려 있다. "가격이 제아무리 좋아도 내다 팔 옥수수가 있어야 말이죠."[3] 깁슨은 말했다.

텍사스만이 아니었다. 2022년에는 극단적인 더위가 전 세계의 농작물에 피해를 입혔다. 프랑스에서는 옥수수 수확이 30년 만에 최저치를 기록했다.[4] 유럽연합 전역에서도 극단적인 더위로 인해 대두와 해바라기 수확량이 10퍼센트 감소할 것으로 예측됐다. 인도에서는 밀 수확량이 예상을 크게 밑돌자 정부가 밀 수출을 금지하기도 했다. 인도의 농업 전문가인 드빈더 샤마는 정부의 수출 금지 조치를 옹호했다. 밀이 해외로 다 팔려나가기 전에 14억 명에 이르는 자국민의 식량을 충분히 확보해야 한다는 것이었다. "이번 폭염에 우리 농작물이 어떻게 됐는지 보세요."[5] CBS 뉴스에 출연한 샤마가 말했다. "여기에 장맛비까지 겹쳐서 농사를 망치면, 아니면 내년에 뭔가 다른 기후 요인이 작황에 타격을 입히면 누가 책임을 지나요?"

식량 공황은 이제 시작이다

식량이 충분치 않으면 세상은 배고픔, 혼돈, 폭력의 아수라장이 된다. 이런 현실을 자신의 목적을 위해 악용한 악독한 통치자와 독재자들은 항상 있었다. 러시아 대통령 블라디미르 푸틴도 식량의 정치적 힘을 이해하는 데에서 그치지 않고 그것을 무기화하지 않았던가. 2022년 푸틴은 우크라이나를 침공하면서 이 나라의 밀 공급을 고의적으로 차단함으로써 전 세계적인 식량 위기에 불을 지폈다. 러시아 침공 전만 해도 우크라이나는 세계에서 밀을 가장 많이 수출하는 나라 중 하나였다. 푸틴은 우크라이나의 항구들을 봉쇄하고 철도를 폭파하고 곡물을 강탈하고, 농부들의 목숨을 빼앗음으로써 결과적으로 시장에서 2,000만 톤의 밀을 사라지게 했다.[6] 전 세계의 밀 생산량이 약 8억 5,000만 톤임을 감안하면 2,000만 톤이 없어졌다고 해서 전 세계적인 기근이 발생하지는 않는다. 하지만 밀 가격을 60퍼센트 이상 폭등시키기에는 이 정도 양이면 충분했다.[7] 미국의 경우 평균적인 미국인이 식품에 지출하는 비용은 전체 소득의 10퍼센트 미만인 만큼, 밀 가격 상승으로 숱한 노동계층 가정은 허리띠를 졸라야 했고 이는 2022년 중간 선거의 뜨거운 정치적 화두로 부상했다. 하지만 수입의 40퍼센트 이상을 식품에 지출하는 개발도상국 사람들에게 밀 가격 폭등은 먹느냐 굶주리느냐의 문제였다. 2022년 스리랑카에서는 높은 식품 가격 때문에 폭동에 불이 붙었는가 하면[8], 사하라 이남 아프리카에서는 기아 상태로 내몰린 사람들이 2,300만 명이나 증가했다.[9] "푸틴이 세계의 곡창지대인 우크라이나를 침공한 것은 기근에 내몰린 전 세계의 빈민을 공격하고, 전 세계의 굶주림을 더욱 부채질하는 것이나 다름없는 일입니다."[10] 미국국제개발처USAID 처장 서맨사 파워가 기자들에게 말했다.

하지만 전쟁이 몰고 온 식량 위기는 전 세계의 식량이 실제로 부족해져서 일어난 일이 아닌 만큼 어떻게 생각하면 다소 인위적인 면이 있었다. 시장에서 우크라이나산 밀이 사라졌을 때도 시장에는 여전히 많은 곡물이 유통되고 있었다. 돈을 얼마나 들여서 어떤 식으로 유통시키느냐가 문제였을 뿐이다. 게다가 이런 상황을 악용한 것은 단순히 푸틴만이 아니었다. 무역업자들은 널을 뛰듯 변하는 시세 차이를, 해운 회사는 곡물이 절실한 사람들의 절망적 상황을, 비료 회사는 생산량을 반드시 늘리고자 하는 농부들의 염원을 이용해서 한몫 잡으려 한다. 파시스트 정치인들은 치솟는 식품 가격이 민주주의가 실패한 증거라며 기뻐한다.

하지만 전시 상황에서 당장 코앞에 닥친 식품 공황도 문제지만, 그 뒤에는 이보다 훨씬 크고 훨씬 걱정스러운 위기가 도사리고 있다. 우선 2019년 이후 극심한 식량 불안정에 맞닥뜨린 사람들의 숫자가 급격히 치솟고 있다. 1억 3,500만 명에서 3억 4,500만 명으로 말이다.[11] 2022년에는 45개국에서 총 5,000만 명이 기근 직전의 상황에서 근근이 생을 이어가고 있다. 현대의 식품 체제는 분명 장점도 많지만, 전 지구적 기아를 해소하는 데에는 미흡하다. 우리가 재배한 것 중에서 버려지는 식품이, 다시 말해 창고에서 그대로 썩거나 혹은 파스타 소스가 별로라고 생각하는 지극히 까다로운 소비자 탓에 그대로 쓰레기통에 들어가는 음식이 전체의 30퍼센트가 넘는다.[12] 미국에서는 12만 제곱킬로미터 규모의 금싸라기 농경지들에서 고작 옥수수와 대두를 재배한다. 기름을 잔뜩 잡아먹는 승용차와 트럭들에 들어갈 연료(대부분 에탄올)를 만들기 위해서 말이다. 또 지표에 물이 거의 혹은 전혀 흐르지 않는 곳에서 쌀, 아몬드, 알팔파처럼 물을 많이 먹는 작물을 재배하려다 지하수를 펌프로 마구 퍼내어 대수층을 말라버리게 하는 일도 많다.[13] 인도 제일의 곡창지대로 꼽히는 인도 북부에서는 지하수를 펌프로 너무 빨리 퍼내는 통에 지하수면이 1년에 약 90센티미터씩 내려가고 있다.[14]

조만간 세계 인구를 어떻게 먹여 살릴 것인가는 훨씬 풀기 어려운 복잡한 과제로 떠오를 것이다. 첫째, 오늘날 80억 명인 세계 인구는 2050년이면 거의 100억 명으로 늘어날 것으로 추산된다. 이 예상 수요를 맞추려면 전 세계의 농업생산량은 50퍼센트 이상 늘어야만 한다. 어떻게 해야 할까? 세계자원연구소World Resources Institute의 예측에 따르면 그 정도의 농업생산량을 맞추려면 최소 600만 제곱킬로미터, 즉 인도의 거의 2배에 맞먹는 숲, 초원, 습지가 새로운 농지로 개간되어야 한다.[15] 현실적으로 불가능한 일이기는 하지만, 이 수치만 봐도 이것이 얼마나 어마어마한 문제인지 실감날 것이다.

한편 식량 생산 자체는 이미 기후변화 때문에 점점 줄어드는 추세다. 코넬대학교의 연구에 따르면, 오늘날 전 세계의 농업생산량은 기후변화가 없었을 경우보다 21퍼센트 낮은 것으로 밝혀졌다.[16] 또한 북아메리카나 유럽처럼 날씨가 좀 더 서늘한 지역보다는 아프리카, 라틴아메리카, 카리브해 지역처럼 날씨가 따뜻한 지역들에서 손실의 폭이 더 큰 것으로 나타났다. 하지만 더위가 계속 기승을 부리는 한, 작물 생산의 전반적인 감소 추세는 앞으로도 지속될 가능성이 크다. 지구의 평균기온이 1℃씩 오를 때마다 옥수수는 7퍼센트, 밀은 6퍼센트, 쌀은 3퍼센트씩 수확량이 줄어들 것이다.[17]

물론 인간이 땅을 파고 씨앗을 심으며 살아온 세월이 있고 그동안 농부들이 험한 날씨에도 나름대로 적응해온 것도 사실이다. 하지만 지금 얘기하는 것은 그와는 다른 문제다. 때 아닌 우박 폭풍이나 제멋대로 엄습하는 한파에 대한 이야기가 아니기 때문이다. 일리노이대학교 어배너 샘페인의 식물학 교수인 도널드 오트Donald Ort가 내게 말했듯이, "식량 안전을 위협하는 전 지구적 차원의 가장 큰 변화를 꼽으라고 하면 바로 높아진 기온이다."[18]

극단적 더위로 인한 식량 위기는 기본적인 물리학과 생물학의 원리에서부터 시작된다. 인간도 그렇지만, 식물에게도 생존에 필요한 최적의 조건을 갖춘 곳들이 따로 있다. 식물들은 인간과 다르지 않게 기온에 반응한다. 다만 식물은 날씨가 너무 덥다면서 에어컨을 틀거나 해변으로 피서를 가지 못할 뿐이다. 식물들은 한자리에 계속 붙박여 있어야만 한다. 물론 식물도 세월이 흐름에 따라 생존에 더 적절한 기후대로 이동할 수는 있다. 씨앗이 바람에 실려 날아가거나 새들 혹은 모험심 넘치는 인간들을 통해 다른 데로 퍼질 수 있는 종들은 특히 그렇다. 시간만 충분하다면 숲 전체가 더 서늘한 기후를 찾아 북쪽으로 이동하기도 한다. 하지만 개별 식물 하나하나는 일단 어딘가에 뿌리를 내리면 그곳에 붙박이게 된다. 따라서 날이 너무 더워지면 곤경에 빠질 수밖에 없다. 특히 폭염이 위험하다. 폭염은 난데없이 닥치곤 해서 식물들이 적응할 시간이 거의 없기 때문이다.

인간도 마찬가지지만, 더위는 식물의 신진대사를 촉진한다. 한마디로 식물들의 심박수를 높인다. 그렇게 되면 모든 것의 속도가 빨라지는데, 물을 필요로 하는 속도도 마찬가지다. 식물의 97퍼센트는 물이다(그에 비해 인간은 60퍼센트가 물이다). 광합성을 포함해 식물의 기본적 기능들에는 물이 핵심적인 역할을 한다. 물론 한정된 물을 좀 더 효과적으로 활용하는 종도 있기는 하다. 멕시코 북부의 사막에서도 잘 자라는 가시투성이의 부채선인장은 줄기에 물을 저장해둔다. 그리고 바늘처럼 길고 뾰족한 가시로 무장해서 목마른 포식자에 대비한다. 캘리포니아 센트럴밸리의 피스타치오도 아몬드보다 훨씬 적은 물을 먹고 자란다. 하지만 어떤 식물의 적응력이 아무리 좋아도 물과 열의 관계는 절대적이다. 즉 날씨가 더우면 더울수록 식물이 필요로 하는 물도 증가한다. "식물들은 물을 펌프로 퍼내는 기계나 다름없습니다." 한 생물학자가 말했다.

날씨가 더울 때 식물들이 보이는 행동은 인간과 별반 다르지 않다—식물도 땀을 흘린다(식물이 땀을 흘리는 것은 증산蒸散작용이라 불린다). 식물은 땀샘이 없는 대신 잎사귀 아래쪽에 모공과 비슷한 형태의 작은 구멍들이 있다. 여기로 수증기를 내보내는 것이다. 대부분의 식물이 증산작용을 통해 매일 자기 무게만큼의 물을 밖으로 내보낸다(만일 우리 인간도 이렇게 땀을 많이 흘린다면 하루에 75리터 이상의 물을 마셔야 한다). 식물의 경우 기온이 조금만 바뀌어도 증산작용에 크게 변화가 생긴다는 뜻이다. "온도가 25℃에서 35℃로 오르면 식물이 기존 신진대사 유지에 필요로 하는 물의 양이 2배 이상 느는 것만 봐도 기온이 얼마나 중요한지 실감할 수 있습니다." 스탠퍼드대학교의 농경생태학자 데이비드 로벨David Lobell의 말이다. 옥수수는 유난히 땀을 많이 흘리는 식물이다. 여름이면 아이오와에 있는 단 4,000제곱미터의 옥수수밭이 흘리는 땀의 양만 하루에 1만 5,140리터에 이른다.[19] 어느 저택의 수영장을 일주일도 안 걸려 너끈히 채울 수 있는 양이다. 이렇듯 물이 많이 필요한 만큼 옥수수나 대두 같은 작물들은 습한 더위보다 메마른 더위에 훨씬 더 큰 타격을 입곤 한다.[20] 메마른 더위는 식물의 수분을 마구 빨아들일 뿐만 아니라 보통 강수량 감소와 함께 찾아오는 일이 많다. 강수량이 줄어들면 토양까지 함께 말라버리기 때문이다.

더위는 식물에 다른 식으로도 충격을 가한다. 가령 더위는 개화 시기도 바꿔놓아서 꽃가루 매개자의 활동과 엇박자가 날 수 있다. 이와 함께 더위가 심해지면 식물은 아플라톡신(곡물에서 자라는 곰팡이균으로 한 번만 잘못 만져도 목숨을 잃는 수가 있다) 같은 질병에 더 취약해진다. 더 무더운 세상에서는 벼가 흙에서 더 많은 비소를 빨아들이고, 그러면 비소가 풍부한 쌀알이 맺힌다[21](비소가 잔뜩 들어 있는 쌀을 먹는다고 죽지는 않을 것이다. 하지만 비소에 만성적으로 노출되면 유방암과 방광암 발병 위험이 높아지고 소아의 경우 신경계에 문제가 생기기도 한다[22]). 아울러 날씨가 더우면 식물을 공격하는 해충의 생애 주기도 늘어난다. 한마디로 애벌레가 성체가 되기까지의 시간이 28일이 아니라 21일이 될 수도 있는 것이다. 더 빨리 성체가 된다는 것은 한철에 발생하는 해충이 늘어나고, 나아가 이것들이 식물에 끼치는 피해도 곱절로 늘어난다는 뜻이다.

화석연료 업계에서는 석탄, 석유, 가스를 태우는 것이 식물에게 좋다고 주장한다. 그들의 말에 따르면 어쨌거나 화석연료를 연소시키면 이산화탄소가 배출되고 인간이 산소를 필요로 하듯 식물은 이산화탄소로 호흡을 한다는 것이다. 온실 안에 실제로 이산화탄소를 약간 넣어주면 식물 성장이 촉진되기도 한다. 따라서 대기 안의 이산화탄소 농도가 올라감에 따라 지구도 점점 더 푸르러지고 있다는 것도 틀린 말은 아니다.[23]

하지만 현실에서는 그게 그렇게 간단치만은 않다. 인간도 그렇지만 식물도 환경에 적응하는 생물인지라 시간이 지나면 그 효과가 줄어들기 때문이다. 이산화탄소가 더 많다는 것은 곧 열이 더 많다는 뜻이고, 얼마 뒤면 이 열의 효과가 이산화탄소의 이점을 압도해버린다. 아울러 이산화탄소는 식물의 영양 상태를 더 부실하게 만들기도 한다. 이산화탄소 농도가 높은 조건에서 재배된 쌀은 단백질, 철, 아연, 비타민B의 함유량이 적다.

식물도 사람도 더위에 대한 취약도가 다르다. 밀은 더위를 피해 고위도로 이동하겠지만, 인도와 아프리카의 덥고 건조한 지대의 주요 곡물인 진주조pearl millet는 아메리카대륙 남서부 등의 덥고 건조한 지역들에서도 아마 잘 자랄 것이다. 관개 시설을 정비해 부족한 물을 더욱 효율적으로 활용하는 방법도 있다. 더위와 가뭄에 강한 새로운 품종을 개량할 수도 있다. 하지만 지금 우리 세상은 빠르게 변하고 있다. 우리가 음식을 얻는 방법과 장소는 크게 변하지 않고 있는데 말이다.

마법의 계곡

19세기만 해도 리오그란데계곡(한때 거센 물살이 흘렀던 리오그란데강은 현재 미국과 멕시코를 나누는 경계이기도 하다)을 찾은 초창기 백인 정착민들은 이곳을 그저 가시나무와 선인장 투성이의 숲으로만 여겼다. 물론 아메리카대륙의 유목 원주민 부족들이 수백 년 동안 이곳에서 번성했고 스페인과 멕시코 병사들도 오랜 기간 이 일대를 행군하고 다녔다. 하지만 농사지을 땅을 찾기 위해 대륙의 동부 연안과 중서부에서 여기까지 흘러들어 온 정착민 가운데 이 지역이 소 떼의 방목지나 싸움터 외의 용도로 크게 쓸모가 있으리라 생각한 사람은 거의 없었다.

그러다 20세기에 접어들 무렵 누군가가 땅으로 물을 끌어오기 위해 리오그란데강의 강둑에 도랑을 파기로 했다. 이곳 날씨가 더웠기에 농부들은 열대지방에서도 잘 자라는 사탕수수를 심었다. 과연 사탕수수는 무럭무럭 잘 자랐다. 계곡을 차지한 이들은 물만 조금 있으면 이곳이 농사 천국이라는 사실을 깨달았다. 우선 날씨가 따뜻해서 농작물이 대거 얼어 죽을 일이 없었던 데다 햇볕이 많이 내리쬐이고 강바닥의 흙은 유난히 비옥해 농부들이 꿈꾸던 더할 나위 없이 탐스러운 열매와 곡식들이 맺히곤 했다. 농부들은 물만 있으면 더위를 길들일 수 있음을 깨달았다.

이내 사방에 운하가 깔리면서 포도, 토마토, 옥수수, 목화, 상추가 무성히 자라났다. 뭐든 심기만 하면 싹을 틔우고 자라났다. 시市의 어떤 홍보가는 낙원 동산과도 같은 이곳에 '마법의 계곡Magic Valley'[24]이라는 별명을 지어주기도 했다.

실제로도 최근 100년 남짓한 기간에는 그야말로 마법 같은 일이 벌어졌었다. 리오그란데계곡(사실 늘 물길이 바뀌는 리오그란데강이 수백 년간 만든 넓은 평지이다)은 미국에서도 농업 생산성이 가장 높은 곳으로 손꼽히고 독립기념일에 먹을 수박부터 동물용 사료인 수수, 샐러드와 스무디에 들어가는 파파야에 이르기까지 모든 것이 자라난다.

마법의 계곡에 마법을 일으킨 동력은 작은 국경 마을인 이달고에 설치된 낡은 관개 펌프다. 내가 찾았을 때 펌프실은 폐쇄된 상태였다. 하지만 나는 거기서 100년도 더 전에 땅을 파헤치고 설치한 관개 수로를 볼 수 있었다. 안내문에 따르면 이 펌프실은 1909년에 지어졌고 증기에서 동력을 얻었다고 한다. 펌프가 리오그란데강의 물을 끌어와 수로에 밀어 넣으면 그 물이 정맥처럼 뻗은 작은 수로와 하수도를 타고 계곡 전체로 퍼져나갔다. 오랫동안 가동되던 펌프는 전기로만 돌아가는 신식 펌프가 강 하류에 설치되면서 1983년 가동을 멈추었다.

이 지역의 명운은 서쪽의 장대하고 사연 많은 강 중 하나인 리오그란데강의 명운과 떼려야 뗄 수 없다. 콜로라도의 산지에서 흘러나온 리오그란데강은 뉴멕시코를 지나 엘패소까지 흘러간다. 이 강을 따라 그어지는 미국과 멕시코 간의 국경선은 브라운스빌까지 죽 이어지고 여기서 강물은 멕시코만으로 흘러든다. 그렇게 흐르는 중간중간 강은 여기저기 뜯긴다. 부동산업자와 농부들이 멋대로 끌어다 쓰기 때문이다. 특히 엘패소 바로 아래에서 강은 완전히 바닥을 드러냈다가 멕시코 북부의 산맥에서 발원하는 리오콘코스강의 지류를 만나서야 다시 차오른다. 리오그란데강이 리오그란데 계곡에 닿을 때쯤에는 강폭이 약 9미터로 넓어지고 먼 거리를 흘러온 까닭에 물살도 거의 일지 않는다.

2022년 내가 리오그란데계곡을 찾았을 때 계곡 서부는 1,200년 만의 유례없는 극심한 가뭄에 시달리고 있었다.[25] 미국 가뭄감시국US Drought Monitor에 따르면 "극단적 가뭄"[26] 지역으로 분류되는 지역이 99.8퍼센트였다. 로키산맥 고원을 뒤덮고 있는 눈덩이들이 점차 줄면서 리오그란데강의 수원도 계속 줄어드는 형국이다. 강 연안을 따라 골프장과 콘도가 줄줄이 들어서는 것도 그렇지만 농부들이 피칸처럼 물 집약적인 작물을 재배하는 것도 강물의 흐름을 야금야금 좀먹고 있다. 그나마 남은 물도 소금기가 점차 강해지는 동시에 질소를 비롯한 각종 오염물질로 인해 점점 더러워지고 있다. 더위가 강해질수록 양질의 물이 그 어느 때보다 절실해진다. 하지만 앞으로는 그냥 땅을 흐르는 물조차 충분치 않은 형편이다.

길어지는 농한기

알렉시스 라셀리스Alexis Racelis는 1960년대식의 텃밭이 딸려 있는 전원주택에 살고 있다. 내가 그의 집에 도착한 오전 7시에 그는 이미 자신의 검은색 닛산 패스파인더에 장비를 싣고 있었다. 카키색 상의를 걸치고 너덜너덜해진 작업용 장화를 신었다. 그와 일면식이 없는 사람도 그가 농부라는 것쯤은 충분히 짐작할 수 있었다. 희끗한 수염에 떡 벌어진 어깨와 서글서글한 얼굴을 가진 그는 진지한 과학자답게 실없는 소리는 단 한마디도 하는 법이 없었다. 그의 부모는 모두 필리핀 태생으로 1976년에 미국으로 이민 왔다. 라셀리스는 캘리포니아 산타크루즈대학교에서 박사학위를 받은 뒤 미국 농무부에 들어가 주로 침입종(외부에서 들어와 다른 생물의 서식지를 점유하는 종 – 옮긴이)을 연구했다. 현재는 텍사스대학교 리오그란데밸리의 농업생태학 부교수가 그의 공식 직함이다. 라셀리스는 지금도 여전히 침입종을 추적하면서 물을 적게 쓰고 거대 농경 회사의 종자와 비료에 덜 의지해 식량을 재배하는 방법들을 농부들과 함께 찾고 있다. 아울러 그는 현지 농업 운동을 이끌면서 허브 오브 프러스퍼리티Hub of Prosperity라는 2만여 제곱미터 규모의 농장 겸 공동체를 에딘버그에 설립하기도 했다.

"이곳은 원래 작물들의 생장 기간이 길었습니다. 그건 큰 이점이었죠." 그가 차를 몰고 마을을 빠져나가면서 내게 말했다. "그런데 이번 여름은 너무 더워서 농한기나 다름없었습니다." 기온이 35℃ 이상으로 올라가면 그 어떤 것도 열매를 맺지 못한다. 그런데 5월에서 9월까지 이곳의 날씨가 그렇다. 그뿐인가, 더운 날도 해마다 점점 늘어가고 있다. 라셀리스는 봄철에 날씨가 너무 더워지기 전에 작물을 땅에 심었다가 거둬들이는 일이 얼마나 힘든지 말해주었다. 결국 그건 생장철이 줄어드는 것이나 다름없었다. "게다가 말이죠. 이 더위가 계속 수그러들지 않으면 지금 당장 브로콜리와 콜리플라워가 웃자라기 시작할 겁니다. 그러면 정말 낭패예요."

차로 45분 정도 양파밭과 수박밭을 지나고 사탕수수와 옥수수를 심을 엄청난 너비의 농지까지 지나친 뒤에 우리가 다다른 곳은 2,800제곱미터 너비의 알로에 농장이었다. 큰길을 따라 야자수가 일렬로 늘어선 데다 커다란 농가가 야트막한 언덕 위에 몇 그루 나무 사이에 폭 안겨 있었다. 아름다운 풍경이었다. 그날 기온은 33℃로 덥기보단 훈훈한 편이었다. 그 정도면 나쁘지 않았다. 다만 그때가 2월이었다는 게 문제였지만.

탁 트인 벌판에서 우리가 만난 사람은 앤디 크루즈였다. 투박한 진흙투성이 장화를 신은 마흔 줄의 그가 이 농장의 책임자였다. 자신은 평생 이 계곡에서 농사만 짓고 살았다고, 옥수수부터 오이까지 안 길러본 작물이 없다고 그는 말했다. 지금은 이 알로에 농장을 맡아 경영하고 있었다. 알로에는 단순한 식용 작물이 아니었다 (물론 알로에를 요리에 쓰거나 요구르트 또는 디저트에 넣어 풍미를 내는 이들도 있지만). 대개는 알로에의 이파리에 있는 알로에베라 젤을 얻기 위해 알로에를 기른다. 피부 관리 등 건강에 여러모로 도움이 된다는 이유로 사람들은 수천 년간 알로에베라 젤을 사용해왔다. 우리가 쓰는 비누나 선크림에도 이 성분이 들어 있을 가능성이 높다.

이 계곡은 알로에 재배에 더할 나위 없이 좋은 곳 같았다. 무엇보다 알로에는 다육식물이다. 다시 말해 물 저장에 유리한 두껍고 살이 많은 조직을 갖고 있다. 아프리카의 더운 날씨에서 진화한 알로에는 더운 지방에서 출현한 다른 많은 다육식물이 그렇듯이 낮 동안에는 숨을 참고 있다가 날씨가 서늘해지는 밤에만 호흡하는 독특한 능력을 발달시켰다.[27] 낮에는 알로에의 기공(식물의 잎과 줄기 아랫면에 있는 작은 입과 같은 조직)이 꽉 닫혀 있어서 이산화탄소를 들이마실 때 일어나기 마련인 수분 손실을 최소화한다. 그러다 밤이 되어 기온이 떨어지면 기공이 열리며 알로에가 숨을 쉰다.

그런데 이것 말고도 알로에가 더위에 적응하며 발달시킨 훨씬 더 놀라운 특성이 있다. 알로에는 날씨가 너무 덥고 건조한 시기가 오래 지속되면 동면과 유사한 상태에 들어가서 물과 이산화탄소 필요량이 최소가 되는 지점까지 신진대사를 떨어뜨린다. 그러다가 비가 오거나 날씨가 서늘해지면 잠에서 깨어나 원래 삶으로 돌아간다.[28]

하지만 알로에가 이렇듯 신기한 능력을 가지고 있어도 이 알로에 농장이 크루즈에게 여간 골칫거리가 아니었던 적도 있었다. 우선 어떤 식물이 더위에 잘 적응했다는 것은 추위에 취약하다는 뜻이었다. 예를 들어 2020년 겨울 이 계곡에 일시적 한파가 몰아쳤을 때 절반의 알로에가 죽어버렸다. "말도 마십시오." 크루즈가 말했다. "농장을 덥혀보겠다고 버너를 가져와서 여기서 꼬박 이틀 밤을 샜어요. 이놈의 기후변화 때문에 날씨가 점점 더 탁구공 같아지고 있습니다. 정말 어디로 튈지 모르겠다니까요."

이때 우리는 알로에 사이를 거니는 중이었다. 2021년 텍사스를 강타한 한파가 북극의 온난화와 어떤 관련이 있는지 나는 일부 과학자들의 이론을 동원해 크루즈에게 설명해주었다.[29] "지금 북극은 지구의 다른 지역보다 4배는 빨리 온난화가 진행되고 있어요. 그 때문에 제트기류가 남쪽까지 밀리면서 극지방의 차가운 공기가 텍사스까지 내려오는 거지요." 나는 지금 이 순간에도 북극의 기온이 예년보다 27.8℃는 더 올랐고, 따라서 텍사스가 언제 다시 얼어붙어도 이상하지 않다는 이야기를 덧붙이고 싶었다. 하지만 크루즈가 자신의 닳아빠진 진흙투성이 장화만 뚫어지게 쳐다보고 있음을 알아차리고는 입을 닫았다. 내가 잘난 척하는 도시인처럼 느껴졌기 때문이다. 크루즈는 평생 농사를 지어온 만큼 식물, 더위, 생명 사이의 관계를 나보다 100만 배는 더 잘 알 것이 분명한데도 말이다.

"5년 전까지만 해도 예측이 꽤 잘 들어맞았어요." 크루즈가 말했다. "하지만 지금은 앞으로 무슨 일이 닥칠지 전혀 알 수가 없어요. 예전과는 달라요. 뭔가가 바뀌었어요."

무너지는 옥수수 공화국

상업용 작물 가운데 더위에 가장 취약한 것을 꼽으라면 아마 옥수수가 아닐까 한다. 물론 옥수수도 나름의 강점이 있다. 대부분의 식물은 햇빛을 양분으로 변환할 때 이른바 C3 광합성(탄소원자를 세 개 가진 탄소화합물이 생겨나기 때문에 이런 이름이 붙었다)을 활용한다. 하지만 이 C3 광합성은 골칫거리가 되기도 한다. C3 광합성을 하는 식물들이 탄소분자 대신 자신들에게 아무 쓸모도 없는 산소를 붙드는 일이 전체의 20퍼센트에 달하기 때문이다.

그런데 옥수수는 C4 식물로서(그 외에 다른 C4 식물들로는 수수와 사탕수수 등이 있다), C3 식물과는 다른 과정을 거치는 까닭에 산소를 탄소로 혼동하는 실수를 범하지 않고 그 덕분에 신진대사를 효율화할 수 있다. 이와 함께 알로에를 비롯한 다른 다육식물과 비슷하게 옥수수도 더운 날에는 기공을 닫아 물을 비축하고 더위를 견딘다(옥수수는 기온에 따라 호흡을 조절하는 반면 알로에는 기온에 관계없이 오로지 밤에만 호흡작용을 한다).

알로에나 다른 다육식물이 그렇듯이 옥수수도 따뜻한 곳에서 진화한 식물이다. 옥수수의 야생 조상은 테오신테teosinte라고 불리는 풀로서 1만 년 동안 멕시코 중남부의 발사스강 계곡에서 무성하게 자랐다.[30] 이 지역은 기온이 26.6℃ 아래로 좀처럼 떨어지지 않는다. 이 말은 테오신테의 유전자 속에는 더위를 다루는 도구들이 다른 식물에 비해 더 많다는 뜻이기도 하다.

하지만 기온이 26.6℃인 것과 38.8℃인 것은 천지차이다. 이 세상이 하루하루 더워질수록 옥수수는 적응 (혹은 '허용') 온도의 한계치에 한 발 한 발 다가가고 있는 셈이다. 다시 말해 옥수수는 이미 더운 지역에서 자라고 있는데 지금 그 지역들이 갈수록 더워지고 있다. 이들 지역에 약간의 폭염이 닥친다면 옥수수도 어떻게든 극복해낼 것이다. 하지만 극단적인 폭염이 닥치면, 더구나 폭염이 하필 옥수수의 생식 주기 동안에 닥치기라도 하면 여간 골치 아픈 일이 아니다. "더위 속에서는 꽃가루관 발달이 잘 이뤄지지 않아요. 화분에서 발아하는 이 관이 정핵을 암컷 식물의 밑씨로 날라주는 역할을 하지요." 식물학자 도널드 오트의 말이다. "따라서 너무 더우면 식물의 수정이 전혀 이뤄지지 않고, 그러면 옥수수도 열리지 않게 되지요."

옥수수는 다른 면에서도 취약하다. 미국에서는 몬산토Monsanto, BSF 같은 거대 종자 회사들이 이미 오래전에 옥수수 게놈에 손을 댔기 때문이다. 이런 옥수수를 키우려면 엄청난 양의 질소 비료가 필요하고, 결국에는 이 비료가 하천과 호수를 오염시켜서 물 위에 어마어마한 양의 녹조가 피어나게 한다. 개량된 옥수수는 조건만 갖춰지면 그야말로 대박 상품이 될 수도 있다. 하지만 무더위가 강타하고 비도 제때 내리지 않는 상황이 되면 옥수수는 그야말로 속수무책이다. 현재 대부분의 농부가 키우고 있는 고도로 개량된 옥수수 품종의 경우 이종 교배를 통한 풍부한 유전적 다양성은 사라져왔고, 근친 교배로 수확량을 높인 자웅동주 개체만 다수 남아 있다. 이것들은 옥수수 벨트의 조건에 정교하게 맞춰진 품종들이다. 아니면 기후변화 이전에 존재했던 조건들이 이제는 완전히 어그러지기 시작했다고도 할 수 있다.

그렇다면 그냥 날씨가 더 서늘한 곳에 옥수수를 심으면 되지 않을까? 그게 그렇게 간단하지가 않다. "옥수수를 캘리포니아 센트럴밸리에 심고 물을 한도 끝도 없이 주면 농사는 엄청난 대성공을 거두겠죠." 캘리포니아대학교 데이비스에서 옥수수 유전학을 연구하는 제프리 로스 이바라Jeffrey Ross Ibarra의 말이다. "그런데 그래서는 수지 타산이 안 맞아요. 농사를 지어서 남는 것이 있어야 하는데, 그렇게 물에 돈을 쏟아부을 거라면 캘리포니아에서는 차라리 포도나 아몬드를 재배하는 편이 낫습니다. 따라서 이건 기온이 결국엔 모든 것을 북쪽으로 밀어 올릴 거고 그러면 우리도 괜찮아질 거라는 식으로 말할 문제는 아니에요. 여기에는 토양, 물, 정부 규제, 농업 관행, 심지어 계약 우선권 같은 문제들이 뒤얽혀 있으니까요. 예를 들어 멕시코에서는 특정 식품에 적합한 옥수수 품종이 있다는 것도 무척 중요한 문제예요. 가령 적응력이 뛰어나고 더위 내성도 갖췄지만 도저히 포졸레(옥수수로 만드는 멕시코의 전통 스프-옮긴이)를 만들 수 없는 옥수수 종자를 멕시코 농부에게 건넨다고 해봅시다. 그 농부가 원하는 게 포졸레를 만들 옥수수라면 그 종자를 심지 않을 겁니다."

옥수수는 미국의 삶을 지탱하기 위해 산업적으로 반드시 비축돼 있어야 할 식량이다. 우선 우리가 아침에 먹는 시리얼부터 아이스크림까지 가공식품을 만들 때는 옥수수 시럽이 필요하다. 또한 옥수수는 가장 중요한 사료 원료다. 다시 말해 동물들이 엄청난 양의 옥수수를 먹어야 동물성 단백질이 생산된다. 맥도널드 햄버거는 사실상 맥도널드 콘버거인 것이다. 옥수수는 여러분을 맥도널드까지 가게 해주는 연료이기도 하다. 아이오와에서 재배되는 옥수수의 절반 이상은 결국 에탄올로 바뀌어서 휘발유와 함께 연료로 쓰인다.[31]

옥수수 생산량이 줄어들면 땅을 개간해 더 많은 옥수수를 재배해야 한다는 압력이 더욱 거세질 것이다. 아마존 열대우림 같은 지역에는 반갑지 않은 소식이다. 아울러 옥수수 생산이 감소하면 수많은 식료품값, 특히 고깃값이 오를 수밖에 없다. 이것이 정확히 어떤 양상으로 펼쳐질지는 시기와 장소에 따라 다를 것이다. 하지만 러시아의 우크라이나 침공에서 여실히 드러났듯 식품 가격 상승은 정치적 불안정, 혼돈, 전쟁과 떼려야 뗄 수 없는 관계에 있다. 급격히 치솟은 물가는 프랑스 혁명을 일으킨 주요 도화선이기도 했다.[32] 1917년 식량을 요구하는 시위가 러시아 혁명으로 커지면서 소비에트연방이 탄생하기도 했지만 아이러니하게도 그런 시위가 소련USSR의 종말을 가져오는 데 일조하기도 했다.[33] 2010년 중동의 정치적 안정을 흔들었던 아랍의 봄도 물가 상승에 항의하는 시위가 일부 기폭제가 됐다.[34]

더는 심을 작물이 없다

라셀리스와 나는 히달고카운티의 서쪽 끝자락에 자리한 4만 8,500제곱미터 부지의 대규모 목장으로 차를 몰았다. 거기서는 땅의 수분 보존에 지피작물地被作物이 얼마나 효과적인지를 측정하는 실험이 진행 중이었다. 라셀리스는 그 경과를 한번 점검해보고 싶어 했다. 간밤에 기온이 24℃가 뚝 떨어지며 보슬비마저 흩뿌렸다. 이 지역이 역사상 전무후무한 가뭄을 겪고 있는 상황을 생각하면 좋은 징조였다. 농부들은 땅에 목화나 수수 같은 작물을 심기 위해 한 차례 큰 비가 내리길 기다리는 중이라고 라셀리스가 알려주었다. "올해 제대로 된 관수灌水에 쓰일 물이 1회분밖에 없다는 소식이 농부들에게 전해진 참입니다. 보통은 농사를 지으며 관수를 2~3회는 하지요. 그러니까 농부들은 시원하게 비가 한 번 쏟아질 때까지 파종을 미루고 싶은 겁니다. 그러면 물이 꼭 필요한 늦은 봄에 관수 작업을 하지 않아도 되니까요."

안개가 자욱한 들판을 차로 달리는 동안 나는 라셀리스에게 계곡의 농부들과 기후변화에 관한 이야기도 나누는지 물어보았다. 그는 거기에 관해서는 그렇게 열띤 대화가 오가지 않는다고 했다. "보통은 데킬라가 몇 잔 들어가고 나서야 그 말을 꺼내죠. 그 말은 여기서 농사짓는 사람들은 수완이 아주 뛰어나다는 뜻입니다." 라셀리스의 설명이다.

그는 내게 농부들이 실제 농사에서 어떤 식으로 적시전략을 활용하는지 이야기해주었다. 한마디로 농부들은 여건이 변하면 그에 따라 작물과 파종 시기를 자유자재로 바꾸곤 한다. 그렇다고 해도 확실히 더위가 심해지고 물이 떨어지는 때가 올 텐데 그때는 이곳의 농업이 어떻게 될지 내가 물었다. "오크라 같은 것들은 물만 흘려주면 강물 옆에서 언제고 계속 자라날 겁니다." 라셀리스가 대꾸했다. "물론 이 세상이 그 풀들을 얼마나 필요로 할까가 문제겠지만요."

한 시간 정도 달린 후에 우리는 큰길에서 벗어나 좁다란 농장 길로 들어섰다. 그리고 길옆에 차를 대고 밭으로 걸어 들어갔다. 라셀리스의 소개로 그의 제자 두셋과 그와 함께 일하는 농부 몇몇과 인사를 나눌 수 있었다. 그중 아반 구에라라는 농부는 한때 가석방 담당관으로 일하다가 농사에 뛰어들어 지금은 120만 제곱미터의 농지를 갖고 있다고 했다. 트랙터를 비롯한 갖가지 장비들도 마련했다. 이 계곡에서 자란 구에라는 자신이 어릴 적에도 더웠지만 이 정도로 더위가 지독하진 않았다고 했다. "옛날엔 여기 살면서 에어컨이 필요했던 사람은 아무도 없었어요." 구에라가 말했다. 변덕스러운 날씨는 그가 심은 작물들의 삶만 더 고달프게 만드는 것이 아니었다. 그 역시 해마다 어떤 작물을 심을지 고민이 깊어지고 있었다. "10년만 더하고 이 일에서 손을 떼고 싶어요. 그다음에는 라스베이거스로 가려고요." 구에라가 피식 웃으며 말했다.

열을 이기는 유전자 조작 식량

이제 과학자들은 내가 컴퓨터 문서의 글자들을 마음껏 오려서 붙이는 것만큼이나 아주 손쉽게 DNA를 오려서 붙일 수 있다. 크리스퍼CRISPR라는 이 기술은 농업 분야에 일대 혁명을 일으키며 미래의 작물을 만드는 데에 이바지하고 있다. 이제 미래는 걱정이 없겠구나 하는 생각이 들지 않는가? 그냥 선인장 유전자만 옥수수 게놈에 집어넣으면 1,000개의 태양이 내뿜는 불볕 더위도 견딜 수 있는 슈퍼옥수수가 탄생할 테니 말이다.

문제는 일이 이런 식으로 진행되지는 않는다는 것이다. 파란색 눈동자라면 모를까, 열은 어떤 특성이 아니다. "식물들이 유전적 차원에서 열에 어떻게 반응할지 이해하는 일은 암을 이해하는 일과 비슷합니다." 캘리포니아대학교 어바인의 연구원 밍 첸Meng Chen의 말이다. "뭔가 하나 어그러지기 시작하면 전체가 어그러져요."

예를 들어 옥수수가 빛에 어떻게 반응하는지를 한번 보자. "옥수수가 애초 살던 멕시코에서 점점 북쪽으로 올라와 북아메리카에 적응하기까지는 오랜 세월이 걸렸습니다." 제프리 로스 이바라가 내게 설명했다. "이 식물은 낮 12시간, 밤 12시간의 조건에 익숙해져 있어요. 이걸 캘리포니아 센트럴밸리에서 키우려고 하면 낮 길이가 잘 맞지 않아 엉뚱하게 크게 됩니다. 꽃이 피어야 할 시기에 꽃은 피지 않고 계속 자라기만 해서 결국엔 키가 7.6미터나 되는 옥수수나무를 얻게 되죠."

이와는 다른 이유에서 크리스퍼로 유전자 조작 식물에 회의를 품는 연구자들도 있다. 설령 이 기술이 현실화되어서 더위 관련 문제들을 해결한다 해도 변형된 작물의 종자들을 거대 종자 회사들이 독점해서 농부들이나 우리의 식량 문제에 더욱 큰 위력을 행사하게 될 거라는 것이다. 이건 당장 굶주리고 있는 마다가스카르 사람들에게나 공동 화단에 먹을거리를 좀 심고 싶은 콜로라도 사람들에게나 도움이 되지 않는다.

한편 수백만 년에 걸친 진화의 역사 동안 쌓여온 유전적 다양성을 파고드는 연구자들도 있다. 옥수수가 더운 곳에서 진화한 만큼 분명히 다른 옥수수 품종에 비해 더위에 강한 옥수수 품종의 유전자 배열이 있으리라는 것이다. 하지만 그 배열을 무슨 수로 찾아낼 것인가? "단순한 특성과 관련된 유전자는 얼마든 찾을 수 있지만, 수확량이나 더위 내성처럼 복잡한 것들은 모두 그냥 일어나는 법이 없어요." 텍사스 A&M대학교의 식물유전학자 세스 머리Seth Murray가 말했다. "게놈 안에는 제각기 다른 유전자가 무수히 많은 데다 이것들은 전부 상호작용을 합니다. 제 계산에 따르면 게놈 안의 모든 유전자의 기능을 알아내려면 밤하늘의 별보다 많은 옥수수를 재배하고 측정해야겠더군요." 대신 머리는 수천 가지 품종의 옥수수를 심은 다음 드론을 띄워서 어떤 품종이 제일 잘 자라는지 살펴보는 식으로 더위 내성 같은 특성들을 찾아내고 있다. 굳이 DNA 지도를 일일이 그릴 필요 없이 옥수수 같은 작물들의 갖가지 유형 깊숙이에 숨겨진 유전적 다양성을 찾아내는 것이다.

그 외에도 컨자Kernza(미국 토양연구소가 밀을 대체하기 위해 개발한 다년생 작물-옮긴이)처럼 옥수수를 아예 다른 작물로 대체하는 방법을 연구하는 학자들도 있다. 옥수수의 경우 매년 종자를 다시 심어야 하지만 컨자는 한번 심으면 10~20년간 낟알을 수확할 수 있다. 현재 컨자는 보리나 쌀 외에도 빵이나 맥주 양조에 들어가는 밀 대체품으로 활용된다. 뿌리가 얕은 옥수수와 밀과 달리 컨자는 땅속 3미터까지 뿌리를 내릴 수 있고, 덕분에 혹독한 조건 속에서도 물을 빨아들일 수 있다. 이런 작물은 컨자만이 아니다. "현재 우리는 가뭄과 더위에 강한 또 다른 작물을 연구하고 있습니다."[35] 랜드연구소The Land Institute(캔자스주 설라이나에 소재한 비영리 농경 연구 단체로, 컨자를 개발해 상표 등록한 곳도 바로 여기다)의 수석과학자 팀 크루스Tim Crews의 말이다.

뜨거운 행성에서 식품을 키우는 또 다른 방법으로는 말 그대로 실내로 들어가는 방식을 들 수 있다. 몇 년 전 아이다호에서 열린 첨단기술 콘퍼런스에 참석했다가 조너선 웹Jonathan Webb을 만났다. 당시 조너선은 켄터키에 거대한 실내 온실을 지어서 일자리를 창출하고 먹거리를 더 효율적으로 키우겠다는 꿈을 갖고 있었다. 종자를 반드시 땅에 심는 해묵은 방식에 비해 탄소발자국을 대폭 줄이자는 것, 일꾼을 고용해 먹거리를 수확한 다음 대형 트레일러로 전국 각지의 슈퍼마켓에 배송하자는 것이 그의 꿈이었다. 나는 웹의 전공 분야가 농경이 아닌 태양광이라는 것을 알고는 참 웅대하지만 말도 안 되는 꿈이라고 생각했다. 그가 토마토 재배에 관해 갖고 있는 지식은 나와 별반 다르지 않았던 것이다.

그때로부터 5년이 훌쩍 지난 어느 날, 웹과 나는 켄터키주 모어헤드 근방 2만 4,000여 제곱미터 부지의 온실을 거닐고 있었다. 그의 꿈이 정말로 실현된 것이다. 웹은 나와 이야기를 나누고 곧바로 앱하비스트AppHarvest라는 회사를 만들어 상장했다. 당시 이 회사의 시가총액은 5억 달러였다.[36] "옛날 방식은 깨졌어요." 웹이 말했다. "이게 바로 식품의 미래예요." 온실 안은 꼭 정글 같았지만, 체계적이었다. 비계에서는 토마토 수천 줄기가 자라면서 동그란 물주머니에 뿌리를 내리고 있었다. 컴퓨터가 토마토 줄기를 일일이 감시하면서 각 개체가 필요로 하는 것들을 정확하게 집어냈다. 온실은 100퍼센트 재활용 빗물을 활용했다. 화학약품, 농약, 농사 유출물 따위는 전혀 없었다. 흐린 날에는 머리 위의 LED 전등이 햇빛 노릇을 해주었다. 온도도 정확하게 조절됐다. 더구나 이 체제는 복제도 가능한 만큼 시간이 지날수록 더 효율적일 것이었다. 내가 찾아갔을 때 웹은 켄터키에 온실 두 군데를 더 건설하는 작업을 감독하고 있었다. 하나에서는 베리류, 다른 하나에서는 잎이 달린 녹색 식물들을 키울 계획이었다. 이 모든 이야기가 밝은 미래를 보여주는 것처럼 들린다면, 여러분도 유리 아래에서 옥수수와 밀을 잔뜩 키워내 굶주리는 수백만 명의 배를 채워줄 상상에 들뜨는 열렬한 기술미래주의자technofuturist임에 틀림없다.

한편 기후변화 속에서는 단백질 공급도 문제가 된다. 소와 닭은 온실가스 발생의 주범인 동시에 하나같이 더위에 지극히 취약한 동물이다. 2022년 여름 캔자스의 가축사육장에서 수천 마리의 소가 더위 스트레스로 목숨을 잃으면서 그 사체를 쓰레기 매립지나 급히 판 구덩이에 묻었다.[37] 텍사스의 경우 더위가 심해지면서 텍사스 소 열병이 다시 돌고 있다.[38] 진드기가 매개체인 치명적인 이 병은 소 떼의 목숨을 순식간에 빼앗기 때문에 농장주들이 이 병을 근절하기 위해 공들인 시간만 해도 수십 년이었다. 기온이 올라갈수록 동물들을 기르는 일은 더욱 힘들고 돈도 많이 들게 된다. 냉방이 되는 곳에 소를 두면 되지 않느냐고? 더운 날씨에 동물들을 수송하는 것도 목숨이 걸린 위험한 일이다. 2019년 해상수송선이 37.7℃의 무더위 속에서 쿠웨이트 근방에 발이 묶이면서 2,400마리의 양이 폐사된 경우가 그랬다.[39] 다른 단백질 대체품도 속속 등장하고 있기는 하다. 여러 실험실에서 세포를 원료로 고기를 재배하는가 하면 임파서블 버거Impossible Burger처럼 식물을 원료로 고기와 흡사한 형태의 식품을 개발하기도 한다. 또 옐로스톤국립공원의 산성酸性 온천에서 발견된 미생물이나 곰팡이를 원료로 단백질을 만들기도 하고,[40] 1년에 1만 4,000톤의 귀뚜라미를 생산해내는 귀뚜라미 농장도 있다.[41] 이 귀뚜라미들은 곱게 갈아 단백질 함량이 높은 밀가루로 만들거나 아니면 새우처럼 양념을 하거나 튀겨 먹을 수 있다(멕시코에서는 메뚜기 요리인 차풀리네스chapulines를 수백 년간 먹었고 나도 멕시코에 갔을 때 몇 번 먹어본 적이 있다. 맛있었다). 가축 농장이 없어지고 그 자리를 귀뚜라미와 실험실 재배 단백질이 차지하면 거기서 오는 부가이익도 한둘이 아니다. 그렇게 되면 도살장에서 죽임을 당해야 하는 동물들의 고통이 줄어들 뿐만 아니라 야생생물과 숲이 살아갈 광대한 터전이 생겨날 것이다.

하지만 인구 100억의 뜨거운 행성에서 먹거리를 귀뚜라미와 실험실 단백질로만 충당할 수는 없는 노릇이다. 적어도 당분간은 그렇다. 우리가 작물 친화적인 행성을 유지해나가야 하는 이유가 바로 여기에 있다. 하지만 더위가 심해질수록 지구 전체의 식량 체계가 망가질 위험도 함께 커진다. "사람들은 이런 상황을 보고는 작물을 재빨리 바꾸고 새로운 품종을 심을 겁니다." 함께 차를 타고 계곡 주변을 돌면서 라셀리스가 말했다. "하지만 결국 물리학과 생물학의 법칙을 피할 수는 없습니다. 날씨가 너무 더워지면 무엇이든 죽지요. 그게 이 세상의 순리예요."

The Heat

7장

Will Kill

해양 폭염

바다의 사막화, 가장 치명적인 시나리오

You First

물의 온도가 6℃ 이상 치솟았던 지중해의 폭염 사태는 수중 세계의 산불 그 자체였다. 바다의 동식물군은 불에 타기라도 한 듯 그대로 죽어나갔다.

재앙을 몰고 다니는 블롭

처음엔 아무도 그 방울을 눈여겨보지 않았다. 북태평양의 텍사스만 한 지역에 설형고기압이 자리 잡은 것은 2013년 여름의 일이었다.[1] 이 고기압은 보이지 않는 손이라도 되듯 하늘을 바다 위로 무겁게 내리눌렀다. 바람은 잦아들고 물은 기괴할 만큼 잠잠해졌다. 바다 표면을 부수어서 열을 날려 보내는 바람과 파도가 없으니 태양의 온기가 물에 차곡차곡 쌓여 끝내 바닷물 온도는 2.7℃쯤 올랐다. 바다에서 이 정도면 엄청난 급상승이다.

과학자들이 위성 데이터로 이 같은 이상 기온을 알아챘을 당시 이런 일은 평생 듣도 보도 못한 일이었다. 육지에 닥치는 폭염은 모두에게 알려져 있었지만 바다에도 폭염이 닥친다니 그게 무슨 말인가? "지구가 점점 더워지면서 바다도 아주 극적인 방식으로 변화하고 있습니다." 해양학자이자 미국 해양대기청NOAA의 전임 소장 제인 루브첸코가 내게 말했다. "점점 예측이 힘들어지고, 예상 밖의 일들이 눈앞에서 벌어지고 있어요. 폭염도 그런 충격적인 일가운데 하나죠."

워싱턴대학교의 기후학자 닉 본드Nick Bond는 태평양에서 발생한 이번 폭염에 '블롭Blob'[2]이라는 별명을 붙였다. 1958년에 제작된 기상천외한 SF 영화 〈블롭〉의 제목에서 따온 것이었다(젤리처럼 흐물흐물한 괴물 블롭이 유성을 타고 지구에 도착해 작은 마을 하나를 집어삼킨다는 내용이었다). 하지만 태평양의 블롭은 할리우드가 상상한 그 무엇보다도 위력이 셌다.

우선 물이 뜨거워지자 바다 표층의 몇십 미터에 서식하고 있는 식물성 플랑크톤(일종의 미세 조류)이 몰살했고, 식물성 플랑크톤을 먹이로 하는 크릴 같은 자그만 유기체들이 굶어 죽었다. 작은 새우같이 생긴 크릴은 수십억 마리씩 무리 지어 바다를 헤엄쳐 다니면서 고래, 연어, 바닷새를 비롯한 수많은 생물들의 먹이가 된다. 크릴이 사라지자 수많은 대형 물고기와 해양 포유류의 주된 먹잇감인 청어와 정어리의 개체수도 함께 줄어들었다. 태평양의 블롭은 식물성 플랑크톤을 몰살시킴으로써 태평양 전체의 먹이사슬을 교란한 셈이다.

이후 2년간 알래스카에서 캘리포니아로 이어지는 연안을 따라 블롭이 떠다니면서 수천 마리의 고래와 바다사자의 사체가 해변으로 떠밀려왔다.[3] 그뿐만이 아니었다. 알래스카 대구 양어장은 폐업하고 어부들이 줄도산하는가 하면[4], 어류가공 공장도 휴업할 수밖에 없었다. 태평양 연안의 거대한 켈프 숲은 자취를 감추었고,[5] 100만 마리의 바닷새들이 굶어 죽었다.[6] 관측 이래 가장 많은 바닷새가 한꺼번에 몰살하는 사태가 일어난 것이다. 바다오리의 사체가 해변에 폐플라스틱 병처럼 어지럽게 널려 있었다.

블롭의 분탕질은 바다에서 끝이 아니었다. 블롭이 생겨나면서 태평양 연안의 날씨도 변했다. 더위가 내륙으로 밀려들어가 강우 패턴을 바꾸면서 캘리포니아의 가뭄에 일조했다. "그것 때문에 브리티시컬럼비아에서 남부 캘리포니아까지 연안 지역의 기온이 올라갔지요." 캘리포니아대학교 로스앤젤레스의 기후학자 대니얼 스웨인Daniel Swain이 내게 설명했다.

한편 아직도 속 시원히 해결되지 않은 질문은 과연 블롭이 부채질한 산불이 얼마나 되는가 하는 것이다. 2018년을 기점으로 몇 년간 수만 제곱킬로미터가 불타는 역사상 전무후무한 화재들이 일어났다. 일례로 북부 캘리포니아에서 일어난 캠프 파이어Camp Fire 산불 때는 85명이 목숨을 잃었고 5만 명이 이재민이 되었다.[7] 스웨인에 따르면, 블롭 때문에 캘리포니아 서부의 3분의 1에서 밤 기온이 올라갔고 이들 지역에서는 산불도 많이 일어났다. "이 사실이 정말 중요합니다. 소방대원들도 동의할 겁니다. 원래 산불은 밤에는 잦아들 때가 많습니다. 밤에는 불타는 속도도 느려지고 불길도 얌전해져서 대원들이 불에 다가가는 것이 덜 위험해집니다. 그런데 블롭이 연안 근처에 머물렀을 때에는 그렇지 않았어요."

무엇보다도 블롭은 느닷없이 닥친 재앙이 아니라 서서히 굴러온 기후 재앙이었다. 당시 사태는 지구 위의 모든 생명체가 서로 얼마나 단단히 얽혀 있는지를 보여주는 확실한 증거이기도 했다. 땅 위에서 살아가는 우리는 더위를 지상에서 벌어지는 일로 생각할 때가 많다. 하지만 기온이 점점 올라갈 경우 바다에서 벌어지는 일들은 오히려 우리 미래에 가장 막대한 영향을 끼칠 수도 있다.

기후 체계를 움직이는 바다

물은 뜨거워지면 끓는다는 것은 여섯 살짜리도 아는 사실이다. 하지만 물이 열을 받으면 끓기 한참 전부터 그 안에서 많은 일들이 일어난다. 우선 열을 받으면 물은 팽창한다(분자들이 더 빠른 속도로 진동할수록 더 많은 공간이 필요하기 때문이다). 또한 물이 움직이는 방식도 달라진다. 찬물은 아래로 가라앉고 따뜻한 물은 위로 올라가는 것이다. 목욕할 때 욕조에서 이런 일이 일어나는 것은 별일 아니다. 하지만 이런 일이 행성 차원에서 벌어진다면 그때는 '별일'이 된다.

물은 꽁꽁 얼어붙은 소행성과 혜성을 타고 우주공간의 차갑고 깊은 데서부터 지구 표면에 도달했다.[8] 우주공간에 생겨난 소행성과 혜성이 처음 몇백만 년간 쉴 새 없이 지구로 날아 들어온 것이다. 이후 지구는 내내 물기를 가득 머금은 세상이었다. 오늘날 지구의 물 97퍼센트는 바다에 있고, 바다는 지구 표면의 70퍼센트 이상을 덮고 있다. 바다는 생명 진화가 일어나는 페트리접시의 역할을 했다. 우리 몸 안에 생명 발생의 역사가 그대로 들어 있는 것도 그래서다. 예를 들면, 인간의 혈장은 바닷물과 비슷한 양의 소금을 함유하고 있다. "우리가 소리를 듣는 데 사용하는 뼈들은 한때는 상어의 아가미 뼈였다." 시카고대학교 해부학 교수이자 『내 안의 물고

기: 물고기에서 인간까지, 35억 년 진화의 비밀』의 저자인 닐 슈빈의 설명이다.[9] "우리 손은 물고기 지느러미가 변형된 것이고 우리의 기본적 신체 구조를 이루는 유전자들은 벌레나 물고기와 공통된 부분들이 있다."

이렇듯 바다와 긴밀한 관계를 맺고 있음에도 인간은 바다를 아득히 먼 행성처럼 생소하게 여겨왔다. 그곳은 괴물들이 사는 혼돈의 세상이라는 식으로 말이다. 인간은 해변에서 좀처럼 벗어나지 않았고, 따라서 바다에 대해 모르는 부분이 참으로 많았다. 지금도 마찬가지다. 해류가 어떤 힘을 통해 움직이는지, 바다 기온이 구름에 어떤 영향을 미치는지, 심해에는 어떤 생물체들이 살아가고 있는지에 대해서는 과학자들도 어렴풋이만 알 뿐이다. 바다는 가장 깊은 곳도 우리가 사는 지표면에서 11킬로미터 정도 아래에 불과하지만 여기까지 내려가본 사람은 우리 머리 위로 약 38만 4,000킬로미터 지점에 있는 달에 발을 디뎌본 사람의 숫자보다 훨씬 적다. 지금도 바다에는 우리가 제대로 측량하고 관찰하고 탐사하지 못한 데가 80퍼센트에 이른다.[10] 상어들이 어떻게 잠을 자는지, 문어가 어떻게 통의 뚜껑을 여는 방법을 배우는지는 해양학자들도 여전히 잘 모른다.

하지만 현재 바다가 극심한 변화를 겪고 있다는 사실만큼은 과학자들도 절대 모를 수가 없다. 무엇보다도 남획으로 인해 1950년대만 해도 바다에 있던 거대 물고기 중 90퍼센트가 지금은 종적을 감추었다.[11] 바다로 쏟아져 들어가는 플라스틱의 양은 4초당 1톤에 이른다(이 속도라면 2050년 무렵에는 바다 안에 물고기보다 플라스틱이 더 많아진다).[12] 하지만 가장 큰 문제는 바다가 빠른 속도로 데워지고 있다는 점이다. 바다 표면으로부터 1.6킬로미터 정도의 물이 데워지는 속도는 1960년대 이래 2배로 늘었다.[13] 2022년에는 4년간 연달아 바다의 기온이 최고치를 경신했다.[14] 한 측정치에 따르면, 현재 바다에 더해지는 열의 양은 전 세계 사람들이 한 명도 빠짐없이 밤낮으로 100대의 전자레인지를 돌릴 때 발생하는 열의 양에 맞먹는다고 한다.[15]

지금까지는 바다가 기후위기를 버티게 해주는 영웅이나 다름없었다. 화석연료로 인해 발생해 대기를 빠져나가지 못한 열 중 약 90퍼센트를 바다가 흡수했기 때문이다. "지금도 이미 덥지만 바다가 없었다면 대기는 아마 지금보다 훨씬 더 뜨거웠을 겁니다." 캘리포니아의 브레이크스루 에너지Breakthrough Energy(빌 게이츠가 설립한 청정에너지 투자 단체-옮긴이)와 협업하고 있는 선임 기후학자 켄 칼데이라Ken Caldeira가 말했다. 그런데 바다가 흡수한 열은 마법처럼 온데간데없이 사라지는 게 아니라 바다 깊은 데에 저장되어 나중에 발산되기만을 기다릴 뿐이다. 바다는 열을 흡수해 천천히 방출함으로써 기후의 변덕을 좀 줄여주는 것이다. 덕분에 낮과 밤, 겨울과 여름 사이의 최고 기온과 최저 기온 사이의 편차도 더 심하게 벌어지지 않는다. 그런데 이 말은 곧 앞으로 몇 세기 동안은 바다에서 열기가 계속 새어나와 이 행성을 식히고자 하는 인간의 노력을 더디게 하리라는 뜻이기도 하다.

"바다야말로 우리의 기후 체계를 움직이는 주된 동인이지요." 독일 기후학자 한스 오토 푀르트너Hans Otto Pörtner가 말했다. 푀르트너에 따르면 바다의 핵심 기능은 열대지방에서 발생한 열을 멕시코만류(남극해에서 시작돼 적도를 지나 북극까지 올라갔다가 다시 남극으로 내려오는 해류) 같은 심해의 해류를 통해 극지방 쪽으로 분산시키는 것이다. "이 해류에 작은 변화만 생겨도 태풍의 크기와 강도, 강우 패턴, 해수면 상승 등에 커다란 영향을 미칠 수 있습니다." 푀르트너는 말했다. "모든 바다 생물의 서식지 역시 당연히 영향을 받습니다." 따뜻해지는 바다가 날씨에 영향을 주고 있다는 것은 2023년 초에 태풍이 캘리포니아를 강타해 이 지역 전체에 홍수와 이류泥流(산사태나 화산 폭발 때 산허리를 따라 격렬하게 이동하는 진흙의 흐름 - 옮긴이)가 일어났던 일만 봐도 잘 알 수 있다. 당시 태풍들을 움직인 힘은 '대기천atmospheric river(열대지방에서 발생한 습기를 북쪽으로 날라준다)'이었다.[16] 바다가 뜨거워지면(특히 바다 상층부의 물이 뜨거울수록) 하늘에 생긴 이 하천들의 흐름은 더욱 거세질 뿐이다. 콜로라도에 소재한 미국 국립대기연구센터NCAR의 기후학자 케빈 트렌버스Kevin Trenberth에 따르면 캘리포니아의 태풍은 "바다가 비정상적으로 많은 열을 품은 직접적 결과"[17]였다.

바다는 수많은 지역 경제를 움직이는 주된 동력이기도 하다. 알래스카에서는 어업 관련 종사자만 6만 2,000명 이상이고, 여기서 벌어들이는 수입은 연간 총 20억 달러다.[18] 미국 전역에서는 상업용과 휴양용 어장에서 일하는 사람이 180만 명에 이르는 데다가,[19] 이 산업이 미국의 연간 GDP에 기여하는 금액은 2,550억 달러에 달한다.[20] 이 블루 이코노미blue economy(해양 자원을 보존하면서 지속 가능한 일자리 창출과 경제 발전을 도모하는 경제 체계로서 청색경제라고도 한다-옮긴이)가 내일 당장 사라질 거라고 생각하는 사람은 아무도 없지만, 물고기를 비롯한 다른 생물종들이 차가운 물을 찾아 서식지를 옮기거나 기온 변화로 인해 그대로 죽게 되면 지방 어장은 커다란 타격을 입게 된다. 이 사실을 확인하려면 알래스카의 대구잡이나 메인만의 새우잡이 어부들에게 사정을 묻기만 하면 된다. 대서양의 바닷물이 급격히 따뜻해지는 바람에 이들은 하던 일을 모두 접어야만 했다.

IPCC가 바다와 빙권을 주제로 2019년도 보고서를 작성할 당시 푀르트너도 주요 저자로 참여했다. IPCC가 세계의 바다와 빙하에만 초점을 맞춘 것은 이 보고서가 처음으로, 105명의 과학자가 3년간 함께 연구한 방대한 프로젝트였다. 이 보고서에는 수많은 의미가 들어 있었지만 기본 메시지는 명확했다. 몇십 년 안에 바다는 더 뜨거워지고 더 산성화될 것이며, 산소와 생물다양성은 줄어들 거라는 것이었다. 해수면은 상승해서 연안의 도시들은 물에 잠길 것이다. 바다의 순환 패턴이 바뀌면서 날씨에도 예측불허의 커다란 변화가 일어날 것이고, 여기에는 전 세계의 식량 공급이 차질을 빚을 수도 있다는 무서운 의미가 담겨 있었다. 그 보고서는 요약 부분에서 단도직입적으로 이렇게 말했다. "앞으로 25년에 걸쳐 바다는 전례 없는 상태로 변화할 것으로 예상된다."[21]

바다의 사막화

북부 캘리포니아 연안에 초승달 모양으로 자리 잡은 몬터레이만은 존 스타인벡의 소설 『통조림공장 골목』의 유령들이 언제라도 툭 튀어나올 것만 같다. 옛날 정어리통조림 공장들은 이제 티셔츠 가게와 관광객이 북적이는 식당가로 변했지만 말이다. 항구에 서서 바다를 바라보면 해달들이 파도를 타고 노는 모습, 혹은 운이 좋으면 먼 바다에서 고래들이 튀어 오르는 광경을 구경할 수도 있다. 깊은 계곡에서 차갑고 양분이 풍부한 물이 흘러드는 덕분에 몬터레이만에는 태평양에서 가장 다양한 생태계가 조성될 수 있었다.[22] 북쪽의 알래스카까지 이어지는 해안을 따라 자라는 거대한 켈프 군락도 그중 하나다. 좋은 조건들이 갖춰졌을 때는 해달, 바다표범, 상어, 볼락, 범노래미 등 온갖 생명체가 이 켈프 군락에 북적인다. "이 켈프 군락은 태평양의 열대우림이나 다름없어요." 몬터레이만 수족관의 전임수석 과학자 카일 반 후턴Kyle Van Houtan이 내게 말했다.*

하지만 바닷속에 있는 모든 것이 그렇듯이 지금은 켈프 군락도 빠르게 변하고 있다. 어느 토요일 아침, 나는 바다를 보고 싶다는 생각에 17세인 내 딸 그레이스와 함께 스쿠버 장비를 착용하고 몬터레이만 근처의 차가운 물속으로 뛰어들었다. 스쿠버다이빙을 가자고 조른 것은 나였다. 세상의 놀라운 것들이 아직 우리 곁에 있

* 하지만 열대우림에서 자라는 것들과는 달리 몬터레이만의 거대한 켈프는 사실 식물이 아니다. 일종의 갈색 조류로서 지구상의 생명체 중에서 가장 오래되고 단순한 형태에 속한다.

을 때 되도록 많이 보게 하고 싶었기 때문이다. 그레이스는 물속을 함께 누빌 겁 없는 훌륭한 동반자이기도 했다. ("우리가 함께 다이빙하면 언제 상어가 주변에 있는지를 어김없이 알 수 있어." 나는 친구들에게 이렇게 농담을 하곤 한다. "그레이스가 갑자기 재빨리 헤엄치거든. 상어들을 향해서 말이야.")

당시 다이빙은 말 그대로 환상적이었다. 물에 뛰어든 순간 우리는 다른 행성에 간 것만 같았다. 거대한 켈프 줄기가 물살을 따라 이리저리 흔들렸다. 햇빛은 칼날처럼 물속으로 비껴들어 모든 것이 푸르스름한 빛을 띠었다. 그레이스가 손으로 한곳을 가리켰다. 수달 한 마리가 쏜살같이 헤엄쳐 왔다가 다시 재빨리 사라지는 게 보였다. 우리가 왜 자기 구역을 무단 침입했는지 살피러 왔던 것 같았다. "정말 굉장했어요." 나중에 그레이스가 산소통을 힘겹게 벗어 해변에 내려놓으며 말했다.

하지만 내가 가이드와 함께 몬터레이만의 다른 곳에 잠수했을 때는 완전히 다른 풍경이 펼쳐졌다. 이번에는 바위와 물, 그리고 중세의 갑옷처럼 뾰족뾰족한 침이 온몸에 박힌 보라성게 외에는 아무것도 없었다. 먹성 좋은 성게들이 울창하던 켈프 숲에 떼로 몰려와서 모든 것을 먹어치우면서("보라성게는 바다의 바퀴벌레나 다름없다"고 한 과학자가 내게 말했다) 텅 빈 전복 껍데기 몇 개, 주변을 헤집고 다니는 볼락 한 마리, 앙상한 켈프 줄기 몇 개가 전부였다. 이는 빙산의 일각일 뿐이었다. 블롭이 휩쓸고 지나간 결과 캘리포니아에서 오리건을 따라 이어지는 연안의 켈프 숲 상당수가 자취를 감추었다. 온난화로 세상이 더워질수록 더욱 활개를 치는 성게 군단에게 당한 것이다.

“캘리포니아 산지를 따라 약 320킬로미터가량 뻗어 있는 숲이 갑자기 죽어버린다면 사람들은 충격에 빠지고 분통을 터뜨릴 겁니다.” 해양학자 로라 로저스 베넷Laura Rogers Bennett이 말했다. 나는 몬터레이만에서 스킨스쿠버를 하고 며칠 뒤에 그녀의 보데가해양연구소Bodega Marine Lab을 찾아간 참이었다. “우리는 지금 생태계 전체의 붕괴를 이야기하는 거잖아요? 그런데 그 일이 바다에서 벌어졌기 때문에 아무도 눈치채지 못하고 있어요.”

로저스 베넷은 블롭과 같은 해양 폭염 사태가 어떤 타격을 미칠 수 있는지를 처음으로 이해한 과학자 중 한 명이었다. 2013년 그녀는 북부 캘리포니아 바다에 잠수했다가 불가사리 한 마리가 녹아내리는 듯한 모습을 봤다. “불가사리를 건드렸더니 그 표피가 제 손에 그대로 묻어났어요.” 그녀가 회상했다. 더구나 그녀가 발견한 것은 한 마리만이 아니었다. 일명 불가사리 소모 증후군이라는 병 때문에(이 병은 높은 수온과 관련이 있다) 태평양에서만 25종의 불가사리가 대량 폐사하는 사태의 서막일 뿐이었다. 보라성게의 주 포식자인 불가사리 수가 감소하자 성게의 개체수가 폭발적으로 늘어나 켈프 숲을 먹어치웠다. “정말 무섭지 않나요.” 로저스 베넷은 말했다. “블롭 사태만 봐도 알겠지만 티핑포인트는 정말 순식간에 올 수 있어요.”

지난 10년간 과학자들은 전 세계에서 폭염을 감지했다. 지중해만 해도 2012년, 2015년, 2017년, 2022년에 폭염이 닥쳤다. 스페인의 한 해양학자는 지중해의 수온이 평소보다 약 6℃나 치솟았던 것에 대해 "바닷속의 산불이나 마찬가지입니다. 바다의 동물상과 식물군이 불에 탄 것처럼 그대로 죽어 나갔으니까요"[23]라고 말했다. 2018년에는 뉴질랜드 앞바다에서 폭염이 나타나 육지의 기온이 사상 최고치까지 치솟는 데 일조했다. 태즈메이니아에는 한때 연안을 따라 거대한 켈프 군락이 900만 제곱미터 이상 길게 뻗어 있었다.[24] 하지만 지금은 물이 따뜻해지고 그에 따라 성게가 침략하면서 켈프로 덮인 지역이 50만 제곱미터도 채 되지 않는다. 2021년에는 뜨거운 물 덩어리가 33만 제곱미터 면적의 우루과이 앞바다에서 끓어올랐다. 우루과이 영토의 거의 2배에 가까운 면적이었다.[25] 이 때문에 연안에서 터를 잡고 살아가는 주민 수만 명의 주요 식재료인 조개와 홍합이 집단 폐사했다.

이런 해양 폭염이 닥치면 수많은 생물체가 더 차가운 물을 찾아 이동하느라 수중 생물의 삶은 대대적으로 재편될 수밖에 없다. "지금 당장 잠수복을 입고 몬터레이 바다로 뛰어드세요. 닭새우들을 볼 수 있을 겁니다." 밴 휴턴은 말했다. "닭새우는 아열대에 서식하는 종으로 보통은 저 아래의 바하 지역에서 발견됩니다. 닭새우가 이 위쪽에서 발견된다는 것은 말도 안 되는 일이에요." (사실 말이 안 되는 일은 아니다. 훨씬 더 위험한 사실은 물이 따뜻해지면서 어린 백상아리들이 이 일대를 배회하는 일도 점점 더 늘고 있다는 것이다.) 보데가해양연구소에는 지금껏 먼 북쪽까지 절대 올라온 적이 없던 생물 37종이 출몰한 기록이 따로 분류되어 있었다. 황소상어의 경우 플로리다의 원래 서식지에서 무려 800킬로미터 이상 북쪽에 있는 노스캐롤라이나 연안을 제집처럼 드나들고 있다. 로브스터는 롱

아일랜드 해협에서 거의 자취를 감추었다. 한편 큰지느러미오징어와 검은바다농어처럼 따뜻한 물에 사는 종이 메인만 연안에 심심찮게 출몰하고 있다.

이런 식의 이주는 수중 생태계는 물론, 어업에 의지해 살아가는 사람들의 삶까지 급격히 변화시키고 있다. 북서 아프리카의 몇몇 국가들의 경우 물고기들이 더 차가운 물을 찾아 이동하면 2100년에는 어획량이 절반까지 떨어질 수도 있다.[26] "어획량이 줄어들 것이 뻔하다면 단기적으로는 남획이 방법일 수밖에 없습니다." 캘리포니아대학교 샌타바버라의 환경법 교수 제임스 살츠먼 James Salzman의 말이다. "왜 어획량이 줄어들 수밖에 없냐고요? 물고기들이 어떻게든 떠날 테니까요."[27]

산호초 백화현상

해양 폭염으로 막대한 손상을 입는 것은 산호초도 마찬가지다(산호초가 입는 피해는 종종 백화현상이라 불린다). 산호초는 지구상에서 최고의 생물학적 다양성을 보이는 곳이다. 산호초가 해저에서 점유하는 면적은 1퍼센트도 안 되지만, 산호초를 보금자리로 살아가는 해양 생명체는 25퍼센트가 넘는다. 수백만 개의 산호가 모인 산호초의 골격은 탄산칼슘으로 이루어져 있다. 지난 수백만 년 동안 산호초는 갈충조라는 극히 미세한 식물과 행복하게 공생하면서 번성해 왔다. 갈충조는 광합성을 통해 산호 먹이의 85~95퍼센트를 생산한다. 대신 산호는 갈충조를 보호하고 이산화탄소를 공급한다(이산화탄소는 갈충조의 광합성에 필요하다). 그런데 둘의 결합 관계는 바닷물의 온도 변화에 지극히 민감하다. 바닷물이 0.5~1℃만 따뜻해져도 갈충조는 산호에 해로운 존재로 변한다. 그러면 산호는 악독한 배우자를 버리듯 갈충조를 뱉어내고 결국 굶어 죽는다. 산호초가 있던 자리엔 허옇게 변한 골격만 남는다.

유네스코 지정 세계자연문화유산이자 자연이 빚어낸 최고의 걸작으로 손꼽히는 호주의 그레이트배리어리프Great Barrier Reef도 그동안 온난화로 심한 타격을 입었다. 이 산호초는 호주의 동부 연안을 따라 무려 2,253킬로미터가량 뻗어 있다. 살아 있는 유기체가 지구상에 조성한 구조물 중 가장 거대하다. 얼마나 거대한지 우주에서도 눈으로 식별될 정도다. 그레이트배리어리프는 관광 산업에도 일조해서 매년 40억 달러의 수입을 올리고 6만 5,000명의 일자리를 만들어내고 있다.

나는 2011년과 2020년에 그레이트배리어리프를 방문해 산호초가 실시간으로 줄어드는 모습을 두 눈으로 확인했다. 첫 번째 방문했을 때 오색찬란한 생명의 향연이 펼쳐졌던 여러 산호 정원과 산호 암초들이 두 번째 방문했을 때는 귀신이라도 나올 것처럼 음산해져 있었다. 1998년 이래 그레이트배리어리프는 총 여섯 차례의 백화현상으로 몸살을 앓았다.[28] 2016년과 2017년에는 지독한 폭염이 연달아 닥치면서 백화현상이 일어났었다. 2020년과 2022년에도 폭염이 다시 닥치면서 과학자들은 이런 일이 거의 연례 행사가 되는 것은 아닌가 걱정하고 있다. 호주 제임스쿡대학교의 해양학자 테리 휴스에 따르면 그레이트배리어리프의 산호초 가운데 93퍼센트가 백화현상에 시달린다고 한다.[29] "우리가 배출한 온실가스가 차곡차곡 쌓여서 이제는 여름마다 백화현상이 일어날 위험이 있습니다." 휴스는 말했다. "러시안 룰렛이나 다름없는 상황이 펼쳐진 거지요."

2015년 호주 정부는 리프2050 플랜을 발표했다. 산호초의 건강을 위해 인근 농경지에서 나오는 농약과 질소비료의 배출량을 줄이려는 계획이었다.[30] 하지만 이 계획안이 발표된 뒤에 호주가 기후변화에 한몫했다는 사실을 무시했다며 사방에서 비판이 날아들었다. 2021년 휴스는 사설에 이렇게 썼다. "미래 세대를 위해 그레이트배리어리프를 관리해야 할 책임이 정부에 있고, 그 책임은 지금도 진행 중인 화석연료의 대대적 사용과 분명한 연관이 있는데도 호주 정부는 이 점을 인정한 바 없다."[31] 그 말마따나 내가 그레이트배리어리프를 찾았을 때도 인근에 인도네시아와 중국으로 갈 호주의 석탄을 가득 실은 바지선 몇 척이 떠 있었다. 그레이트배리어리프 위에 석탄 바지선이 떠 있는 풍경은 산호초의 미래, 더 나아가 우리 지구의 생명체가 염려되는 사람이라면 누구에게나 기괴하게 보일 수밖에 없다.

지금 과학자들은 개별 산호초가 더위를 더 잘 견디게 해줄 다양한 방법들을 탐색 중이다. 더 따뜻해진 세상에 더 잘 적응된 슈퍼종을 만들려는 노력이 여기 해당한다. 사우디아라비아의 킹압둘라대학교 출신 미생물학자인 라쿠엘 페이소토Raquel Peixoto가 주도한 한 실험에서는 산호초에 활생균을 묻혀주자 폭염 이후 산호초 생존율이 40퍼센트 개선되었다.[32] 페이소토는 로봇 잠수정으로도 실험을 진행 중이다. 이 로봇이 산호초 위에 효과가 느리게 나타나는 활생균 알약을 군데군데 떨어뜨려주면 몇 주에 걸쳐 박테리아가 서서히 활동을 시작한다.

한편 다른 산호들에 비해 유달리 더위에 강한 산호가 있다는 것도 사실로 입증되고 있다. 일명 동아시아해 산호 삼각지대가 하나의 예다. 이 지역에만 전 세계 산호초의 3분의 1이 몰려 있다고 해도 과언이 아니다. 이곳의 산호초는 총 600종에 달하는데 이런 유전적 다양성 덕분에 산호초들이 따뜻한 물에 적응한 것이 아닐까 생각된다. 홍해에서도 산호초들이 따뜻하고 지독히 짠 물에서 진화해왔다. 이 때문에 연구자들은 최소한 홍해 산호의 몇몇 종만큼은 더 뜨거워진 세상에서도 잘 살아가지 않을까 하는 희망을 품고 있다.

하지만 가장 튼튼한 산호초조차도 아주 빨리 적응하는 것 외에는 별다른 방법이 없다. "21세기 중반에는 전 세계 곳곳의 산호초가 하나같이 줄어들 것입니다." 켄 칼데이라가 말했다. 그렇게 된다면 무척 충격적일 것이다. 산호초는 약 2억 5,000만 년 동안 우리 곁에 머물면서 지구상에서 가장 복잡하고 다양하고 아름다운 생명 구조로 진화해왔다. 그런데 현재의 상황이 바뀌지 않으면 40~50년 후에는 이 산호초들이 생명력을 잃고 바스러지는 잔해더미가 되어버릴 것이다.

"우리가 내일이라도 이산화탄소 배출을 멈추면 살아남을 산호초가 있을 거예요." 칼데이라의 말이다. "하지만 앞으로도 몇십 년간 계속 이산화탄소를 배출한다면 산호초들은 온데간데없이 사라질 겁니다. 지질학적 시간의 차원에서 보면 산호초들은 언젠가 돌아올 것이고, 그건 해양 화학이 복원되는 데에 시간이 얼마나 걸리느냐에 달려 있습니다. 하지만 한번 사라진 산호를 다시 보기까지는 최소 1만 년은 걸릴 가능성이 큽니다."

The Heat

8장

Will Kill

땀의 경제

더위는 인종을 가리지 않는다

You First

기온이 40.5℃였던 날, 한 노동자가 10시간 내내 포도를 따다가 열사병으로 사망했다. 그의 이름을 딴 법령이 2021년 의회에 상정되었지만 이는 아직 표결에 부쳐지지도 못했다.

어느 이주 노동자의 죽음

태평양 북서부 연안에 폭염이 닥친 첫날, 세바스티안 페레즈Sebastian Perez는 오리건주 윌라메트계곡에 있는 에른스트 너서리앤팜스에서 혼자 일하고 있었다.[1] 38세의 페레즈는 짙은 빛깔의 눈동자에 강건하고 다부진 체격을 갖고 있었다. 그날은 긴팔의 면 티셔츠와 청바지에 작업용 장화를 신고, 머리에는 월마트에서 단돈 12달러면 사는 사파리 스타일의 모자를 눌러쓴 참이었다. 그가 오리건주에 발을 디딘 것은 두 달 전인 2021년 4월, 과테말라의 고향집을 떠나 멕시코를 통과해 미국 국경을 넘느라 산전수전을 다 겪었다. "그이는 돈을 벌어서 과테말라에 작은 집을 짓고 싶어 했어요." 그의 아내 마리아가 말했다. "그게 우리 꿈이었죠."

6월 26일 토요일 아침 6시에 일을 시작한 페레즈는 점심을 먹을 때를 제외하고는 내내 줄지어 선 묘목들 사이사이로 약 13.6킬로그램짜리 관개용 파이프들을 힘겹게 끌어다 놓기에 바빴다. 이번 여름엔 폭염이 닥칠 거라는 전망이 있었으니 파이프라도 있어야 폭염을 이겨낼 물을 충분히 확보할 것이었다. 정오에 이르자 태양은 이글거리는 불덩어리가 돼 있었다. 그날 무척 더울 거라는 사실은 페레즈도 알았지만 그게 정말 무슨 뜻인지는 모르고 있었다. 데스밸리(미국 캘리포니아 동부의 분지로 세계에서 가장 더운 곳 중 하나로 손꼽힌다 – 옮긴이)라면 모를까, 여긴 오리건주 아닌가.

날은 계속 더워지고 있었다. 기온이 38.8℃, 39.4℃, 40℃로 계속 올랐다. 이른 오후가 되자 페레즈의 심장이 요동치기 시작했다. 팔뚝과 손의 정맥들이 툭툭 불거져 나왔다. 머리가 어지럽고 약간의 메스꺼움도 느껴졌다. 페레즈는 아마 반쯤 차 있는 자신의 플라스틱 물통에서 물을 몇 차례 벌컥벌컥 들이켰을 것이다. 몇 시간 동안 햇빛 속에 놓여 있었기 때문에 물은 뜨거웠을 것이다. 아마도 페레즈는 밭 건너편에 멀찍이 자리한 미송나무 그늘을 바라보면서 잠깐 한숨을 돌릴까도 생각했을 것이다. 페레즈 가까이에는 상록수인 측백나무와 회양목 묘목들뿐이었다. 둘 다 홈디포 고객들에게 인기가 많은 나무로서 근처 묘목장에서 기르는 것이었다. 이 나무들은 전원주택에도 많이 심었다. 주차장 주위에 심어두면 주차 방지 시설이 되어줄 뿐만 아니라 스타벅스 드라이브스루 창구의 자투리 공간을 메우는 데에도 아주 유용했다. 하지만 두 나무는 키가 너무 작아 햇빛을 막아주지는 못한다. 동쪽 지평선 멀리 후드산이 어렴풋이 어른거렸다. 페레즈가 나고 자란, 이제는 간절히 돌아가고 싶은 고향의 활화산들과 별반 다르지 않은 모습이었다. 페레즈는 하루에도 몇 번씩 아직 과테말라에 남아 있는 마리아에게 문자를 보내거나 전화를 걸었다. 둘이 떨어져 있는 시간이 길어질수록 그녀에 대한 그리움은 점점 커져만 갔다.

그러다 어느 순간부터 그의 심장이 뜨거운 피를 온몸 구석구석으로 밀어내고 모자까지 땀으로 흠뻑 젖으면서 페레즈도 몸이 심상치 않음을 알았을 것이다. 하지만 페레즈는 묵묵히 일을 계속했다. 애초에 그러려고 미국에 왔으니까.

오후 3시쯤 기온은 41.1℃를 돌파하고도 여전히 내려갈 기미가 없었다. 묘목장 안의 다른 구역에서 일하던 친구들은 그쯤에서 일을 파하기로 했다. 그들은 나무 그늘 아래에 모여서 물을 마시고 땀을 흘리며 페레즈를 기다렸다. 그가 나타날 기미가 없자 누군가 그에게 전화를 걸었지만 받지 않았다. 페레즈는 늘 휴대전화를 가지고 다니는데 이상한 일이었다. 결국 그들은 페레즈에게 가보기로 했다.

얼마 뒤에 그들은 페레즈를 발견했다. 온갖 종류의 회양목이 자라는 땅에 그는 거의 숨도 쉬지 못하고 누워 있었다. 물을 먹여 봤지만 소용없었다. 일꾼들은 밭 가장자리에 좁게 드리운 미송 그늘로 그를 끌고 갔다. 그때까지도 페레즈는 의식이 없었다.

오후 3시 37분, 일꾼 하나가 911에 신고를 했다. 신고를 접수한 것은 사고 지점에서 8킬로미터가량 떨어진 세인트폴 소방서였다. 신고자는 자신들의 위치를 정확히 설명하지 못해 애를 먹었고(영어가 유창하지 못한 데다가 근처의 도로명도 잘 몰랐다) 이 때문에 구급차도 늦게 도착할 수밖에 없었다. 그때는 페레즈가 이미 숨을 멈춘 뒤였다.

온열 질환과 사망 방지법

내 할아버지와 아버지는 샌프란시스코의 베이에어리어에서 조경업자로 일하셨다. 공원은 물론 고속도로, 학교, 상업용 빌딩의 조경 작업을 도맡아 하셨다. 10대 시절 나도 여름철이면 두 분을 도와 일을 하곤 했다. 모두 밖에서 해야만 하는 일들이었다. 덤프트럭을 모는가 하면 나무를 심기도 하고 다른 인부들과 함께 콘크리트를 쏟아붓기도 했다. 인부 중에는 멕시코나 아시아에서 이주해온 사람들이 많았다. 일하다 보면 다들 땀이 잔뜩 흘렀다. 하지만 죽는 사람은 없었다. 그때는 바깥 기온이 생명을 위협할 만큼 올라갈 수도 있다고는 생각조차 하지 못했다(짐작건대 나와 함께 일했던 사람들 역시 마찬가지였을 것이다). 나는 밖에서 일하는 것이 정말 좋았다. 맑은 공기, 햇빛, 캘리포니아 참나무가 드리우는 먼지투성이 그늘이 모두 좋았다.

하지만 지금은 다르다. 무엇보다 먼저 바깥 날씨가 예전보다 더워졌다. 또 하나, 우리 경제가 바뀌었다. 점점 더 많은 사람이 공기 정화가 되고 햇빛이 누그러진 실내에서 일한다. 하지만 모두가 그런 것은 아니다. 이런 상황에서도 여전히 집과 다리를 고치고 소포를 배달해야 하는 누군가가 있기 때문이다. 미국의 경우 적어도 어느 정도는 바깥에서 일해야 하는 사람이 1,500만 명이다.[2] 열악하게 설계된 건물에서 일하는 창고 노동자와 공장 노동자들에게도 더위는 매일매일 일상적으로 마주해야 하는 일터의 위험 요소다. 그뿐인가, 목숨마저 앗아간다. 2021년 태평양 북서부 연안에 폭염이 닥쳤을 당시 51세의 노동자였던 켄턴 스콧 크럽이 오리건주의 월마트 창고에서 숨진 채 발견됐다.[3] 그날 기온은 36.1℃까지 올랐고, 동료들의 증언에 의하면 그는 말을 어눌하게 했다고 한다. 오리건주의 힐스버러에서는 지붕 공사를 하던 인부가 작업 도중 쓰러져서 그대로 사망했다.[4]

집배원과 택배 기사들의 상황도 특히나 위험하다. 이들의 배달 차량에는 에어컨 설비가 없어 오븐처럼 열에 달궈질 때가 많기 때문이다. 2021년에는 UPS사의 택배 기사인 23세의 크루스 로드리게스 주니어가 일을 시작한 지 불과 며칠 만에 텍사스주 웨이코의 회사 주차장에서 숨진 채 발견됐다. 2022년에는 UPS사의 택배 기사인 24세의 에스테반 데이비드 차베스 주니어가 캘리포니아에서 택배를 배달하던 중 사망했다. 또 다른 UPS사의 택배 기사가 애리조나주의 어느 주택 바깥에서 비틀대며 걷다가 끝내 쓰러지는 모습이 영상에 찍히기도 했다. "여기 나와 있으면 사람들도 파리처럼 픽픽 쓰러질 수밖에 없어요." UPS사의 한 택배 기사가 《뉴욕타임스》와의 인터뷰에서 말했다. "아주 가차 없습니다."[5] UPS사의 직원들은 트럭 짐칸에서 65.5℃까지 눈금이 올라간 온도계를 찍어 소셜미디어에 올리기도 했다.[6]

애리조나가 이 정도라면 2022년 월드컵 개최를 앞두고 새 경기장과 호텔을 한창 짓고 있던 카타르 같은 곳은 오죽했겠는가.[7] 이곳에서는 네팔, 인도, 방글라데시 등에서 몰려온 수만 명의 이주 노동자가 고되게 일하고 있었다. 여름에는 기온이 45℃까지 치솟았던 만큼 그늘이 없는 곳에서는 노동자들의 야외 작업을 금지했다.

그럼에도 수백 명, 정확히 말하면 수천 명 이상의 노동자가 열노출로 목숨을 잃었다(카타르의 관료들은 이주 노동자들의 사망 원인 규명에 적극적으로 나서지 않았다).

"부유한 나라들에서는 상당 부분의 경제활동이 에어컨이 돌아가는 실내에서 진행되는 반면 많은 개발도상국은 여전히 노동집약적인 야외 작업에 의존하고 있습니다." 기후학자 켄 칼데이라가 말한다. "빈곤이 극단적인 기온과 결합하면 목숨에 치명적인 사태가 벌어질 수 있습니다."[8]

농장 일꾼들에게는 더위가 유달리 더 위험하다. 2015년의 한 연구에 따르면 농장 일꾼들은 다른 직종의 사람들보다 더위와 관련해 사망할 확률이 35배는 높았다.[9] 유나이티드 팜워커스United Farm Workers가 워싱턴주에서 일하는 2,176명의 농장 일꾼을 대상으로 실시한 설문조사에 따르면 작업 중에 온열 질환과 관련된 증상을 하나 이상 경험한 사람은 40퍼센트에 달했다. 워싱턴은 찜통더위로 유명한 곳이 아닌데도 말이다. 아울러 4분의 1은 일하는 동안 차가운 식수가 충분치 않았다고 답했고 97퍼센트는 열에 대비한 노동자 보호 조치가 주 차원에서 개선되어야 한다고 답했다.[10]

극단적인 더위는 열사병 등의 위험을 높일 뿐만 아니라 장기적으로 건강에 심각한 영향을 끼칠 수 있다. 엘살바도르와 코스타리카의 더운 사탕수수밭에서 일하는 농장 일꾼들 사이에는 만성신부전이 유행병처럼 퍼져 있다.[11] 2002년 이후 이 때문에 목숨을 잃은 사람은 2만 명에 달하고 신장투석을 받아야 하는 사람들도 수천 명에 이른다. 이 질병은 더운 곳에서 일하는 노동자들 사이에서 점차 늘어나는 추세이며 플로리다와 캘리포니아도 예외가 아니다. 《뉴잉글랜드 의학저널》에 따르면 만성신부전은 "기후변화를 계기로 본격적으로 모습을 드러내고 급속도로 퍼져나갈 수많은 더위 관련 질병일 가능성이 크다."[12]

게다가 날이 더우면 노동자들이 실수를 저지르거나 부상을 입는 일도 더욱 잦아진다. 캘리포니아대학교 로스앤젤레스의 연구진에 따르면 캘리포니아주에서는 기온이 몇 도만 올라도 1년에 2만 건의 추가 부상이 발생하고 이에 따르는 사회적 비용만 10억 달러에 이르는 것으로 나타났다.[13] 날이 더우면 노동자들은 휴식을 더 많이 필요로 하게 되고 인지 기능은 떨어지며 장비는 고장 나기 일쑤다. 또 다른 연구에서는 2020년 미국에서 극단적 더위로 인한 노동자의 생산성 저하는 총 1,000억 달러의 손실을 가져왔고, 2050년 즈음에는 손실액이 5,000억 달러까지 증가할 것으로 나타났다.[14] 전 세계에게 가장 심한 경제적 피해를 입을 곳은 남쪽 지역들이다. 예를 들어 방글라데시의 다카만 해도 노동집약적 경제가 운용되는데도 에어컨 설비를 갖춘 곳은 드물어서 더위와 습기로 인한 생산성 손실이 이미 연간 6조 달러에 이른다.[15] 그리고 이곳에서도 삶에 타격을 입는 것은 항상 그렇듯 생계가 가장 막막한 사람들이다. 노점상들, 의류 산업 노동자들, 까만 연기를 내뿜는 도시의 뜨거운 벽돌 가마에서 일하는 벽돌공들이 그렇다.

미국의 경우 열 노출과 관련한 연방정부 차원의 노동 법령이 마련돼 있지 않다. 실내 노동이나 야외 노동 모두 그렇다. 농장 일꾼들은 본국법에 따라 시간외근무수당 대상에서 빠져 있는 데다가 단체교섭권도 없는 만큼 더위와 관련된 위험에 특히나 취약하다. 그래서 농장 노동자 단체들과 노동운동가들은 벌써 수십 년째 열 노출 관련 법령들을 마련하기 위해 미국 노동부 산하의 직업보건안전청OSHA(직장의 안전과 노동자 권리를 보장해야 할 책임이 있는 기관)을 상대로 꾸준히 로비를 벌이고 있다. 2021년에는 온열 질환과 사망 방지법Asunción Valdivia Heat Illness and Fatality Prevention Act이 미국 하원에서 상정되기도 했다. 2004년 40.5℃의 더위 속에서 10시간 동안 포도를 따다가 열사병으로 목숨을 잃은 캘리포니아 농장 일꾼의 이름을 붙인 이 법령은 결국 OSHA에서 더위 관련 법령을 정비하게 하는 것이 주된 목표다. 하지만 이 글을 쓰고 있는 2022년 가을에도 이 법령은 아직 하원에서 표결에 부쳐지지도 못했다.

주법도 사정이 낫지 않다. 2021년 세바스티안 페레즈가 목숨을 잃었을 당시 현장 노동자를 위한 규칙들이 제대로 마련된 곳은 캘리포니아와 워싱턴뿐이었다. 캘리포니아의 법령도 그나마 센트럴밸리에서 열 노출로 농장 일꾼이 여럿 사망한 뒤에야 통과되었다. 이 법령에 따라 고용주들은 노동자들이 한 시간에 약 1리터의 물을 마실 수 있게 하고, 5분씩 휴식 시간을 갖게 해야 했다. 가장 중요하게는 기온이 26.6℃ 이상 올라갈 때는 반드시 그늘진 공간을 마련해야 한다.

하지만 오리건주의 경우 노동운동가들이 더위 관련 법령을 마련하기 위해 벌써 10년 가까이 싸웠음에도 몇 가지 미약한 OSHA의 명령만이 발효되었을 뿐이다. "농장주에게 더위에 따른 위험에 관심을 가져달라고 하면 그들은 항상 말합니다. 그래서는 자기들도 남는 게 없다고요." 오리건주의 한 노동운동가가 말했다. "가격은 소비자가 정하기 때문에 노동 비용이 변하면 자신들은 경쟁력을 잃는다는 거죠. 농장주들의 말은 완전히 헛소리예요."

더워도 쉴 수 없다

세바스티안 페레즈는 과테말라 북부의 도시 이슈칸에서 살았다. 1980년대 초반 과테말라는 피비린내 나는 내전으로 나라가 온통 아수라장이었다. 그때 페레즈의 부모는 멕시코의 치아파스로 피신했고 여기서 페레즈가 태어났다. 가족은 페레즈가 어릴 때 다시 이슈칸으로 돌아가 작은 밭에 농사를 짓기 시작했다. 이때에도 이슈칸은 수십 년간 이어진 처참한 내전에서 회복하는 중이었다. 삶은 녹록지 않았다. 20대 초반에 페레즈는 종종 미국으로 건너가 벌이가 괜찮은 일자리를 찾아 가족의 살림에도 보태고 몸이 아픈 아버지의 병원비도 댔다. 그러다가 29세가 됐을 때 사촌의 소개로 수줍은 미소의 마리아를 만나게 됐다. 첫눈에 반한 둘은 곧 결혼식을 올렸다. 페레즈는 행복했다. 하지만 이슈칸에서 마리아와 함께 농사를 짓는 것만으로는 더 나은 미래를 꿈꿀 수 없었다. 그야말로 손바닥만 한 땅에서 농사를 짓고 가족과 한 집에 사는 데다가 수도마저 없었다. 페레즈는 오롯이 자기 집, 자기 가족이 갖고 싶었다.

그보다 10년 전쯤에 페레즈의 조카 페드로 루카스가 미국을 다녀온 일이 있었다. 그는 국경을 넘느라 혹독히 고생했지만(16일을 국경의 치와와사막에서 지내다가 넘어져서 무릎이 깨지는가 하면 목숨을 부지하기 위해 풀뿌리를 캐 먹기도 했다) 어쨌든 국경을 넘었다. 그러고는 오리건주의 한 묘목장에서 시급 14달러를 주는 괜찮은 일자리를 찾아냈다. 그러자 루스카의 아버지, 형제, 사촌까지 줄줄이 그를 따라 윌라메트계곡에서 일을 찾았다. 녹록지 않았지만 그래도 과테말라의 농장에서 일하며 하루에 6달러를 버는 것보다는 나았다.

페레즈는 미국으로 이사할 마음은 없었지만 집 지을 돈은 벌고 싶었다. 아이도 낳고 싶었다. 하지만 그러려면 마리아의 난소에 있는 낭종부터 수술해야 했다. 그래서 4월 페레즈는 미국으로 가기로 마음을 굳혔다. 미국으로 넘어가는 길에는 반드시 '코요테'라고 불리는 불법 이주 브로커가 붙어야 했다. 코요테를 붙이는 데에는 돈이 한두 푼 드는 게 아니었다. 전액 현금으로 1만 2,000달러가 필요했다. 페레즈는 무일푼이었기 때문에 루카스의 아버지가 집을 담보로 대출을 받았다. 거액의 돈이었지만, 페레즈는 미국에서 열심히 일해 갚을 자신이 있었다. 한밤중에 페레즈는 강폭이 좁은 데를 찾아 텍사스주의 빅벤드랜치주립공원 바로 서쪽에서 리오그란데강을 건넜다. 이후 그는 뜨거운 사막을 가로지르는 험난한 여정을 시작했다. 사막을 건너자 텍사스주 남부의 작은 도시인 마파가 나왔다. 그는 마파 외곽에서 트럭을 타고 마지막 목적지인 오리건주로 갔다. 이곳은 임금도 넉넉히 주었고 날씨도 쾌청했다.

오리건주에 도착했을 때 페레즈에게는 휴대전화, 칫솔, 배낭의 옷가지뿐이었다. 그는 윌라메트계곡 심장부에 자리한 자그만 공동체인 저베이스Gervais로 갔다. 거기서 루카스는 자기 집의 2층에 페레즈의 거처를 마련해주었다. 방이라고 해야 나무틀로 짠 트윈베드에 지저분한 매트리스를 깔고 빨간색 침대보로 커튼을 단 것에 지나지 않았다. 며칠이나 지났을까, 페레즈는 어느덧 에른스트 묘목장에서 루카스와 나란히 일하고 있었다.

이주 증명서가 없는 모든 불법이주 노동자들이 그렇듯이 페레즈도 언제 미국에서 추방당할지 모른다는 두려움에 항상 떨었다. 1만 2,000달러를 들이지 않았다면 아마 그는 미국으로 건너올 수 없었을 것이다. 하지만 그 돈은 너무 큰 액수였다. 페레즈가 임금으로 빚을 다 갚는 데에만 꼬박 5개월은 걸릴 것이었다. 그러다가 이민국의 불시 단속에 추방이라도 당하면 1만 2,000달러의 대출을 고스란히 빚으로 떠안게 된다.

페레즈의 삶을 재정적 면에서 보면 그야말로 가차 없었다. 그는 시간당 14달러의 임금을(결코 높지는 않지만 농장 일꾼에게 시간당 8달러를 주는 텍사스주보다는 훨씬 나았다) 받고 하루에 10시간을 일했다. 초과근무수당과 유급휴가도 없는데 의료보험 혜택이 있을 리는 만무했다. 세금을 떼고 나서 페레즈가 월급으로 챙길 수 있는 돈은 2,000~2,400달러 정도였다(불법 이주 노동자들은 거의 예외 없이 세금을 내지만 나중에 사회보장연금이나 의료보험 혜택을 청구하는 경우는 거의 없다). 여기에 페레즈는 루카스에게 방세로 500달러를 냈다. 그리고 남는 돈은 모두 과테말라에 있는 어머니나 마리아에게 보내거나 코요테 대금을 갚는 데에 썼다. 루카스에 따르면 사망 당시 페레즈는 대출금을 3,000달러 갚고 아직 9,000달러의 빚이 남은 상태였다. "12월까지 그 돈을 전부 갚는 게 페레즈의 목표였어요." 루카스는 말한다. "세바스티안은 진지한 형이었어요. 농담은 별로 할 줄 몰랐죠. 술도 안 마셨어요. 파티에도 안 갔고요. 대신 교회에 다녔어요. 형은 자기 미래에 대해 주로 얘기했어요. 과테말라로 돌아가면 마리아와 함께 어떤 삶을 꾸려갈지도요."

밭에서 쓰러지기 전날 밤에도 그는 과테말라에 있는 마리아와 어머니에게 전화를 했다. 페레즈의 어머니는 걱정이 많았다. "날씨가 더울 거라던데." 그녀는 아들에게 말했다. "몸조심하거라." 마리아도 날이 더울 거라는 사실은 알았지만 그렇게 걱정되지 않았다고 했다. "세바스티안은 날이 더우면 쉴 줄 아는 사람이거든요." 마리아의 말이다. "과테말라에 있을 때는 밭에 나가 일하다가도 날이 무더우면 어김없이 일손을 놓고 집에 돌아와 더위를 식히곤 했어요. 미국에서는 왜 그러지 않았을까요?"

흑인은 더위에 강하다?

나는 지금 오스틴의 우리 집에서 이 책을 쓰고 있고 우리 집 뒷마당에서는 호세라는 남자가 일하고 있다. 날씨가 포근한 봄날 아침, 뒷마당에서 세이지를 파내 햇볕이 잘 드는 곳으로 옮겨 심는 중이다. 멕시코의 게레로주에서 성장한 호세는 사망 당시의 페레즈보다 몇 살 더 많지만 페레즈처럼 자신과 가족의 더 나은 미래를 위해 국경을 넘은 사람이었다. 내 아내 시몬이 호세를 알고 지낸 것이 벌써 15년째였다. 정원 일을 봐줄 사람을 구하다가 친구의 소개로 그를 만났다. 이후 호세는 한 달에 한두 번씩 주말에 와서 시몬의 일을 거들어주고 있다.

호세에 따르면, 그에게 참나무 그늘에서 가지치기를 하는 것쯤은 그의 주업, 즉 고속도로 순찰대원 업무에 비하면 아무것도 아니었다. 이곳 텍사스주에서 고속도로 순찰대원으로 일한다는 것은 시원한 가을날에도 따뜻한 것은 물론 무더운 여름날에는 프라이팬처럼 달궈지는 까만 아스팔트 위에서 일해야 한다는 뜻이다. 고속도로 순찰 일에 대해 내가 물었을 때 호세는 비록 힘들기는 하지만 그래도 스스로를 챙기는 요령이 나름 있다고 했다. 우선 물 마시는 휴식 시간이 몇 차례 있다. 점심은 반드시 트럭 그늘에서 먹는다. 또 날씨가 더워질수록 일하는 속도를 늦춘다. 그러다 더위가 너무 극단적으로 심해진다 싶으면 그날 일을 아예 접는다. 이것이 바로 호세가 온갖 종류의 더위에 능란하게 대처하는 방법이자 더위로 고생하느냐 마느냐를 결정짓는 비결이다. 호세는 더위 때문에 곤경에 빠지는 건 늘 신참들이라고 말한다. 더위를 대수롭지 않게 보기나 더위를 한 번도 겪어보지 못한 이들, 혹은 자신들이 더위보다 강하다고 생각하는 사람들이 꼭 문제가 된다.

텍사스주에서 살다 보면 가장 고되고 더위에 취약한 일, 즉 밭, 고속도로, 건설 현장의 일들은 대체로 멕시코인들 혹은 중앙아메리카인들이 도맡아 한다는 사실을 모를 수가 없다. 당연한 얘기지만, 이런 현상이 발생하는 일부 원인은 국경이 맞닿아 있다는 것에 있다. 멕시코와 중앙아메리카 출신 중에는 미국으로 건너와 일자리를 구하는 사람이 많지만, 냉방 시설이 갖춰진 사무실에서 일하기 위해 필요한 서류나 자격증을 갖고 있지 못한 이들이 더러 있다. 또 다른 원인으로는 이들이 푹푹 찌는 여름날 지붕을 새로 얹는 작업처럼 남들은 좀처럼 하지 않는 일들을 자진해서 하려는 데에 있다. 여기에 더해 인종차별의 잔재도 한몫을 한다. 물론 공공연하게 드러나지는 않는다. 그보다는 이렇게 표현될 때가 더 많다. 멕시코인들은 더운 데서 살던 사람들이니까, 더위 속에서 일하는 것도 그리 고역은 아닐 것이다. 더위에 이미 익숙할 테니까.

이 생각에는 잘못된 점이 한두 가지가 아니다. 우선 멕시코는 다양성을 갖춘 나라로서 높은 산맥부터 선선한 바람이 부는 해변까지 그야말로 광범위한 생태계가 자리 잡고 있는 곳이다. 캘리포니아인이라고 전부 더운 날씨에 익숙하지 않은 것처럼 멕시코인이라고 전부 더위에 익숙하지는 않다.

또한 더운 지역에 사는 사람들이 추운 지역에 사는 사람들보다 더위와 잘 맞는다는 생각도 옳지 않다. 사람들이 갖고 있는 땀샘의 수와 사람들이 땀으로 더위를 식히는 능력은 누구나 똑같기 때문이다. 물론 유난히 땀샘이 발달한 사람들도 있지만 이는 거주지나 인종과는 아무런 상관이 없는 복잡한 생리 과정과 유전적 다양성에서 비롯되는 일이다. 피부색 역시 아무 영향을 미치지 못한다. "햇빛으로 인한 열 축적은 주로 적외선 복사를 통해 이뤄지고 검은 피부든 하얀 피부든 햇빛에서 흡수하는 적외선 복사의 양은 거의 같다."[16] 인류학자 니나 자블론스키가 『스킨: 피부색에 감춰진 비밀』에 쓴 글이다. "한 사람의 열 부하heat load를 증가시키는 가장 중요한 요인은 외부의 기온, 습도, 그리고 그 사람이 운동으로 발생시킨 열의 양이다."

18세기와 19세기만 해도 열과 인종차별에는 깊은 관련이 있었다. 특정 인종(즉 유색인종)이 다른 인종에 비해 더위와 잘 맞는다는 생각은 남북전쟁 이전 미국의 남부 주들에 널리 퍼져 있었다. 이는 노예제를 정당화하는 도덕적 명분이 되었을 뿐만 아니라 노예들이 목화밭에서 시달린 끔찍한 노동조건을 노예 소유주들이 모른 척하게 하는 구실이 되었다.

실제로도 노동조건은 끔찍하기 짝이 없었다. 1875년에 한 노예제 폐지론자가 회상한 바에 따르면, 노예들은 단 1분도 허리를 펴지 못한 채 목화솜을 "긁어모으면서" 12만, 16만, 20만 제곱미터의 밭을 지나야만 했다.[17] 그것도 머리와 등에는 이글거리는 햇볕이 사정없이 내리쪼이고 얼굴에는 흙의 열기가 올라오는 가운데 말이다. 밭이랑의 끝에 다다르고 나서야 비로소 한숨을 돌리고 허리를 세우며 물을 마셨을지도 모르겠다. 어쨌든 그러기까지는 한 시간에서 한 시간 반이 걸렸다. 이 노예제 폐지론자에 따르면 어떤 노예들은 "항상 웅크린 채로 몸을 똑바로 펴보지도 못했다." 먹고살려면 목화에 자신들의 굽은 몸을 바치듯 일해야 했기 때문이다.

노예 의사이자 인종차별 이론가였던 새뮤얼 카트라이트Samuel Cartwright는 그런 상황에서도 아프리카계 미국인은 그리 고통스럽지 않다고 주장했다.[18] 아프리카계 미국인은 백인들과는 다르다는 것이었다. 1850년대에 카트라이트는 미국 남부의 과학적 인종차별주의를 제일선에서 옹호한 인물로 부상했다. 이때 그가 꼽은 플랜

테이션 농장주와 그들의 인간 재산 사이의 가장 뚜렷한 차이는 더위를 견디는 능력이었다. "니그로들은 백인이었다면 물집이 잡혔을 뜨거운 햇빛 속에 맨머리와 맨 등을 자발적으로 노출해온 관행이 있는 만큼, 그들에게는 백인과는 다른 생리적 법칙이 적용된다는 사실이 입증된 셈입니다."[19] 카트라이트가 당시 국무장관이던 대니얼 웹스터에게 쓴 편지의 일부다. 그가 보기에 아프리카계 미국인이 더위 속에서 고된 일을 하는 것은 자연의 질서였고, 바로 거기에 미국 남부 주의 경제 전체가 걸려 있었다. "백인이 한낮의 여름 햇빛 속에서 목화밭과 사탕수수밭에서 일을 했다가는 백인의 특성상 반드시 질병에 걸리거나 죽을 수밖에 없다. 하지만 똑같은 노동이 니그로에게는 오히려 건강에 좋고 유익한 운동에 지나지 않는다는 것이 입증됐다."[20]

카트라이트만 이런 생각을 한 것은 아니었다. 1826년 사우스캐롤라이나주의 의사이자 농장주였던 필립 티디먼은 아프리카계 미국인은 "타고난 체질상 더운 기후에도 건강이 나빠지지 않는다(백인에게 더운 기후는 지극히 해롭다). 열악한 환경에서 일해야 하는 사람들 사이에서 특히 그렇다"[21]라고 주장했다. 그러고는 그처럼 혹독한 여건에서도 노예들은 "활기차고 민첩하게 일하는 반면 백인 노동자는 작열하는 태양에 맥이 빠져 그대로 주저앉을 것이다"라고 덧붙였다.

남부의 의사인 윌리엄 홀컴은 해부학적 차이 덕분에 노예들이 더위에 강한 것이라고 했다. "니그로의 머리뼈는 매우 두껍고 조밀하고 튼튼해서 부상이나 더위에도 별 타격을 받지 않는다."[22] 홀컴은 이 같은 인종의 특수성을 통해 "니그로들은 열대 기후에서 농사 짓는 일꾼, 다시 말해 강력한 동물 기계가 될 체질을 원래부터 타고 났음이 입증된다"라고 결론 내렸다. 뉴욕의 의사 존 반 에브리의 생각도 이와 다르지 않았다. "[니그로는] 무시무시한 더위도 뚫지 못하게끔 양털 같은 머리카락이 촘촘한 매트처럼 머리를 뒤덮고 있다. 이런 머리카락이 수직으로 떨어지는 태양 광선으로부터 머리를 보호하는가 하면 니그로의 몸 전체에는 무수한 피지샘이 들어차서 완벽한 배설 시스템을 갖추었기 때문에 이들은 기후의 심각한 영향을 받지 않는다. 반면 고도로 발달한 민감한 유기체인 백인은 똑같은 상황에서 너무도 치명적인 영향을 받는다. 니그로는 불타는 열대의 태양을 피할 은신처를 찾기보다는 오히려 맹렬한 더위를 쫓아다니고 즐기고 그 속에서 기쁨을 누린다."[23] 반 에브리가 보기에 노예의 체질은 신의 설계를 통해 설명할 수 있었다. "하느님께서는 니그로의 신체 구조와 정신 구조 모두를 열대 지역에 적합하도록 적응시키셨다."[24]

심지어 노예제가 폐지되고 과학적 인종차별주의가 백인의 특권과 어리석음의 표상임이 드러난 뒤에도 다른 인종보다 더위에 적합한 인종이 있다는 생각은 좀처럼 사라지지 않았다. 1908년 멕시코인들이 미국 남서부 전역의 저숙련 직군, 특히 건설과 농사에 몰려든다는 사실이 연방정부의 주목을 받게 됐다. 한 조사관에 따르면 "유럽인이나 동양인은 결코 견디지 못하는 것으로 입증된 사막의 더위 속에서도 이들은 훌륭히 일하고 만족스럽게 지낸다."[25]

그러다 1차 세계대전이 터지고 미국이 인력난을 겪게 되자 멕시코인과 중앙아메리카인이 미국 북부의 산업 센터에 대규모로 들어오게 됐다. 경영진은 이들을 더운 일자리에 배치했다. 디트로이트의 자동차 공장에서 멕시코인들이 주로 일한 곳은 주조 부서였다. 시카고에서는 코크스 가마와 용광로 입구에서 땀을 뻘뻘 흘리며 일했다. 1925년 피츠버그의 한 파이프 제조업자가 36개 집단에 대한 사회적 인식을 정리해서 일명 "다양한 유형의 일에 대한 인종별 적응성Racial Adaptability to Various Types of Work"이라는 표를 만들었다.[26] 여기서 멕시코인들은 덥고 건조한 환경에서 하는 일과 지저분한 일에서는 긍정적인 평가를 받았다. 1920년대 말에 펜실베이니아를 찾은 경제학자 폴 테일러Paul Taylor는 베슬리헴스틸 제철소의 가장 더운 작업장에 이주민들이 집중적으로 배치되어 있다는 사실에 충격을 받았다. 테일러는 보고서에 이렇게 썼다. "사람들은 멕시코인들이 더위에 강하다고 했다."[27]

1920년대 미국 의회는 이민 정책에 대해 설전을 벌이며 이 모든 문제를 해결하고자 했다. 미국 하원의 이민귀화상임위원회 청문회에서 당시 콜로라도주 의원이었던 윌리엄 베일은 부유한 백인 농장주와 공장 소유주의 관점에서 이 문제를 이렇게 정리했다. "미국 남부는 백인이 육체노동을 하기에 적합한 곳이 아니었습니다. 워낙 더운 곳이라서 백인이 육체노동으로 성공하기는 힘듭니다."[28] 텍사스주 의원이었던 카를로스 비(그의 아버지는 미합중국을 탈퇴해 남북전쟁을 일으킨 남부연합군의 장군이기도 했다)는 뜨거운 밭과 공장에서 일하는 것에 대해 멕시코인은 "뜨거운 날씨 속에 사는 식물이나 다름없다. … 멕시코인은 추운 기후로 가고 싶어 하지 않는다.

그들은 열대 기후에서 살기 때문에 여름철의 텍사스에서도 얼마든 살아갈 의향이 있다"[29]라고 말했다.

고작 그늘과 물, 10분의 휴식

페레즈처럼 에른스트 너서리앤팜스에서 일하는 일꾼들은 40~50명이다. 나와 이야기를 나눈 몇몇 일꾼들이 귀띔해주기를, 그 숫자는 농번기냐 농한기냐에 따라 달라지고 거의 전부가 무허가 이주민이라고 했다. 에른스트 묘목장은 2007년과 2010년에 작업장에서 사용되는 농약에 대한 정보와 지역 응급의료 시설의 연락처를 게시하지 않았다는 이유로 오리건주 OSHA의 관리 대상 명단에 오르기도 했다.[30] 2014년에는 일꾼들에게 물을 제공하지 않아 기소되기도 했다.[31] 에른스트 묘목장은 자신들의 노동 관련 방침에 대해 따로 견해를 밝히진 않았다. 하지만 나와 이야기를 나눈 일꾼들에 따르면 여기나 일대의 다른 작업장이나 근로 여건은 똑같다고 했다. 한두 시간 일하고 10분 휴식, 점심시간은 30분, 밭 안에 이동식 화장실이 있는 것까지 말이다. 하지만 식수에 대한 규정은 물론, 천막을 비롯해 쉼터는 전혀 마련돼 있지 않다. 내가 윌라메트계곡을 찾았을 때도 기온은 35℃까지 올라가 있었지만 내가 방문한 어떤 묘목장이나 농장에도 일꾼들을 위한 그늘막 구조물은 단 하나도 보이지 않았다.

과연 농장주들이 급여명세서의 숫자를 꼼꼼히 살피는 것 말고는 자신들이 고용한 일꾼들에게 얼마나 신경을 쓰고 있는 것일까. 다른 수많은 묘목장과 농장들이 그렇듯 에른스트 묘목장도 구인과 고용 업무를 외부에 맡긴다. 이렇듯 하청업자가 중간에 끼다 보니 농장과 묘목장 소유주들은 자신들의 일꾼들이나 그들이 받는 대우에 대한 책임에서 한 발 물러날 여지가 생긴다.

이 때문에 일꾼들은 안전하지 못한 노동조건에 대해 목소리를 내기가 더 힘들어진다. 열악한 근로 환경의 책임이 묘목장 주인에게 있는지 아니면 하청업자에게 있는지 종종 명확하지 않기 때문이다. 또 노동자들의 일터가 너무 자주 바뀌다 보니, 이들이 어디 소속인지 갈피를 잡지 못할 때도 있다. "자신들이 어디 소속인지, 어떤 농장에서 일하고 있는지조차 모르는 일꾼들도 있습니다." 오리건주의 북서부 농장노동자 연합Pineros Y Campesinos Unidos del Noroeste의 이사 레이나 로페즈의 말이다. 내가 에른스트 묘목장에 전화를 걸어 농장의 노동조건과 페레즈의 죽음에 관해 물었을 때, 나와 통화한 여성은(이름을 밝히지 말아달라고 했다) 구체적인 사항에 대해서는 일절 확인해줄 수 없다면서 이렇게만 말했다. "그런 일이 일어난 것에 우리도 참담한 심정입니다."

페레즈가 죽고 몇 주 뒤에야 워싱턴주와 오리건주의 관료들이 마침내 현장 작업자들에 대한 더위 관련 응급 규정을 발표했다. 오리건주의 규정에 따라 이제 기온이 26.2℃ 이상으로 올라갈 때는 항상 그늘막과 식수가 마련돼야 하며, 32.2℃ 이상으로 치솟을 때는 두 시간 작업에 10분간의 휴식 시간을 가져야 한다. 생존을 위한 최소한의 여건이 마련된 셈이다. 진작 이 규정들이 있었다면 페레즈도 목숨을 잃지 않았을까? 쉽게 단정할 수 없는 문제다. 규정이 있는 것과 그 규정을 실행하는 것은 별개이기 때문이다. 다만 분명한 사실은 21세기의 미국이라면 그 누구도 기온이 41.6℃까지 치솟았을 때 벌판에서 육체노동을 해서는 안 된다는 것이다.

"더위로 인한 사망은 100퍼센트 막을 수 있다는 점을 생각하면 서서히 하지만 격렬하게 분노가 치밀어 오르지요." 농장노동자연합United Farm Workers의 임원인 엘리자베스 스트레이터의 말이다. "더위로 인한 죽음을 막는 데에는 최첨단 기술이나 비싼 기계가 필요한 게 아닙니다. 그늘, 시원한 물, 휴식이 필요해요. 그게 전부예요. 이쪽 업계가 이런 식으로 노동자를 천시하고 이것들마저 제공하지 않는 것은 범죄일 뿐입니다."

페레즈가 세상을 떠나고 일주일이 흘렀다. 그의 시신은 아직 근처의 장례식장에 안치된 채 과테말라행 배에 실리기만 기다리고 있었다. 나는 그가 생의 마지막 밤을 보낸 방을 향해 계단을 밟고 올라갔다. 방에는 침대, 램프, 꽃병뿐이었고 꽃병에서 꽃들이 더위에 시들어가고 있었다. 페레즈의 몇 안 되는 유품은 관에 담긴 뒤였다.

"때로는 형이 아직도 여기 살고 있는 것만 같아요." 루카스가 텅 빈 침대 옆에 서서 말했다. "밤에는 형의 발소리도 들려요." 루카스는 페레즈가 남은 빚을 다 갚고 싶어서, 마리아와 어머니를 돌보고 싶어서 죽은 뒤에도 이 집에 계속 머무는 것 같다고 했다. 독수리 발톱처럼 손이 우악스럽고 강인한 사내 루카스는 이 말을 하고는 등을 돌리고 눈물을 흘렸다.

다음 날 나는 에른스트 묘목장으로 차를 몰았다. 기온은 36.1℃였다. 길가에 차를 대고는 차에서 내렸다. 그리고 페레즈가 일했던 회양목과 측백나무 밭으로 걸어들어 갔다. 페레즈의 죽음은 사고도 아니었고, 예측불허의 상황이 빚어낸 비극도 아니었다. 화석연료를 태우면 대기가 뜨거워진다는 사실, 극도로 더워진 지구에서 폭염이 점점 강해지리라는 사실을 과학자들은 이미 수십 년 전부터 알고 있지 않았던가. 또 페레즈 같은 사람들, 그러니까 기반이 취약한 가난한 사람들, 중상류층의 특권인 에어컨이 가동되는 결계 밖에서 살아가는 사람들이 가장 먼저, 가장 많이 고통받을 것도 우리는 모르지 않았다. 기후위기의 가혹한 수학적 현실에서는 페레즈 같은 사람들이 소모품으로 여겨질 때가 너무 많다. 이들의 이야기는 단 하루 언론에 보도되거나 정부 보고서의 통계 수치로 들어가고 끝날 뿐이다.

페레즈가 쓰러졌던 땅에서 자라나는 묘목들은 정성스러운 보살핌을 받은 듯 튼튼하고 짙푸르렀다. 그 모습을 사진으로 찍으려고 전화기를 꺼내 들었다. 그런데 화면에 이런 경고문이 떴다. "기기가 너무 뜨거워 사용할 수 없습니다. 기기를 식히세요." 밭에서 1미터 정도 떨어진 미송 아래에는 아직도 페레즈가 쓰던 챙 넓은 모자와 물통이 덩그러니 놓여 있었다.

나는 거기로 걸어가 그의 모자를 집어 들었다. 땀자국이 얼룩덜룩 배어 있었다.

"그이는 더러 밭에서 전화를 걸기도 했어요." 며칠 뒤 마리아가 내게 말했다. "그러고는 이렇게 말하곤 했죠. '마리아, 나 여기서 열심히 일하고 있어. 곧 돌아가서 집을 지을 수 있을 거야.' 그이가 늘 입버릇처럼 하던 말이었어요. 저는 페레즈에게 기다릴 거라고 약속했고요. 그런데 이제 그이가 관에 담겨 집으로 돌아온다고 하네요."

The Heat

9장

Will Kill

세상 끝의 얼음

남극에서 현관까지, 절망의 나비효과

You First

우리가 오늘날 삶에서 만들어내고 있는 열은 어딘가에 가둘 수 있는 게 아니다. 이 열은 세상 모든 것에 가 닿는다.

남극행 1일 차, 빙붕이 무너진다

2019년 1월 30일, 오늘 원래대로라면 우리는 증기선을 타고 남극으로 향했어야 한다. 하지만 내가 승선한 약 94미터 길이의 쇄빙선 겸 해양조사 선박인 너새니얼 B. 팔머Nathaniel B. Palmer호는 아직 칠레의 푼타아레나스에 발이 묶여 있다. 지금 배에는 나를 포함한 26명의 과학자, 31명의 승무원과 함께 수백만 달러에 달하는 과학 장비가 실려 있다. 우리는 이틀 전에 남극을 향해 출발했지만 배의 방향타에 문제가 생겨 항구로 되돌아왔다. 지금 잠수부들이 물속에서 배를 살펴보고 있다. 곧 수리가 끝나 우리도 다시 길을 나설 듯하다.

이번 여행은 미국 국립과학재단NSF과 영국남극연구소British Antarctic Survey가 5,000억 달러 규모로 5년간 합작하는 공동 연구의 첫 번째 탐사 작업으로, 서남극에서 가장 커다란 빙하로 손꼽히는 스웨이츠 빙하Thwaites Glacier의 붕괴 위험을 탐구하기 위해 마련되었다.[1] 이번 여행에서 과학자들은 뾰족한 장비로 스웨이츠 빙하(일명 종말의 날 빙하Doomsday Glacier라고도 한다)*[2]를 구석구석 찔러보고, 해수면 아래의 모습을 그리고, 빙하 밑부분에 따뜻한 물을 끌어오는 해류의 변화를 측정하고, 빙하 근처의 진흙땅을 파헤쳐 온난화로 빙하가 얼마나 줄어들었는지 더욱 확실히 알아보고자 한다. 수석과학자 롭 라터Rob Larter가 어젯밤 선상에서 열린 과학자 회의에서 말한 것처럼, "우리가 해답을 얻고 싶은 질문은 이것입니다. 서남극의 빙붕은 정말로 제지 불능의 붕괴 직전의 상황에 있는가?"

서남극이 붕괴에 얼마나 가까이 다가갔는가는 우리 시대의 가장 다급하고 중대한 질문 중 하나다. 서남극 빙붕이 안정적이라는 것은 전 세계의 연안 도시들이 해수면 상승에 적응할 시간이 있다는 뜻이다. 서남극 빙붕이 불안정하다는 것은 마이애미와는 이제 작별해야 한다는 뜻이다. 전 세계의 저지대에 자리한 연안 도시는 어디나 사정이 같다.

하지만 이 질문에 답하려면 일단 남극에 가봐야 한다. 그래서 지금은 다들 방향타가 어서 수리되기만을 기다리면서 각자의 객실에서 시간을 보내고 있다. 이 선박에는 총 다섯 개의 갑판이 녹색 강철문과 층계를 통해 미로처럼 연결돼 있다. 미국 정부도 이 탐사를 지원했기 때문에 오늘 오후에는 다 같이 성희롱 예방과 남극에서의 환경보호 원칙에(여기에는 우리가 입은 겨울 점퍼의 벨크로에 붙은 식물을 어떻게 떼야 하는지도 포함돼 있었다. 남극에 침입종이 들어가

* 2017년 남극에 대한 기사를 쓰면서 내가 붙인 별명이다. 이후 이 말은 언론에서는 널리 쓰였지만 과학자들 사이에서는 보편적으로 수용되지 않았다. 일부 과학자들은 이 별명이 쓸데없는 우려를 자아낸다고 보기도 한다. 하지만 나는 머지않은 미래에 해수면을 3미터나 상승시킬지도 모를 빙하의 붕괴가 걱정스럽기만 하다.

는 것을 완전히 차단하기 위한 조치다) 관한 동영상을 시청해야 했다. 또 우리는 구명보트에 올라타는 연습과 밝은 오렌지색의 내침수복immersion suit을 입는 연습도 했다. 이론상 이 잠수복을 입으면 얼음장 같은 남빙양의 물에서도 몇 시간은 체온을 유지할 수 있다. 이와 함께 우리는 모든 것을 띠로 단단히 동여매야 한다는 것도 배우는 한편, 각종 질병과 관련한 약들을 테스트했다. 커다란 파도가 덮치는 드레이크 해협(남아메리카와 남극 사이의 공해로, 이곳의 바닷길은 험하기로 악명이 높다)을 통과할 때는 어디에 토를 해야 하는지도 들었다.

오늘 아침 식당에서 함께 식사하는 동안 우리의 화젯거리는 드레이크 해협 서쪽에서 발달 중인 태풍이었다. 이미 남극을 몇 차례나 횡단한 베테랑인 라터가 실쭉 웃으며 말했듯 "남극으로 가는 길에는 늘 태풍이 도사리고 있다."

잠자는 코끼리

극단적인 더위는 맥락에 따라 정의가 달라지게 마련이다. 가령 내가 사는 텍사스에서는 기온이 0.5~1℃ 올라봐야 별로 체감되지 않는다. 하지만 남극에서 0.5~1℃의 변화는 물이 되느냐 얼음이 되느냐, 빙하가 안정을 유지하느냐 붕괴하느냐를 결정짓는다. 전 세계의 연안 도시에 자리 잡은 수백만 명의 사람들에게는 0.5~1℃에 따라 해변에 근사한 풍경이 펼쳐지느냐 내 집 거실에 1미터의 물이 차오르느냐가 결정될 수 있다. 남극에서처럼 더위가 우리 미래에 커다란 힘을 미치는 곳은 지구상 그 어디에도 없다.

남극은 미국과 멕시코를 한데 합친 정도의 크기로서 상주인구가 0명인 땅이다. 남극은 어떤 국가의 영토도 아니기 때문에 통상적 의미의 정부는 존재하지 않는다. 영국 탐험가 로버트 팰컨 스콧Robert Falcon Scott과 노르웨이 탐험가 로알 아문센Roald Amundsen이 1911년 남극점을 향한 경주를 벌여 전 세계의 이목을 끈 이래 남극은 과학자들과 모험가들(아울러 일반 대중의 상상 속에서는 펭귄들)의 활동무대였다. 지구의 물 70퍼센트는 남극에 빙상 형태로 모여 있다. 그래서 두께가 약 4.8킬로미터인 빙상도 있다.[3] 남극대륙은 남극횡단산지Transantarctic Mountains를 경계로 크게 둘로 나뉜다. 같은 남극인데도 동남극이 서남극보다 더 크고 더 추우며 빙하도 덜 녹아내린다. 서남극의 빙하가 더 잘 녹아내리는 데에는 또 다른 이유도 있다. 서남극의 빙하는 해수면 아래에 잠겨 있는 면적이 크기 때문에 바닷물의 기온이 조금만 변해도 쉽게 녹아내리는 것이다.

최근까지만 해도 기후학자들에게 남극은 별로 큰 걱정거리가 아니었다. 어쨌든 남극은 지구상에서 제일 추운 곳인 데다가 당시에는 열이 그렇게 많이 가해지지도 않았기 때문이다. 그뿐만이 아니라 남극대륙을 에워싸며 흐르는 해류 덕분에 남극은 점점 따뜻해지는 바다와도 격리돼 있다고 여겨졌다. 이 해류가 남극을 대서양과 태평양으로부터 보호해준다는 것이었다. 2021년 발행된, 제6차 평가 보고서에 따르면 2100년 무렵 전 세계의 해수면은 지금보다 36~96센티미터 상승할 것이고,[4] 이런 해수면 상승에 남극 빙상은 아주 미미한 영향만 미칠 거라고 한다(물론 IPCC에서는 이 수치도 변할 수 있다는 점도 확실히 밝혔다).[5]

IPCC의 예상치에 대해서는 오래도록 논란이 그치지 않았다. 그린란드와 남극의 빙상 융해는 예측이 매우 어렵다는 것에 일부 원인이 있었다. 몇 년 전, 나사의 기후학자 제임스 핸슨은 IPCC의 예측치는 너무 줄잡은 감이 있으며 자신이 보기에 2100년이면 해수면이 3미터는 상승할 수도 있다고 했다.[6] 300만 년 전(플라이오세에 해당한다), 대기 중의 이산화탄소 수준이 오늘날과 거의 같고 기온은 약간 더 높았을 때 해수면의 높이는 지금보다 최소한 6미터는 높았다.[7] 이 말은 빙상이 평형상태에 도달하려면 앞으로 융해가 많이 일어날 거라는 뜻이기도 하다. 산에 있는 빙하들도 어쩌면 해수면 상승에 약간은 일조했을 것이고 따뜻해진 바닷물도 열팽창을 통해 해수면을 위로 밀어 올렸겠지만, 해수면이 6미터나 상승하려면 그린란드와 남극이 큰 역할을 했을 가능성이 크다(오래전 자취를 감춘 다른 빙하들도 그렇다).

기후학자들에게는 그린란드 역시 걱정거리다. 우선 그린란드는 지구상의 그 어디보다도 빨리 더워지고 있다. 그뿐만이 아니라 빙하가 녹고 있는 것이 두 눈으로 확연히 보인다. 매년 여름 빙상의 표면이 달아오르면서 물이 거대한 파란 물줄기를 이루어 바다로 쏟아지는가 하면 일부는 빙하 구멍을 통해 비딧속으로 흘러든다. 그런 만큼 그린란드는 과학자들이 힘들게 관찰해야 하는 곳은 아니었다. 더구나 남극에 비하면 그린란드에 가는 것은 쉬운 일이다. 유럽에서 비행기를 타고 잠시 날아 그린란드 연안의 오래된 어촌 마을에 내리기만 하면 된다. 거기서 세상에서 제일 빨리 움직이는 빙하 야콥스하운Jakobshavn에 가보고 저녁 식사 전에 호텔로 돌아와 위스키를 한잔 들이켤 수 있다.

하지만 남극은 만만한 곳이 아니었다. 그래서 일부 과학자들은 남극에서 대체 무슨 일이 일어나고 있는지 더욱 열심히 살펴볼 수밖에 없었다. 그러다 2002년 세상을 깜짝 놀라게 한 사건이 터졌다. 라르센 BLarsen B 빙붕(남극 반도 위에 떠 있는 어마어마한 크기의 얼음덩어리)이 무너진 것이다.[8] 빙붕이란 얼음이 빙하의 끝에서부터 물을 만나는 지점까지 거대한 손가락 모양으로 자라난 것을 말한다. 라르센 B 뒤에 자리한 빙하들은 남극과 그린란드의 수많은 빙하처럼 해양 접속marine-terminating 빙하로 알려져 있다. 해수면 아래에 잠겨 있는 부분이 많기 때문이다. 사실 빙붕 붕괴만으로는 해수면 상승에 영향이 없다. 빙붕은 이미 물에 떠 있는 상태이기 때문이다(유리잔 안에서 얼음들이 녹고 있다고 해서 거기 담긴 액체의 수위가 높아지지는 않는다). 하지만 이 빙붕들은 빙하를 지지하고 붙잡아준다는 면에서 중요한 역할을 한다. 라르센 B 빙붕이 자취를 감추자 그 뒤에 있던 빙하들이 바다로 흘러내리는 속도가 전보다 8배 빨라졌다. "마치 '어, 여기 대체 뭐가 어떻게 된 거야?'라며 무너지는 것 같았습니다." 미국 국립빙설데이터센터National Snow and Ice Data Center의 빙하학자 테드 스캄보스Ted Scambos가 2017년에 내게 한 말이다. "빙하는 예상했던 것보다도 더위에 아주 민감하다는 사실이 입증된 셈입니다."

그나마 다행인 것은 라르센 B 빙붕 뒤의 빙하들은 그렇게 크지 않아서 해수면 상승을 걱정하지 않아도 되었다는 것이다. 하지만 라르센 B 빙붕 붕괴 이후 과학자들은 남극의 빙하들과 그 움직임을 더 면밀히 살펴보게 되었다. 인공위성 영상에서는 남극대륙 전체의 빙붕 두께가 얇아지고 있는 것으로 나타났으며, 서남극 쪽에서 이런 현상이 특히 심했다.[9] 얼음 두께가 심하게 얇아지는 곳들도 있었다. 그 이유는 명확하지 않았다. 그린란드와 달리 당시 남극의 기온은 그렇게 많이 오르지 않았기 때문이다. 주범은 바다일 것이었다. 과학자들은 바람과 해수 순환이 바뀌면서 심해의 따뜻한 물이 더 많이 빙붕 아래로 밀려와 빙붕을 아래쪽에서부터 녹이고 있다는 사실을 밝혀냈다. "단 0.5℃의 변화도 빙하에는 중대한 결과를 미치지요." 스캄보스가 말했다.

결국 당시 남극에서는 많은 일이 진행 중이었던 것으로 밝혀졌다. 빙붕들이 얇아지고 있었고, 따뜻해진 물이 빙하를 밀고 올라왔으며, 빙하들의 이동 속도도 빨라지고 있었다. 남극대륙 전체가 극적인 흐름을 겪는 중이었다. 그 흐름은 과연 얼마나 빨라질 것인가? 아무도 몰랐다. 연안 도시들을 물에 잠기게 할 가장 큰 위협은 혹시 그린란드가 아니라 남극일 수도 있지 않을까? 그린란드는 전부 녹아봐야 해수면이 6.7미터 상승하지만 남극이 전부 녹으면 해수면은 60미터 상승한다.

"남극은 잠자는 코끼리였어요." 미국 국립빙설데이터센터 소장 마크 세레즈가 말했다. "이제 코끼리가 일어나 몸을 이리저리 움직이기 시작했습니다."

드레이크 해협 진입

2019년 2월 2일, 이 글을 쓰는 지금 이 순간 우리는 칠레 해안에서 약 320킬로미터 떨어진 지점에 있다. 드레이크 해협으로 들어가려는 참이다. 영국 탐험가 프랜시스 드레이크 경Sir Francis Drake의 이름을 딴 이 드넓은 바다는 일명 가차 없는 위도라고도 불린다. 배를 몰고 용감히 이곳에 들어서는 뱃사람들을 오랜 세월 공포에 떨게 했기 때문이다. 바람은 종종 서쪽에서 불어와 드레이크 해협을 요란하게 통과한다. 아무것도 막아서는 것이 없는 남극을 거침없이 휘돌아 나간 바람은 집채만 한 파도들을 일으키곤 한다. 그것도 모자라, 세계에서 가장 강력한 해류인 남극순환류Antarctic Circumpolar Current(멕시코만류보다 5배는 세다)까지 남극대륙을 휘감고 돌면서 파도를 더욱 키워 항해를 어렵게 만든다. 이곳에서는 초속 38미터의 바람에 9미터 높이의 파도가 치는 것은 예사다. 2017년에는 이 해협 바로 서쪽의 부표에서 18미터 높이의 파고가 기록되기도 했다. 이제껏 남반구에서 기록된 파도 중 가장 거대한 것이었다. 드레이크 해협은 배들이 건너기 가장 위험한 해협이다. 이곳 바다에는 수 세대가 흐르는 동안 쌓인 부러진 돛대, 난파선, 실종 선원들이 유령처럼 출몰하곤 한다.

오늘은 점점 커지는 너울이 느껴진다. 지금 팔머호는 일정한 리듬에 따라 이리저리 흔들리지만 아직까지 오싹 겁이 날 정도는 아니다. 오늘 식당에서 해기사 몇 명과 함께 점심을 먹었다. 대부분이 드레이크 해협을 이미 여남은 번은 통과해본 이들이었다. 그들은 만일 배를 타고 드레이크 해협을 건너야 한다면 바로 이 배여야 한다고 입을 모은다. 팔머호는 커다란 디젤 엔진을 4기나 탑재한 데다가 선체는 3×12미터 크기의 강판으로 튼튼하게 건조한 배다. 이 배는 ABS-A2 쇄빙선으로 분류된다. 다시 말해 이 배는 90센티미터 두께의 얼음을 시속 5.5킬로미터의 속도로 뚫고 지나갈 수 있다는 뜻이다.

점심 식사 후에 나는 철제 계단을 올라 함교로 향한다. 팔머호의 함교는 배 안에서도 유난히 조용하다. 널찍한 공간의 3면이 유리로 에워싸여 있기 때문이다. 엔진 소리도 들리지 않는다. 그래서 마치 배를 타고 날아가는 듯한 기분이다. 집채만 한 파도가 사방을 에워싸고 있고, 서쪽에서 너울이 일고 있다. 함교의 스피커에서는 두비 브라더스, 그레이트풀 데드, 팻 베네타의 음악이 잔잔히 흘러나온다. 날뛰는 바다 위에서 클래식 록음악이라니 묘한 선곡이다.

지금 키를 쥐고 있는 것은 일등항해사 릭 윔켄Rick Wiemken이다. 시카고에서 자란 릭은 18세 때부터 형제와 함께 배를 타고 세계를 누비다가 바다와 사랑에 빠졌다. 지금은 두 아이와 함께 호놀룰루에 살면서 삶의 절반은 팔머호 같은 배를 조종하며 바다에서 보내고 있다.

나는 릭에게 드레이크 해협을 몇 번이나 건넜는지 물어본다.

"아, 여덟 번, 아니면 아홉 번이요." 그가 말한다.

"힘들 때가 많았습니까?"

"처음이 제일 지독했던 것 같네요." 그가 말했다. "그때는 바람이 초속 36미터였습니다. 날은 칠흑같이 어둡고요. 배가 전복될까

봐 얼마나 걱정했던지."

지금은 너울이 얼마나 큰지 그에게 물어본다. 바깥이 보이지 않아 가늠하기 어렵다.

"아마 3미터 정도일 겁니다." 릭은 말한다. "내일은 더 심해질 거고요."

"얼마나요?"

"폭풍의 강도에 따라 달라지겠지요. 지금 저희도 파악하려고 노력 중입니다. 이 배는 훌륭한 배예요. 무엇이 앞을 막아서건 감당할 수 있습니다. 문제는 큰 파도가 배의 측면을 때릴 수 있다는 겁니다. 그러면 배가 나동그라질 위험이 있어요. 너무 큰 파도가 덮칠 때는 차라리 멈춰야 합니다. 파도 속으로 들어가 정면으로 마주하는 거죠. 그리고 파도 위로 올라타는 거예요. 그 편이 훨씬 안정적입니다."

"내일은 어떻게 될까요?" 내가 묻는다.

릭은 미소를 짓는다. "흥미로워질 겁니다."

5미터의 재앙

급격하게 온난화되는 세상에서 서남극의 갑작스러운 붕괴 위험을 처음으로 간파한 것은 오하이오주의 괴짜 기상학자 존 머서John Mercer였다. 영국 소도시에서 성장한 머서는 1960년대 중반에 불모지였던 남극을 처음 찾아가 과학적인 현장 연구를 진행해 명성을 얻었다.[10] 당시 과학자들은 이산화탄소 배출과 기후온난화 사이의 연관성을 막 이해하기 시작한 참이었다. 그들은 과거에 빙붕이 커졌다가 다시 줄어들었던 일이 급격한 해수면 상승을 일으켰다는 사실을 알고 있었다. 하지만 지구 자전축에 일어난 약간의 변화로 빙하시대가 도래했다는 것은 결국 빙상이 약간의 온도 변화에도 민감하게 반응했다는 뜻이었다. 빙핵과 발달한 지도제작술 덕분에 과학자들은 빙상이 거대한 하나의 덩어리가 아니라 수많은 얼음 줄기가 모인 것이고 이 줄기들이 저마다 다른 길과 속도로 흐른다는 사실을 알게 되었다. 1960년대 말에 오늘날까지 핵심 화두로 통하는 이 질문을 던진 과학자는 아마 머서가 처음이었을 것이다. 화석연료로 인해 급격히 따뜻해지는 기후 속에서 남극은 과연 얼마나 안정적일 수 있을까?

남극에서도 머서가 가장 관심을 가졌던 곳은 서남극이었다. 지금까지 알려진 바에 따르면, 서남극의 빙하에 인간이 처음 발을 들인 것은 1957년에 국제지구물리 관측년 프로젝트로 냉전 시대에 미국과 소련을 비롯한 여러 국가가 과학적 탐구의 영역을 넓히자는 목표로 추진한 공동 연구 활동을 통해서였다. 이때 과학자들이 팀을 이루어 스웨이츠 빙하 등 서남극의 빙하들을 두루 답사했다. 빙핵 시추를 비롯한 갖가지 측정을 통해 이들은 얼음 밑의 땅이 수백만 년간 빙하의 무게에 눌려 반사면reverse slope을 이루게 되었음을 알게 됐다. "그러니까 엄청나게 거대한 수프 그릇이 얼음으로 꽉 차 있다고 생각하면 됩니다." 한 극지과학자가 내게 말했다.

스프 그릇에 계속 비유하자면, 이들 빙하의 가장자리(빙하가 육지를 떠나 떠다니기 시작하는 지점)는 해수면에서 305미터 이상 아래에 있는 그릇의 테두리에 걸쳐져 있다고 할 수 있다. 이 테두리를 과학자들은 지반선grounding line이라고 부른다. 이 테두리 아래로 땅이 몇백 킬로미터 내리막으로 떨어지다가 동남극과 서남극을 가르는 경계인 남극횡단산지에 이른다. 이 분지에서 가장 깊은 곳은 얼음의 두께가 무려 3.2킬로미터에 달한다. 1950년대, 즉 누구도 지구온난화를 생각하지 못했던 시절에는 이런 얼음 분지의 모습은 남극의 실제 구조를 밝히는 흥미로운 통찰로만 여겨졌지, 기후변화에 뒤따르는 엄청난 결과물로는 여겨지지 않았다.

그러다 1974년 노스웨스턴대학교의 물질학자 한스 베르트만Hans Weertman은 서남극의 빙하들이 그때껏 알려진 것 이상으로 급속한 융해에 취약하다는 사실을 밝혀냈다. 베르트만은 이 현상을 가리키는 용어를 따로 만들었다. 바로 해양 빙상 불안정성marine ice-sheet instability이라는 말이다.[11] 베르트만은 따뜻한 바닷물은 지반선을 뚫고 들어가 아래에서부터 얼음을 녹일 수 있다는 점을 지적했다. 그런데 빙하가 자라나는 속도보다 융해가 빠른 속도로 계속 일어나면(지금 상황이 그렇다) 빙하는 지반선을 미끄러지듯 빠져나와 사면을 타고 아래로 꺼지기 시작한다. "공이 내리막을 굴러 내려가는 것과 마찬가지"라고 오하이오주립대학교의 빙하학자 이언 호와트Ian Howat는 설명했다. 빙하의 기반이 깊은 물속에 있을수록 더 많은 얼음이 따뜻한 물에 노출되는 셈이고, 이는 다시 융해 속도를 가속하는 원인이 된다. 이와 함께 빙하 중에서 물 위로 떠오르려는 부분이 있으면 얼음에 추가로 압력이 가해지면서 균열이 발생한다.

그렇게 빙벽이 무너지면(이렇게 떨어져 나온 얼음덩어리를 '부빙'이라고 한다) 더 많은 얼음이 바닷속으로 떨어진다. 사면을 따라 더 많은 빙하가 미끄러질수록 붕괴도 더욱 빨라진다. 베르트만은 재앙 같은 해수면 상승의 기제를 발견한 것이다.

머서는 베르트만의 혁신적 발견에는 커다란 함의가 있음을 간파했다. 「서남극의 빙상과 CO_2 온실효과: 재앙의 징조」라는 논문에서 머서가 초점을 맞춘 사실은 물 위에 떠 있는 빙붕이 서남극 빙하들의 지지대 역할을 해준다는 것이었다.[12] 그런데 이제 빙붕은 점점 얇아지는 데다가 바닷속에 떠 있는 만큼 물이 따뜻해지면 제일 먼저 녹아버릴 것이다. 이렇게 빙붕이 사라지면 빙하가 바닷물 속으로 천천히 미끄러지도록 잡아주는 마찰력이 줄어들 뿐만 아니라 빙하들 사이의 평형도 변한다. 그러면 빙하가 지반선에서 떨어져 나와 물에 뜬다. 빙하가 사면을 타고 아래로 가라앉는 속도도 빨라진다. 머서에 따르면 이건 지금껏 사람들이 알았던 것보다 훨씬 더 불안정한 상태다. "대규모의 재앙(서남극의 퇴빙deglaciation으로 인해 해수면이 단번에 5미터 상승하는 사태)이 임박했다고 나는 주장하는 바다"[13]라고 쓰면서 그는 이 재앙이 결국 "플로리다와 네덜란드 같은 저지대의 침수"로 이어질 것이라고 내다봤다.

이런 일이 얼마나 빨리 벌어질지는 머서도 몰랐다. 다만 1970년대 중반에 자신의 계산 결과를 내놓으면서 화석연료 소비가 이대로 계속 빨라진다면 앞으로 50년 내에 이런 일이 시작될 거라고 예측했다. 다시 말해 바로 지금부터 시작이란 이야기다.

어머니 자연의 분노

2019년 2월 3일, 험난한 밤이었다. 나중에 알게 되었지만 그날 밤 너울의 높이는 4.5~6미터에 이르렀다고 한다. 파도에 부딪힌 선체는 거대한 진자처럼 앞뒤로 기울기를 반복했다. 배가 이리 기우뚱하면 양발이 허공에 뜨면서 온몸의 피가 머리로 쏠렸다. 그다음 배가 저리 기우뚱하면 양발이 아래로 떨어지면서 거의 똑바로 일어선 듯한 자세가 되었다. 난 이미 객실 안의 모든 물건을 안전한 곳에 넣어두었다. 하지만 복도에서는 물건들이 굴러떨어지는가 하면 저 멀리서는 육중한 무언가가 깨지는 소리도 들렸다.

오늘 식당에서 아침을 먹었다. 사람들의 얼굴이 납빛이었다. 우리가 드레이크 해협에 머문 지는 오늘로 사흘째다. 항상 물이 솟구쳐 올라 현창을 적시다 보니 물속에 들어와 있는 기분이 들 정도다. 스코틀랜드 세인트앤드루스대학교의 해양학자이자 생태학자로서 이 배에 함께 타고 있는 라스 보엠Lars Boehme이 농담을 던진다. "현창으로 펭귄들이 날아가는 모습이 보이면 정말 큰일 난 겁니다."

아침을 먹은 후 나는 함교로 올라간다. 선장 브랜든 벨Brandon Bell이 항해사와 함께 키를 잡고 있다. 오늘 바다는 어제와는 사뭇 다르다. 새하얀 포말을 뒤집어쓴 어제의 성난 파도 대신 오늘은 기다란 너울이 드넓은 수평선에 펼쳐진다. 너울을 만날 때마다 선체가 30도씩 들썩이고 주갑판으로 물이 흘러든다. 바다를 바라보는 동안 함교의 스피커에서는 〈브라운 슈가〉가 흘러나오고 욕조에 뜬 오리 인형처럼 선체가 기우뚱거린다. 나는 넘어지지 않도록 함교

좌현의 좌석에 앉는다. 우리가 파도를 넘을 때마다 수평선이 위로 쑥 올라가며 함교가 바다 쪽으로 푹 꺼진다. 당장 손을 뻗으면 손끝에 물이 닿을 것만 같다.

선체가 크게 요동치는데도 벨 선장은 차분하기만 하다. 무척 신기하게도 그는 텍사스 본토박이다. 1800년대부터 그의 가족이 경영해온 텍사스 북부의 가족 농장에서 자랐다. 지금도 그 농장에서는 소를 기르고 있다. 벨 선장은 드레이크 해협을 몇 번 항해한 경험이 있다. "이게 우리 지름길이에요. 이 길은 우리가 아주 훤히 압니다." 그는 말한다. 나는 그에게 지금껏 드레이크 해협에서 겪은 파도 중 제일 높은 게 얼마였냐고 묻는다. "18미터요." 그가 말한다.

나는 배를 몰아 큰 파도를 넘는 게 로데오 소를 타는 것과 비슷하지 않냐고 농담을 건넨다. "똑같이 타는 것이어도 완전히 달라요." 그는 설명한다. 파도는 넓게 펼쳐져 있어서 일단 한쪽에서 꼭대기를 향해 올라갔다가 반대편에서 아래로 내려오는 식이라는 것이다.

오늘도 너울이 배의 측면을 때리는 통에 배가 크게 기우뚱거린다. 함교의 벽면에는 배가 얼마나 기울었는지를 알려주는 장치가 걸려 있다. 그 장치의 눈금이 30도를 넘어선다. 선장도 나도 놀이기구에 타고 있는 것처럼 몸이 기울어진다. 기울기가 몇 도까지 가야 걱정하는지 묻자 그는 35~40도라고 말한다. "배가 뒤집이질까 걱정하는 게 아닙니다." 벨은 설명한다. "그보다는 배가 심하게 손상되진 않을까, 컴퓨터들이 여기저기 날아다니진 않을까 걱정되지요."

이른 오후 나는 선체 주갑판 위의 실험실에 들어선다. 너울이 계속 강도를 더해가고 있다. 그러다 거대한 너울이 배를 때리는 바람에 선체가 점점 기울고 사람들은 거의 모로 눕는다. 나는 온힘을 다해 책상을 잡는다. 의자들이 쓰러진다. 나와 몇 좌석 떨어져 있던 동료 저널리스트가 안간힘을 써서 책상에 매달리지만 이내 손의 힘이 풀리고 만다. 그녀가 앉아 있는 의자가 홱 뒤집힌다. 허술하게 놓여 있던 것들이 방 구석구석을 날아다닌다. 복도 건너의 또 다른 실험실에서는 냉장고 문이 열리고 내용물이 다 쏟아진다. 이번에는 배가 반대 방향으로 기운다. 이래서는 서 있을 수가 없다. 배에 타고 처음으로 사람들의 눈동자에 두려움이 어린다.

저녁 8시 함교로 올라가자 윔켄이 다시 키를 잡고 있다. "아주 끝내주죠?" 그가 싱긋 웃는다. "이제 최악은 지났습니다. 태풍 틈을 간신히 뚫고 나왔어요. 지금은 정해진 항로로 돌아왔어요." 대자연의 분노가 가라앉은 것이다. 우리를 에워싼 바다도 이제는 점차 잔잔해지고 있다. 지금 우리가 지나는 데는 남위 60도, 남극 수렴대 Antarctic Convergence(남위 50~60도 부근에서 바닷물이 수렴하는 불연속대. 아열대의 바닷물과 남극 바닷물의 경계가 되는 극해양 전선이다 – 옮긴이) 근방이다. 바로 여기서부터 물이 바뀌고 온도가 떨어지며 다른 세상이 펼쳐진다.

훌륭한 연구 조교

2019년 2월 12일, 오늘 팔머호에서는 스웨이츠 빙하 아래에서 극지를 에워싸고 도는 따뜻한 심층류의 움직임에 문명 세계의 명운이 달려 있다는 이야기가 오간다. 이 따뜻한 해류가 스웨이츠 빙하 아래에서 얼마나 멀리, 얼마나 빨리 흐르냐에 따라 빙하가 얼마나 빨리 붕괴될지도 결정될 거라면서 말이다.

그런데 문제는 남극에서 극지 주변을 도는 따뜻한 심층류를 측정하기가 지극히 어렵다는 것이다. 얼음 아래쪽에서는 특히 그렇다. 첨단기술을 이용한 수중 계류 장비들은 가장 심해인 수심 300미터에서는 사용할 수 없다. 원격 잠수 장치들을 활용하면 메가바이트급의 정밀한 해양 자료들을 수집할 수 있지만, 이들 장비는 워낙 고가인 데다가 타깃이 명확한 연구 프로젝트에 적격이다.

그나마 다행인 것은 대자연이 더 나은 방법을 마련해주었다는 사실이다. 알고 보니, 바다표범들이 기막히게 훌륭한 남극의 연구 조교들이었던 것이다. 바다표범 중에서도 특히 웨델물범과 코끼리물범은 과학자들이 탐사하고 싶어 하는 바로 그 해역을 주기적으로 헤엄칠 뿐만 아니라 심지어는 두꺼운 얼음 밑을 1년 내내 헤엄치기도 한다. 그렇다면 물범들에게 노트북컴퓨터를 한 대 주고 바다에서 본 것을 일일이 기록하게 하면 어떨까? 실제로 바다표범에게 부착하는 태그가 이와 아주 흡사한 역할을 한다. 바다표범의 태그는 위성 전화기에 다는 온도 측정기의 원리를 활용해, 바다표범이 헤엄치는 곳, 바다표범이 잠수하는 깊이, 바다표범이 다니는 바다의 온도와 염도를 기록한다. 그러다 바다표범이 표면으로 떠오르는 순간 태그의 측정 결과를 위성으로 전송하고 이를 위성이 다시 중앙 저장장치에 전달해주면 과학자들이 실시간으로 바다표범의 행동 특성들을 파악하는 동시에 해류 변화를 계산할 수 있게 된다.

여기 팔머호에서 바다표범에 태그를 부착하는 작업을 맡은 것은 라스 보엠. 독일 연안 도시에서 성장기를 보낸 그는 18세 때 처음으로 혼자 배를 타고 대서양을 건넜고(대서양을 두 번 횡단했다) 이후 돛 제작자로 일할까도 했으나 과학으로 진로를 잡았다. 팔머호에 승선한 후 그에게는 '실 위스퍼러seal whisperer'라는 별명이 붙었다. 바다표범과의 유대가 워낙 돈독한 데다가 바다표범의 뛰어난 지능과 기막힌 능력을 그가 높이 사기 때문이다. 한번은 보엠이 설명하는 기막힌 바다표범의 사냥 기술을 듣고 좌중에서 탄성이 일기도 했다. 바다표범은 물고기가 헤엄치며 일으키는 아주 미세한 파장을 수염으로 감지하고 그 물고기를 뒤쫓아 잡는다는 것이었다.

고무보트에 올라타고 팔머호를 빠져나온 우리는 셰퍼제도의 섬 하나에 도착했다. 우리가 내린 지점에서 몇 미터밖에 떨어지지 않은 바위 위에 웨델물범 한 마리가 누워 있다. 셰퍼제도는 남극 해안에서 1.6킬로미터도 안 떨어진, 바람에 깎인 바위들과 얼음으로 이뤄진 군도다. 우리가 들어간 섬에는 자그만 곶이 있어서 웨델물범과 아델리펭귄들이 즐겨 찾는 곳이었다. 웨델물범은 코끼리물범보다 체구가 작고 바다 깊이 잠수하지도 않는다. 그럼에도 우리 눈에는 여전히 크고 위압적인 동물이다. 우리 앞에 누워 있는 녀석은 암컷이다. 몸 길이만 1.5미터가 넘고 몸무게는 270킬로그램가량 나갈 것 같다. 털은 밝은 갈색이고 양 눈은 감겨 있다. 녀석은 꼼짝하지 않는다. 죽은 걸까? "햇볕을 쬐며 낮잠을 자는 거예요." 보엠이 설명한다. 그런 물범 옆에서 우리 인간들은 하나같이 첨단 장비가 장착된 겨울옷을 최소 다섯 겹은 껴입고 방한 부츠에 장갑도 몇 개씩 꼈다. 그런데도 여전히 얼어 죽을 듯이 춥다. "남극에 오면 내가 꼭 외계인 같아요. 여기 동물들은 다들 잘 적응해서 편안하게 지내니까요." 보엠이 말했다.

몇 미터 떨어진 곳에 있던 커다란 수컷 코끼리물범이 우리에게 눈길을 준다. 암컷 웨델물범보다 몸집이 3배는 크다. 보엠은 녀석의 몸무게가 거의 1톤은 될 거라고 했다. 이 녀석의 몸에 태그를 붙일 수 있을지 보엠이 다가가자 물범이 머리를 들고는 분홍색 입을 벌리고 기다린 송곳니를 드러내며 사자처럼 으르렁거린다. 보엠은 재미있어한다. "녀석, 까칠하긴." 보엠은 이 물범은 아직 털갈이 중이기 때문에 태그를 부착하기에는 부적합하다고 결론 내린다.

이제 보엠은 바위에 누워서 일광욕을 즐기는 암컷 물범에게 주목한다. 녀석은 털갈이를 마친 뒤다. 다만 보엠이 염려하는 점은 이 물범이 물가에 너무 바싹 붙어 있다는 점이다. 진정제를 투여하고 곧바로 녀석이 물속으로 도망치면 큰일이기 때문이다. 그래서 이 녀석에게는 침을 쏴서 진정제를 놓는 대신 머리 덮개를 씌워서 제압한 다음 정맥주사를 놓기로 한다. 이 방법이 좀 더 어렵지만 이 물범에게는 이렇게 하는 편이 안전하다.

보엠은 바스티엔 쿠에스트Bastien Queste(이스트앵글리아대학교의 해양학자로 보엠을 돕고 있다)와 함께 양옆에 끈이 달린 육중한 녹색 캔버스 가방을 들고 물범에게 한 발 한 발 다가간다. 잠에서 깨어난 물범은 개를 닮은 두 눈을 커다랗게 뜨고는 호기심 어린 눈초리로 둘을 바라본다. 보엠과 쿠에스트는 녀석의 머리를 가방에 슬쩍 밀어 넣으려 하지만 순간 녀석이 몸을 비튼다. '직립보행을 하는 이 괴상한 생물체들은 뭐지? 나한테 무슨 짓을 하려는 거야?'라고 하는 것 같다. 북극에서는 물범이 북극곰의 먹잇감이라서 어떤 움직임에든 물범은 바로 줄행랑을 치지만 이곳 남극에는 물범의 천적이 없다. 따라서 물범들은 두려움이란 것도 모른다. 단 물범은 겁이 없는 동시에 지능이 무척 뛰어난 동물이기도 하다.

보엠과 쿠에스트는 물범의 움직임에 맞춰 함께 움직이지만 물범은 춤추듯 몸을 흔들면서 멀어진다. 놀랍도록 우아하고 재빠르다. 몇 분 동안 둘은 녀석을 붙들고 씨름하며 춤을 춘다. 그러다 한 번의 날쌘 동작으로 마침내 물범의 머리에 가방이 씌워진다. 처음엔 KKKKu Klux Klan 단원이나 사형집행인이 떠오를 만큼 다소 살풍경한 분위기다. 하지만 물범이 다치지 않았다는 것만은 분명하다. 오히려 녀석은 차분해진다. 보엠이 부드럽게 물범의 머리를 땅 쪽으로 낮추자 나머지 팀원들이 재빨리 물범에게 다가온다. 세인트앤드루스대학교의 수의사이자 해양포유류 생태학자인 길럼 보르톨로토Guilherme Bortolotto가 주사기를 꺼낸다. 보엠이 물범의 등에서 정맥의 위치를 짚고는 진정제를 투여한다. 바로 물범의 몸에서 힘이 스르르 풀린다. 보엠과 그의 팀은 잠시 뒤로 물러나 진정제의 효과가 확실히 나타날 때까지 기다린다.

후다닥 작업을 해치우면서 보엠은 태그가 제대로 작동하는지 확인한다. 그다음 보르톨로토 및 쿠에스트와 함께 물범 옆에 무릎을 꿇고는 녀석의 몸길이(약 260센티미터)를 재고 이어 허리둘레(160센티미터)도 잰다. 그러고는 물범의 머리가 밖으로 나오도록 가방을 접어 올린다. 이 와중에도 녀석의 눈은 계속 감겨 있다. 보엠은 태그 밑에 강력접착제를 바른 뒤에 태그를 물범의 머리 위로 조심조심 가져간다. 보엠은 정확히 자신이 원하는 자리에 태그를 놓은 다음 접착제가 남아돌지 않게 닦아내면서 태그의 가장자리를 따라 깔끔하게 강력접착제를 바른다. 이후 보엠과 그의 팀원들은 물범의 눈에서 가방을 벗겨내고 뒤로 물러선다.

물범의 숨소리가 약간 거칠다. 보엠은 원래 그런 거라며 나를 안심시킨다. 잠시 뒤에 녀석은 천천히 눈을 뜨더니 마치 꿈을 꿨던 것처럼 주변을 두리번거린다. 이제 녀석의 머리에는 안테나가 달린 플라스틱 장치가 붙어 있다. 우스꽝스럽고 보기 흉하다. 아무리 물범이 태그의 존재를 모르고 그로 인한 고통도 전혀 없다고 해도 아름다운 야생동물의 몸에 이렇게 함부로 손을 대다니 너무 불쌍하다고 할 사람이 많을 것이다. 심지어 화를 내는 사람도 있을 것이다. 하지만 내 눈에는 물범과 과학자 사이의 이 연대가 감동적이고, 심지어 영웅적으로까지 느껴진다. 앞으로 한 시간도 지나지 않아, 녀석은 차디찬 남극의 물속으로 미끄러져 들어가 바다를 돌아다닐 것이다. 물속 깊숙이 잠수했다가 다시 표면으로 떠올라 자신이 수집한 데이터를 보엠에게 전송함으로써 빙상 붕괴의 위험성이 어느 정도인지 알아내려는 과학자들의 노력에 힘을 보탤 것이다. 이제 녀석은 더위 연구자나 다름없는 셈이다.

열은 세상 모든 것에 닿는다

2019년 3월 2일, 새벽 5시 남위 74도 57.4, 서경 106도 12.8에 위치한 서남극의 외떨어진 해안이 안개를 뚫고 불쑥 모습을 드러낸다.

영국 이스트앵글리아대학교 출신의 피터 쉬헌Peter Sheehan은 재치가 넘치고 성실한 27세의 연구자다. 그는 이 어마어마한 빙하를 두 눈으로 보겠다는 일념으로 선두에서 배에 오른 과학자이기도 하다. 그날 그는 쇄빙선의 함교에서 밤을 지새우면서 매시간 바다의 얼음을 측정할 예정이었다. 배 우현 쪽에 커다란 얼음벽이 새벽빛 속에서 어른대고 있었다. "아주 기괴한 광경이었죠. 파란 물에 파란 하늘에 파란 얼음까지. 온통 파란색이었어요."

처음 남극에 와본 쉬헌은 당장 자신의 객실로 달려 내려가 카메라를 가져왔다. 그러고는 성큼성큼 뱃머리로 걸어가 홀로 섰다. 문명의 미래를 결정할 엄청난 빙하와 처음 마주한 한 명의 인간으로서. "평소 저는 이과 마인드예요. 어떻게 데이터를 수집할지만 생각하죠. 하지만 그 순간에는 저도 인간으로서 반응할 수밖에 없더군요." 쉬헌의 말이다. "그냥 그 빙하의 위용과 아름다움에 완전히 압도되었어요."

오전 7시, 팔머호에 승선한 과학자팀과 지원팀 거의 전부(아마 25명은 됐을 것이다)가 우르르 함교로 몰려왔다. 우리는 각자의 카메라와 아이폰을 꺼내 들고는 배가 30미터 높이의 스웨이츠 빙붕 곁을 유유히 지나는 동안 그 모습을 사진으로 찍었다. 날씨는 이상할 만큼 온화하다. 바람은 가라앉고 바다는 잔잔하다. 팔머호는 균열면calving front 몇십 미터 이내까지 접근이 가능하다. 배가 빙하를 목표 삼아 이렇게 접근하는 것은, 얼음이 떨어져 내릴 위험이 있는 만큼 지극히 드문 일이다. 스웨이츠 같은 엄청나게 거대한 빙하의 경우에는 더더욱 그렇다. 얼음 속의 갈라진 틈들이 눈부시게 파란빛을 낸다. 황제펭귄들은 근처의 부빙에서 바다로 뛰어들어, 재빠르고 우아하게 배 옆으로 헤엄쳐 오더니 물속을 들락날락한다. 오랜만에 친구를 만난 듯 이 배를 반기는 것만 같다.

그저 경이롭기만 한 빙하가 주는 평온은 장엄하기까지 하다. 동시에 왠지 오싹 소름이 끼치기도 한다. 이 거대한 얼음벽이 마치 또 다른 시공간의 경계라도 되는 것 같아서다.

나는 지금 함교에 안나 왈린Anna Wåhlin과 함께 서 있다. 스웨덴 출신의 해양학자인 그녀는 이미 일곱 번이나 남극에 왔기에 그때껏 온갖 형태와 종류의 얼음을 꽤 많이 봤다고 생각했었다. 하지만 스웨이츠 빙하를 직접 마주하고는 그녀도 감회가 남달랐다. "여기까지 와서 이 빙하를 본 건 우리가 처음이에요." 그녀가 두 눈으로 푸른 얼음벽을 훑었다. "세상에나."

수석과학자 롭 라터가 함교로 올라와 우리 사이에 낀다. "제가 예상했던 것보다 더 엉망이에요." 그가 말한다. 그의 설명에 따르면 원래 남극의 빙붕은 대부분 반듯하게 잘린 웨딩케이크 조각처럼 표면이 평평하단다. 그런데 스웨이츠 빙붕은 곳곳에 커다란 크레바스(빙하의 표면에 생긴 깊은 균열–옮긴이)와 비탈진 능선이 보여 만신창이나 다름없었다. 라터가 보기에 빙붕에 비탈진 능선이 있다는 것은 빙붕 맨 아래가 상당히 많이 녹아내리고 있다는 뜻이고, 이는 얼음 밑에 따뜻한 남극순환해류가 꽤 많이 흐르고 있다는 뜻일 수 있었다.

우리는 그렇게 얼음벽에 완전히 넋을 잃은 채 몇 시간 동안 바닷물을 가르며 나아갔다. "장작불을 멍하니 보는 거랑 비슷하네요." 라스 보엠이 말한다. "언제까지고 바라볼 수 있을 것 같아요." 우리가 배를 타고 가는 동안 선체의 음파탐지기는 고음역대의 음파를 내보내고 있었다. 이 파동들을 토대로 배에 설치된 컴퓨터들이 90미터 아래 해저 지형을 형형색색의 실시간 지도로 그려낼 것이다.

저녁이 되자 바람이 거세졌다. 배는 이 지역의 해저 지형을 좀 더 그리기 위해 빙하를 등지고 돌아섰다. 사람들은 아이스크림을 입에 물고 객실을 나오거나 실험실 주변을 어슬렁거리고 있다.

문득 오스틴에서의 생활이 떠오른다. 음악과 술집들, 고속도로와 차들, 시내의 새 건물들과 호수의 보트들. 문명의 그 모든 번잡함과 활기와 열기가. 그 도시의 분자들이 더욱 빠르게 진동하고 서로 부딪혀서 마침내 이곳 남극에까지 도달하는 모습을 상상한다. 물론 분자들이 그렇게 움직이지 않는다는 것은 나도 잘 알고 있다. 하지만 나는 내 상상이 아주 틀린 것만도 아니라는 사실 역시 잘 알고 있다. 우리가 오늘날 삶 속에서 만들어내고 있는 열은 어딘가에 가둘 수 있는 게 아니다. 사륜구동 차량이 도시 전역에 내뿜는 그을음이 그렇듯 열도 어느 한곳에만 머물지 않는다. 오스틴에서 만들어내는 열, 혹은 방콕, 리우데자네이루, 시드니의 열은 결국 이 세상의 열이다. 그리고 이 열은 세상 모든 것에 닿는다.

얼마 뒤 나는 쉬헌이 일하는 배의 실험실로 간다. 그러고는 오늘 새벽 뱃머리에서 찍은 사진을 몇 장 보여달라고 한다. 그는 자신의 맥 컴퓨터를 꺼내더니 사진들을 보여준다. 사진 한 장 한 장마다 푸른빛의 아름다운 풍경 속에 빙하 벽이 어슴푸레 떠 있다. 나는 쉬헌에게 지금 무슨 생각이 드느냐고 묻는다. "이렇게나 커다랗고 영속적이고 광대한 것이 그렇게나 쉽게 부서질 수 있다는 것이 믿기지가 않네요." 쉬헌이 말한다. "우리는 크기나 장대함을 영속성과 동일시하죠. 산을 보면서 '저 산은 언제까지나 저기 있을 거야'라고 생각하는 것처럼요. 하지만 스웨이츠를 보면 늘 그렇지만은 않다는 사실을 깨닫지 않을 수가 없어요. 이 빙하는 정말로 거대하지만 영속성은 없어요. 만일 내년에 우리가 여기 다시 온다면 이 빙하는 완전히 다른 모습을 하고 있을 거예요." 쉬헌은 빙하 사진을 다시 바라본다. 머리 위의 현창 밖에서 그 빙하가 어스름 속에 어른거리고 있다. "이 빙하를 보고 있으면 우리가 항상 거기 있을 거라고 여기는 것들이 어쩌면 영영 사라질 수도 있다는 사실을 깨닫게 되죠. 당신 머릿속에도 분명 이런 생각들이 맴돌고 있겠죠."

The Heat

10장

Will Kill

모기라는 매개체

코로나19는 시작에 불과하다

You First

더위는 우리 행성 위의 질병 알고리즘까지 다시 쓰고 있다. 코로나19는 앞으로 우리에게 닥칠 일의 미리보기에 불과하다.

모기를 매개로 한 질병

코로나19 사태가 터진 첫해인 2020년 여름 제니퍼 존스Jennifer Jones는 많은 사람이 그랬듯, 대부분의 시간을 집에서 보냈다. 현재 플로리다키스제도의 타버니어에 살고 있는 45세의 존스는 당시 마당에서 쉬엄쉬엄 식물들을 돌보는 일로 시간을 때우곤 했다. 그러던 어느 날 모기 한 마리가 그녀의 몸에 내려앉았다. 플로리다에서는 모기에 물리는 것이 그다지 대수로운 일은 아니었고 존스도 모기에 물린 것을 딱히 기억하지는 못했다. 문제는 그 모기가 보통 모기가 아니었다는 점이다. 그놈은 정교한 구조를 갖춘 일종의 살인 기계로서 인류 역사상 사람의 목숨을 가장 많이 빼앗은 것으로 손꼽히는 이집트숲모기*Aedes aegypti*였다. 한 자료에 따르면 지금껏 지구상에 살았던 사람의 절반이 모기를 매개로 한 병원균 때문에 목숨을 잃었다고 한다.[1] 17세기에 노예선을 타고 북아메리카 대륙에 처음 발을 들인 이집트숲모기는 황열부터 지카바이러스까지 그야말로 온갖 위험한 질병들을 실어 나른다.[2]

그날 그 모기는 존스의 몸에서 나오는 열기와 그녀의 숨에서 나오는 이산화탄소를 9미터 이상 떨어진 곳에서부터 감지했을 것이다. 모기는 그녀의 맨살이 드러난 곳에, 이를테면 팔뚝이나 종아리에 내려앉았다. 이 모기는 암컷이었다. 알을 낳는 암컷 모기만이 피를 빤다. 먼저 녀석은 존스의 피부에 침을 뱉어서 감각을 둔해지게 했다. 그래야 자신이 물어도 존스가 깜짝 놀라지 않을 테니까. 그다음 녀석은 주사기처럼 생긴 주둥이를 존스의 피부에 찔러 넣었다. 칼집처럼 생긴 주둥이에는 여섯 개의 바늘이 들어 있다. 녀석은 탐색을 통해 피를 빨기에 이상적인 지점을 찾아냈다. 그러고는 바늘 두 개로 톱질하듯 존스의 살점을 도려내고 구멍을 하나 뚫었다. 그다음에는 바늘 두 개를 더 써서 그 구멍을 열고 조그만 피하주사기처럼 생긴 부위를 존스의 혈관 안에 쑥 밀어 넣었다. 바로 여기가 눈여겨볼 대목이다. 모기는 이제 피를 빨아내면서 존스의 정맥 안에 타액을 뱉어냈다. 이 타액에 들어 있는 항응고제 성분이 구멍 뚫린 자리에 혈액이 엉기지 않게 막아준다. 그런데 존스의 경우에는 이 타액에 일명 뎅기열이라는 열대성 질병을 일으키는 바이러스도 함께 들어 있었다. 녀석은 배가 한껏 불러지자 웽 하고 날아갔다.

'뎅기dengue'는 '악령이 일으키는 경련성 발작'을 의미하는 스와힐리어 카딩가 페포Ka-dinga pepo에서 유래했을 가능성이 높다.[3] 뎅기는 일명 관절통을 동반하는 열로도 유명하다. 뎅기열에 걸리면 뼈가 부러지는 듯한 통증이 느껴진다는 말이다. 뎅기열이 세상에 돈 지는 이미 수백 년이 되었고 아시아와 카리브해에서 가장 흔히 발병한다. 세계보건기구WHO에 따르면 1970년 이전에는 뎅기열이 심각하게 유행한 나라가 9개국에 불과했다.[4] 하지만 이후에는 10배가 늘어난 총 100개국에서 뎅기열이 풍토병으로 자리 잡았다.[5] 다시 말해 이제 그 지역의 모기 개체군 안에서는 뎅기바이러스가 상시로 발견된다는 말이다. WHO의 추산에 따르면 매년 뎅기바이러스에 감염되는 사람만 3억 9,000만 명에 이른다.[6] 세계가 점점 따뜻해져서 더위를 좋아하는 이집트숲모기가 살아가기에 더욱 안락한 행성이 되면, 모기에게 최적의 서식지는 지금보다 더 북쪽은 물론 더 높은 고도로까지 확장될 것이다. 2080년에 이르면 5억 명, 다시 말해 전 세계 인구의 60퍼센트가 뎅기열의 위험에 놓일 수도 있다.[7] "기후변화가 많은 사람을 병에 걸리게 하고 목숨을 잃게 할 것입니다." 조지타운대학교 세계보건학 및 보안센터의 생물학자 콜린 칼슨은 말했다. "모기를 매개로 한 병도 대대적으로 번질 테고요."

바이러스가 위력을 떨치기까지는 일주일 남짓한 시간이 걸렸다. 바이러스는 일단 존스의 혈류로 들어가서 백혈구를 옴짝달싹못하게 하고는 자기 복제를 시작했다. 식물들에게 물을 주던 존스는 어질어질한 느낌이 들었고 나중엔 열까지 났다. "뭔가 께름칙한 일이 벌어지고 있다는 생각이 들었어요." 존스가 내게 말했다. 그러더니 발진이 일어나고, 눈 뒤쪽에서 통증이 느껴졌다. 관절도 부서질 듯 아팠다. "꼭 트럭에 치인 99세 할머니가 된 느낌이었죠." 존스가 말했다. 아주 드물기는 하지만 뎅기열이 뇌부종과 뇌출혈로 이어지면 목숨이 위태로울 수도 있다(1년에 약 1만 명이 뎅기열로 목숨을 잃는다).[8] 그래도 존스는 운이 좋았다. 4~5일 만에 통증과 열이 가라앉으면서 존스는 거의 회복되는 듯했다. 그때 그녀의 아들이 자기 방으로 엄마를 부르더니 자기 피부에 난 빨간 반점들을 가리켰다. 그 반점들을 보자마자 존스는 알아차렸다. 뎅기열이었다.

나중에 드러난 사실이지만 당시 플로리다키스제도는 이미 코로나바이러스뿐만 아니라 뎅기열까지 한창 창궐하는 중이었다.

전례 없는 팬데믹의 폭발

더위는 지금 자연 세계의 틀을 다시 짜고 있을 뿐만 아니라 우리 행성 위의 질병 알고리즘까지 다시 쓰고 있다. 미생물들은 새로운 기회를 맞은 셈이다. 한 번도 밟아본 적이 없는 새로운 생물학적 땅으로 탐험에 나설 수 있게 되었기 때문이다. 병원체들은 마치 페르디난드 마젤란Ferdinand Magellan처럼 자신들의 세계를 넓혀나갈 수 있게 되었다. 더위에 따른 홍수나 가뭄 등의 기후 이변도 문제지만 말라리아, 한타바이러스, 콜레라, 탄저병 등 수백 가지 기존 전염병의 상황을 악화일로로 몰아넣고 있다.[9]

"우리는 이제 팬데믹 시대에 접어들었다."[10] 국립알레르기전염병연구소NIAID의 앤서니 파우치 박사가 동료인 데이비드 모렌스와 공저한 논문에 이렇게 썼다. 이 논문에서는 지금까지 최소 3,700만 명의 목숨을 앗은 HIV/AIDS 사례와 함께 지난 10년간 일어난 "전례 없는 팬데믹의 폭발적 유행"을 열거하고 있다. 그 목록을 보면 그야말로 참담해서 2009년에 발생한 H1N1형 '돼지' 인플루엔자를 시작으로, 2014년에는 치쿤구니야바이러스, 2015년에는 지카바이러스가 기승을 부렸다. 에볼라열은 지난 6년간 아프리카의 많은 지역에서 뜨겁게 달아오르고 있다. 거기에 인간을 감염시키는 것으로 알려진 코로나바이러스만 해도 일곱 종이나 된다. 중증급성호흡기증후군 코로나바이러스Sars-CoV는 2002~2003년에 동물 숙주(아마도 사향고양이)에게서 인간에게로 전파되어 팬데믹 직전까지 갔다가 제풀에 사라졌다. 중동의 호흡기증후군MERS 코로나바이러스는 2012년 낙타에게서 사람에게로 급격히 옮아왔다가 순식간에 소멸했다. 현재 인간 사이에 퍼져 있는 것은 중증급성호흡기증후군 코로나바이러스2다. 이 바이러스가 바로 코로나19를 일으킨 것이다.

코로나19는 중국 남부의 야생 지대에서 처음 발생해 관박쥐의 몸에 들어갔다가 인간에게까지 옮아온 것으로 보인다. 내가 이 글을 쓰고 있는 현재 이 바이러스에 감염된 사람만 전 세계에 7억 7,500만 명이고,[11] 사망자는 700만 명을 넘어섰다.[12] 이 작디작은 미생물이 인간에게 가한 고통은 그야말로 이루 헤아릴 수도 없다. 사람들은 사랑하는 이를 떠나보내야 했고, 일자리를 잃어야 했으며, 가족들은 뿔뿔이 흩어졌고, 결국 기세가 수그러들었지만 절대 사라지지는 않는 바이러스로 인해 병을 달고 지내야 한다.

그래도 우리는 운이 좋은 편이었다. "상황이 더 나빴을 수도 있습니다." 미국 최고의 바이러스 연구 기관으로 꼽히는 텍사스주의 갤버스턴국립연구소Galveston National Laboratory 소장 스콧 위버의 말이다. 다른 병원체에 비하면 코로나19는 상대적으로 온순한 편에 속한다. 이 바이러스가 사람들 사이에서 손쉽게 전파되고 독감보다 훨씬 치명적인 데다가 바이러스의 영향력이 오래 지속되는 것은 사실이다. 하지만 코로나19는 니파바이러스처럼 네 명 중 세 명꼴로 사람을 죽이지는 않는다. 에볼라처럼 사람들의 눈이나 직장에서 피가 흐르게도 하지 않는다. "코로나19만큼 전파가 잘되면서 치명률은 75퍼센트에 이르는 질병이 있다고 상상해보세요." 스탠퍼드대학교의 유행병학자 스티븐 루비Stephen Luby는 말한다. "코로나19가 그런 질병이었다면 인류의 문명 자체가 존망의 위기에 몰렸을 겁니다."

코로나19 팬데믹은 전 세계적으로 최소 5,000만 명의 목숨을 앗아간 1918년 인플루엔자(일명 '스페인 독감'으로도 불리며 전 세계적으로 유행했다)와 비교될 때가 많다.[13] 하지만 코로나19는 앞으로 우리에게 닥칠 일의 예고편이라고 해야 더 정확하지 않을까.

지금 북극에서는 영구동토층이 녹으면서 지난 수만 년간 햇빛 한 번 보지 못한 채 얼음에 갇혀 있던 병원체들이 자유롭게 풀려나고 있다. 콜레라(19세기에 런던과 뉴욕 등 대도시를 벌벌 떨게 한 것은 물론 지금도 매년 수만 명의 목숨을 앗아간다)를 일으키는 비브리오박테리아는 물이 따뜻할수록 번성한다. 같은 박테리아지만 훨씬 치명적인 비브리오 불니피쿠스Vibrio vulnificus는 좀처럼 보기 힘든 세균인데도 최근 미국 동부 연안의 만과 하구(특히 체사피크만 일대)는 물론,[14] 2022년 허리케인 이언Ian이 휩쓸고 간 플로리다에서 발견되었다.[15] 비브리오 불니피쿠스에 오염된 조개류를 날것 혹은 제대로 조리하지 않은 채 먹을 경우 심한 복통을 일으킬 수도 있다(무척 드문 일이지만 자칫 목숨이 위태로워질 수도 있다). 그런데 이 박테리아는 상처 부위의 살점을 파먹고 다섯 명 중 한 명의 목숨을 빼앗는다.

야생의 대탈출과 바이러스 종간 전파

하지만 온난화가 끼친 인류의 건강과 안녕에 가장 막대한 영향은 아무래도 동물들에게서 전파되는 새로운 병원체들이 출현했다는 점을 꼽을 수 있을 듯하다. 우리는 집약적 농경, 서식지 파괴, 기온 상승 등에 따른 기후위기 속에서 지구상의 생물체들에게도 '적응' 아니면 '죽음'을 강요하고 있다. 수많은 동물에게 적응이란 좀 더 쾌적한 환경으로 이주하는 것을 뜻한다. 지난 10~20년간 4,000종을 추적 연구한 결과 70퍼센트가 아예 서식지를 옮겼고 거의 전부가 좀 더 서늘한 땅과 물을 찾아 이동한 것으로 나타났다.[16] 그런데 알래스카의 사냥꾼들에 따르면 캐나다 남동부에서 1,600킬로미터 이상 떨어진 데서도 야생 조류의 피부 아래에 기생충이 그대로 살아 있었다고 한다. "야생의 대탈출이 시작됐다."[17] 소니아 샤가 『인류, 이주, 생존』에 적은 말이다. "이런 일이 지금 모든 대륙은 물론 모든 대양에서 벌어지고 있다."

그런데 대탈출 기간 동안 서식지를 옮기는 동물들은 전에는 한 번도 밟아본 적이 없던 길을 지나면서 새로운 동물과 인간을 맞닥뜨릴 가능성이 높다. 조지타운대학교 생물학자인 콜린 칼슨Colin Carlson은 이를 "매혹적 첫 만남meet cutes"이라고 일컫는다. 이런 생각지도 않은 만남 속에서 바이러스들이 다른 생물종으로 옮아가 새로운 질병들이 탄생하는 일이 많다는 의미에서다. 최근 몇십 년 사이에 발생한 새로운 감염병 대다수도 이런 동물원성 병원체가 새로운 바이러스를 실어 나르는 데에는 탁월한 박쥐, 모기, 진드기 같은 동물을 만나면서 발생했다. 이들 병원체들이 인간에게 올라타면 코로나19와 같은 팬데믹이 시작되는 것이다. 그럼 이제 무슨 일이 벌어질까? "그건 말 그대로 운에 달린 문제예요." 몬태나주립대학교에서 새로운 질병의 발생을 연구하는 유행병학자 라이나 플로라이트Raina Plowright는 말한다. 현재 포유동물의 몸 안에는 총 4만 종의 바이러스가 도사리고 있고 그중 4분의 1 정도가 인간을 감염시킬 수 있다. 2019년 칼슨은 포유류 3,100종의 과거, 현재, 미래의 서식 범위를 그리는 엄청나게 광범한 시뮬레이션을 통해 이들 동물의 서식 범위가 겹칠 때 일어날 수 있는 바이러스 종간 전파를 예측했다.[18] 그 결과 아무리 낙관적으로 기후변화를 예측한다 해도 앞으로 수십 년 안에 서로 접촉할 일이 없던 종들이 처음 조우하는 일이 약 30만 회는 벌어질 것이고, 이에 따라 바이러스가 새로운 숙주 안에 들어가는 종간 전파는 대략 1만 5,000회 발생할 것이라고 한다. 갤버스턴연구소의 바이러스학자 비니트 매나체리Vineet Menachery는 이런 일이 일어나는 것은 인류에겐 "참사"[19]나 다름없다고 했다.

감염병의 온상

1994년 호주 브리즈번 외곽에 자리한 소도시 헨드라의 말 훈련장에서 경주마 여러 마리가 한꺼번에 병에 걸렸다.[20] 말들이 아픈 이유는 아무도 몰랐다. 말들은 방향을 못 찾아 갈팡질팡했고, 얼굴은 퉁퉁 부어올랐으며, 콧구멍에서는 피가 섞인 거품이 줄줄 흘러나왔다. 한 마리는 콘크리트 벽에 머리를 짓찧기도 했다. 그즈음 거기서 일하던 비크 레일이라는 남자도 앓아누웠다. 그는 자신이 독감에 걸린 줄로만 알았다. 하지만 그는 급기야 중환자실에 실려 갔고 이내 숨을 거두었다. 그의 폐에는 액체가 그득 고여 있었다. 그런가 하면 브리즈번에서 북쪽으로 965킬로미터가량 떨어진 말 농장에서도 남자 한 명이 발작, 경련, 뇌부종 등의 증상을 일으켰다. 그는 병원에 입원한 지 25일 만에 숨을 거두었다. 70마리의 말이 병에 걸리고 말들과 밀접 접촉했던 사람이 일곱 명 죽은 뒤에야 사태는 막을 내렸다.

과학자들은 몇 개월 만에 진상을 밝혀낼 수 있었다. 당시 말의 목초지 안에 모여 있던 황금볏과일박쥐Giant fruit bat(호주인 사이에서는 일명 날아다니는 여우flying fox로 불린다)가 화근이었을 가능성이 컸다. 이 박쥐들이 호주의 이 지역에 모여 산 지는 2,000만 년에 이른다. 하지만 이들 박쥐의 원래 서식지였던 우림이 도로, 벌채, 농장들로 인해 민신창이가 되고 기후변화로 먹이를 구하기가 점점 더 힘들어지자 박쥐들은 문명 속으로 비집고 들어오게 됐다. 박쥐들은 목초지의 나무들에 앉아서는 오줌을 누어 풀밭을 더럽히곤 했는데,

바로 이 오줌에 그때껏 누구도 본 적이 없던 바이러스가 섞여 있었다. 나중에 이 바이러스는 지역의 이름을 따서 헨드라바이러스라고 불리게 된다. 말이 풀밭의 풀을 뜯어 먹는 사이 바이러스는 말에게 올라탔고, 그다음에는 말을 돌보는 인간에게까지 옮겨갔다. 그나마 다행히도 헨드라바이러스는 전파성이 그렇게 강하지 않아 단기간에 통제될 수 있었다.

이 사건은 두 가지 이유에서 중요하다. 첫째, 이것이야말로 '종간 감염 사건'의 전형인 데다가 코로나19의 발생 과정과도 닮은 구석이 많다. 코로나19도 애초에 중국 남부, 베트남 북부, 혹은 라오스 어딘가에 서식하는 관박쥐로부터 시작되었을 가능성이 크다. 물론 정확히 어디에서 바이러스가 박쥐에서 인간에게로 건너뛰었는지는 아무도 모른다. 2019년 말에 중국 우한에서 이 바이러스가 처음 발견되기는 했다. 그렇다고 해서 인간이 거기서 처음으로 이 바이러스에 감염됐다는 뜻은 아니다. 여기서 생각할 수 있는 하나의 가설은 누군가가 동굴을 탐험하다가 바이러스에 감염된 구아노guano(새의 배설물이 바위 위에 쌓여 굳어진 덩어리-옮긴이)를 만지는 바람에 바이러스가 옮겨왔다는 것이다. 그 사람, 아니면 그 사람에게서 바이러스가 옮은 누군가가 나중에 우한으로 여행을 갔고 거기서 바이러스가 널리 퍼지면서 우리 눈에 포착되었다. 이보다 가능성이 높은 가설은 이 바이러스가 처음에는 붉은 여우나 너구리 같은 중간 숙주에게 올라탔다가 이 동물들이 우한의 야생동물 시장에서 팔리면서 인간에게까지 옮겨왔다는 것이다[21](중국의 실험실에서 바이러스가 탈출했을 것이라는 설은 과학자 대부분이 낭설로 일축했다). "이 바이러스가 애초에 어디서 어떻게 박쥐에서 인간에게로 건너뛰었는지는 앞으로도 영영 알 수 없을지도 모릅니다." 플로라이트는 말했다. HIV바이러스도 학자들이 30년간 연구한 뒤에야 인간이 침팬지에게 물리는 등의 일로 침팬지 피가 인간 몸에 들어오면서 생겨났을 가능성이 크다는 결론을 내릴 수 있었다.[22]

헨드라바이러스가 중요한 두 번째 이유는 박쥐가 감염병의 온상이 되기 쉽다는 사실을 과학자들에게 일깨웠기 때문이다. 그간 박쥐에서 인간에게로 건너온 바이러스의 수는 한둘이 아닐 뿐만 아니라 그 종류를 보면 몸서리가 쳐진다. 헨드라바이러스, 마르부르크바이러스Marburg virus, 에볼라바이러스, 광견병(개, 너구리를 비롯한 수많은 다른 포유류에 의해 전염되지만, 미국에서는 박쥐가 주된 병원소 노릇을 한다)이 대표적인 예다. 그렇다면 박쥐는 왜 치명적인 바이러스의 온상이 되는 걸까? 우선 박쥐는 감염에 내성을 가진 면역체계를 갖고 있기 때문에 병에 걸리지 않고도 다종다양한 바이러스를 품고 있을 수 있다. 거기다가 박쥐는 수명도 길어서(길면 40년도 산다) 질병을 전파할 시간도 넉넉하다. 또한 박쥐는 이동 범위가 아주 넓다. 일부 종의 경우 사냥을 위해 매일 밤 48킬로미터 남짓 이동한다. 더 중요한 사실은 기후가 따뜻해지면서 박쥐가 서식지를 옮기는 일이 가능해졌다는 것이다. "기후변화는 박쥐에게 근본적 차원에서 영향을 미치고 있어요." 플로라이트는 말했다. "박쥐종 가운데 상당수는 식충성인 만큼 기후변화는 박쥐의 먹이에도 커다란 영향을 미칩니다. 그뿐만 아니라 박쥐들이 어디서 살고 인간과 어떤 관계를 맺는지에도 커다란 영향을 미칩니다."

헨드라바이러스가 황금볏과일박쥐와 바이러스 사이의 연관성에 대한 경각심을 일깨웠다면 1998년에는 그 연관성이 기묘한 양상을 띠게 된다. 당시 헨드라바이러스의 가까운 친척뻘인 니파바이러스가 말레이시아에서 모습을 드러냈다. 그리고 바로 그즈음 박쥐몸에서 옮아온 다른 바이러스들이 아시아와 호주에서도 잇따라 발견되었다. 바이러스의 종간 전파가 심상치 않은 단계에 이르렀다는 신호였다. "숙주동물 하나에서 바이러스가 넷이나 전이된 것은 유례 없는 일이에요." 플로라이트가 말했다. 이제 남은 질문은 '왜 이런 전이가 일어나는가'였다.

니파바이러스의 위세가 특히 무시무시했다. 니파는 고열, 뇌부종, 경련 등의 증상을 동반하기 때문에 끔찍한 병원체로 통한다. 사망률도 무려 75퍼센트에 이른다. 바이러스를 이기고 살아남은 사람 중 3분의 1은 신경계 손상을 입는다. 애초 니파바이러스는 1999년에 말레이시아와 싱가포르의 돼지 농장주들을 비롯해 돼지와 밀접하게 접촉한 사람들 사이에서만 머문 것으로 확인되었다.[23] 황금볏과일박쥐들이 돈사 근처의 나무에 매달려 있다가 자기들의 타액이 묻은 열매를 땅에 떨어뜨렸고, 그것을 돼지들이 주워 먹은 것이었다. 니파바이러스는 돼지들에게는 비교적 가벼운 병증밖에 일으키지 않았지만, 인간은 거의 300명 가까이 니파바이러스에 감염되었고 그중 100명 이상이 사망했다.[24] 더 이상의 유행을 막기 위해 100만 마리 이상의 돼지들이 살처분되었다. 그러고 나서 2001년에 방글라데시에서 2차 유행이 터졌다. 이번에는 박쥐들에게 균이 옮은 대추야자 수액을 마신 사람들이 바이러스에 걸렸다.

2001년에서 2014년까지 방글라데시에서는 총 248명의 니파바이러스 감염자가 발생했고 그중 193명이 끝내 목숨을 잃었다.[25] 사망률은 78퍼센트에 달했다. "니파바이러스가 대대적인 유행병이 되지 않았던 유일한 이유는 무증상으로 전파되지는 않았기 때문이에요." 플로라이트가 말했다. "니파바이러스의 경우 내 몸에 바이러스가 들어왔구나 하는 확신이 들 때만 전염성이 있었고, 덕분에 바이러스를 억제하기가 훨씬 쉬웠어요."

하지만 바이러스란 돌연변이를 일으켜서 새로운 종을 출현시키기 마련이다. 니파바이러스는 홍역바이러스 및 볼거리바이러스와 한 계열(파라믹소바이러스)인데, 홍역바이러스와 볼거리바이러스 모두 인간 개체 사이에서 아주 잘 퍼지는 경향이 있다. 따라서 만에 하나라도 니파바이러스에 작은 변화가 일어나 인간에게서 인간에게로 퍼지는 능력이 향상될 경우 사망률 높은 유행병이 생겨날 우려가 있다. "만일 니파바이러스가 전파가 잘되었다면 정말이지 흑사병에 버금가는 대재앙이 일어났을지도 모릅니다." 스탠퍼드대학교의 스티븐 루비가 말했다.

플로라이트가 보기에 기후위기와 질병 사이의 연관성은 아주 자명하다. "이 박쥐들의 먹이들은 기후의 통제를 받을 수밖에 없어요." 그녀는 설명했다. "숲에 꽃이 필 때, 무엇이 꽃이 피어나게 자극하는 걸까요? 이 부분은 아직 속 시원히 밝혀지진 않았지만 기온, 게질, 강우량 같은 요인들이 한꺼번에 작용하는 것은 맞을 거예요. 한마디로 기후가 핵심 요인이라는 거죠. 그런데 지금은 상황이 정말 급속하게 변화하고 있어요. 먹이 구할 데가 그물망처럼 여기저기 숨어 있는 환경을 한번 상상해보세요. 이쪽 구석에서 먹이를 구하던 박쥐 몇 마리가 다른 데로 옮겨가요. 꽃이 피고 꿀이 있는 곳으로요. 그러다 꽃이 다 져버리면 박쥐들은 또 다른 데로 옮겨가겠죠. 이런 식으로 먹이를 구할 데가 점점 사라지면서 어딜 가도 먹이를 찾을 수 없는 때가 옵니다. 그러면 이제 박쥐들은 사람들 집의 마당이나 마구간, 아니면 그 외에 먹이가 많은 데를 찾아 들어오게 되는 것이지요."

박쥐들이 사람을 포함해서 다른 동물들과 더 많이 접촉할수록 바이러스를 종간 전파할 기회도 점점 늘어난다. "사스와 코로나19는 그간 사람들을 참 힘들게 한 재앙이었어요." 플로라이트는 말했다. "그런데 사스와 코로나19가 만일 무증상 전파 기간을 일정 시간 거친 뒤에 감염자들 절반을 죽인다면 어떨까요? 지금 우리가 처해 있는 위험이 바로 이거예요. 기후변화가 빨라질수록 이런 리스크도 커져만 가죠."

진화하는 모기들

휴스턴 인근 쇠락한 동네. 장비도 변변찮은 자그만 실험실에서 맥스 비질런트Max Vigilant가 수백 마리의 죽은 모기를 샅샅이 살피면서 날개 달린 테러리스트 이집트숲모기를 찾고 있다. 그의 직함은 해리스카운티 보건소의 모기질병매개체통제국의 본부장. 자타공인 미국 최고의 모기 사냥꾼인 셈이다. 그의 경력에는 모진 경험이 한 못했다. 그는 카리브해의 도미니카섬에서 태어나 자라면서 16세 때 뎅기열에 걸렸다. 그는 레몬 물을 이용한 민간요법으로 땀을 내며 병을 치료했다. 그때의 경험이 비질런트의 삶을 바꾸어 이제 그는 모기와 인간 건강의 교차점에서 일하고 있다.

지금은 죽어 있는 이 모기 떼는 불과 몇 시간 전만 해도 휴스턴 인근을 윙윙 날아다녔을 터였다. 비질런트는 덫 하나에서 모기들을 꺼내어 실험실의 냉장고에 던져 넣고는 3분을 기다렸다("잠깐이면 돼요!"라고 그는 농담을 던졌다). 그리고 지금은 한 마리 한 마리 붙잡고 자세히 살피는 중이었다. 잠시 뒤에는 이 모기들을 가루로 만들어서 몇 가지 실험을 통해 만에 하나라도 병원체가 들어 있지는 않은지 확인할 것이었다. 이곳 해리스카운티에는 수백만 마리의 모기가 산다. 그래서 카운티의 관할하에 매주 모기를 수천 마리씩 잡아 검사해보는 것이다. 이 정도면 미국 대부분의 도시보다는 치밀한 편이다.

비질런트가 모은 모기 대부분은 집모기Culex 속으로, 미국 남부에서는 그야말로 어디서나 볼 수 있다. 하지만 비질런트가 찾는 것은 이런 집모기가 아니다. 그는 모기 더미를 샅샅이 들쑤시더니 그중 한 마리를 집어 확대경 아래에 놓고 살펴본다. 얼핏 다른 모기들과 별반 다를 바 없어 보였다. 비질런트는 손으로 털이 무성한 녀석의 눈썹을 가리켰다. 이 부위도 모기가 수놈인지 암놈인지 구별해주는 몸의 특징 중 하나다(이 녀석은 암놈이다). "배 부분의 하얀 줄무늬가 보이세요?" 비질런트가 책상 위에 놓인 커다란 확대경으로 녀석을 들여다본다. "꼭 흰 턱시도를 입은 것 같죠."

비질런트는 상이라도 되듯 그 모기를 번쩍 들어 올리더니 내가 모든 각도에서 녀석을 볼 수 있도록 이쪽저쪽으로 돌렸다. “이게 바로 이집트숲모기입니다.” 그가 말했다. “어떻게 보면 좀 아름답지 않나요?”

이 세상에 존재하는 모기의 종은 대략 3,000가지다.[26] 그중 공중보건 면에서 관심을 가져야 하는 종은 얼마 되지 않는다. 빨간집모기*Culex pipiens* 같은 경우에는 웨스트나일바이러스를 싣고 다니고, 일명 아시아 호랑이모기Asian Tiger mosquito로도 불리는 흰줄숲모기*Aedes albopictus*는 최근 아시아에서 미국으로 유입된 종으로 뎅기열과 지카바이러스를 옮길 수 있으나 이집트숲모기와는 달리 인간의 피를 탐하지는 않는다.

이집트숲모기는 뎅기열과 지카바이러스는 물론 황열과 치쿤구니야를 옮기기에 더할 나위 없이 좋은 매개체인 만큼, 지구상에서 가장 위험한 동물 중 하나로 손꼽힌다. 거기에다 이집트숲모기는 누군가의 곁에 있는 것을 무엇보다 좋아하는 종이다(파우치의 표현을 빌리면 이집트숲모기는 “유난히도 사람만 좋아하는”[27] 특성이 있다). 한마디로 이집트숲모기는 모기계의 래브라도리트리버로, 우리 인간의 집 안 혹은 그 근처에 머물면서 병뚜껑이나 화분 테두리에 고인 맑고 신선한 물웅덩이에 알을 낳으며 살아갈 때 가장 행복하다. 아울러 다른 모기들에 비해 기온이 올라갈수록 더 잘 사는 경향이 있는 만큼 점점 따뜻해지는 행성에서의 삶에도 잘 적응돼 있는 셈이다.

강도를 더해가는 더위가 모기에게 미치는 영향을 모형화하는 작업은 꽤 쉬운 편이다. 모기들은 온도 변화에 워낙 민감한 데다가 자신들의 행복 구역을 찾아 잘 옮기기 때문이다. 그런데 모기들의 행복 구역이 갈수록 확장되고 있다. 질병을 옮기는 이집트숲모기는 기후, 토지 이용, 인구 변화에 따라 지난 50년간 30배가 늘었다. 예를 들어 멕시코시티는 최근까지만 해도 이집트숲모기가 자리 잡고 살기엔 온도가 낮았었다. 덕분에 이 도시는 멕시코 저지대를 괴롭혀온 황열, 뎅기열, 지카바이러스를 걱정하지 않아도 되었다. 하지만 기온이 상승하면서 지금은 이집트숲모기가 멕시코시티 안까지 들어오는 상황이다. 2,100만 명의 멕시코시티 주민에게 이런 상황이 두렵지 않을 리 없다. 이집트숲모기가 출몰하는 데는 어디든 뎅기열과 지카바이러스를 비롯한 다른 질병들도 따라올 게 뻔하기 때문이다. 이는 이미 네팔 등지에서 벌어지는 일이기도 하다.[28] 최근까지만 해도 네팔에는 모기가 매개체인 질병은 거의 없었다. 하지만 2015년 135건의 뎅기열 환자가 발생했고 2022년 9월까지 총 2만 8,109건의 환자가 발생했다.

그 외 다른 지역에서도 모기를 매개체로 한 질병의 변화는 더욱 복잡한 양상을 띨 것이다. 2022년 사하라 이남 아프리카에서는 말라리아로 목숨을 잃은 사람들이 60만 명을 넘었다(대부분이 아이들이었다).[29] 이 병의 가장 치명적인 형태는 열대열원충*Plasmodium falciparum* 때문에 발생한다. 이 원충을 실어 나르는 얼룩날개 모기*Anokpheles gambiae*는 이집트숲모기보다 크기도 작고 생김새도 별로지만 높은 기온에 더욱 민감한 특징이 있다. 그런데 지구라는 행성이 따뜻해지면서 서아프리카는 얼룩날개모기가 살기엔 너무 더워질 가능성이 크다. 이 때문에 이 모기들은 앞으로 더 높고 서늘한 아프리카 동부와 남부 지역으로 재빨리 이동할 것이다.[30] 플로리다대학교의 의료지리학자 새디 라이언의 최근 연구에 따르면 배기가스가 다량 배출될 경우(이 시나리오에서는 지구온난화가 더욱 심각할 수밖에 없다) 2080년에는 아프리카 동부와 남부에서 말라리아의 위험에 노출될 사람이 7,600만 명이나 추가로 늘어날 수도 있다.[31] 이와 함께 얼룩날개모기가 떠난 서아프리카의 빈자리로 이집트숲모기가 들어오면서 수백만에 이르는 아프리카인이 뎅기열, 지카바이러스를 비롯한 각종 질병에 걸릴 위험에 처할 것이다.

휴스턴의 경우 미국 남부 대부분과 마찬가지로 이집트숲모기의 터전이긴 하지만 모기가 아프리카만큼 흔하지는 않다. 이 도시에서 뎅기열은 2003년에 처음 발병했고 2016년에는 지카바이러스가 갑작스레 재발했다. 비질런트를 비롯한 해리스카운티 모기통제국의 직원들은 이집트숲모기를 늘 예의주시한다. 이것들이 파멸의 전조이기 때문이다. 하지만 이집트숲모기에 맞서 싸울 실질적 방책이라곤 살충제밖에 없다. 질병이 재발한 듯한 곳이면 어디든 픽업트럭 뒤에 기계를 싣고 가서 살충제를 살포한다. 하지만 현재 이집트숲모기는 수많은 시판용 살충제에 내성을 키워가고 있다. "전쟁에서 우리가 지고 있습니다." 갤버스턴국립연구소의 소장 스콧 위버의 말이다. 미래에는 첨단 기술들(이를테면 모기의 유전자를 조작해서 애초에 새끼를 낳지 못하는 암컷이 태어나게 하는 식으로)이 얼마간 쓸모가 있을 수 있다. 바이오테크 회사인 옥시테크Oxitec는 최초의 현장 연구를 위해 2021년 플로리다키스제도에 유전자가 변형된 이집트숲모기 500만 마리를 풀었다.[32] 하지만 질병을 옮기는 야생 모기 개체수를 줄이는 데 이 전략이 얼마나 효과 있을지는 아직 누구도 장담하지 못한다. 앤서니 파우치가 썼듯 "어떤 것이든 이집트숲모기를 효율적으로 감염시킬 수 있는 바이러스라면 수십억 인간의 몸 안으로 들어올 가능성이 얼마든 있다."[33]

살인 진드기

갤버스턴국립연구소는 병원체들이 갇혀 있는 요새지만 바깥에서 보기에는 그런 사실을 전혀 알 길이 없다. 텍사스대학교 의대 안에 다른 여느 건물들과 비슷한 모습으로 연구소가 자리하고 있기 때문이다. 건물 밖을 약간의 콘크리트 방벽이 에워싸고 지붕 위에 괴상하게 생긴 환기 시설들이 다닥다닥 달린 것만 빼면 여러분이 대학 때 화학 수업을 들었던 건물을 빼다 박은 모습일 것이다. 그런데 바로 이 안에 미국 내에 총 12개인 바이오세이프티 레벨BSL 4 실험실이 하나 있다. 그 안에서 과학자들이 세계에서 가장 치명적인 바이러스 몇 종에 대한 연구를 진행한다. 에볼라·니파·마버그바이러스 같은 것들 말이다.

BSL4 실험실은 데니스 벤테Dennis Bente의 작업실이기도 하다. 떡 벌어진 어깨, 짙은 색의 덥수룩한 턱수염, 살짝 배어나는 독일 억양이 돋보이는 벤테는 독일 북서부의 소도시에서 성장해 하노버에서 수의학을 공부한 후 매개체 감염 질병에 흥미를 갖게 됐다. 한동안은 모기를 대상으로 연구하던 그는 얼마 후 진드기가 더욱 눈을 떼기 힘든 연구 주제라고 생각하게 됐다.

BSL4 실험실의 기본 구조는 대형 실험실 안에 커다란 콘크리트 상자가 자리한 형태다. 실험실로 들어가다 보면 먼 우주공간으로 여행을 떠나는 느낌이다. 먼저 벤테는 완충 복도를 지나가면서 깨끗한 수술복을 한 벌 챙긴다. 그다음에는 탈의실에 들어가 사복을 벗고 수술복을 입는다. 다음은 복장실이다. 여기서 그가 '우주복'이라 부르는 것에 몸을 집어넣고 장갑과 투명 플라스틱 헬멧도 함께 착용한다. 이제 벤테는 우주복에 압력을 넣고는 숨을 쉬기 위해 압축 공기 호스를 연결한다. 그러면 미쉐린 마스코트처럼 몸이 빵빵해진다. 이 상태에서 아무 문제가 없으면 벤테는 공기 폐색실로 걸음을 옮긴다. 여기야말로 사람의 목숨을 앗는 병원체와 바깥 세상을 나누는 가장 중요한 경계다. 벤테는 공기를 밀폐시키는 육중한 잠수함문을 열고 들어가 그걸 다시 닫고는 몇 발짝 걸음을 옮긴다. 그리고 잠수함문을 또 하나 연다. 마침내 그는 핫존hot zone(병원체의 접촉 및 감염 위험이 있는 구역-옮긴이)에 들어선다.

그 안에서 벤테가 연구하는 것은 화려한 무늬를 가진 진드기다. 원래는 지중해 분지에 서식하는 일명 히알로마진드기로 몸통은 갈색이고 다리에는 노란 줄무늬가 있다. 이 진드기는 업스테이트 뉴욕에서 눈에 띄는 사슴진드기의 뭉툭한 다리에 비해 다리도 훨씬 길다. 히알로마진드기가 거미와 비슷한 생김새를 가진 것은 어떻게 보면 당연한 일이다. 진드기는 곤충이 아니라 거미강의 동물로서 거미나 전갈과 같은 과科에 속하기 때문이다. 기다란 다리들이 달린 히알로마진드기는 진드기 세계의 스피드광으로 통한다

(유튜브에 들어가면 조그만 사자들이 영양을 쫓아가듯이 히알로마진드기가 사람들을 미친 듯이 쫓아가는 동영상들을 볼 수 있다[34]). 다른 진드기들과 달리 히알로마진드기는 포식자다. 아울러 이 진드기는 눈을 신체기관으로 가진 극소수의 진드기 종이기도 하다('히알로마Hyalomma'라는 말은 '유리hyalos'와 '눈omma'을 뜻하는 그리스어에서 파생되었다). 히알로마진드기들은 다른 진드기들처럼 자기들이 먹어치울 피의 위치를 이산화탄소 센서로 파악하는 대신 땅의 진동과 그림자를 통해 감지한다. 그러고는 근처에 있는 인간(혹은 진드기들이 가장 좋아하는 먹이인 가축)을 잡으러 간다.

하지만 벤테는 운동 능력이나 예리한 시각 때문에 히알로마진드기를 연구하는 것이 아니다. 그가 히알로마진드기를 연구하는 이유는 이것들이 인간에게 크리미안콩고출혈열CCHF을 전파하는 막강한 힘을 가졌기 때문이다. CCHF는 증상이 조금 덜 끔찍한 에볼라바이러스라고 생각해도 좋을 것이다. CCHF는 고열, 관절 통증, 구토 같은 증상들로 시작될 때가 많다. 그러다 감염 나흘째에 이르면 몸이 심하게 멍들고 코피가 나고, 많은 경우 몸의 다른 구멍들에서도 걷잡을 수 없이 피가 흘러나온다. 이런 증상이 2주 남짓 지속된다. 이 병에는 별다른 치료법도 백신도 약도 없다. CCHF의 사망률은 약 10퍼센트에서 40퍼센트까지 천차만별이다.[35]

벤테가 아는 한, 미국 안에서 히알로마진드기가 있는 곳은 갤버스턴국립연구소의 실험실뿐이다. 야생 상태에서는 북아프리카, 아시아, 그리고 유럽 일부 지역들에서만 히알로마진드기가 발견된다(튀르키예의 경우 1년에 약 700건의 CCHF 환자가 발생한다).[36] 따뜻하고 건조한 기후에서 번성하는 히알로마진드기들은 지금 서식 범위를 한창 넓혀가는 중이다. 최근 몇 년간 스페인과 북인도에서도 사람들이 CCHF로 목숨을 잃는 사례가 나왔다.

벤테는 자신의 실험실에서 생쥐와 토끼를 CCHF 바이러스에 감염시킨 다음 히알로마진드기들에게 먹이로 준다. "이 바이러스는 생쥐와 토끼에게는 아무런 타격이 없어요." 벤테가 말했다. "CCHF는 오로지 인간에게만 위험한 바이러스입니다." 벤테가 히알로마진드기와 CCHF를 연구하는 것은 다음과 같은 질문들에 답을 얻기 위해서다. 예를 들어 히알로마진드기는 과연 미국 안에 완전히 자리 잡을까? (그럴 가능성은 지극히 낮다.) 아프리카에도 CCHF를 몸에 싣고 다니는 다른 종류의 진드기들이 있지 않을까? (있을 것이다. 하지만 아직까진 "그렇게 대수로운 문제는 아닙니다"라고 벤테는 말했다.) CCHF가 공기를 매개로도 전파될 수 있을까? ("CCHF는 아주 오래된 바이러스입니다." 벤테의 말이다. "이제 와서 굳이 왜 변이를 일으키겠어요?") 그렇다 해도 벤테에게도 아주 걱정이 없는 것은 아니다.

질병 매개체로서 진드기는 모기와는 매우 다른 면이 있다. 우선 진드기는 단 몇 주에 그치지 않고 길면 2년까지도 산다. 하지만 모기와 비슷하게 온도 변화에는 민감해서 춥거나 건조한 기후에서는 오래 살아남지 못한다. 세상이 점점 더워짐에 따라 진드기들도 더위를 따라 이동하고 있다. 어떤 종은 매년 북쪽으로 48킬로미터 이상 이동하기도 한다. 우리도 모르는 사이에 새로운 땅을 향한 흡혈귀들의 정복 행진이 진행되고 있는 것이다. 이 진드기들은 살충제로 잡기 어려운 데다가 놀라운 생존 비법이 한둘이 아니다. 이를

테면 이 진드기들은 물 없이도 장기간 버틸 수 있다. 이것들은 나뭇잎 여러 장에 침을 뱉어놓았다가 나중에 목이 마르면 그걸 마신다. 더위는 진드기의 식성까지 변화시키고 있다. 기온이 올라가면서 로키산홍반열Rocky Mountain spotted fever(이 병은 사망률이 4퍼센트에 이른다)을 전파하는 갈색개진드기brown dog tick가 개 대신 사람에게 덤빌 확률이 2배 더 높아졌다. 미국에도 진드기가 몸에 싣고 다니는 서로 다른 병원체의 종류만 20가지가 넘는다.[37] 거기에다 더 많은 병원체가 발견되는 상황이다. "진드기를 더 많이 들여다볼수록 더 많은 바이러스를 찾아내게 돼요." 미네소타주 로체스터의 메이오클리닉Mayo Clinic 미생물학자 보비 프릿Bobbi Pritt이 내게 말했다.

점차 따뜻해지는 세상에서 진드기가 보내는 가장 대표적인 위협이 라임병이다. 그도 그럴 것이 보렐리아 부르그도르페리*Borrelia burgdorferi*라는 세균을 싣고 다니는 사슴진드기가 이 병을 일으키기 때문이다. 라임병은 1970년대 중반 코네티컷주에서 처음 발생했다. 오늘날에도 주요 질환으로서 건강에 점점 더 커다란 위협이 되고 있다. 미국 질병통제예방센터CDC에 따르면 1990년대 말 이래로 미국 내 라임병 환자는 3배가 늘었다. 라임병은 "보통 미국인의 삶에 전례 없는 위협을 가하고 있다"[38]고, 스티븐알렉산드라 코헨재단Steven Alexandra Cohen Foundation에서 코헨라임과 진드기 매개 질병대책을 담당하는 유행병학자 베넷 넴서Bennet Nemser는 말했다. "잔디에 살짝 손을 댔다가 진드기가 몸에 달라붙는 일은 나이, 성별, 정치적 관심, 부유함과는 상관없이 누구에게나 일어날 수 있다."

라임병을 옮기는 진드기의 서식 범위가 넓어지는 것은 단지 더위 때문만은 아니다. 미국 북동부의 땅들이 점점 더 잘게 쪼개지고 있는 상황도 일조하고 있다. 곳곳의 숲이 교외 개발지구로 편입되어 난도질당하면서 여우와 부엉이의 개체수가 줄어들었다. 이는 보렐리아 부르그도르페리가 퍼지는 주된 온상인 흰발쥐white-footed mice 개체수의 폭발적 증가로 이어지고 있다. 진드기 유충이 감염된 쥐를 먹이로 삼고, 그러면 진드기 안으로 라임균이 들어간다. 나중에 이 진드기와 몸이 스치는 사람은 누구든 라임병이 옮을 수 있다.

하지만 벤테가 보기에 진드기 세계에서 벌어질 가장 우려스러운 사태는 아시아의 작은소참진드기longhorned tick가 미국에 침투하는 것이다. 벤테는 바로 여기가 "조심히 귀 기울여야 할 대목"이라고 말한다. 아시아 작은소참진드기*Haemaphysalis longicornis*가 어떻게 그리고 언제 미국 본토에 발을 들이게 됐는지는 누구도 쉽사리 단정하지 못한다. 이것들은 원래 호주와 뉴질랜드를 포함한 동아시아 지역의 토착종이다. 그런데 2017년 뉴저지에서 이 진드기가 처음 보고되었다.[39] 그로부터 1년도 채 안 되어 연구자들은 여덟 개의 다른 주들에서도 이 진드기를 찾아냈다. 기후가 따뜻해지고 겨울철 날씨가 온화해지면서 진드기의 영역도 계속 확장되는 추세다. 이 진드기의 급속한 확산에 핵심적인 역할을 했던 것은 암컷들이 자기 복제를 통해 번식할 수 있다는 점이다. 한마디로 짝짓기가 필요 없다. 이를 단위생식이라고 한다. 이 때문에 이 진드기를 통제하기란 지극히 어렵다. "사실상 이 종은 박멸이 불가능합니다." 럿거스 대학교의 일리아 로클린Ilia Rochlin의 말이다.

아시아 작은소참진드기는 공격적으로 동물을 무는 데다가 먹잇감에 무리 지어 달라붙어 다량의 피를 함께 들이켤 수도 있다. 이 진드기가 가장 좋아하는 먹이는 소 떼다. 뉴질랜드와 호주 일부 지역에서는 이 진드기들 때문에 젖소의 우유 생산량이 25퍼센트나 줄기도 했다.[40] 물론 아직은 북아메리카 대륙에서 아시아 작은소참진드기가 인간에게 질병을 전파했다는 증거는 없다. 하지만 상황이 바뀔 여지는 있다. 프릿에게는 작은소참진드기의 침투가 "지극히 우려스러운 일"이다. 자칫하면 치명적인 중증열성혈소판감소증후군SFTS바이러스나 리케차자포니카*Rickettasia japonica* 같은, 사람의 목숨을 앗아가는 갖가지 병원체를 이 진드기가 싣고 다닐 수 있기 때문이다. "아직은 미국 안에서 이 병원체들이 발견된 적은 없지만 향후 미국에 들어올 위험성은 있습니다." 프릿이 말했다.

나중에 드러난 사실이지만 SFTS의 가까운 사촌뻘이 바로 CCHF다. 벤테가 걱정하는 것도 이른바 '매개체 전환vector switching'이다. 다시 말해 CCHF바이러스가 히알로마진드기에게서(미국의 경우 이 진드기들은 아직 벤테의 실험실에만 있다) 아시아 작은소참진드기(공격적으로 무는 성향을 가지고 미국에서 점점 널리 퍼지고 있다)에게로 건너뛰면 어떻게 될까.

CCHF가 정말로 아시아 작은소참진드기에게로 건널뛸 가능성이 있을까? "자연은 복잡합니다." 벤테가 말했다. "진드기가 한 번만 잘못 물어도 바로 대재앙이라는 식의 시나리오는 저도 좋아하지 않아요. 하지만 그런 일이 없을 거라고는 장담 못 하겠습니다."

The Heat

11장

Will Kill

값싼 냉기

에어컨의 안락함에 중독된 세계

You First

에어컨은 다분히 미국적인 안락함의 상징이었고 이는 전 세계로 퍼져나갔다. 타인과 다른 종, 그리고 주변 세상이 어떤 대가를 치르게 될지 조금도 고려하지 않은 채. 그리하여 안락한 생활은 클릭 한 번으로 미래를 점점 망가뜨린다.

킹 오브 쿨

휴스턴에는 화려하게 차려입은 사람들이 늘 거리를 활보한다. 오일 머니, 월스트리트 머니, 예술 투자금, 암 연구 투자금 등 갖가지 명목의 자금을 돈줄 삼아 사업이 순식간에 대박 나기도 파산하기도 하는 이 도시에는 카메라 플래시 세례를 받고 돈다발을 쥐어야 살맛 나는 거물들의 발길이 끊이지 않는다. 하지만 해럴드 굿맨Harold Goodman은 그런 분위기와는 완전히 동떨어진 인물이었다. 보통 체구에 흰색 셔츠와 정장을 즐겨 입는 그는 아무리 좋게 말해도 그냥 평범했다. 정치 성향은 약간 보수적이었다. ("아버지는 사회적 변화를 지지하는 분은 아니셨어요." 굿맨의 딸 베스티 아벨Bestey Abell이 내게 말했다.) 굿맨은 휴스턴에서도 탱글우드라 불리는 조용하지만 아주 멋진 지역에서 아내 해리엇과 아이 넷을 데리고 살았다. 그가 꾸렸던 사업은 에어컨 설비업으로, 확실히 그렇게 화려한 사업은 아니었다. 굿맨은 배관, 공기 용적, 상대습도 같은 것에 대해서는 술술 말했다. 그는 한 달에 한 번은 포커를 치고 주말에는 테니스를 쳤다.

카우보이 부츠 같은 것은 전혀 그의 취향이 아니었다.

하지만 평소 검소했던 굿맨도 허세를 부린 것이 두 가지 있었다. 하나는 차였다. 굿맨은 차를 사랑했다. 자신이 종종 액셀과 브레이크를 동시에 밟는 끔찍한 운전자라는 사실은 중요하지 않았다. 거의 한 해가 멀다 하고 그는 타던 차를 팔아치우고 멋진 새 차를 사들였다. 그가 가장 아꼈던 차는 링컨 컨티넨탈이었다.

또 한 가지 그의 화려한 취미는 말이었다. 그는 경마도 사랑했다. 어린 시절 아버지와 함께 경마를 시작했고 그 열정은 평생 식지 않았다. 경마에서 돈을 따기도 하고 잃기도 했지만 경마의 짜릿한 쾌감은 한 번도 잃은 적이 없었다. 그는 부자가 되고 나서 휴스턴 외곽에 자리한 283만 제곱미터 규모의 말 사육장을 사들이며 맘껏 돈을 탕진했다.

굿맨은 겸손이 몸에 밴 사람이었다. 하지만 그도 자신의 성취를 실감하는 순간이 분명 있었을 것이다. 가령 링컨자동차 대리점에 들어서는 순간 차가운 공기가 훅 끼쳐 왔을 때가 그렇지 않았을까. 아니면 누군가의 창문 밖에 매달린 에어컨 실외기에 자기 이름이 박혀 있는 것을 보았을 때라든가.

그 순간만큼은 그도 확신했을 것이다. 자신이야말로 '시원함의 왕King of Cool'이라고.

반면에 텍사스로 이사 오기 전까지만 해도 나는 냉방에 대해 아는 것이 그리 없었다. 나는 어린 시절 실리콘밸리에서 자랐다. 적어도 내가 아이였던 1970년대에는 완벽한 지중해 기후를 자랑하던 곳이었다. 우리 집에는 에어컨 따위는 없었고 집에 에어컨이 있는 사람 역시 주변에 단 한 명도 없었다. 1970년대의 어느 즈음에 우리 아버지가 자신의 자동차에 에어컨을 달기 전까지만 해도 에어컨이란 것을 본 적도, 들은 적도 없었다.

대학을 졸업하고는 뉴욕시로 이사했다. 1990년대 초반 나는 몇 년간 기자로 일하면서 형사, 택시 기사, 에이즈 인권운동가와 어울렸다. 그들과 함께 뜨거운 아스팔트 위에서 몇 번의 여름을 보내다 보니 왜 사람들이 에어컨 냉방을 그렇게 좋아하는지 알게 되었다. 그래도 내 아파트에는 에어컨을 설치하지 않았다. 날씨가 더울 때는 창문을 열고 선풍기를 켜서 땀을 식혔다. 나중에는 뉴욕 북부의 새러토가스프링스로 이사했다. 거기서 내가 살았던 빅토리아시대풍의 저택에도 벽난로만 여러 개 있을 뿐 에어컨은 한 대도 없었다. 새러토가스프링스에 살면서 19세기에 이 도시가 부상한 이유를 알게 되었다. 더위에 질린 뉴욕시 남부 주민들과 부유한 도시민들이 이사해온 덕분이었다. 이곳에서는 무더운 여름밤이면 사람들이 아름드리나무와 큼지막한 포치 아래 모여서 함께 더위를 식혔다.

그런데 텍사스로 이사했을 때는 더위가 내가 알던 그 더위가 아니었다. 우편함을 살피기 위해 문밖을 나서면 무덥고 습한 공기의 벽에 쿵 부딪히는 느낌이었다. 대낮에 자전거를 타러 나가는 것은 목숨을 건 모험이나 다름없었다. 현재 우리가 사는 작은 집은 에어컨이 생기기 전에 지어졌지만 지금은 중앙냉방이 가능하게 개조한 상태다. 여름이면 이따금 나는 에어컨 바람을 피해 포치에 나갔다가 압도적인 더위에 그냥 안으로 들어올 때가 많다.

에어컨이 없던 시절에는 사람들이 텍사스에서 어떻게 살았는지 의아해진다. 그러다 주위를 둘러보면 널찍한 환기 통로와 지붕 달린 복도 덕에 시원한 바람이 얼마든 드나드는 가옥들의 구조가 눈에 들어온다. 잠을 청할 수 있는 널찍한 포치와 집들 위에 그늘을 드리운 커다란 참나무도 볼 수 있다. 바턴스프링스공원에 가면 석회암층에서 흘러나오는 차갑고 깨끗한 물에 뛰어들어 달콤한 휴식을 맛볼 수도 있다. 에어컨이 등장하기 전에는 열을 붙잡아 가두는 이산화탄소가 대기 중에 더 적었고 열을 우리에게 되쏘는 아스팔트와 콘크리트도 땅에 덜 깔려 있었다. 그때가 반드시 더 나은 세상이라고 할 수는 없지만 확실히 지금과는 다른 세상이었다. 더위도 견딜 만했다. 극작가 아서 밀러는 에어컨이 등장하기 이전 뉴욕시에서 성장했던 어린 시절을 이렇게 회상했다. "그때만 해도 브로드웨이를 누비던 전차는 양옆이 뻥 뚫려 있었다. 더위는 어쩔 수 없었지만 최소한 그 사이로 바람이 불어 들어오곤 했다. 그래서 궁핍한 사람들도 단돈 5센트만 있으면 두 시간 동안 전차를 타고 시내를 누비며 더위를 식힐 수 있었다."[1] 밀러는 코니아일랜드에 대해서는 이렇게 썼다. "해변 어디를 가든 사람들이 발 디딜 틈 없이 만원이었다. 어디에든 내 책이나 내 더위 먹은 강아지를 둘 데가 없었다."

에어컨의 발명

해럴드 굿맨은 1926년 텍사스주 보몬트에서 태어났다. 그보다

20~30년 전쯤 이 도시 외곽에서 석유가 발견되었다. 그래서 당시 이곳은 텍사스주 석유 산업의 핵심이나 다름없었다. 하지만 굿맨의 가족은 이런 분위기와는 전혀 상관이 없었다. 굿맨의 삼촌은 농부였고 아버지는 보험업에 종사했다. 그의 가족은 굿맨이 태어나고 얼마 안 되었을 때 휴스턴으로 이사했다. 여기서 아버지의 보험업이 아주 번창했다.

그 시절 굿맨가家 사람들에게 휴스턴의 더위는 피할 수 없는 현실이었다. 여름철이면 가족은 낮에는 해를 피해 다니고 밤에는 집 안의 창문들을 죄다 열어두고 자거나 아니면 바깥의 포치에서 잠을 자곤 했다. "제가 휴스턴에서 자랄 때는 아예 에어컨이 없었어요." 굿맨의 누나 벳시 브램슨이 옛날을 회상했다. "그런데 재미있는 사실은 그때가 그렇게 더웠다는 기억이 없다는 거예요. 원래 어릴 때는 그런 것에 별로 신경을 안 쓰잖아요."

굿맨은 휴스턴대학교를 2년을 다니다가 텍사스대학교 오스틴에 편입해 경영학 학위를 받았다. 해군에서 복무한 2년간은 별일 없이 밋밋하게 흘러갔다. 막상 제대하게 됐을 때 굿맨은 자신이 뭘 하고 싶은지 알 수 없었다. 그래서 아버지 밑에 들어가 보험 영업을 해보았다. "아버지는 그 일을 아주 싫어하셨어요." 그의 딸 베스티가 말했다. "출근을 하지 않거나 아예 농땡이를 쳤대요. 도심의 지하 어딘가에서 친구들과 밤새 포커를 치고 고주망태로 술을 드셨대요. 그래서 가족들이 다들 걱정이 이만저만이 아니었대요."

그때 마침 굿맨의 매형이 에어컨 사업에 뛰어들었다. 1950년 초반에는 이 분야가 생소하긴 해도 전망이 밝은 벤처 사업이었다.

"저희 엄마께선 해럴드도 같이하면 좋겠다고 생각하셨지만 해럴드는 전기나 기계 방면에 소질이 없었어요. 그래서 다들 걱정이 앞섰죠." 브램슨의 말이다. 굿맨도 매형과 함께 사업에 뛰어들 생각은 없었다. 그런데 이 사업에 몸담은 다른 친구를 보고 마침내 자신도 한번 해보자고 마음먹었다. 두 사람은 우선 창문에 다는 에어컨부터 팔기 시작했다. 해럴드는 타이밍을 잡는 능력이 기가 막혔다.

반면 존 고리John Gorrie는 타이밍의 운이 영 따라주지 않는 사람이었다. 1833년 당시 존 고리는 플로리다주 아팔라치콜라강 유역의 늪지대에서 생활하던 31세의 내과의였다. 뉴욕에서 공부를 마치고 멕시코만의 푹푹 찌는 야생 지대까지 들어온 그는 열병으로 죽어가는 수십 명을 고치려 애쓰고 있었다. 다른 대부분의 의사들처럼 고리도 말라리아를 비롯한 수많은 질병이 일명 "미아스마miasmas",[2] 즉 덥고 축축한 곳에서 초목이 썩으며 발생하는 나쁜 공기 때문에 발생한다고 잘못 생각하고 있었다. 따라서 고리가 보기엔 공기만 시원하게 해주면 말라리아도 충분히 치료 할 수 있을 것 같았다.

고리는 자기 집에 열병 병동을 만들어 실험을 진행했다.[3] 이를테면 한 실험에서 그는 환자를 눕혀놓고 용기에 담은 얼음 한 덩어리를 천장에 매달아놓았다. 녹아내린 얼음이 용기 안에 차오를수록 공기가 얼음덩어리 쪽으로 불어갔다. 그렇게 차가워진 공기는 아래에 누운 환자 위로 내려앉았다가 방바닥의 갈라진 틈으로 들어갔다. 찬 공기로 환자의 병이 낫지는 않았지만 환자의 몸은 한결 편안해졌다. 문제는 이 방식이 너무 거추장스러운 데다가 얼음이 반드시 있어야만 한다는 것이었다. 당시 얼음은 뉴잉글랜드에서 플로리다까지 배로 실어와야 했기 때문에 여간 비싼 것이 아니었다.

물론 기체를 응축시키면 뜨거워지고 기체가 팽창하면 기온이 급격히 떨어진다는 사실은 과학도들에게 이미 수십 년 전부터 잘 알려져 있었다. 하지만 이 지식을 현실에 어떻게 적용할지는 잘 알지 못했다. 그런데 고리에게 아이디어가 하나 떠올랐다. 그는 자그만 증기엔진을 이용해 공기를 안으로 끌어들이기로 했다. 피스톤이 달린 밀실 안에 공기 응축 장치를 만든 다음(이 안에서는 공기가 뜨거워진다) 그 공기를 다시 미로처럼 이어진 파이프에 주입하면 공기가 확장한다(이 과정에서 공기는 차가워진다). 그러고는 이 공기가 소금물 탱크를 통과하게 하면 소금물 탱크의 온도가 빙점 아래로 떨어지고 공기도 차가워진다. "존 고리가 이때 이미 에어컨을 만들었다고 해도 과언이 아니다." 한 역사가는 썼다. "더 중요한 사실은 이 기계가 실제로 작동까지 됐다는 점이다. 역사상 처음으로 기계에서 시원한 공기가 나오고 있었다."[4]

이 방식은 증기 압축이라 불린다. 오늘날 에어컨의 작동 원리도 이와 크게 다르지 않다. 이 기술은 20세기의 탄생에 내연기관 못지않은 역할을 했다. 아울러 내연기관만큼이나 오랜 시간 아주 유용하게 사용되며, 우리 미래에 골칫거리를 안기고 있다.

고리가 발명한 증기 압축 기계는 환자들의 열병을 낫게 하지는 못했지만 그들의 심신을 편안하게 만들 만큼은 훌륭히 작동했다. 하지만 고리에게는 더 원대한 야심이 있었다. 그는 공기 냉방의 새 시대를 열고 싶었다. 이와 관련해 그가 주목했던 사실은 북쪽 나라들에서는 난방이 더 수월하도록 건물을 단열 구조로 설계한다는 점이었다. 이제는 반대로 더운 지역도 이렇게 해야 한다는 것이 고리의 주장이었다. "따뜻한 나라들에서도 이제는 집을 공들여 지어야 합니다. 실내 기온을 낮추고 습도를 줄이는 데에도 단열에 들이는 것과 비슷한 노동력과 비용을 들인다면 그 집의 거주자들이 말라리아에 걸릴 확률은 아주 낮아지거나 아예 없어질 것입니다."[5]

하지만 그의 대담한 아이디어는 그 어디에도 통하지 않았다. 우선 그의 기계가 너무 크고 비싼 데다가 복잡하다는 것이 문제였다. 그뿐만이 아니라 당시 사람들, 심지어 푹푹 찌는 아팔라치콜라의 친구들과 이웃들까지도 이 기계가 무슨 쓸모가 있는지 알지 못했다. 땀은 사람들이 원래 흘리는 것이었다. '쾌적한 냉방'이라는 개념 자체가 아예 없었다.

나중에 고리는 자신의 기계를 오랜 시간 틀어두면 물을 얼음으로 만들 수 있다는 사실을 알게 됐다. 그래서 이후 수년 동안 고리는 자신의 발명품을 '세계 최초의 얼음 만드는 기계'로 홍보했다. 이 기계만 있으면 굳이 뉴잉글랜드에서 얼음을 사올 필요가 없다면서 말이다. 하지만 자그만 배 한 척으로 홀로 시작한 얼음 무역업으로 전 세계를 아우르는 제국을 일궈낸 뉴잉글랜드의 사업가 프레데릭 튜더로서는 아팔라치콜라의 정신 나간 발명가가 자기 사업을 망하게 내버려둘 수가 없었다. 튜더는 고리가 단 한 푼도 투자받지 못하도록 온갖 수를 썼다. 결국 1955년 고리는 파산한 채 비통한 심정으로 숨을 거뒀다. 이후 50년 동안 그의 발명품은 사람들의 기억에서 까맣게 지워졌다.

그러다 1902년에 윌리스 캐리어Willis Carrier라는 젊은 공학자가 기계를 이용한 공기 냉각에 다시 관심을 갖게 된다. 그해 캐리어는 뉴욕시의 한 출판사를 찾았다. 인쇄기 안에서 종이가 쭈글쭈글해지는 문제를 해결해주기 위해서였다. 그는 높은 습도 때문에 종이가 쭈글쭈글해지고 인쇄된 그림이 번진다는 사실을 알아냈다. 그렇다면 이 문제를 어떻게 해결해야 좋을까? 그전까지 캐리어는 공기 중의 습도에 대해서는 단 한 번도 고민한 적이 없었지만 몇 차례의 시도 끝에 공기의 "상태를 조절condition"[6]할 방안을 내놓게 된다. 한마디로 팬을 이용해 차가운 물이 가득한 파이프 위로 공기를 이동시키면 공기 중의 습기가 파이프 위에서 응축되어, 더 시원해질 뿐만 아니라 더 건조해지기도 했다. 접근 방식은 고리와는 완전히 달랐지만 원리는 똑같았다. 게다가 캐리어의 발명은 사업화도 가능했다. 이렇게 종이 문제를 해결하면서 에어컨의 시대가 도래했다.

에어컨 경제, 그리고 매릴린 먼로

1950년대 말 굿맨이 휴스턴에서 에어컨 사업을 시작했을 때, 넘쳐나는 석유로 도시 경제는 활황이었다. 위트 넘치는 한 인물의 말마따나 "이곳에서는 돈을 뒤쫓아 달릴 마음만 있다면 평범한 사람이 수천만 달러도 벌 수 있다. 가만히 서 있어도 100만 달러 정도는 그냥 번다." 1940년에 휴스턴의 인구는 38만 4,000명이었다. 20년 후에 휴스턴의 인구는 거의 100만 명에 이르게 된다.[7] 휴스턴이야말로 미국에서 가장 빠르게 성장하는 도시였다.

오일 머니가 경제 붐을 이끈 엔진이었다면 에어컨은 차체였다. 1970년대에 뉴욕 시장을 지낸 프레드 호프하인즈Fred Hofheinz는 이렇게 말하기도 했다. "에어컨이 없었다면 휴스턴은 아예 건설되지도 못했을 겁니다. 존재 자체가 불가능했을 거예요. 무슨 말이 더 필요하겠습니까."

에어컨의 침략은 1922년 라이스 호텔의 카페테리아에서 시작되었다. 1926년에는 텍산Texan과 마제스틱Majestic 같은 영화관들에 찬 공기가 돌기 시작했다. 1949년에는 휴스턴에서도 호화롭기로 손꼽히는 섐록호텔Shamrock Hotel 내의 1,100개 객실에 전부 에어컨이 설치되었다. 1961년에는 샤프스타운센터Sharpstown Center가 미국 최초로 에어컨을 켜고 출입문은 닫은 채 운영되는 쇼핑몰로 자리 잡았다. 1965년에는 애스트로돔이 세계 최초로 에어컨이 가동되는 경기장이 되었다. 1980년에는 텍사스주에서 가장 신성한 장소(샌안토니오의 알라모Alamo 전도소)에서도 시원한 바람이 나오게 됐다.

에어컨이 일으킨 건설 붐은 텍사스주에만 한정되지 않고 미국 남부 전역으로 퍼졌다. 커다란 포치와 환기구는 영영 자취를 감추었다. 대신 저렴하게 대량으로 건축된, 천장이 낮고 환기는 되지 않는 교외 개발지구가 속속 모습을 드러냈다. 1957년에 이르자 연방주택청FHA에서는 중앙냉방장치의 설치 비용도 주택담보대출금에 포함시키기 시작했다.[8]

텍사스주에서 에어컨의 혜택을 누린 사람들은 대체로 중산층 백인이었다. 1960년이 되었을 때 텍사스주의 주택 30퍼센트에 에어컨이 설치되었다.[9] 미국에서 가장 높은 수치였다. 하지만 미국에서 에어컨을 가진 흑인은 단 10퍼센트에 그쳤다.[10]

당시 점차 높아가던 에어컨의 위상을 보여주는 증거로서 1955년에 나온 빌리 와일더Billy Wilder 감독의 영화 〈7년 만의 외출The Seven Year Itch〉만 한 것이 없다. 20세기를 통틀어 할리우드의 가장 대표적인 이미지로 손꼽히는 한 장면도 바로 이 영화에 들어 있다. 맨해튼의 지하철 환풍구 위에 서 있던 매릴린 먼로Marylin Monroe가 강한 바람에 날리는 치맛자락을 붙잡는 장면 말이다.

이 영화의 도입부에서 뉴욕시는 무더위에 시달리는 곳으로 그려진다. 여자들은 아이들을 데리고 도시를 벗어나 뉴욕시 북쪽이나 해변으로 가고 일을 못 놓는 남편들만 덩그러니 도시에 남아 비지땀을 흘린다. 영화에서 먼로는 기꺼이 도시에 남아 무더위와 싸우는 싱글 여성을 연기한다. 영화에 먼로가 처음 등장하는 모습도 커다란 선풍기를 품에 안고 계단을 올라가 자기 아파트로 들어가는 장면이다. 이웃 남자가(섹스 강박증을 억누르며 사는 유부남으로, 톰 이웰이 연기했다) 덥다면서 농담을 던지자 먼로는 이렇게 받아친다. "그래서 전 속옷을 아이스박스에 넣어놓는다니까요." 이 영화에서 이웰의 매력은 단 하나, 그의 아파트에 에어컨이 설치돼 있다는 것이다. 그는 자기 아파트에는 방마다 에어컨이 한 대씩 있다고 자랑하며 먼로에게 언제 한 번 자기 집에 오라고 꼬드긴다. 영화에는 먼로가 에어컨 앞에 맨다리로 앉아 있는 장면도 나온다. 에어컨이 섹시한 물건으로 거듭난 순간이었다.

1950년대 중반 굿맨은 굿맨매뉴팩처링Goodman Manufacturing사를 설립하고 가정용 에어컨에 사용되는 잘 휘어지는 공기관을 제작하기 시작했다. 딱딱한 철제관 대신 이 새로운 공기관을 쓰면 에어컨을 더욱 손쉽고 빠르게 설치할 수 있었다. 사업은 잘 돌아갔다.

사업을 시작하고 10년 정도 흐른 뒤에 굿맨은 에어컨 생산에 뛰어든다. 오하이오에서 운영되다 파산한 재니트롤Janitrol이라는 회사를 사들인 것이다. 이를 계기로 이후 20년 동안 굿맨과 함께 일하게 되는 피터 알렉산더Peter Alexander는 이렇게 회상했다. "어느 날 해럴드가 전화해서는 이렇게 말하더군요. '피터, 잘 들어봐. 내가 지금 이 회사를 인수해서 제조업에 뛰어들려고 하거든. 그런데 자네랑 동업하면 좋겠어.' 그래서 제가 말했습니다. '자네 지금 제정신인가.'" 당시 에어컨 사업은 이미 캐리어나 페더스Fedders 같은 대기업들이 주름잡고 있었기 때문이다. 그래도 알렉산더는 굿맨과 이야기나 나눠보려고 휴스턴으로 날아왔다. "굿맨과 두 시간 정도 이야기를 나눴을 때였습니다." 알렉산더가 그때를 회상했다. "저도 모르게 이렇게 중얼거리고 있더군요. '한번 해보고 싶은데.'"

제조업에 뛰어든 굿맨이 맨 처음 한 일은 회사부터 휴스턴으로 옮기는 것이었다. 그가 에어컨의 왕인 곳은 미국 남부였기에 굳이 북부에서 에어컨을 만들어 남부로 실어올 이유가 없었다. "회사를 처음 설립했을 때 우리는 이런 이야기를 했어요." 알렉산더가 말했다. "'어떻게 우리 회사를 다른 회사와 차별화할 수 있을까?' 그러자 해럴드가 말했습니다. '우리가 스스로를 차별화하는 방법은 모든 소비자가 값싼 찬 공기를 원한다는 가정에서 출발하는 거야.'"

"좀 어설퍼 보였다는 건 저도 압니다." 알렉산더가 말을 이었다. "하지만 집에 설치한 가정용 에어컨 브랜드가 뭐냐고 물어보면 제대로 대답하는 사람은 열에 둘이나 될까 말까 합니다. 당시 유명 회사들이 하는 일이라고는 광고뿐이었어요. 그런데 광고로 소비자가 얻는 게 뭔가요? 그래서 우리는 앞으로 광고 따위는 절대 하지 말자고 결정했습니다. 사람들은 자기 집 에어컨의 브랜드 같은 건 잘 모른다는 사실에만 집중하기로 했죠. 거기에다 에어컨을 선택할 때 소비자를 움직이는 가장 중요한 요인은 가격이라는 사실에도요. 그래서 우리는 이렇게 이야기했어요. '우리는 값싼 찬 공기를 만들어내는 회사가 되자'고요. 실제로도 그 말을 그야말로 주야장천 하고 다녔어요. 우리는 값싼 찬 공기를 만든다고요. 그게 우리의 상품이었죠."

굿맨은 품질에 집중함으로써 보증 기간 내의 환불과 서비스 요청을 줄인 덕분에 비용을 절감할 수 있었다. 그는 에어컨 생산은 해외(주로 한국)에 위탁했다. 근로자들의 임금은 생산 단가를 따져서 지급했다. 열심히 일하는 사람이 더 많이 벌어가게 했던 이 노동 관행은 논란의 여지는 있을지언정 불법은 아니었다. 이와 함께 무엇보다 중요했던 것은 굿맨이 박리다매 전략을 밀어붙였다는 것이다. "에어컨 20대를 팔고 대당 50달러를 남기는 대신 에어컨 100대를 팔고 대당 17달러를 남기는 것이 돈을 많이 버는 길입니다." 알렉산더가 말했다. "우리는 유통업자들을 설득해서 이게 확실히 돈벌이가 될 거라고 했지요. 실제로도 그랬습니다. 설치 업체들이 집에 찾아가면 고객들은 이렇게 말하곤 했어요. '맙소사. 캐리어 말고 굿맨을 선택하면 에어컨을 훨씬 싸게 살 수 있네요.' 그렇게 해서 사업은 그야말로 대박이 났습니다." 굿맨이 에어컨 판매를 시작한 1982년에 판매한 에어컨은 총 5만 대였다. 2002년에는 연간 120만 대의 에어컨이 팔려나가고 있었다. "우리는 폭주 열차처럼 잘나갔어요." 알렉산더가 말했다.

굿맨 자신이 에어컨을 누구 못지않게 중요시했다는 점도 성공의 요인이었다. "사장님은 자기만의 적정 온도가 있는 아주 까다로운 분이셨어요." 이 회사의 퇴직 직원이 회상했다. "그런데 사장님이 온도조절기를 직접 만지는 일은 없었어요. 그건 신시아라는 사무 보조원에게 맡기셨죠. 사장님이 이렇게 외치는 소리가 밖에까지 들리곤 했습니다. '신시아, 온도 좀 올려봐!' '신시아, 온도 좀 내려!' 사장님의 사소한 집착 같은 것이었죠."

나는 굿맨이 성공한 배경에 어떤 기술적 혁신이 자리하고 있는지 알렉산더에게 물어보았다. "그 질문에 대한 답은 '없다'입니다." 그가 딱 잘라 말했다. "그건 재래식 에어컨이었어요. 그 시절에는 모두 재래식 에어컨을 만들었습니다. 지금도 그렇고요. 아시겠지만, 기본 사양에 약간의 변형을 가해 고급 사양을 만들어내곤 하지만 사실 냉각제만 달라졌을 뿐이지 지금이나 50년 전이나 기본적인 면에서 에어컨은 똑같습니다."

알렉산더가 보기에 굿맨의 번득이는 사업 감각은 이 한 줄로 요약된다. "웃기는 소리 하지도 마. 결국 가격이 전부야."

에어컨, 미국 정치 판도를 뒤집다

굿맨이 값싼 찬 공기의 상업적 판매 가능성을 면밀하게 따져보던 바로 그즈음, 작가 윌리엄 포크너William Faulkner가 미시시피주에서 심장마비로 사망했다. 그의 나이 64세였다. "우리를 그토록 상심하게 했던 죽음이라는 마지막 사실은 잠시 밀어두고 그날에 대해 알아야 할 첫 번째 사실은 바로 더위다. 축축한 모직 외투를 걸친 채 서서히 질식당하기라도 하듯 그 자체가 하나의 작고 볼품없는 죽음과 비슷한 더위 말이다."[11] 윌리엄 스타이런이 미시시피주 옥스퍼드에서 치러진 포크너의 장례식에 대해 이렇게 썼다. 스타이런은 그날 옥스퍼드를 익사시킨 더위는 "몸과 영혼을 너무도 피폐하게 해서 반쯤은 꿈을 꾸는 듯 멍한 상태로 만들었다. 그러다 문득 전에도 어디선가 이런 더위를 만난 적이 있음을 깨달았다. 바로 포크너가 쓴 모든 이야기와 소설들에 이런 진절머리 나는 더위(물론 더 온화했던 다른 날씨들도 함께)가 거의 손댈 수 없을 만큼 생생하게 들어있지 않던가."

포크너는 에어컨이라면 질색했다. 그는 생의 대부분을 1848년에 지어진 2층짜리 그리크 리바이벌Greek Revival(18세기 중반 시작되어 18세기 말과 19세기 초에 특히 유행한 서양의 건축 운동으로 독일, 영국, 미국, 캐나다, 1832년 독립한 그리스 본국에서 유행했다-옮긴이) 양식의 저택에서 보냈다. 포크너는 이 저택에 배관·전기·난방 시설을 새로 했다. 하지만 미시시피주의 그 대단한 여름철 더위에도 에어컨 설치만큼은 한사코 거부했다.* 대신 그는 위층에 수면용 포치를 증축했다. 그의 소설 『더 리버스The Reivers』를 보면 등장인물 중 하나가 이렇게 구시렁대는 대목이 있다. "인위적인 인테리어 설비를 들여 여름에도 용케 15.5℃의 기온을 유지하고 겨울철에는 32.2℃를 유지하니 이제 계절 따위는 더 찾아볼 수도 없네. 그러니 나처럼 시대에 뒤떨어진 상습범은 여름엔 추위를 피해, 겨울엔 더위를 피해 밖으로 나가는 수밖에."[12]

에어컨을 지옥에서 태어난 기술이라고 여긴 것은 포크너만이 아니었다. 백악관에는 1930년대부터 냉방 시스템이 갖춰져 있었지만, 프랭클린 루스벨트 대통령은 여름철에 집무실 창문을 활짝 열어놓고 셔츠 차림으로 일하는 것을 좋아했다[13](그에 반해 텍사스 출신인 린든 존슨 대통령은 워싱턴 D.C.의 푹푹 찌는 여름철에 에어컨을 최대한 가동한 채 전기담요를 덮고 자는 것을 좋아했다[14]). 헨리 밀러 같은 작가는 1945년 아메리카 대륙을 두루 돌고 펴낸 회고록에 '냉방장치의 악몽The Air-conditioned Nightmare'이라는 제목을 붙이기도 했다. 소울 가수인 아레사 프랭클린은 라이브쇼 도중 누군가가 에어컨을 틀자 찬 공기 때문에 자기 목소리가 망가질 거라고 걱정하며 쇼를 중단했다.[15]

하지만 대부분의 사람은 에어컨에 아주 만족했다. 아울러 에어컨은 미국의 지형까지 바꾸었다. 사람들이 이주하고 개발할 완전히 새로운 변경 지대가 활짝 열렸기 때문이다. 예전만 해도 플로리다를 비롯한 남부 주들의 후텁지근한 더위를 견디기 힘들어하던 북

* 포크너가 세상을 떠난 다음 날, 그의 아내 에스텔은 위층에 자리한 자기 침실에 창문형 에어컨을 설치했다.

부의 백인 은퇴자들이 이제는 에어컨이 설치된 해변의 콘도와 골프장을 찾아 너도나도 남부로 몰려들었다. 이들은 에어컨을 틀어놓은 차를 타고, 에어컨을 틀어놓은 쇼핑몰에서 쇼핑하고, 에어컨을 틀어놓은 식당에서 밥을 먹었다. 여러 회사들도 남부로 본사를 이전했다. 공장들과 제조 시설들도 남부의 버려졌던 목화밭에 자리 잡고는 값싼 부동산과 노조에 가입하지 않은 노동력을 든든한 자양분 삼아 활기차게 돌아갔다.

이렇듯 인구가 선벨트Sun Belt(미국에서 연중 날씨가 따뜻한 남부 및 남서부 지역-옮긴이)로 급격히 이동하면서 엄청난 정치적 파장도 일었다. 민주당의 텃밭이었던 지역들로 보수 성향의 은퇴자들이 물밀듯 몰려들자 미국 정치의 판도도 급격히 뒤집힌 것이다. 1940년대에서 1980년대 사이에 따뜻한 남부 주들에 할당된 선거인단 표는 29표가 늘어난 반면 북부와 러스트벨트Rust Belt 주들에서는 39표가 줄었다.[16] 이런 지형 변화를 제일 먼저 간파한 사람이 리처드 닉슨Richard Nixon이었다.[17] 그는 1960년대에 반인권주의와 인종주의에 기반한 '개 호루라기' 전략(개는 듣고 사람은 듣지 못하는, 즉 특정 사람들만 알아듣는 메시지를 던져 지지층을 결집하고 정치적 목적을 달성하는 전략-옮긴이)으로 선벨트 지역 보수층의 지지를 이끌어냈다. 물론 그 이후에는 미국의 정치도 어느 정도 구태를 벗긴 했지만 말이다.

에어컨 의존의 악순환

선벨트 지역이 호황을 누릴수록 개인의 편의를 위한 기술에도 사람들이 예상치 못한 커다란 비용이 들어갔다. 그러자 그에 대한 인식이 차츰 싹트기 시작했다. 1974년 일단의 과학자들이 에어컨, 냉동고, 냉장고는 물론 에어로졸 스프레이통에도 들어 있는 염화불화탄소CFCs(프레온가스라고도 한다-옮긴이)가 피부암을 비롯해 태양이 인체에 미치는 갖가지 해로운 영향을 막아주는 지구의 오존층을 파괴할 수도 있다는 취지의 연구를 발표했다. 그러다 1985년 남극의 대기에 정말로 구멍이 뚫린 것으로 밝혀지면서 오존 구멍 이론은 이론으로만 그치지 않게 됐다. 사람들은 경악했다. 그로부터 채 2년도 지나지 않아 몬트리올 의정서Montreal Protocol가 발효되었다. 염화불화탄소 사용량을 절반으로 줄이자는 내용의 이 협약은 모두가 동참하는 전 지구적 합의가 얼마나 큰 힘을 발휘하는지를 보여주는 교과서적 사례가 되었다. 오늘날에도 염화불화탄소는 전 세계 197개국에서 법적으로 금지되어 있으며, 덕분에 오존층이 다시 살아나고 있다는 것이 과학자들 사이의 중론이다.

안타까운 사실은 염화불화탄소의 빈자리를 인간이 만든 다른 화학물질 수소화불화탄소HFCs로 메우게 됐다는 점이다. 수소화불화탄소는 오존층을 파괴하지 않는다는 장점이 있기는 하다. 하지만 이 물질은 이산화탄소보다 1만 5,000배는 더 강력한 온실가스라는 면에서 단점을 안고 있다.[18] 물론 에어컨이 가동되면서 수소화불화탄소를 태우는 것은 아니지만 에어컨을 수리하거나 폐기할 때 혹은 기기의 배관이 낡거나 어딘가 구멍이 났을 때 이 가스가 새어 나오는 경우가 많다. 수소화불화탄소도 향후 수십 년에 걸쳐 단계적으로 사용을 줄여갈 것이지만 이 가스가 들어차 있는 에어컨 기기들은 앞으로도 아주 오랜 세월 지구에 그대로 남아 있을 것이다.

이와 함께 에어컨 가동은 에너지를 엄청나게 잡아먹는 일이기도 하다. 전 세계적으로 건물에서 사용되는 전체 전기 사용량 중 에어컨 가동에만 거의 20퍼센트가 할당된다.[19] 건물에서 발생해 지구의 대기를 점점 달구고 있는 온실가스 오염에서 에어컨이 차지하는 비중이 상당히 크다는 뜻이기도 하다. 다시 말해 이 지구가 더워질수록 사람들은 에어컨을 더 많이 가동해야 한다고 느낀다. 그리고 에어컨을 더 많이 가동할수록 전기도 더 많이 필요해진다. 그런데 전기의 일정 부분은 화석연료를 태워서 생산되는 만큼 결국에는 온실가스 오염이 더 많이 일어날 수밖에 없다. 이 때문에 기후는 한층 더 뜨거워지고 말이다.

한마디로 악순환이다. 그리고 이 악순환은 도시, 특히 더 노후하고 더 빈곤한 도시들에서 극심해질 수밖에 없다. 이런 도시에는 낡고 비효율적인 창문형 에어컨이 모든 건물에 매달린 채 실내의 열기를 빨아들여 바깥의 길거리로 내뿜기 때문이다. 이런 면에서 보면 에어컨은 절대 냉방 기술이 아니다. 에어컨은 단순히 열기의 위치를 바꿔주는 도구일 뿐이다.

정전은 곧 죽음

해럴드 굿맨은 1995년 68세에 세상을 떠났다. 굿맨의 동료 가운데에는 그를 월마트 창립자인 샘 월튼Sam Walton이나 사우스웨스트항공사의 창립자 허브 켈러허Herb Kelleher와 비교하는 이들도 있다. 이 둘은 이른바 포퓰리스트 사업가로서 적정 가격으로 대중에게 상품을 팔아 자신들의 제국을 이룩했다. "아버지는 자신이 사람들에게 일자리를 만들어주었다는 점을 제일 자랑스럽게 생각하셨어요." 굿맨의 딸 벳시가 말했다. "아버지가 세운 회사 덕분에 생계를 꾸려간 사람들만 해도 수천 명이었으니까요." 그가 세상을 떠날 때쯤 굿맨 매뉴팩처링의 가치는 10억 달러에 육박했다.

이후 약 10년 동안은 굿맨의 아들 존이 회사를 경영했다. 그러다 한 사모펀드가 15억 달러에 회사를 사들였다. 결국 이 사모펀드는 이미 에어컨 생산라인을 여러 개 갖추고 시장 지분을 넓힐 궁리를 하던 일본의 거대 제조 회사 다이킨공업에 37억 달러를 받고 굿맨매뉴팩처링을 매각했다.[20] 이 인수로 다이킨은 세계 최대의 에어컨 제조 회사로 올라섰다. 2017년 다이킨은 에어컨 생산·판매·유통의 전 단계를 통합한 시스템을 휴스턴에서 동쪽으로 약 한 시간 거리에 있는 200만 제곱미터의 부지에 조성했다. 이곳의 공식 명칭은 다이킨텍사스테크놀로지센터Daikin Texas Technology Center지만 사람들은 이곳을 더 시적인 이름인 '컴포트플렉스Comfortplex'라고 부른다.[21]

컴포트플렉스는 (오스틴의 테슬라 공장과 워싱턴의 보잉 에버렛 공장 다음으로) 세계에서 가장 큰 공장 중 하나로 손꼽힌다. 건물 하나의 면적만 총 38만 제곱미터 달하며 이곳에 고용된 사람은 7,000명에 이른다. 한마디로 이곳은 에어컨계의 타지마할로서 단순히 해럴드 굿맨의 업적만이 아니라 기계 하나로 지구의 기후를 한 번에 조절하려는 인간의 지속적인 노력을 기리는 곳이다.

컴포트플렉스 안에 들어서면 거대한 코스트코 매장에 온 듯한 기분이다. 싼값으로 건물을 지어 싼값에 팔리는 기계를 만들어내는 탓일까. 돌돌 말린 6.8톤 무게의 알루미늄 시트가 펼쳐지면서 송풍구, 열 교환기 등 에어컨을 구성하는 각종 부품을 찍어내고 있다. 전동식 로봇 카트가 이리저리 돌아다니면서 갖가지 연장과 부품들을 나른다. 그렇게 만들어진 에어컨들이 생산라인을 타고 굴러 내려온다. 더위라는 적에 맞서 싸울 로봇 병사들이 탄생한 것이다. 이곳의 일곱 개 생산라인은 일주일 내내 24시간 쉬지 않고 가동된다.

전 세계의 에어컨 수요는 식을 줄 모른다. 현재 전 세계에 설치된 1인용 에어컨만 해도 총 10억 대가 넘는다.[22] 이 정도면 일곱 명 중 한 명은 에어컨을 가진 셈이다. 2050년 에어컨은 45억 대가 넘을 것으로 보인다.[23] 오늘날의 휴대전화만큼이나 흔해지는 셈이다. 서유럽, 인도네시아, 중동도 값싼 찬 공기에 중독되어 있다. 카타르 같은 데서는 심지어 야외에서도 냉방을 한다. 2022년 월드컵을 위해 지은 야외 경기장이 송풍구를 통해 필드 위쪽으로 차가운 공기를 내뿜는 구조인 것이다. 중국의 경우 20년 전만 해도 에어컨이 무척 드물었다. 하지만 지금은 베이징과 상하이의 주택 가운데 75퍼센트 이상이 냉방 시설을 갖추고 있다. 최근 10년 동안 중국에서는 전기 사용량이 가파르게 치솟았는데, 그중 10퍼센트는 다름 아닌 냉방 때문에 증가한 것이었다. 여전히 화력발전으로 전력을 얻는 나라에서 이는 기후 재앙이나 다름없는 일이다.*

전 세계적으로 에어컨에 대한 의존이 심해지면서 절전과 정전의 위험도 날이 갈수록 커지고 있다. 폭염이 기승을 부리는 동안에는 너도나도 에어컨을 최대한 가동하기 때문에 전력 수요가 갑자기 치솟을 수밖에 없다. "[2018년] 폭염이 베이징을 휩쓸 당시 전력 용량power capacity의 50퍼센트가 냉방에 들어갔습니다."[24] 국제에너지기구의 존 둘락John Dulac이 말했다. "이런 때가 그야말로 '낭패다' 싶은 순간입니다." 이곳 텍사스주도 폭염이 한번 닥칠 때마다 안절부절못하게 된다. 지금 전력 소비를 줄이지 않으면 줄줄이 정전 사태가 닥칠 것이라는 경고가 수시로 날아들기 때문이다. 전력 수요가 갑자기 치솟는 날에는 전기 설비의 사소한 결함 하나도 큰 문제로 번지기 쉽고, 그러면 시스템 전체의 안정성이 위협받는다. 거기에다 무더운 날에 장시간 전기가 나가기라도 하면 영업점들이 문을 닫고 학교는 휴교하고 사람들은 목숨을 잃는다.

가령 2017년 플로리다주 할리우드에서 벌어진 일을 한번 살펴보자. 허리케인 어마Irma가 할리우드를 스치고 지나가면서 한 요양원의 전기가 며칠간 끊겨 냉방을 전혀 하지 못했다. 당시 바깥 기

* 갈수록 기승을 부리는 더위 역시 에어컨 수요에 커다란 영향을 미친다. "우리 집의 온도를 23.8℃ 정도로 시원하게 유지하고 싶은데 바깥의 기온이 35℃에서 36.6℃로 높아질 경우 그 차이는 곧 집을 시원하게 만드는 데 1.3배의 에너지가 더 필요하다는 뜻이다." 텍사스 A&M대학교의 기후과학자 앤드루 데슬러가 내게 말했다. 이 말은 기온이 단 1.6℃만 올라가도 30퍼센트의 전력이 더 필요하다는 것이나 다름없다(전기요금도 30퍼센트 더 많이 내야 한다는 뜻이다).

온은 30℃ 안팎이었다. 이 정도는 인류 종말의 폭염이라 하기 어려웠다. 하지만 이 요양원은 워낙 열악하게 지어져 환기가 제대로 되지 않았다. 바깥 기온이 얼마 오르지 않았는데도 실내, 특히 위층의 기온이 급격히 상승했다. 하지만 요양원 직원들은 환자들에게 전혀 신경 쓰지 않았다. 결국 전원이 끊기고 이틀이나 지난 뒤에야 누군가가 911에 신고했다. 할리우드 경찰서의 제프 데블린 부서장은 요양원에 도착했을 때 "건물 밖보다 안이 확실히 더 더웠다"[25]고 후일 법정에서 증언했다. "오줌과 똥 냄새가 곧장 코를 찔렀다." 이 일로 요양원의 환자 12명이 목숨을 잃었고 그중에는 체온이 42.2℃에 이른 사람들도 있었다.

훌륭한 지혜를 잊어버리는 기술

코카콜라와 감자튀김이 곁들여진 더블치즈버거 하면 미국이 떠오르는 것과 마찬가지로 에어컨은 미국의 발명품이다. 아울러 햄버거와 콜라가 그랬던 것처럼 에어컨 역시 단숨에 미국만의 독특한 문화에서 전 세계적 중독으로 자리 잡았다. "안락함에 사람들이 가치를 두는 것은 이를 통해 일관성, 정상적인 상태, 예측 가능성을 보장받을 수 있고 이 셋이 보장되면 생산성 향상과 야간의 숙면이 가능해지기 때문이다."[26] 건축사가 대니얼 바버는 우리의 에어컨 중독에 대해 이렇게 썼다. "안락한 생활은 우리가 변덕스러운 자연세계를 넘어서서 단순히 자연과 날씨뿐만이 아니라 확률을 상대로도 승리했다는 뜻이다. 우리는 이제 안락한 생활을 누릴 수 있다. 집에 가면 안락한 생활이 늘 우리를 기다리고 있다."

하지만 이런 승리는 잘못된 것이다. 온갖 수단을 동원해 안락한 생활을 추구하면서, 더 정확하게 말하면 안락함이 삶의 양도할 수 없는 권리가 되면서 우리 세상은 점점 만신창이가 되어가고 있기 때문이다. 바버의 표현대로 "안락한 생활은 클릭 한 번으로 단번에 미래를 점점 망가뜨린다."[27]

하지만 그 폐해를 제어할 방법이 없지는 않다. 그중 가장 확실한 방법은 이 책의 앞에서도 이미 언급했고 앞으로도 계속 이야기하겠지만 바로 화석연료 사용을 멈추고 청정에너지로 옮겨가는 것이다. 이 방법은 어떤 영역에서는 우리 예상보다 더 빨리 취해질 수도 있다(적어도 전기 생산의 면에서는 그럴 것이다). 하지만 이런 일이 우리가 바라는 것보다 더딘 속도로 이뤄지는 데도 있을 것이다. 그런 만큼 에어컨의 효율을 높이는 것도 도움이 될 수 있다(미국의 경우 새로운 효율 기준이 2023년도에 발효됐다).

이외에 또 다른 방법으로는 건축에 대한 생각을 바꾸는 것이 있다. 그동안 에어컨이 널리 보급되면서 밀봉된 상자 같은 건축 구조(필터가 달린 에어컨 관을 통해서만 공기가 흘러다니게 하는 구조)도 함께 급증했다. 그런데 건물을 반드시 이런 식으로만 지어야 하는 것은 아니다. 이는 시칠리아나 마라케시나 테헤란처럼 무더운 지역들에 서 있는 옛날 건물만 살펴봐도 알 수 있다. 당시 건축가들은 그늘, 통풍, 단열, 엷은 색조의 중요성을 잘 알고 있었다. 이들은 시원한 바람은 안에 잡아두고 오후의 뙤약볕은 차단되도록 건물의 방향을 잡았다. 또 두꺼운 벽으로 건물을 두르고 흰색 지붕을 얹는 한편 현관문 위로는 가로대를 달아 공기가 잘 드나들게 했다. 투손의 벽돌집에서 단 몇 분이라도 머물러본 사람 혹은 옛날 세비야의 좁은 골목길을 걸어본 사람이라면 누구나 이런 건축 방법이 얼마나 효과적인지 잘 알 것이다. 더위에 대처하는 이 모든 지혜는 수백 년에 걸친 경험으로 쌓인 것임에도 오늘날 무시당하는 경우가 너무도 많다. 이런 면에서 에어컨 냉방은 단순히 개인의 안락함을 위한 기술이 아니다. 그것은 훌륭한 지혜를 잊게 하는 기술이기도 하다.

에어컨 냉방이 세상에 남길 가장 질긴 유산은 결국 쾌적한 시원함과 끔찍한 더위 사이의 분열이 아닐까. 날씨가 더워질수록 둘 사이의 간극은 더 벌어질 것이다. 이는 기술의 실패라기보다 차라리 문화적, 심리적 문제라고 하겠다. 여기 담긴 진실은 단순하다. 20세기 후반 삶이 풍족해진 미국인들은 안락함에 목을 매게 됐다. 그러면서 자신들의 안락함으로 인해 다른 사람이나 다른 종 혹은 주변 세상이 어떤 대가를 치러야 하는지는 거의 생각지 않았다. 그리고 그 중독은 전 세계 수백만 명의 사람들에게 퍼져나가 이들도 어느덧 값싼 찬 공기 없이는 도저히 못살겠다고 생각하게 되었다.

The Heat

12장

Will Kill

폭염 경보

극한 더위의 실체를 어떻게 알릴 것인가

You First

누구도 폭염 속에서 죽어서는 안 된다. 그런데도 사람들이 죽는 건 그들이 혼자이기 때문이고, 무얼 해야 할지 모르기 때문이고, 또 도움을 청하지 않기 때문이다. 에어컨이 없어서, 무더위 쉼터를 찾지 못해서, 열탈진과 열사병의 징후를 몰라서, 폭염이 왔을 때 무엇을 해야 할지 몰라서 죽는다.

운명을 바꾼 사진 한 장

2021년 6월 영국 일간지 《텔레그래프》는 33세의 파키스탄 출신 사진작가 사이나 바쉬르Saiyna Bashir와 기자 벤 파머Ben Farmer를 파키스탄의 자코바바드로 보냈다. 폭염을 취재하라는 것이었다. 폭염은 지난 몇 년간 바쉬르가 꼭 다뤄보고 싶었던 주제였다. 그녀는 웬만해서는 일반인들이 눈길을 주지 않는 사람들의 삶을 사진으로 기록하는 일에 관심이 있었다. 가령 에이즈에 걸린 가족, 산 테러acid terror로 상해를 입은 파키스탄 여성들, 아프간 난민 캠프에서 홀로 떠도는 아이들을 카메라에 담는 것이다. 극단의 더위 속에서 살아가는 사람들이 바쉬르를 사로잡은 것도 비슷한 맥락에서였다.

더위를 카메라에 담기에 최적지가 있다면 그곳은 바로 파키스탄 중부의 신드주州에 자리한 인구 20만의 도시 자코바바드일 것이다. 어떤 기준으로 봐도 자코바바드는 세상에서 가장 더운 도시 중 하나로 꼽힌다.[1] 바쉬르가 찾아가기 불과 몇 주 전에도 이곳은 일주일 내내 기온이 52.2℃를 돌파한 참이었다. 설상가상으로 그냥 더위가 아니라 후텁지근한 무더위였다. 이런 더위가 그야말로 제일 죽을 맛이다. 거기에다 자코바바드에는 숨 돌릴 데도 그리 많지 않다. 현재 파키스탄 인구는 2억 2,000만 명에 달하지만 에어컨은 100만 대도 되지 않는다.[2]

게다가 그런 살인 폭염은 파키스탄인이 자초한 것이 아니었다. 전 세계 이산화탄소 배출량에서 파키스탄이 내뿜는 양은 약 0.5퍼센트밖에 되지 않는다. 파키스탄인 1인의 이산화탄소 배출량은 미국인 1인의 이산화탄소 배출량의 15분의 1에도 미치지 못한다.[3] 기후 위기의 현실이 이렇다. 부자들이 오염시키고 나머지 사람들이 고통받는다.

바쉬르는 카라치에서 태어났지만 군인인 아버지를 따라 끊임없이 이사를 다녔다. "저는 전 세계 여러 나라를 두루 돌아다녔어요." 그녀가 말했다. 바쉬르는 10대 때부터 사진을 찍기 시작했지만, 그때만 해도 사진으로 경력을 쌓겠다는 생각은 하지 못했다. 그러다 2014년 파키스탄을 떠나 컬럼비아칼리지 시카고 언론학과에 들어갔고, 결국 위스콘신주 매디슨의 한 신문사에서 사진작가로 일하게 됐다. 바쉬르는 경찰관인 대런 윌슨의 총에 마이클 브라운이 사망한 뒤에 폭발한 난동 사태를 취재하기 위해 방독면을 쓰고 미주리주 퍼거슨까지 가서 사진을 찍기도 했다. 2016년 선거 유세 기간에는 트럼프의 유세 장면을 찍다가 그의 지지자들에게 야유를 듣기도 했다. 시카고의 길거리에서 몸이 꽁꽁 얼어가는 노숙인들을 카메라에 담기도 했다. 그녀의 사진들이 수차례 상을 받으면서 그녀는 자신감이 생겼다. 이후 이슬라마바드로 이사해 지금의 남편을 만나 결혼했고, 지금은 《뉴욕타임스》, 《워싱턴포스트》를 비롯한 여러 신문사의 프리랜서 사직작가로 일하고 있다. 바쉬르는 캐롤 구지나 린지 아다리오처럼 전 세계를 돌면서 전쟁과 인류애의 위기를 다뤄온 위대한 사진작가들의 계보를 이어야겠다고 마음먹었다.

보도사진작가에게 더위는 여간 까다로운 주제가 아니다. 더위를 알려주는 시각적 신호는 과연 뭘까? 이글이글 타는 태양? 녹아내리는 얼음 조각? 더위와 관련해 꼭 해야 할 이야기가 있다면 그것은 바로 더위가 인간을 비롯한 생명체들의 삶에 어떤 작용을 하는가일 것이다. 하지만 눈에 보이지 않는 살인자의 이야기를 무슨 수로 눈에 보이게 한단 말인가?

대부분의 언론인이 그렇듯이 바쉬르도 극한의 조건 속에서 드러나는 인간 본성에 지대한 관심을 갖고 있다. 악조건 속에서 사람들이 보여주는 용기와 결의에 경외감을 표현하는 것이 결국 그녀의 일인 셈이다. 하지만 그녀의 일이 중요한 이유는 또 있다. 단 한 장의 위대한 사진이 세상을 바꾸기도 한다는 것이 바로 그 이유다. 1972년 아폴로 17호에서 찍힌 일명 블루마블Blue Marble 덕분에 전 세계 수백만 명의 사람들이 우주 속에서 지구의 위치를 새롭게 바라볼 수 있었고 이것이 적극적인 환경운동의 계기가 되었다.[4] 캄보디아 침공에 반대하는 시위 도중 주방위군의 총에 쓰러진 켄트주립대학교 학생 옆에 한 여인이 무릎을 꿇고 있는 모습(존 필로John Filo의 사진)은 수백만의 미국 시민들이 자신들의 정부에 대해 다시 생각하는 계기가 됐다.[5] AP의 사진작가 리처드 드루가 찍은 〈떨어지는 남자Falling Man〉[6](9·11 테러 당시 세계무역센터에서 머리부터 곤두

박질치는 한 남자를 찍었다)를 보고 나면 9·11 테러를 결코 전과 똑같이 생각할 수 없게 된다. 마틴 루서 킹 목사가 벌인 셀마 몽고메리 시가행진 관련 사진들은 지금도 정의와 평등을 위한 싸움의 표본으로 남아 있다.[7] 감상적인 면에서만 그렇다는 뜻이 아니다. 실제로 이런 이미지들이 세상의 법을 바꾸고, 정치를 뒤집고, 우리의 과거와 미래를 재정의했으니 말이다.

하지만 폭염을 상징하는 이미지는 없다. 더위를 카메라에 담기가 여간 어렵지 않기 때문이다. 그 외에 또 다른 이유를 들면, 폭염이 몰고 올 위험에 대한 우리의 문화적 인식이 너무도 초보적인 수준이라서 극단적인 더위를 가치 있는 화두로 보지 않는다는 점일 것이다. 더위를 사진에 담으려면 더위를 땀이나 녹아내리는 얼음 이상의 차원으로 바라보아야 한다. 바쉬르 같은 보도사진작가들은 예술가인 척하는 것을 꺼린다. 하지만 더러 이들의 작품이 예술의 경지에 다가서는 것은 사실이다. 한마디로 이들은 그 순간의 표면적 실제를 초월하는, 인간의 본성과 고통에 관련된 더 심오한 무언가를 사진에 담을 줄 아는 것이다.

폭염의 이미지를 찾아

바쉬르와 파머가 운전기사와 함께 이슬라마바드를 벗어난 것은 아침 7시 30분. 그야말로 신의 가호로 그들이 빌린 토요타 차량에는 에어컨이 달려 있었다. 이제 이 차를 타고 인더스강의 범람원을 따라 북쪽으로 여덟 시간을 달려야 했다. 그래도 중국이 자금을 쏟아부은 덕분에 파키스탄의 도로 사정은 한결 나아졌다. 하루 종일 차로 달린 끝에 그들은 라르카나 근처의 작은 호텔에 묵게 되었다. 다음 날 아침에도 일찌감치 일어나 나무 한 그루 없이 바싹 마른 목화밭과 논들 사이를 달렸다. 도로는 염소를 치는 목부들, 낡은 TV와 가구들을 잔뜩 실은 트럭들, 파리 떼처럼 웅웅대며 지나가는 오토바이들로 북새통을 이루었다. 이들이 가던 길을 멈춘 덕에 바쉬르도 잠시 짬을 내어 빨간색과 노란색이 섞인 차일 아래에서 사달thadal을 팔고 있는 한 남자의 모습을 카메라에 담을 수 있었다. 사달은 물, 설탕, 우유, 건과일, 후추, 아몬드를 섞어 만든 음료다. (바쉬르를 비롯해) 많은 파키스탄인이 이 음료를 마시면 더위가 좀 가신다고 믿는다. 남자는 오렌지색 워터쿨러에 담아둔 음료를 플라스틱 컵으로 떠서 오토바이 운전자들에게 건네주었다. 땀을 뻘뻘 흘리는 운전자들은 그제야 그늘에서 숨 돌리는 맛이 난다. 아직 오전 9시인데도 기온은 벌써 37.7℃를 넘어섰다. 일기예보에서는 그날 기온이 46.1℃까지 오를 거라고 했다. 덥기는 했지만 기록적인 더위는 아니었다.

그로부터 30분 뒤 일행은 자코바바드에 들어섰다. 도시는 더위와 상업이 어지럽게 뒤섞인 모습이었다. 한눈에 봐도 허술한 은행들, 과일 가판대, 약국들, 머리 위로 스파게티 면처럼 걸려 있는 전선들, 당나귀 짐수레에서 요란하게 울려 퍼지는 신디팝Shindi pop, 카르다몸(서남 아시아산 생강과 식물 씨앗을 말린 향신료 – 옮긴이)의 알싸한 향기, 오토바이 배기관에서 나오는 매캐한 냄새까지. 1887년

식민 지배의 기념물로 세워진 빅토리아 타워가 햇빛에 바싹 마른 뼈대처럼 도시 한가운데에 우뚝 서 있었다. 사람들은 하나같이 더위에 만반의 대비를 한 차림이었다. 남자 여자 할 것 없이 다들 면으로 된 다채로운 색상의 카미즈(길게 늘어지는 튜닉 혹은 셔츠 형태의 옷)에 헐렁하고 하늘거리는 바지를 입고 있었다. 여자들은 여기에 듀파타라는 전통 스카프까지 머리에 썼다.

이 도시에는 그늘도, 숨 돌릴 데도 없었다. 한때 이곳에서 자라던 나무들이 이미 오래전에 땔감용으로 죄다 베어진 탓이었다. 도시에 남아 있는 나무라고는 누군가가 듬성듬성 심은 묘목 몇 그루가 전부였다. 아마 그는 이 나무들만은 날카로운 도끼날을 피해 언젠간 사람들에게 태양을 피할 그늘을 만들어주리라는 막연한 희망을 품었을 것이다. 에어컨이라는 호사를 누리는 이들은 관료, 경찰관, 병원 사람들(그리고 돈이 충분히 있는 사람들)뿐이었다. 하지만 이들마저도 전력이 워낙 불안정한 탓에 에어컨에 의지할 형편이 못 되었다. 얼마 전에도 자코바바드 인근의 사히왈이라는 도시에서 극한의 폭염에 정전까지 겹치는 바람에 에어컨이 꺼지면서 병원 중환자실에 있던 아기 여덟 명이 목숨을 잃었다.[8]

전날 밤에 바쉬르는 사진에 담고 싶은 것들을 목록으로 정리해둔 참이었다.[9] 가령 바쉬르가 알기에 파키스탄의 도시들 대부분에는 얼음 공장이 하나씩 자리하고 있었다. 이런 사실을 알고 있으면 작업이 뜻대로 이뤄질 가능성이 높아지는 셈이었다. 하지만 원하는 작품을 얻기 위해서는 대체로 그냥 두 눈을 크게 뜨는 수밖에 없었다. 훌륭한 언론인이 대개 그렇듯 그녀도 자신이 원하는 것을 눈앞에서 발견하기 전까지는 자기가 뭘 찾고 있는지 잘 모르기 때문이다.

바쉬르와 파머가 제일 먼저 향한 곳은 도시의 광장이었다. 이곳에서 사람들은 대나무 장대를 세우고 비닐 방수포를 친 다음 그 그늘 아래에 나무 손수레를 세워두고 얼음을 팔았다. 얼음이 대여섯 덩어리씩 채워진 수레들은 서로 바싹 붙어 있었다. 그래야 얼음이 좀 천천히 녹기 때문이다. 손수레 앞에는 잘게 쪼개진 얼음을 사려는 사람들이 줄지어 서 있었다. 얼음들을 워터쿨러에 담아두면 불볕더위가 한창일 때 가족들이 차가운 물이라도 좀 마실 수 있을 것이었다. 얼음 장수는 몇 루피를 받고는 무섭게 생긴 마체테로 얼음을 퍽퍽 쳐서 잘라낸 다음 그 조각들을 헌 비닐봉지에 담아준다. 손님들의 얼굴엔 미소가 번졌다. 얼음 한 봉지를 사서 다행이라고, 심지어 이제는 걱정 없다는 표정이다. 어떤 사람은 봉지 안에 지저분한 손을 넣어 자그만 얼음조각을 꺼내서는 자기 입 안에 넣기도 했다. 사람들 곁에는 당나귀들이 얼음을 뚫어져라 바라보며 조용히 서 있었다. 더위에 짓눌린 듯 당나귀들의 양쪽 귀는 뒤로 바싹 젖혀져 있었다. 바쉬르는 잽싸게 자신의 캐논 EOS 5D 카메라를 꺼내들었다. 첨단기술이 접목된 이 작은 물건이 지금 이 자리에 있는 그 어떤 남자의 연봉보다 비싸다는 사실을 그녀도 잘 알고 있었다. 그렇다고 바쉬르가 상심에 빠지는 일은 없었다. 다만 자기 일에 진지하게 임해야 한다는 각오를 더욱 다질 뿐. 자신이 카메라 저쪽이 아닌 이쪽에 있는 것은 일종의 특권이니까.

정오에 가까워지자 기온은 43.3℃를 돌파했다. 바쉬르는 무슬

림 전통에 따라 온몸에 옷을 두르지 않으면 안 되었다. 검은색과 흰색이 섞인 카미즈를 몸에 걸치고, 머리에는 흰색 듀파타를 쓰고, 검은 바지까지 입어야 했다. 그런 차림으로 그녀가 견딜 수 있는 시간은 기껏 한 시간 남짓. 그 뒤에는 반드시 에어컨이 나오는 토요타 차량으로 돌아가 한숨 돌려야 했다.

이제 그들은 얼음 공장으로 차를 몰았다. 자코바바드 산업 지구 내의 허물어져가는 창고 같은 곳에 자리 잡고 있었다. 바쉬르와 파머는 탁 트인 커다란 방에 들어섰다. 천장에는 도르래가 달렸고 바닥에는 철문들이 있었다. 공장 안은 신의 가호라도 내린 듯 시원했다. 일꾼 하나가 바쉬르에게 얼음 제조 과정을 설명해주었다. 공장은 이를테면 거대한 냉장고와 마찬가지라고 했다(액체 상태의 냉매를 압축해 뜨겁게 만들었다가 다시 팽창시켜서 주변을 차갑게 식히는 원리다). 그는 열이 방출되는 곳이라면서 바깥의 커다란 라디에이터 관을 보여주었다. 그러고는 압축기가 돌아가는 방도 보여주었다. 커다란 바퀴가 회전하는 시끄러운 방이었다. 바쉬르는 그것들 하나하나를 카메라에 담았다. 철커덕철커덕 요란하게 돌아가며 냉기를 만드는 기계는 디킨스의 소설에나 나올 법했다. 바쉬르는 도르래를 바닥의 철문 위로 움직인 다음 거기 만들어진 1.5미터가량의 얼음 기둥을 간신히 끌어올리는 일꾼들을 향해서도 셔터를 눌렀다. 가장 훌륭한 이미지들은 얼음이 아니었다. 그보다는 뜨겁디뜨거운 세상에서 얼음을 만드느라 완전히 녹초가 되어버린 채 벽에 등을 기대고 바닥에 주저앉아 있는 일꾼들의 얼굴에 묻어 있는 피로를 찍은 것들이 훨씬 좋았다. 바쉬르는 캐논 카메라의 스크린을 흘긋 쳐다보았다. 이미지들은 괜찮았다. 그런데 저 사람들은 정말 괜찮을까?

바쉬르와 파머의 취재는 계속됐다. 공장 근처의 사설 복지관에서는 차르포이(직물을 엮어 만든 침대) 위에 누워 있는 여인이 바쉬르의 눈에 띄었다. 차르포이는 더위를 피하기에 아주 제격이었다. 황마로 짠 망을 바닥에서 30센티미터 정도 띄워서 걸어주면 바람이 잘 통했다. 바쉬르는 그 여인(그녀의 이름은 샤마 아자이였다)에게 사진을 찍어도 되는지 물었다. 여인은 고개를 끄덕였지만 침대에서 일어나지는 않았다. 그녀는 모로 누운 채로 카메라 렌즈를 응시했다. 20대 중반쯤으로 앳돼 보이는 그녀는 앞면에 아름다운 자수가 놓인 검붉은 와인색의 카미즈를 걸치고 있었다. 그녀는 무더위에 거의 녹아버리기라도 한 듯 한 손은 배에 얹고 다른 한 손은 머리 근처에 둔 채 꼼짝도 하지 않고 흑갈색 눈동자로 카메라를 똑바로 바라본다. 마치 자신의 사진을 보는 당신이 누구든 이 모든 사태에 공모하지 않았느냐고 묻는 듯했다.

바쉬르는 파머와 함께 자코바바드 여기저기를 누비면서 카메라에 담을 만한 순간을 몇 차례 만났다. 야외 카페에서 차를 마시는 노인들, 길거리에서 수제 황마 부채를 파는 소년, 가판대 위의 토마토, 오크라, 감자 따위가 뜨거워지지 않도록 물을 뿌리는 남자, 갈퀴로 5미터 높이로 쌓인 황금쌀을 긁어모아 자루에 담던 맨발의 정미소 일꾼들까지. 시장에서 연장 콘센트와 소형 선풍기를 파는 흰옷 차림의 남자는 땅바닥에 놓인 휴대용 전지로 선풍기를 돌리고 있었다. 하나같이 폭염의 도시에서 산다는 것이 무엇인지 보여주는 괜찮은 이미지들이었다. 하지만 아직 정말 괜찮은 이미지는 없었다.

그러다 마지막으로 가이드가 급수소 쪽에 가보면 어떻겠느냐고 말을 꺼냈다. 거기에 가면 남자들이(파키스탄 같은 엄격한 가부장제 사회에서는 남자들만 그곳에 갈 수 있었다) 파란 플라스틱 물통을 나귀가 끄는 수레에 잔뜩 싣고는 그 근처 사람들에게 50루피(약 25센트)에 판다는 것이었다. 자코바바드의 변두리에 자리한 그 급수소는 콘크리트 벽에 다섯 개 정도의 배수관을 달아놓은 구조물에 지나지 않았다. 배수관에는 고무호스가 하나씩 달려 있었다. 물장수들은 짐수레에 물통을 가득 싣고는 사람들에게 배달했다. 바쉬르가 도착했을 때도 급수소에는 나귀 수레가 몇 대 있었다. 바쉬르는 물장수들이 일하는 모습을 카메라에 담았다. 하지만 그 이미지들엔 흥미로운 점이 별로 없었다.

그런데 그때 나귀 수레를 내버려두고 혼자 호스를 향해 걸어오는 남자가 보였다. 중년의 나이에 턱수염을 기르고 먼 산을 보듯 멍한 눈동자의 남자는 몸에 소박한 아이보리색 카미즈를 걸치고 오렌지색과 파란색이 섞인 고무 샌들을 신고 있었다. 이 남자의 이름은 메흐붑 알리Mehboob Ali였다. 알리는 제아무리 더운 여름 오후라고 해도 웬만한 파키스탄 남자라면 공공장소에서 하지 않을 법한 행동을 했다. 급수통 쪽으로 와서 그대로 주저앉더니 고무호스를 머리 위로 들어 올리고 자기 몸을 물로 흠뻑 적신 것이다. 마치 폭포수 아래에 앉아 있는 듯한 모습이었다. 알리는 온몸이 젖은 채로 콘크리트 바닥에 앉아 있었고, 급수소에 있던 사람들은 그를 쳐다

보고 있었다. 바쉬르는 카메라를 꺼내 사진을 찍기 시작했다. 알리는 바쉬르가 곁에 있는지조차 모르고 있었다. 그는 머리 위에서 호스를 움직이며 얼굴에 물을 뿌릴 뿐이었다.

알리의 얼굴을 클로즈업한 사진, 그러니까 호스를 잡은 양손을 몸 위에 대고 두 눈을 꼭 감은 사진에서 바쉬르는 특별한 뭔가를 건질 수 있었다. 이 사진에서는 그의 콧수염과 턱수염에 물방울이 고드름처럼 매달려 있었다. 물로 흥건한 그의 얼굴에는 더위로 인한 고통이 반전되었을 때의 희열이 드러나 있었다. 사진은 고통과 안도 사이를 오가는 한 남자의 지극히 내밀한 순간을 담고 있었다. 그것은 더위의 잔혹함을 포착하는 동시에 거기서 풀려났을 때의 해방감을 보여주었다. "제가 이 사진을 좋아하는 건 그의 표정에 배어 있는 차분함 때문이죠." 나중에 내가 《텔레그래프》 온라인 사이트에서 이 사진을 보고 있을 때 바쉬르가 해준 말이다. 이 지구상에서 제아무리 지옥같이 뜨거운 데라도 우리는 살아남을 수 있다고 바쉬르의 사진은 넌지시 말하는 듯하다.

보이지 않는 살인자를 수배하는 법

극단적인 더위에 관한 대화는 종종 이 세상에 더는 존재하지 않는 기후에 대한 향수로 왜곡될 때가 많다. 예를 들어 2022년 오스틴의 낮 최고 기온이 1898년 기록을 12℃ 이상 뛰어넘으며 최고 기록을 완전히 갈아치웠을 때 오스틴의 지방신문은 사람들이 개들과 함께 공원에서 노는 이미지를 폭염 기사의 삽화로 실었다.[10] 그 기사를 보면서 예전에 《뉴요커》에서 봤던 풍자만화가 떠올랐다.[11] 그 만화에서는 용이 불을 내뿜어 집을 홀랑 태우고 있는 가운데 그 집에 사는 두 사람이 이렇게 말하고 있었다. "그 녀석이 매년 좀 더 빨리 오고 있고 우리 손자들의 미래를 망치고 있다는 건 알겠어. 그래도 조금 더 따뜻한 게 좋은 걸 어떡해."

이런 왜곡된 생각은 사람들이 따뜻한 날씨를 좋아한다는 단순한 사실과 관련이 있다. 물론 나도 그린란드에서 남극에 이르기까지 무척 추운 곳들에서 많은 시간을 보낸 만큼 그런 곳들이 이국적이고 모험 가득한 곳이라는 사실을 모르지 않는다. 하지만 항공사와 여행사의 광고 중 얼음으로 뒤덮인 해먹이나 의자를 전면에 내세운 것들이 얼마나 되던가? 우리에게 폭탄처럼 쏟아지는 광고 이미지들은 늘 "세상에 낙원이 있다면 그곳은 따뜻하고 쾌청한 곳입니다"라고 말하는 듯하다.

어떤 의미에서 보면 이는 그리 놀라운 일이 아니다. 더위를 사랑하는 것이 우리 인간의 유전자이기 때문이다. 최근 미국 37개 가구의 온도와 습도를 전 세계의 야외 기후와 비교하는 연구가 진행되었다. 그 결과 단 세 곳을 제외하고 모든 가구가 하나같이 22.2℃에 낮은 습도를 선호하는 것으로 밝혀졌다. 이는 동아프리카, 수십만 년 전 최초의 인류가 살았던 바로 그곳의 기온과 습도에 가장 흡사한 조합이다.[12] 유니버시티칼리지 런던의 고기후학자인 마크 매슬린Mark Maslin의 말처럼 이 같은 연구 결과는 사람들이 기온과 습도를 자기 마음대로 설정할 수 있는 상황에서조차 "결국에는 수십만 년 전의 아프리카를 떠올리게 하는 무언가를 선택한다"[13]는 뜻일 수 있다.

더위를 수량화하는 수치와 지표가 천차만별이라는 것도 폭염에 대한 대화를 더욱 복잡하게 만든다. 물론 더위라고 하면 기온과 습도에 대해 이야기하는 게 보통이다. 그런데 기온과 습도 말고 열지수라는 것도 있다. 이외에도 이른바 체감온도, 습구온도, 습구흑구온도는 물론 어큐웨더AccuWeather 같은 회사에서 알림으로 보내주는 리얼필RealFeel처럼 상표권이 등록된 지수들도 있다[14](이런 다양한 열 측정치와 관련해서는 「용어 해설」을 참조하라). 전 세계 대부분의 나라가 섭씨온도를 사용하는 반면, 미국은 (케이맨제도, 라이베리아와 함께) 화씨온도를 사용한다는 점은 상황을 더욱 어렵게 한다. 무엇보다 더위가 기분 좋은 무언가에서 사람을 죽일 수도 있는 무언가로 변하는 경계가 헷갈린다는 점이 가장 큰 문제다.

폭염에 관해 이야기할 때는 폭염이 실제로 무엇인가를 정의하는 것부터가 커다란 난제다. 가령 열대성 태풍과 허리케인은 풍속에 따라 정의된다. 가뭄은 강우량 부족으로 정의된다. 하지만 폭염은 무엇으로 정의될까? 기온이 40.5℃이면 폭염일까? 아니면 43.3℃는 돼야 폭염일까? 이와 함께 지속 시간은 얼마나 돼야 할까? 한 시간? 3일? 또 습도는 어떤가. 습도라는 인자를 폭염의 정의에 어떻게 포함시킬 수 있을까?

그리고 이번에도 더위의 비가시성이 문제를 더욱 꼬이게 한다. 허리케인의 빙빙 도는 눈이 어떤 모습인지, 태풍의 속도가 증가하면 태풍의 눈이 어떤 식으로 커지는지를 우리는 눈으로 확인할 수 있다. 기상예보관 입장에서도 점점 강도를 높여가는 태풍의 경로를 예측하기는 제법 수월하다. 하지만 폭염은 그런 시각적인 면이 전혀 없다. 빙빙 돌아가는 눈도, 경로도 없다. 기상예보관들은 '열돔' 같은 것을 이야기하곤 하지만 이는 특정 지역에 고기압이 강하게 발달했음을 뜻하는 비유적인 표현에 지나지 않는다. 열돔은 이동을 추적할 수도 없고 창밖으로 보이지도 않는다.

허리케인의 경우 수많은 태풍 가운데 어떤 것에 이름을 붙일지는 순전히 기상학적 차원에서 결정된다. 즉 바람의 속도가 시속 61킬로미터 이상으로 올라가면, 그 태풍에는 이름이 붙는다.[15] 그야말로 간단명료하다.

하지만 폭염에는 이와 비슷한 기준이 없다. 단순히 버펄로가 37.2℃인 날과 플래그스태프가 37.2℃인 날이 완전히 다르게 느껴져서 그런 것이 아니다. 여기서 중요한 것은 버펄로 사람들은 에어컨을 갖고 있을 확률이 낮고, 그래서 폭염에 더 취약하다는 점이다. 버펄로 사람들은 플래그스태프 사람들보다 더위에 대처하는 방식을 알고 있을 확률이 낮고, 그래서 무더위 쉼터가 있을 확률도 더 낮다. 한마디로 폭염은 기상학적 사건이라기보다는 갖가지 개인적 사연이라고 해야 한다. 저마다 특별한 사정, 등장인물, 극적 상황을 갖춘 이야기 말이다.

이런 면에서 폭염은 지진과는 정반대다. 몇 세기 동안은 샹들리에가 얼마나 흔들렸느냐, 집이 몇 채나 무너졌느냐 같은 것들을 기준으로 지진의 강도가 측정되었다. 그러다 1935년 미국의 지진학자 찰스 리히터Charles Richter가 리히터 지진계를 개발해 그에 따라 지진 강도를 표현하게 됐다.[16] 리히터는 지진이 일어나는 도중에 지구의 실제 움직임(지진파)을 지진계로 측정했다. 그리고 지진파에 로그눈금을 매겨서 강도가 10배 커질 때마다 숫자가 1씩 커지게 했다(가령 7도의 지진은 6도의 지진보다 10배, 5도 지진보다는 100배 더 강력하다). 자연적 사건에 뒤따르는 리스크를 엄밀한 과학적 방법으로 측정해 등급을 매긴 것은 이때가 처음이었다.

반면 미국 국립기상청NWS이 이용하는 폭염 등급 체계에서는 과학적 엄밀함을 거의 찾아볼 수 없다. 현재 국립기상청은 더위를 세 등급, 즉 주의watches, 경고warning, 권고advisory로 나누고 있다.[17] 주의, 경고, 권고의 순서로 강도가 세진다. 하지만 정확히 무엇을 기준으로 등급을 정할지는 각 국립기상청 지부의 판단에 맡겨진다. 예를 들어 국립기상청이 폭염 경보Excessive Heat Warning와 관련해 지부에 제시한 지침은 다음과 같다.[18]

> 열지수 값이 해당 지방에서 정한 경고 기준을 최소 2일 동안 충족하거나 초과할 것으로 예상되는 경우(대푯값: 1) 낮 최대 열지수≥북쪽 40.5℃에서 남쪽 43.3℃, 2) 밤 최저 기온≥ 23.8℃)

혼란스러운 데가 한둘이 아니다. 우선 경고, 권고, 주의라는 각 단계의 차이를 계속 똑바로 이해하고 있을 사람이 얼마나 될까? 나만이 아니라 내 친구와 가족들도 이 단계들이 헷갈린다고 한다. 또 왜 40.5℃(40℃나 42℃가 아니라)가 해당 지역 북쪽의 폭염 권고 발효

지침일까? 이와 함께 북쪽과 남쪽의 경계는 정확히 어디에 그이지는 것일까? 국립기상청은 일부러 지침을 모호하게 정했다고 한다. 그래야 해당 지방의 여건이 등급에 반영될 수 있다면서 말이다. "우리는 각 지사에 많은 재량권을 부여하고 있습니다." 국립기상청의 킴벌리 맥마흔이 말했다. 하지만 그 결과 혼란만 빚어지고 비상사태라는 위기감이 없어질 때가 너무 많다.

또 다른 문제도 있다. 이런 경보 체제들이 효과가 있다는 증거가 별로 없다는 것이다. 2018년의 한 연구 결과 국립기상청의 더위 경보가 사망률 감소와 통계적으로 유의미하게 연관이 있었던 경우는 20개 도시 중 단 한 곳뿐이었다.[19] 게다가 더위 경보에는 표준 규정이 따로 없어서 경보 발령에 어떤 기준을 사용하고 언제 경보를 발령할지를 116개 국립기상청 지부가 독립적으로 정하고 있었다. 이 때문에 더위 경보가 수시로 발령되는 지역들이 있는가 하면 거의 발령되지 않는 지역들도 있다. 설상가상으로 경보가 가장 필요한 지역들에는 경보가 발령되지 않는다는 점도 문제다. 연구에서도 지적했듯 "더위 경보의 패턴은 더위로 인한 사망률과 연관성이 보이지 않는다. 이는 곧 현재의 접근법이 더위에 따른 건강 리스크와 잘 연계되어 있지 않다는 뜻일 수 있다."[20]

누구도 폭염 속에서 죽어서는 안 된다. 그런데도 사람들은 죽는다. 혼자라서, 무엇을 해야 할지 몰라서, 또 도움을 청하지 않아서. 아니면 에어컨이 없거나(혹은 에어컨을 틀 돈이 없어서) 무더위 쉼터를 찾지 못해서 죽기도 하고, 일을 나가지 않으면 해고될지 모른다는 두려움 속에서 일하다가 죽기도 한다.

여기서 더 나아가 사람들은 열탈진과 열사병의 경고 징후들을 잘 알지 못해 죽기도 한다. 폭염 상황에서 뭘 어떻게 해야 하는지 사람들은 아예 모르거나 헷갈려한다. 폭염이 왔을 때 우리는 선풍기를 틀고 창문을 열어야 할까? 물은 얼마나 마셔야 할까? 냉수 목욕을 해야 할까? 땀을 많이 흘리는 것이 좋을까, 나쁠까? 내 심장이 빠르게 박동하는 건 조만간 심장마비가 온다는 뜻일까?

케이시 바우만 맥레어드Kathy Baughman McLeod가 폭염을 아드리엔 아슈트 록펠러재단 회복력 센터Adrienne Arsht-Rockefeller Foundation Resilience Center(일명 아슈트록센터)의 집중 사업으로 삼는 데에는 바로 이런 문제들이 밑바탕이 됐다.* 2019년에 설립된 비영리 벤처 사업체인 아슈트록센터의 목적은 단 하나, 기후변화로 삶이 만신창이가 된 전 세계 사람들이 다시 일어설 수 있도록 돕는 것이다. 솔직히 폭염이 아니라도 식량 안전부터 허리케인 대비에 이르기까지 맥레어드가 관심을 가질 만한 문제는 많았다. 하지만 몇 달간 고민을 하고 다른 기후 단체들과 논의한 끝에 그녀는 폭염의 위험성과 영향력이 제대로 관심을 받지 못하고 있다고 확신하게 됐다. 폭염의 위험성과 영향력은 거의 눈에 보이지 않기 때문이다. 바우만 맥레어드의 생각에, 그 위험성과 영향력을 보이게 만든다면 수백만 명의 목숨을 구할 수 있을 것 같았다.

처음부터 바우만 맥레어드는 두 가지 사실을 알고 있었다. 기

* 여기서 털어놓자면, 나도 아슈트록센터의 선임 연구원이었다. 무보수 연구직이지만, 매년 열리는 아슈트록센터의 회의에 나가 공짜 와인을 마시는 것이 때로 내겐 큰 즐거움이었다.

후위기가 빠르게 진행되고 있다는 점, 기후변화가 우리 경제를 크게 변화시킬 거라는 점 말이다. 바우만 맥레어드는 플로리다에너지기후위원회의 단기직 등 플로리다주 정부 안팎에서 기후와 금융 관련 일을 하면서 10년을 보냈다. 그러다 2013년에 네이처컨서번시Nature Conservancy의 전지구기후회복력부 이사로 부임했다. 이후에는 뱅크오브아메리카의 환경과 사회 리스크부의 전무로 일했다. 네이처컨서버시에서 일할 당시 바우만 맥레어드는 멕시코 킨타나로오주 일대의 산호초와 해변(아울러 산호와 해변이 벌어다 주는 연 100억 달러의 관광 수입)이 태풍 해일의 타격을 받지 않게 산호초 보험을 만드는 등 혁신적인 아이디어로 명성이 높았다. 자연 구조물에 보험을 드는 것은 세계 최초였다. 《뉴욕타임스》는 이를 "금융계의 급진적 실험"[21]이라고 표현했다.

하지만 혁신적인 금융 기술이 더위와 어떻게 접목되는지를 알기란 쉽지 않다. 더위는 태양전지판과는 달리 기업가가 새로운 첨단기술에 투자한다고 해도 투자금을 회수하기가 힘들다. 그러면 더 나은 버스 정류장에 투자할 기업가가 누가 있을까? 도시에 나무를 심거나 취약 계층을 위한 무더위 쉼터를 만드는 데에도 돈이 모일 리가 없다. 달리 표현하면, 극단적인 더위에 맞설 때 우리는 어떤 전투부대가 되어야 할까?

2019년 가을 새크라멘토의 회의실에 앉아 있던 맥레어드는 이에 대한 답을 하나 얻었다. 기후와 보험 관련 분야의 실무진이 모인 회의였다. 열 명 남짓이 회의실에 둘러앉아 캘리포니아주의 보험감독관 리카도 라라에게 갖가지 권고 사항들을 제시하고 있었다. 여기서 바우만 맥레어드는 로스앤젤레스카운티의 지속가능성 프로그램부 이사 크리스틴 토레스 포울링과 가볍게 이야기를 나누었다. 포울링은 여름이 정말 무더웠다면서 캘리포니아주가 산불로 거의 120제곱킬로미터나 불탄 일이 정말 충격이었다고 했다. 그러면서 사람들은 산불에는 이름까지 붙이고 대화를 나누는데, 왜 산불보다 훨씬 많은 사람을 죽이는 폭염에 대해서는 함께 논의하기가 그렇게 어려운지 모르겠다고 했다.

"폭염도 태풍이나 산불처럼 이름을 붙이면 안 되나요?" 포울링이 바우만 맥레어드에게 물었다. 물론 대답을 바란 것은 아니었다.

바로 그 순간 바우만 맥레어드에게 아이디어가 떠올랐다.

폭염에 이름을 붙이다

이름을 짓는 것은 인간의 기본적 충동이다. 우리는 아이들, 반려동물, 차, 말에 이름을 짓는가 하면 우리가 오르는 산, 밤하늘의 별들에게까지 이름을 붙인다. 태풍과 허리케인에 이름을 붙여온 지도 벌써 수백 년이다. 태풍 솔라노(1780년 당시 플로리다주 연안 바다에 머물던 스페인 함대를 격침시켰다)처럼 희생당한 유명인의 이름을 붙이기도 했다. 솔라노는 당시 스페인 함대의 사령관이었던 호세 솔라노 이 보테José Solano y Bote의 이름을 딴 것이었다[22](이 태풍에서 솔라노는 목숨을 건졌지만 그의 병사 수천 명이 목숨을 잃었다). 태풍은 '1926년 그레이트 마이애미 허리케인'[23]처럼 발생 연도나 강타 지역을 따서 이름이 지어질 때가 많았다.

1950년대에 국립기상청은 선박에 여자 이름을 붙이는 것이 바다의 전통이라는 점을 감안해 허리케인에 여자 이름을 붙이기 시작했다.[24] 이는 허리케인의 엄청난 파괴력에 대한 대중의 인식이 점차 높아가던 것과는 전혀 무관한 일이었다. 허리케인에 이름을 붙인 목적은 대체로 위도와 경도를 기준으로 태풍을 정의했던 과거의 관행에서 벗어나서 선박, 비행기, 기상관측소 사이에 더욱 원활한 의사소통이 이뤄지게 하자는 것이었다.

하지만 허리케인에 여자 이름을 붙이는 것은 그리 기발한 생각은 아니었다. 1960년대에 여성형 이름이 붙은 허리케인에 "마녀들", "변덕스러운", "우악스러운", "배신을 일삼는" 같은 수식어를 붙이는 것은 성차별적이고 여성혐오적이라면서 여성들이 불만을 표시한 것이다.[25] 직설적인 한 페미니스트는 허리케인herricane을 "히미케인himicane"[26]이라고 부르자고 제안했다(영어의 여성형 대명사 'her'와 남성형 대명사 'him'을 염두에 둔 말이다 – 옮긴이).

그래서 1979년 이후 대서양의 열대성 태풍과 허리케인에는 남성형 이름과 여성형 이름이 한 번씩 번갈아 붙고 있다. 오늘날 허리케인에 이름을 붙이는 곳은 유엔 산하에서 날씨 관측과 예보를 감독하는 세계기상기구WMO다.

하지만 폭염의 이름은 언제, 어디서, 어떻게 짓는단 말인가? 물론 사람들이 폭염에 이름을 붙인 적도 있었다. 예를 들어 미시시피주 잭슨시의 한 신문 사설에 이런 재치 있는 말이 실렸다. "미시시피를 비롯한 미국 최남부 지방에는 폭염의 이름이 이미 두 개나 있다. '7월July'과 '8월August'이다."[27] 2017년 이탈리아가 폭염으로 절절 끓었을 때 이탈리아인들은 그 폭염에 루시퍼라는 별명을 붙였다.[28] 여기에 착안한 《팜비치포스트Palm Beach Post》의 한 기자가 '히트 웨이브Heat Wave(폭염)'는 DC 코믹스에 줄줄이 등장하는 슈퍼 빌런의 이름 중 하나라는 사실을 지적하며 이렇게 썼다. "우리의 긴 여름에도 블리스터러Blisterer('지독히 더운'이라는 의미의 'blistering'에서 파생 – 옮긴이), 스코처Scorcher('태울 듯이 더운'이라는 의미의 'scorching'에서 파생 – 옮긴이),[29] 시즐러Sizzler(찌는 듯이 더운 날 – 옮긴이), 스팀 배스Steam Bath(한증탕 – 옮긴이)처럼 어딘가 모자란 듯한 악당 이름을 붙여주면 어떨까."

하지만 바우만 맥레어드가 보기엔 그보다 나은 방법이 있을 것 같았다. 2020년 8월 또 한 번의 무더위가 기승일 때, 바우만 맥레어드는 적십자, 마이애미주, 플로리다주, 그리스의 아테네시 등 전 세계 30개 파트너와 함께 일명 극단적 더위 회복성연대Extreme Heat Resilience Alliance를 출범시켰다. "극단적인 더위는 더는 지금처럼 '조용한 살인자'로만 머물지 않을 겁니다." 바우만 맥레어드가 출범식에서 말했다. 앞으로 이 연대는 더위에 맞서는 집단 움직임에 힘을 보탤 것이다. 나중에 아슈트록센터는 여러 도시에 더위 담당 최고책임자직을 신설하는 한편, 더위에 관한 정책입안자들의 인식을 바꾸기 위한 각종 도구도 개발했다. 하지만 가장 다급한 일은 폭염에 등급을 매기고 이름을 정하는 것이었다. "폭염에 이름을 붙이는 것이야말로 폭염이 얼마나 위험하고 심각한지, 아울러 그 위험성이 얼마나 증가하고 있는지를 알려주는 가장 명확한 방법입니다."[30]

바우만 맥레어드는《워싱턴포스트》와의 인터뷰에서 말했다.

당연한 얘기지만, 폭염에 이름을 짓고 등급을 매기자는 바우만 맥레어드의 제안은 그녀의 담대한 야망과 발상을 이해하지 못하는 학자들로부터 반발을 샀다. 더위 연구자 42명은 바우만 맥레어드에게 보내는 편지에서 폭염에 이름을 붙이고 등급을 매기는 작업은 "이미 발표된 전 세계 더위-건강 우선 사항들에 부합하지 않을 뿐만 아니라 갖가지 혼란을 초래하고 심지어 비생산적일 수 있다"[31]고 경고했다.

기존 과학계의 반발은 놀라운 일이 아니었다. 폭염에 이름을 붙이는 것 자체가 사실 과학은 아니기 때문이다. "그 작업은 브랜딩이지요." 바우만 맥레어드가 말했다. "그건 홍보예요. 그리고 바로 그 홍보가 앞으로 사람들의 생명을 구할 거고요."

하지만 이름 붙이기는 과학이기도 하다. 어떤 폭염에 이름을 붙이려면 먼저 그 폭염이 이름이 붙을 만큼 위험해질지를 예측해야 하기 때문이다. 아슈트록센터와 함께 연구를 진행하고 있는 명망 높은 더위 연구자 로런스 코크스테인Laurence Kalkstein이 주장하는 폭염 등급 체계는 기상학보다 훨씬 많은 것을 활용하는 것이 특징이다. 이 체계는 해당 더위가 특정 공동체에 미치리라 예상되는 건강상 영향력을 토대로 만들어진다. 코크스테인은 일명 날씨유형분류법spatial synoptic classification을 개발하기도 했다.[32] 기단의 다양한 유형에 따라 날씨를 건조 열대성dry tropical, 습윤 열대성moist tropical 등으로 구분하는 체계였다. 코크스테인은 도시들을 하나하나 살피면서 다양한 기단이 해당 지역의 모든 사망 원인과 어떤 식으로 연관되는지를 따진다. 가령 앨버커키에서는 건조 열대성 기단이 들어오면 사망률이 15퍼센트나 치솟았다. 이런 상관관계가 과학적으로 증명된다면 해당 지역에 그 기단이 도착할 때 얼마나 많은 사람이 죽을지 꽤 정확한 예상치를 얻을 수 있다.

"기본적인 기상학 자료를 사용하면 최대 5일 전에 기단을 예보할 수 있습니다." 코크스테인이 말했다. "그런 뒤에는 특정 알고리즘을 개발해서 조만간 사람이 얼마나 죽을지도 알아볼 수 있지요."

등급 체계는 늘 불완전하게 마련이다. 하지만 코크스테인의 체계에는 확실한 세 가지 장점이 있다. 첫째, 이 체계는 응급실 방문 횟수 등 더위가 건강에 미치는 영향과 관련된 다른 지표들은 제쳐두고 오로지 사망률만 살핀다. 둘째, 이 체계에서는 습도와 밤 기온 등 더위와 관련을 갖고 사망에 큰 영향을 미치는 여러 인자를 합해 하나의 숫자로 표시한다. 셋째, 이 체계는 실제 장소에서 일어난 실제 사실을 밑바탕으로 하기에, 해당 도시나 지역권에서 매우 특징적으로 나타나는 자료들을 통해 작동된다. 등급 산정에 필요한 것은 과거 날씨와 사망률 자료뿐이다. 그것들을 전부 하나의 알고리즘에 욱여넣으면 특정 기단 예보에 따르는 미래 사망률을 계산해주는 식이다.

어떤 폭염에 이름을 붙일지 정하는 것이 하나의 고충이라면, 그렇게 해서 고른 폭염에 어떤 이름을 붙일 것인가는 또 다른 고충이다. 바우만 맥레어드는 설문조사 회사를 고용해서 미국 여러 지역의 관심 집단을 대상으로 설문조사를 진행했다. 이름을 짓는 다양한 방법들을 검증하기 위해서였다. 그 방법들 중에는 그리스 신들의 이름(제우스, 아폴론, 하데스), 그리스 문자(알파, 베타, 감마, 델타), 매운 음식(살사, 칠리, 페퍼), 지명(캐멀백마운틴, 룩아웃포인트), 색깔(하양, 오렌지, 빨강), 음식을 익힌 정도(레어, 미디움, 웰던) 같은 것들이 있었다.

나도 애리조나주 주민들로 구성된 모임을 참관했었다. 그 자리에서는 무엇이 최상의 안인지 합의가 이루어지지 못했다. 오히려 참가자들은 폭염이 무엇보다 치명적인 극단적 기상 이변이라는 것도, 매년 폭염으로 죽는 사람이 허리케인이나 홍수로 죽는 사람보다 훨씬 많다는 것도 몰랐기 때문에 폭염에 이름을 짓자는 생각에 그리 호의적이지 않았다. 그러다 폭염의 심각성을 알고 나서야 폭염에도 이름을 붙여야 한다는 주장에 동의했다. 폭염에 어떤 이름을 붙여야겠냐는 질문에 한 남성은 그리스 신들의 이름이 "귀에 쏙 박힌다"면서도 "한편으로는 우리의 기를 꺾는 면도 있다. 더위가 초자연적인 힘이라는 의미로 들리기 때문이다"라고 했다. 그러자 한 여성이 덧붙였다. "그리스 신들의 이름을 쓰면 지금 벌어지고 있는 일들을 우리가 어쩌지 못한다는 느낌이 들어요. 하지만 그렇지는 않잖아요."

알리고 또 알려도 충분하지 않다

새로운 폭염 등급과 이름 체계를 활용하기에는 도시들이 이상적인 실험실이다. 이 프로그램을 주나 국가 차원에서 적용하려고 할 때보다 정치와 과학 양면에서 관리가 한결 수월하기 때문이다. 하지만 뜻대로 되지 않는 부분들이 여전히 많았다. 바우만 맥레어드가 폭염에 이름을 붙이고 등급을 산정하려고 거의 1년 가까이 노력했을 때, 아테네의 관료들이 코크스테인의 체계로 폭염 등급을 산정하기로 했다. 다만 폭염에 실제 이름을 붙이는 대신 색깔별로 코드가 매겨진 경보를 활용하기로 했었다.

그에 반해 세비야는 당시의 시험용 프로그램으로 폭염의 등급을 매기고 이름을 붙이는 작업에 열성적으로 매달렸다.[33] 그럴 만한 이유가 있었다. 70만 명이 모여 살아가는 스페인 남부의 세비야는 폭염으로 도시가 통째로 구워지는 것이 예삿일이 되었다. 상황은 나아지기는커녕 날로 악화되고 있었다. 최근 몇십 년 동안 스페인의 폭염 발생 빈도는 2배가 늘었다. 바우만 맥레어드와 그녀의 동료들은 폭염의 등급과 이름을 정하는 작업을 간소화하기 위해 세비야와 손을 잡고 일명 프로메테오 세비야 프로젝트라는 단체를 만들었고, 이를 통해 대학, 세비야 시장과 시의회, 스페인 기상청 AEMET까지 한데 힘을 모을 수 있었다.

이들 다양한 기관들은 코크스테인의 알고리즘을 활용해 폭염이 인간의 건강과 사망률에 미치는 잠재적 영향을 토대로 폭염을 분류하기로 했다. 또한 폭염을 세 가지로 분류하고 가장 치명적인 3단계 폭염에만 이름을 붙이기로 했다. 이때 3단계 폭염의 경계를 정확히 어느 지점에 그을 것인가와 관련해 논쟁이 있었다. 사망률 30퍼센트 증가, 아니면 45퍼센트 증가가 그 지점인가? 이와 함께 사망자 예상치를 폭염 등급 안에 함께 공개해야 하는지도 논쟁거리가 되었다. 어쩌면 당연한 일이었다. 어떤 정치인이 유권자들에게 며칠 후면 여러분 중 몇 명은 세상을 떠날 거라고 말하고 싶겠는가? 한 차례 논의 끝에 결국 도시 당국자들은 남성 이름과 여성 이름을 알파벳 역순으로 번갈아 붙이는(소에Zoe, 야고Yago, 세니아Xenia, 웬세슬라오Wenceslao, 베가Vega 등) 단순한 안을 선택했다.

타이밍이 참 절묘했다. 2022년에 들어서면서 스페인이 역사상 가장 때 이른 폭염을 맞으며 나라 전체가 더위에 시달렸던 것이다[34](2022년 5월은 58년 만에 가장 더운 달로 꼽히게 됐다). 6월에는 기온이 41.6℃까지 치솟는 일이 다반사였고 하필 이 시기는 칼새의 산란기와도 겹쳤다.[35] 칼새는 둥지를 건물 정면의 틈새나 지붕의 구멍에 틀곤 한다. "우리 건물들은 보통 콘크리트나 철판을 자재로 씁니다. 더위에 무척 뜨거워지는 자재들이죠." 스페인의 생물학자 엘레나 모레노 포르티요Elena Moreno Portillo가 말했다. "그래서 둥지가 오븐처럼 뜨거워지면 아직 날지 못하는 새끼들은 둥지 안의 온도를 견디지 못하고 급하게 밖으로 뛰쳐나옵니다. 그러지 않으면 그대로 둥지 안에서 익어갈 테니까요." 포르티요는 말을 이었다. "[세비야에서는] 길을 걷다 보면 칼새 새끼를 100마리는 보게 됩니다. 건물 발치에 널브러진 새끼 새들 중엔 죽어가는 것들도 있고 목숨이 거의 끊긴 것들도 있죠."[36]

7월 중순에 들어서자 더위가 맹위를 떨치기 시작했다. 세비야만이 아니라 남부 유럽 전역이 더위에 시달렸다. "당시 세비야의 하루 평균 사망자 수는 14~15명이었습니다." 코크스테인이 말했다.

"폭염 기간에는 사망자 수가 20명대로 오른 날도 많았습니다. 30명대에 이른 날도 있었고요."

7월 24일 세비야의 더위가 더욱 심해질 것이라는 예보가 전해졌다. 기온이 42.7℃ 이상 치솟는 것은 물론, 밤에도 고온이 지속되는 열대야가 나타날 것으로 예측됐다. 코크스테인의 체계에서 이 정도면 여전히 2단계 폭염에 불과했다. 하지만 세비야의 당국자들에게 이 정도면 충분히 위기에 가까웠다. 오전 9시 당국자들이 시민들에게 발표했다. "세비야에 폭염 소에가 닥쳤습니다."[37]

폭염의 이름은 확실히 중요했다. 하지만 정말로 중요했던 것은 소셜미디어를 통해 각종 경보, 경고 등 메시지들이 전달되어 사람들에게 폭염에서 자신을 지킬 갖가지 방법들을 알려주었다는 것이다. 그중에는 신체 활동을 줄이고, 되도록 실내에 머물며, 낮에는 블라인드를 내리고, 밤에는 창문을 열어 환기를 시키며, 음료를 마시고, 식사는 가볍게 하는 것이 좋다는 간단하고 분명한 상식들도 포함돼 있었다.

폭염 소에는 스페인 국내는 물론 국제적으로도 언론의 관심사로 떠올랐다. 만일 더위에 대한 인식을 높이고 그 대응책을 사람들에게 교육하는 것이 이 프로젝트의 전략이었다면 완전히 성공한 것이나 다름없었다.

그런데 이 폭염에 소에란 이름을 붙인 것이 실제로도 사람들의 생명을 구했을까? "지금은 초기 단계입니다." 이 프로젝트에 참여했던 세비야대학교의 물리학과 부교수 호세 마리아 마르틴 올라야Jose Maria Martín Olalla가 말했다. "이제 겨우 세비야에서만 폭염의 이름을 붙였고, 그런 만큼 아직은 지극히 지방 차원에만 머물러 있습니다. 저는 그것이 장기적 차원에서도 얼마나 잘 작동할 것인가가 중요한 문제라고 봅니다. 지금 우리는 위험을 마주하고 있고, 앞으로 상황이 더 악화될 것임을 사람들에게 일깨울 필요가 있습니다. 저는 폭염에 이름을 붙이는 것도 매우 좋은 방법이라고 확신합니다."

소에가 지나가고 몇 달 뒤에 아슈트록센터가 스페인 일곱 개 지역에서 2,000명 이상을 대상으로 설문조사를 실시했다. 그 결과 폭염 소에에 대한 기억을 떠올린 사람들이 물을 마시거나 더위를 피해 재택근무를 하는 등 안전한 행동에 열심히 동참한 확률이 높았다. 또한 이들은 다른 사람들과 폭염에 대해 이야기를 나누고 정부가 시민들을 보호하기 위해 애쓰고 있다고 믿을 확률도 높았다.[38] 이렇듯 인식 상승이 리스크 감소와 연관 있다는 사실은 또 다른 연구에서도 밝혀졌다. 미국 대사들이 그들이 머무는 각 도시의 공기 오염 통계를 트위터에 올리기 시작하면서 무슨 일이 벌어졌는지를 살펴본 연구였다. 연구자들은 아주 값싸고 손쉬운 투자로도 공기 오염이 확연히 줄어들 수 있다는 사실을 밝혀냈다.[39]

세비야의 시험용 프로젝트로 바우만 맥레어드는 중요한 첫걸음을 내디딘 셈이었다. 이 프로젝트를 통해 폭염에 대해 어떤 식으로 이야기를 나눌지 다른 사람들도 더 깊이 생각해야 한다는 증거와 모멘텀이 마련되었으니 말이다. 폭염 소에가 닥친 그 여름, 대여섯 개의 도시가 추가로 아슈트록센터의 폭염 등급 산정과 명명 체제를 실행하기 위한 작업에 돌입했다. WMO에서도 폭염에 이름을 붙일 때의 장단점을 다룬 전문적이고 간략한 조사를 발표했다.[40] 이 기구는 "초반 단계에는 폭염에 이름을 붙이는 기존 안들의 효과·이득·난점·지속가능성에 대한 평가를 수행하고, 거기서 밝혀진 사실들을 통해 어떤 식으로든 미래를 위한 제안을 내놓아야 할 것으로 보인다"라고 결론 내렸다. 바우만 맥레어드의 출발점이었던 새크라멘토에서는 법령이 통과됨에 따라 앞으로 캘리포니아환경보호청CalEPA이 건강을 기준으로 삼은 등급 체계를 만들고 폭염에 붙여야만 한다.[41] 이 새로운 법이 마련되었다는 것은 곧 4,000만 명의 인구가 이제는 앞으로 닥칠 폭염들이 얼마나 위험할지, 또 자신을 보호하기 위해 어떤 조치들을 취해야 할지 더 잘 알게 된다는 뜻이기도 하다. "현재 상황과 사망자 수만 봐도 우리가 서둘러야 한다는 사실을 알 수 있습니다." 바우만 맥레어드가 말했다. "사람들이 죽어나가고 있어요. 지금 당장 뭔가를 해야 합니다."

The Heat

13장

Will Kill

행동 강령

구워지든지, 도망가든지, 아니면 행동하든지

You First

2003년 프랑스의 여름,

단 2주 만에 폭염으로

사망한 사람만 1만 5,000명.

그 자체로 오븐이 되어버린

오스만식 아파트의 함석지붕 아래

희생당한 시신은

발견되기까지 몇 주가 걸렸다.

그해, 파리의 여름

예전에는 파리의 여름도 시애틀과 비슷했었다. 기온은 21℃대를 맴돌았고 비도 때때로 잘 내렸다. 습도도 그렇게 나쁜 편이 아니었다. 파리는 수백 년간 그런 식으로 여름을 보냈다. 최근까지 파리의 시민 중에 에어컨을 가진 이가 거의 없었던 것도 그래서다. 에어컨을 왜 굳이 들여야 하나 싶었던 것이다. 그뿐만이 아니라 프랑스는 8월(보통 이달이 제일 무덥다) 한 달은 사람들이 다들 휴가를 내고 일을 쉬는 게 오랜 전통이기도 하다. 그래서 대부분의 상점이 문을 닫고 사람들은 브르타뉴의 해안이나 알프스산을 찾아 더위를 식히며 느긋하게 쉰다. 어떻게 보면 더위에 대한 옛날 방식의 적응인 셈이다.

8월에도 파리에 계속 눌러앉아 있는 이들은 대체로 노령에 접어든 사람들, 아니면 파리를 찾는 수천 명의 관광객을 위해 도시의 기능을 유지·관리하는 필수 인력들뿐이다. 그런데 2003년 여름 도시에 남아 있던 파리 시민들은 금시초문이던 무언가에 호되게 당하게 된다. 과거에도 파리가 며칠 무더웠던 적은 있지만 절대 이번 더위 같지는 않았었다. 그해 8월 9일에는 낮 기온이 35℃를 넘어섰고, 때로는 40℃까지 치솟기도 했다.

이 비극적 사태의 전모가 낱낱이 드러나기까지는 며칠이 걸렸다.[1] 우선 경찰서와 소방서로 걸려오는 전화가 점점 늘어났고 병원의 응급실도 하나둘 만원을 이뤘다. 폭염이 닥치고 일주일쯤 지나자 이제는 시체를 보관할 곳조차 점점 바닥났다. 보건복지부에서는 도심 근처의 공공 스케이트장에 시신들을 보관하려 했지만, 이들 시설은 8월에는 개장을 하지 않았기 때문에 얼음을 다시 얼리려면 시간이 너무 오래 걸렸다. 궁여지책으로 당국자들은 곳곳의 정원에 냉장 설비가 마련된 텐트를 설치했다. 하지만 시체는 아직 너무 많았다. 하루 24시간을 꼬박 쉬지 않고 운영해도 장례식장과 화장장이 사망자 수를 감당하기에는 역부족이었다. 파리시는 사망에서 장례까지의 기간을 최장 6일에서 15일로 연장했지만, 한 기사의 표현처럼 "시신 안치소가 시체로 넘쳐나는 상황"[2]만 초래했을 뿐이었다. 급기야 시 당국은 식품 창고까지 강제 징발했다. 그것도 모자라 냉장 설비를 갖춘 식품 트럭을 빌리거나 구입하기도 했다. 한 작가에 따르면 "시 당국에서 사들인 트럭에는 이전 주인이던 도축업자의 이름을 떼어낸 자국이 그대로 남아 있었다."[3]

2003년 2주도 안 되는 기간 동안 프랑스에서 폭염의 직접적 결과로 사망한 사람만 1만 5,000명이었다.[4] 그중 파리 도심에서 살았던 사람들만 거의 1,000명에 달했다. 혼자 살거나 맨 꼭대기층의 다락방, 즉 다락방식 아파트에 살던 사람들이 희생된 경우가 많았다. 이런 집들에서는 함석지붕 아래에 열기가 쌓이면서 마치 오븐에라도 들어간 것처럼 사람을 말 그대로 통째로 익히기 때문이다. 폭염에 희생당한 시신을 전부 발견하기까지는 몇 주가 걸렸다. 시신이 발견된 아파트는 구석구석에 배인 시체 냄새를 빼느라 한동안은 동 전체를 비워야 했다.

폭염 중에 도시를 떠났다가 돌아온 파리 시민 중에는 섬뜩한 광경을 마주친 이들도 많았다. 스무 살의 한 여성은 위층에 살던 이웃이 폭염에 죽었다는 경고를 이미 들은 터였다. 그런데도 그녀는 현관문을 열었을 때 깜짝 놀라 비명을 지를 수밖에 없었다. 바닥에 "바싹 말라붙은 피 웅덩이, 시체에서 떨어진 피, 그야말로 온갖 것들 … 소변과 피를 비롯한 온갖 것들"[5]이 떨어져 있었기 때문이다. 사체는 그녀 아파트 위층에 최소 일주일 이상 방치되어 있다가 발견되었던 것이다. 그래서 부패액이 아파트의 벽면과 천장의 패널 사이로 줄줄 흘러내렸다. 심지어 부엌의 꽃병들에까지 부패액이 가득한 광경을 보고 그녀는 공포에 질릴 수밖에 없었다.

"구토를 안 할 수가 없었어요." 그 여성이 말했다. "속에서 욕지기가 났어요. 그날 오후는 거의 내내 샤워기를 틀고 계속 내 몸을 씻어냈죠. 하지만 아파트 안에서는 냄새가 여전히 너무 심했어요. 심지어 몇 달이 지나도 냄새는 전혀 가시질 않았어요. 소파, 침대, 집 안 구석구석 어디에나 잔뜩 배어 있었어요. 몇 달 동안은 아파트에 들어설 때마다 헛구역질을 했죠."

그로부터 12년이 지난 2015년 12월 나는 유엔의 기후정상회의인 COP21을 취재하기 위해 파리에 갔다. 나는 에어비앤비를 통해 파리5구의 다락방식 아파트를 숙소로 구했다. 6층에 자리한 작고 아늑한 아파트는 천장이 낮은 데다 커다란 들보도 있었다. 마치 중세의 건물 같았다. 창밖으로는 18세기 건물들 위에 얹힌, 파리의 명물인 파란 함석지붕이 바다처럼 펼쳐졌다. 특히 밤에는 정말 멋진 풍경이었다.《뉴요커》의 필자 알렉산드라 슈워츠가 그 모습을 완벽하게 포착했다. "방금 해가 졌지만 길거리에는 아직 빛줄기가 남은 그 어스름의 시간에 지붕들의 색깔이 파랗게 변한다. 때로는 지붕 아래의 밋밋한 벽들이 파란색을 더욱 강화하고 반사해서 마치 도시가 심해로 조용히 가라앉은 것처럼 너무나 파랬다. 시내가 온통 파란 물결에 푹 잠긴 느낌이었다."[6]

2015년 당시 나는 기후위기를 10년째 취재했는데도 2003년의 폭염은 금시초문이었다. 함석지붕을 이고 있는 이런 오래된 건물에서 수많은 사람이 목숨을 잃었으리라곤 추호도 생각지 못했다. 파리의 풍광을 더없이 아름답고 독특하게 하는 명물인 함석지붕이 그토록 치명적인 더위를 만들어내는 요인이라니.

2015년 파리에는 진보와 승리의 분위기가 배어났다. 기후정상회의의 마지막 날, 195개국 정상들이 지구온난화를 산업화 이전보다 2℃ 이상(이 기준을 넘어서면 기후변화의 영향이 위험 수위에 다다르는 것으로 여겨졌고, 지금도 이 기준이 통용되고 있다) 높아지지 않게 하자는 것에 합의했다.[7] 로랑 파비위스Laurent Fabius가 합의가 되었다면서 연단에서 의장의 망치를 두드리자 갈채가 터져 나왔다. 나도 함께 환호했다. 드디어 인류가 하나 되어 기후변화의 절박한 위기에 대응하기로 한 것처럼 느껴졌다.

리모델링하는 도시들

오늘날 세계의 거의 모든 도시가 그렇듯이, 파리를 건설했던 사람들은 지구의 기후가 안정적일 거라고 믿었다. 물론 유난히 덥거나 추운 날이 있고, 강물은 말랐다가 불어나며, 폭풍과 가뭄이 강타하는 등 대자연 혹은 노한 신 혹은 물리학의 걷잡을 수 없는 변덕 때문에 고약한 일들이 일어나기도 한다. 하지만 모두가 세상에는 어떤 일정한 상태로 돌아가려는 경향이 있다고 믿었다. 그 누구도 극지방의 빙상이 녹아, 몇십 년 안에 해수면이 1.5~3미터는 상승할 것이라 예상하고 해안에 도시를 건설하지는 않았다. 마찬가지로 기온이 2.5~5℃ 올라가거나 폭염이 우리를 픽픽 쓰러뜨릴 것이라 예상하고 도시를 건설한 사람은 없었다. 우리는 우리 나름의 골딜록스 존을 건설하고 그 안에서 살았고, 도시들도 그 일부였다. 한마디로 우리 도시가 곧 골딜록스 도시인 것이다.

하지만 다른 모든 것이 그렇듯 이제 도시들도 변해야 한다. 연안 도시들은 해수면 상승에 적응해야 하고, 산악 도시들은 포효하는 강물에 적응해야 하며, 세계 모든 도시는 점점 심해지는 더위에 적응해야 한다. 한마디로 대규모의 도시 조성 프로젝트가 우리 시대에 이뤄져야 한다. 극단적인 더위를 고려하지 않고 설계된 도시를 극단적인 더위 속에서도 살 수 있는 곳으로 만드는 작업 말이다. 그게 너무 과하다면 적어도 도시가 사람의 목숨을 빼앗는 덫이 돼서는 안 된다. 도시들은 향후 몇십 년 동안 폭발적인 인구 증가가 예상되는 가운데 이런 작업을 해내야 한다. 일설에 따르면 증가할

인구를 감당하기 위해서는 앞으로 30년 동안 매달 뉴욕시를 하나씩은 건설해야 한다.[8]

물론 더위 친화적인 도시를 건설하는 것이 불가능한 것만은 아니다. 현재 피닉스시에서 폭염 담당 최고책임자로 일하는 데이비드 혼둘라David Hondula는 어느 무더운 날 나와 함께 차를 타고 가며 이렇게 말했다. "미니애폴리스 같은 도시를 극단적인 추위 속에서도 사람들이 쾌적하게 살아갈 수 있는 도시로 설계했다면, 피닉스도 극단적인 더위 속에서도 쾌적하게 살아갈 수 있는 도시로 설계할 방법이 있을 겁니다." 그때만 해도 나는 혼둘라의 말에 일리가 있다고 생각했다. 시간과 돈만 충분하다면 54.4℃의 더위 속에서도 안전하게 살아갈 곳을 만들지 못할 이유는 없다.

하지만 혼둘라의 말을 곱씹을수록 그것은 점점 더 복잡한 문제처럼 느껴졌다. 첫째, 미니애폴리스의 날씨는 애초부터 항상 추웠다. 추위를 견디기 위해 지어진 도시가 미니애폴리스였다. 따라서 추위에 대비하기 위해 뭔가를 새로 장착할 필요는 없었다(다만 모든 도시가 그렇듯 주변 세계가 점점 더워질수록 미니애폴리스도 나름의 난관을 맞고 있다). 하지만 어떤 기후에 대비해 지어진 도시를 다른 기후에 잘 맞는 곳으로 개조한다는 것은 전혀 다른 문제다. 주택의 지하실만 생각해봐도 바로 알 수 있다. 미네소타처럼 추운 지역에선 식품 저장, 난로 설치, 기본적인 단열 같은 문제 때문에 지하실이 무엇보다 유용한 공간이다. 집을 짓기 전이라면 지하실을 하나 파는 것쯤이야 간단하다. 그런데 이미 지어진 집에 지하실을 파려면, 작업이 여간 힘들 뿐만 아니라 돈도 많이 든다.

폭염에 대비한 도시를 설계하는 것도 마찬가지다. 그런 도시라면 터널을 뚫고 지하에 도심을 조성해서 사람들이 더위가 닿지 않는 곳을 돌아다니게 하면 좋을 것이다. 또 산들바람이 도심 사이사이를 누빌 수 있게 길을 배치하면 좋을 것이다. 이와 함께 50℃의 고온에도 찌그러지지 않는 강철로 철로를 깔면 좋을 것이다. 사람들의 집 앞에는 더위에 강한 나무를 한 그루씩 심고 말이다. 아무것도 없는 상태에서는 이 모든 작업이 어렵지 않다.

과도하게 더워진 행성에서도 도시들이 번성하려면 넘어야 할 난관이 두 가지다. 첫째, 점점 커지는 도시가 더위에 똑똑하게 대응하게 하려면 어떻게 하는 것이 좋을까? 과거처럼 또다시 50년 동안 교외로 계속 확장하는 것은 답이 아니다. 도시는 더 많은 인구가 조밀하게 모여 사는 곳이 돼야 한다. 또 사람들이 자동차 대신 자전거와 대중교통수단을 이용하는 곳이 되어야 한다. 새로운 건물들은 단순히 효율성이 아닌 지속가능성이 있는 건축자재로 지어야 하고, 그와 함께 점점 더 강렬해지는 폭염 속에서도 안전한 곳이 되어야 한다. 이 말은 곧 더 많은 녹지대, 더 많은 나무, 더 많은 물, 더 많은 그늘, 그리고 열을 더 잘 인지하는 도시 설계가 필요하다는 뜻이다.

둘째, 이미 지어진 건물과 도시공간을 어떻게 할지 해법을 찾아야 한다. 이것이 더 어려운 부분이다. 기존의 건물들은 21세기의 극단적인 기후에 대응하기에는 부적합한 경우가 많다. 다시 말해 단열 상태나 입지가 좋지 않을 뿐만 아니라 에어컨에 의지해야만 그나마 살 만해진다. 그럼 이 건물들을 죄다 허물고 다시 지어야 할까? 아니면 다른 구조물들을 이것저것 덧대야 할까? 이미 혼잡할

대로 혼잡한 도심에 더 많은 녹지공간을 어떻게 조성한다는 말인가? 어떻게 해야 콘크리트를 없애고 자연이 더 발 들이게 할 수 있을까?

사실 많은 도시에서 이미 도시 리모델링 프로젝트가 진행 중이다. 일례로 뉴욕시에서는 도시에 그늘을 드리우고 공기를 정화하기 위해 노동자들과 자원봉사자들이 지금껏 100만 그루 이상의 나무를 심었다.[9] 스페인의 세비야에서는 도시계획자들이 고대의 지하수로 기술을 활용해 에어컨에 의지하지 않고도 도시를 시원하게 바꾸고 있다.[10] 시에라리온의 프리타운에서는 관료들이 도시 공원을 조성해서 시민들이 깨끗한 물을 이용할 수 있게 하는 한편, 노천 시장 위로 플렉시글라스plexiglass(반투명의 특수 아크릴 합성수지-옮긴이) 차일을 쳐서 사람들이 그늘 속에서 쇼핑할 수 있게 한다.[11] 로스앤젤레스에서는 길거리에 흰색 페인트를 칠해서 햇빛이 더 잘 반사되게 한다.[12] 인도에서는 일명 그린루프green roof 실험이 진행 중이다.[13] 그린루프는 열을 흡수하는 것은 물론 먹을거리를 키우는 텃밭 역할도 해준다. 오스틴에서는 내 아내 시몬이 블랜튼 미술관Blanton Museum of Art(아내가 이 미술관의 관장이다) 앞의 쓸모없는 광장을 사람들이 즐겨 찾는 공공장소로 탈바꿈시켰다. 이곳에 가면 우아하고 거대한 꽃송이처럼 피어오른 12미터 높이의 탄소섬유 조각이 그늘을 드리운다. 그 아래에서만은 선선함을 느낄 수 있다. 플로리다주의 올랜도와 애리조나주의 템피 같은 도시들은 회복성 허브resilience hub(기본적으로 예비전력, 와이파이, 에어컨 시설을 갖춘 공동체 센터로서 극단적인 폭염 기간에 혹은 다른 종류의 비상 상황에서 주민들이 몸을 의탁할 수 있다) 개발을 선도하고 있다.

하지만 더위 해결을 위해 뚫어야 할 난관들이 파리만큼 산적한 곳은 아마 세계 어디에도 없을 것이다.

2003년 폭염 당시 프랑스에서만 1만 5,000명이 목숨을 잃은 뒤, 대부분의 파리 시민은 폭염이 사람에게 치명적이란 사실을 깨달았다. 기후변화가 폭염을 더 막강하고, 더 빈번하고, 더 치명적으로 만들고 있다는 의미에서 그랬던 것이 아니었다. "파리 시민들의 기본적 반응은 이제는 '노인들을 더 잘 돌봐야 한다'는 것이었습니다." 에마뉘엘 마크롱 프랑스 대통령의 고문이었던 프랑크 리진Franck Lirzin의 말이다. "당시 폭염을 기후변화와 연관시킨 사람은 아무도 없었습니다."

리진에 따르면(그는 파리가 기후변화에 어떻게 적응할지를 주제로 영향력 있는 책을 집필했다[14]) 파리 시민은 오랫동안 기후에는 문외한으로 살아왔다. 파리의 날씨는 늘 쾌청하고 온화해서 날씨에는 신경 쓰지 않아도 괜찮았던 것이다. "제 아내는 네덜란드인입니다." 리진이 말했다. "그래서 암스테르담에서 많은 시간을 보냈죠. 그런데 네덜란드인은 추운 날씨에 따뜻이 지내고 홍수에도 물이 잘 빠지도록 집을 짓기 위해 이미 수백 년간 고민한 것이 어느 순간 느껴지더군요. 파리에서는 그런 일이 좀처럼 없습니다." 같은 맥락에서 지중해 연안의 도시 마르세유의 건축가와 도시계획가들도 두꺼운 벽, 열을 빨아들이는 타일 지붕, 시원한 바람이 머무는 도로 배치 등으로 더위에 대응하는 방법을 익혀왔다. 하지만 파리에서는 누구도 그런 일로 고민한 적이 없다.

"수백 년간 우리는 값싼 돌로 집을 짓는 문제에만 골몰해왔지, 더운 날씨건 추운 날씨건 누구도 기후를 고민하지는 않았습니다." 리진은 말한다. "파리에는 더위 문화가 없어요. 그것 때문에 고민한 역사도 없고, 문제 해결의 토대가 될 기반 지식도 없습니다."

물론 기후 문화가 없는 도시들은 많다. 내가 자란 베이에어리어도 날씨가 거의 항상 완벽하게 좋았기 때문에 더위 문화가 따로 없다. 아내가 자란 멕시코시티도 마찬가지다. 한편 추위에는 해박하지만 더위에는 무지한 곳들도 있다. 가령 우리 어머니와 누이가 사는 몬태나주 헬레나의 사람들은 추위에 대응하는 법은 아주 잘 알지만 날씨가 더워지면 어쩔 줄을 모른다. 집에 에어컨이 없는 것은 물론 창문에 차일도 없고, 취약 계층의 친구들이나 친척들의 안부를 확인해야 한다는 사실도 모른다. 당연히 반대의 상황도 성립한다. 사람들이 더위를 어떻게 다뤄야 하는지는 잘 안다. 하지만 2021년 겨울 우리가 겪었던 것처럼 텍사스에는 어쩌다 한파가 닥치기라도 하면 허둥대는 사람들이 많다. 집 배관을 흐르는 물은 다 빼야 할까? 난방기를 틀어서 집 안의 온도를 올려야 하나? 스노타이어도 없이 어떻게 차를 몰고 얼음 위를 달리지?(그 답은 운전하지 말고 그냥 집에 있어야 한다는 것이다.)

더 이상 아름답지만은 않은 도시

오늘날 파리는 우아함과 아름다움으로 세계인의 칭송을 받지만 사실 옛날에는 꼭 그렇지만도 않았다. 프랑스 혁명이 끝난 직후 파리는 "완전히 만신창이가 되어 활기라고는 도무지 찾아볼 수 없는 도시"[15]였다. "더럽기 짝이 없는 진창과 오수에서 중세 최악의 시기보다 더 역한 냄새들이 올라왔다." 한 역사가가 썼다. 왕의 궁전 뒤편에는 쓰러져가는 판잣집, 빈곤, 그리고 사창가가 있었다. 1832년 파리 역사상 최악의 전염병 중 하나인 콜레라가 도시를 휩쓸어 1만 8,402명이 목숨을 잃었다.[16]

뭔가 특단의 조치가 필요했다. 유럽 전역을 공포에 떨게 했던 나폴레옹의 조카 루이 나폴레옹이 나섰다. 그(해외로 추방되었다가 프랑스로 돌아와 잠시 제2공화국의 대통령을 지냈고 이후 나폴레옹 3세로 황제에 등극했다)는 파리를 환골탈태시키는 작업을 통해 후세에까지 자기 발자취를 남기기로 했다. 그가 자신의 프로젝트를 맡기기 위해 발탁한 인물이 직업 관료이자 정치적 동료였던 조르주 외젠 오스만Georges Eugène Haussmann이었다.[17] 오스만은 건축에는 문외한이었으나(그는 한때 자신을 "파괴의 예술가"[18]라고 표현했다) 지극히 효율적이고 가차 없는 행정가이자 돈을 끌어모으는 재주가 비상했다.

오스만이 파리에 품은 비전은 19세기에 이룩된 도시의 성취 중 가장 대단한 것이었다. 이때 파리의 개조 작업이 얼마나 어마어마한 규모로 얼마나 가차 없이 진행되었는지는 이제 감조차 잡기 힘들다. 당시 파리 인구는 100만 명을 헤아렸다(뉴욕의 2배였다). 오스만은 중세에 생겨난 빈민가를 철거하고 수천 명의 주민을 이주시켰다. 그와 함께 곳곳에 공원을 만들고 나무를 심었다(불로뉴 숲에 심은 나무와 관목만 해도 40만 그루가 넘었다[19]). 그는 탁 트인 대로를 닦는가 하면, 반질반질 윤이 나는 회색 석회암이 정면을 장식하고 대칭 무늬의 연철 발코니가 달린 신식 공동주택을 블록 단위로 줄줄이 세웠다. 새로운 산업 시대의 신흥 부유층들을 위해 대량 생산된 상품들인 셈이었다. 하나같이 5층 아니면 6층인 건물들은 위층으로 올라갈수록 공간이 좁아지고 장식도 줄어들었다. 이 공동주택에서 가장 우선시한 것은 사생활, 위생, 편의였다.

이 '새로운' 파리는 곧장 초미의 관심사로 부상했다. 한 비평가는 줄줄이 늘어선 건물들을 보면서 "미래에 생겨날 아메리카대륙의 바빌론"[20]이 떠오른다고 한 반면, 에밀 졸라는 환골탈태한 파리를 격찬했다. "이 커다란 도시의 지평선을 나는 진정으로 사랑한다 … 햇빛이 파리를 환하게 비추느냐 찌푸린 하늘이 파리를 꿈에 빠뜨리느냐에 따라 그 모습은 기쁨이 넘치는 시詩도 되고 우울에 빠진 시도 된다. 우리 주변을 온통 둘러싸고 있는 이것은 예술이다. 살아 있는 예술, 이제까지 한 번도 알지 못하던 예술 말이다."[21]

기후의 관점에서 봤을 때 이 건물들에서 가장 주목할 부분은 함석지붕이었다. 타일보다 가벼우면서도 저렴하고, 부식에 강하고, 불에도 잘 타는 함석은 당대의 혁신으로 통했다. 잘 얹기만 하면 함석지붕은 아주 오랫동안 쓸 수 있다. 이 사실을 증명이라도 하듯 오늘날 파리 시내의 건물 중에 함석지붕을 얹고 있는 것이 거의 80퍼센트에 이른다.[22] 숫자로 따지면 10만 호 이상이다.[23] 현재 프랑스

에서는 함석지붕을 유네스코 세계문화유산으로 등재하자는 운동까지 전개되고 있다.[24]

문제는 파리 시민들이 더는 19세기 기후 속에 살고 있지 않다는 것이다. 21세기인 지금 함석지붕은 사람들에게 치명적이다. 뜨거운 날에는 말 그대로 프라이팬처럼 달구어진다. 한 연구자에 따르면 어느 여름날 파리 시내 함석지붕의 온도가 90℃에 달했다고 한다.[25] 더구나 하인 전용공간이었던 맨 꼭대기 층의 다락방들은 단열이 되지 않기 때문에 지붕의 열이 곧장 전달된다. 2003년 폭염 때도 노약자와 병약자들은 5~6층의 계단을 내려오지 못해 피신을 못 했다. 게다가 열악한 환기 시설과 단열 구조 탓에 이들 다락방은 사람의 목숨을 잡는 덫이 되어버렸다.

그렇다면 이제 이 함석지붕들을 어떻게 해야 할까? "사실 별다른 방책은 없습니다." 리진이 말했다. 함석 아래에 단열재를 덧대면 어떨까? "그건 아주 힘든 일입니다." 리진이 설명했다. "지붕이 추가 하중을 견디도록 설계되어 있지 않습니다. 이 말은 결국 뼈대를 전부 허물고 다시 지어야 한다는 뜻이고 여기에는 돈이 무척 많이 듭니다." 게다가 지붕만 21세기의 기후에 더 잘 맞는 무언가로 바꾸는 일은 수많은 반대에 부딪힐 것이다. 파리 시민들은 자신들이 사랑하는 도시의 외관을 훼손하는 일은 용납하지 않는다. "허가가 나는 데에도 몇 년이 걸리겠지만, 허가가 난다 해도 십중팔구 반대 여론에 부딪힐 겁니다."*

하얀 지붕도 또 하나의 해결책일 수 있다.[26] 연한 색들은 건물의 알베도(반사율)를 높여서 햇빛을 흩어지게 하는 한편 건물에 흡수되는 열은 줄여준다(모로코, 포르투갈, 그리스 등 더운 지역들에서 집을 흰색으로 페인트칠하는 이유도 여기에 있다). 일조량이 풍부한 기후에서는 흰색 지붕들이 눈에 띄는 효과를 낼 수 있다. 호주의 뉴사우스웨일스대학교 연구진에 따르면 흰색 지붕은 실내 온도를 최대 3.5℃까지 낮추는 것으로 나타났다. 하지만 파리의 함석지붕들은 이미 연한 색조이기 때문에 아무래도 흰색으로 바꿀 때의 효과는 그보다 미미할 것이다. 지붕을 유지 관리하는 것도 문제다. 흰색의 경우 10년마다 페인트칠을 다시 해야 하기 때문이다. 게다가 문화유산을 보호하려는 사람들은 지붕을 흰색으로 칠하면 파리의 외관과 느낌이 지금과 근본적으로 달라질 것이라 우려한다.

여기서 또 하나 생각해볼 수 있는 방법은 그린루프다. 2020년 파리의 젊은 시민 셋이 루프스케이프스Roofscapes라는 회사를 세웠다. 이 회사의 설립 목표는 파리 시내의 함석지붕들 위에 목재 테라스를 설치하는 것이었다. "여기서 사람들은 채소를 키우는 동시에 더위로부터 보호받을 수도 있습니다." 이 회사의 공동창립자 올리비에 파버가 말했다(이 회사는 MIT 건축대학원의 소규모 신생 회사로 출발했다). 파버에 따르면, 지붕에 얹히는 목재 테라스의 하중은 지붕이 아니라 석재 내력벽(기둥과 함께 건물의 무게를 지탱하도록 설계된 벽-옮긴이)에 가해진다. 이 벽들은 대체로 상당히 튼튼해서 이 정도의 하중은 충분히 견딜 수 있다. 그린루프는 베네치아의 옥상

* 2021년 프랑스 의회가 단열이 열악한 주택과 아파트의 임대를 제한하는 법령을 통과시켰다. 함석지붕을 얹고 있는 아파트는 대부분 단열이 안 되기 때문에 2035년 무렵이면 이 건물들의 다락방은 임대 시장에서 퇴출당할 것이다. 이 법은 폭염보다는 과중한 전기료로부터 사람들을 보호하는 것이 취지였다. 하지만 결과는 똑같다고 하겠다.

테라스에서 영감을 받은 것이다. 베네치아인들은 이렇게 만든 옥상 테라스에서 맑은 공기를 만나고 토마토를 기르는 전통을 수백 년 동안 이어오고 있다. 파리의 관료들도 신축 건물에 그린루프를 얹는 것은 전혀 문제 삼지 않는다. 오히려 파리시에서는 최근 특정 크기를 초과하는 모든 신축 상업용 건물은 반드시 그린루프(혹은 태양전지판)를 설치해야 한다는 법령을 통과시켰다. 문제는 오래된 건물들이다. "파리에 도사리고 있는 위험이 얼마나 큰지 사람들이 제대로 알려면 오랜 시간이 걸릴 겁니다."

이는 파리만의 문제가 아니다. 빠르게 변화하는 기후에 적응하기 위해 사투를 벌이는 수많은 도시에서도 과거와 미래가 맞붙는 지점에서는 늘 치열한 전투가 벌어진다. 마이애미의 경우 보존주의자들은 사우스비치의 멋진 아르데코 건물들을 1930년대 방식 그대로 남겨두고 싶어 한다. 반면 개발론자들은 지금 당장 그 건물들을 철거하고 허리케인에 강한 건물들을 짓고 싶어 한다. 베네치아에서는 15세기에 지어진 궁전들이 석호 속으로 가라앉고 있다.[27] 이 건물들은 건축계의 더없이 소중한 보물인 만큼 수억 달러를 쏟아부어 수십 년간이라도 살려 두는 수밖에 없다(해수면 상승으로 건물이 물에 잠기는 것은 그때 생각해볼 문제다). 물론 이는 단순히 건축적 가치가 걸린 문제만은 아닐 것이다. 우리의 역사, 문화, 정체성이 걸린 문제이기도 하다. 하지만 점점 가속하는 기후위기를 생각하면 모든 것을 구할 수 없다는 게 엄연한 현실이다.

파리에서 함부로 손댈 수 없는 것은 함석지붕만이 아니다. 예를 들면, 옥외 덧문 역시 더위가 건물 안으로 들어오지 못하게 막아주는 효과적인 방어막이다. 하지만 오스만의 종전 설계에 이 옥외 덧문이 포함되어 있지 않았다면 역사기념물위원회의 규제에 따라 건물주가 마음대로 덧문을 덧댈 수는 없다. "이 건물들을 미래에 더 안전하고 더 살 만한 곳으로 만들려면 지금 당장 무언가를 해야 한다는 공론이 형성되어 있습니다. 하지만 해결책을 찾도록 장려하는 유인책이 전혀 없어요." 리진이 말했다. "파리는 파리이기 때문에 변할 수 없다는 생각이 너무 깊이 배어 있어요."

더, 더 많은 나무들

파리를 시원하게 만드는 작업이 시작된 것은 2014년 안 이달고Anne Hidalgo가 시장으로 당선되면서부터였다. 올해 63세인 그녀는 파시즘 정권을 피해 프랑스로 건너온 스페인 난민 가정의 딸이었다. 이달고의 조부는 안달루시아 출신의 좌익 운동가로 스페인의 독재자 프란시스코 프랑코Francisco Franco 치하에서 사형을 선고받았다(결국 목숨은 건졌다). 14세에 프랑스로 귀화한 이달고는 초반엔 공장 감독관으로 경력을 쌓은 뒤 1990년대 리오넬 조스팽Lionel Jospin 총리 시절에는 정부 고문까지 역임했다.

이달고가 파리 시장이 되었을 당시 한때 걷기 좋았던 도시 파리는 자동차로 북새통을 이루었고, 도심의 공기 오염은 치명적 수준이었으며, 그나마 몇 그루 남지 않은 나무들은 병에 걸린 듯 시들시들했다. 파리를 파리 시민에게 돌려주겠다고 공약했던 이달고는 먼저 승용차와 트럭을 상대로 '민주주의 전쟁'(이달고의 표현이다)을 시작했다. 이달고는 파리 한가운데를 흐르는 센강 옆의 도로 3.2킬로미터를 폐쇄하고, 도로가 있던 강기슭에 공원을 조성했다.[28] 파리의 주요 상업지구인 뤼드리볼리에도 자전거 전용도로를 만들고 당국의 허가를 받은 소수의 차량만 드나들게 했다. 파리 시내의 주요 광장인 레퓌블리크 광장과 바스티유 광장에서도 차량을 한쪽으로 몰아넣고 보행자 구역을 널따랗게 조성했다. 또 파리 시내에 400킬로미터가 넘는 자전거 도로를 깔아, 그녀가 직접 자전거를 타고 오텔드빌Hôtel de Ville(파리시청사)로 출근하는 모습이 심심찮게 사진으로 찍히기도 했다.[29]

"이 특별하고 장대한 도시를 어디 하나 훼손하지 않고 다른 모습으로 탈바꿈시키는 것이 제 일입니다."[30] 이달고의 말이다. "저는 파리를 살기 좋으면서도 다른 도시에도 영감을 주는 모델로 만들고자 합니다. 물론 그 과정에서 파리의 역사를 부정하지는 말아야겠지요."

하지만 이달고의 야심 찬 포부는 2018년 제지당한다. 수천 명의 파리 시민(상당수가 교외에서 파리 시내로 출퇴근하는 노동자들이었다)이 노란색 조끼를 입고 길거리로 몰려나와 유류세 인상에 항의하는 시위를 벌인 것이 계기였다. 시위 규모는 삽시간에 눈덩이처럼 불어났다. 이제 시위대는 에마뉘엘 마크롱이 상류층과 부유층만을 위한 정책을 편다면서 대통령의 하야를 요구했다. 시위대는 개선문 근처에 설치된 바리케이드에 불을 질렀고, 경찰은 최루탄과 고무탄으로 무장한 채 시위대 안으로 진입했다. 이 폭동이 프랑스를 송두리째 뒤흔들면서 마크롱 정권도 거의 전복될 위기까지 몰렸다.

이 폭동이 잦아든 뒤, 이달고도 중점 과제를 자동차에서 나무로 옮겼다. 그렇다고 자동차와의 싸움을 완전히 포기한 것은 아니었다. 2024년 올림픽에 대비해서 그녀는 대부분의 승용차와 디젤 트럭은 도심을 통과하지 못하도록 조치했다. 그런데 막상 일을 해보니 자동차보다는 나무를 상대로 전쟁을 하는 것이 훨씬 간단했다. 이는 이달고 이전과 이후의 많은 정치인들이 발견한 사실이기도 하다. 어쨌든 나무는 다들 사랑하지 않나? 더구나 파리는 확실히 나무들이 더 필요한 상황이었다. 파리는 도시 곳곳에 공원들이 많은데도 나무로 뒤덮인 녹지대 면적은 전 세계 도시를 통틀어 최하위에 속한다. 보스턴 18퍼센트, 오슬로 29퍼센트에 비해 파리는 고작 9퍼센트다.[31] 2019년 여름 이달고는 녹지조성 캠페인을 시작했다. 파리 인근의 학교 운동장이 "확연히 녹색으로 짙어지게" 하는 한편, 파리의 명소 네 곳(오텔드빌, 리옹역, 오페라극장 뒤편의 광장, 센강 양안의 도로)에도 숲을 조성하겠다고 공약했다.

홍보의 관점에서 봤을 때 이 발표는 그야말로 시의 적절했다. 녹지 조성 사업이 시작되고 불과 한 달도 지나지 않은 2019년 7월 25일 파리의 기온이 사상 최고인 42.6℃를 기록했다.[32] 도시를 시원하게 할 방법으로 나무를 심는 것보다 더 낫고 비공격적인 방법이 뭐가 있겠는가?

나무들이야말로 기후 싸움의 슈퍼히어로들이다. 나무들은 이산화탄소를 들이마시고 산소를 내뱉기 때문에 오염된 공기를 정화하는 효과가 있다. 또 나무들은 땅에서 물을 빨아들여 잎으로 배출하는데, 이 과정에서 공기를 시원하게 만든다(나무들이 저마다 미니 에어컨 노릇을 하는 것이다). 거기에다 덩치에 상관없이 모든 생물에게 그늘을 만들어주는 것은 물론 토양에도 그늘을 드리워서 증발에 따른 수분 손실을 줄여준다. 도시의 공원을 한 번이라도 거닐어본 사람은 알겠지만 나무는 스트레스로 지친 도시인의 정신 건강에도 도움이 된다. 나무들은 우리와 함께 진화한 연륜 깊은 동반자다. 수백만 년 동안 우리는 나무를 휴식처 삼아 등을 기대기도 하고, 줄기를 타고 오르기도 하고, 신처럼 숭배하기도 했다.

이달고의 도시 녹지조성 사업의 일환으로 파리시는 2026년까지 총 17만 그루의 나무를 심기로 계획했다.[33] 17만 그루라니 무척 많다고? 하지만 넓게 보면 절대 그렇지 않다. 뉴욕시는 지금까지 총 100만 그루가 넘는 나무를 심었고, 여전히 녹지 조성 사업은 진행 중이다. 밀라노는 연간 30만 그루씩, 2030년까지 300만 그루의 나무를 새로 심는 것이 목표다.[34] 이런 사업이 전 지구적인 차원에서 어떤 의미를 갖는지 알고 싶다면 현재 전 세계에 심겨져 있는 나무가 약 3조 그루라는 점을 기억하자.[35] 1인당 422그루의 나무가 존재하는 셈이다. 현재 인간으로 인해 지구에서 사라지는 나무는 연간 150억 그루다. 매년 새로 심겨지거나 싹을 틔우는 나무들이 약 50억 그루라는 점을 감안하면 매년 100억 그루의 나무가 세상에서 사라지는 셈이다.[36] 인류 문명이 시작된 이래 나무의 숫자는 46퍼센트 줄어들었다.

그렇긴 해도 17만 그루라면 확실히 많다. 더구나 도시를 시원하게 만드는 데에는 나무들이 중요하기 때문에 이 작업을 안 할 수도 없다. 2022년 여름 오후 한 연구자가 파리 오페라하우스 앞에서 지표면의 온도를 쟀다. 56.1℃였다.[37] 그런데 거기서 몇 발밖에 떨어지지 않은 이탈리안 대로大路의 나무 그늘 밑에서 온도를 쟀을 때는 27.7℃에 불과했다.

하지만 급속히 변하는 기후에서는 나무가 도시의 더위를 해소하기에 간단한 해결책은 아니다. 우선 나무는 심기는 쉬울지 몰라도 키우기는 무척 어렵다. 나무 심는 일이라면 사람들이 선뜻 기부를 하고 정치인들도 자신들이 나무 심는 모습은 얼마든 사진으로 찍히길 바라지만 심은 나무를 유지·관리하는 비용을 마련하기는 여간 어려운 일이 아니다. 로스앤젤레스의 관리들에 따르면, 참나무를 한 그루 심어 5년 동안 유지·관리하는 비용은 4,351.12달러라고 한다.*[38] 그다음에는 나무 돌보는 책임을 누가 질 것인가 하는 문제가 있다. 예를 들면, 피닉스시에는 수목의 유지·관리 업무를 관할하는 중앙 부서나 관청이 따로 없다. 그래서 나무들에게 돌봄과 관심이 필요할 때, 특히 나무들을 심고 나서 처음 몇 해 동안 필요한 관리를 못하는 일이 많다. 피닉스의 한 나무 보호단체에 따르면 도시에서 자라는 가로수의 평균 기대수명은 고작 7년밖에 안 된다고 한다.

"한때는 피닉스에도 그늘을 만들어주는 근사한 아름드리나무

* 이 유지·관리 비용은 기후 적합 수종들을 심으면 어느 정도 절감될 수 있다. 예를 들어, 애리조나주 일부 지역들에서는 메스키트나 물푸레나무 같은 기후 적합 수종들을 심고 1~2년 동안은 물만 조금 넉넉히 주면 된다. 이 나무들은 덩치가 커질수록 나무 그늘도 커지는데 그러면 수분 증발이 줄면서 토양 습도가 높아지는 경우가 많다.

가 많았습니다. 그런데 이 나무들에 물이 얼마나 들어갈지 걱정된다면서 1960년대에 사람들이 나무들을 죄다 베어버렸습니다." 피닉스시의 지속가능성 최고 담당자인 마크 하트맨이 말했다. 2010년 폭염 문제가 더욱 명백하게 드러나자 피닉스의 관료들은 도시를 뒤덮는 나무 녹지의 비율을 2030년까지 지금의 2배, 즉 12퍼센트에서 25퍼센트로 늘리겠다는 목표를 세웠다.[39] 하지만 얼마 뒤에 피닉스시는 대대적으로 예산을 삭감하고 인원을 축소했다. 하트맨에 따르면 "식목 사업의 규모는 다시 축소돼 태풍과 가뭄으로 유실된 수목 숫자들을 약간 상회하는 수준에 머물렀습니다." 오늘날 피닉스를 뒤덮고 있는 나무 녹지는 10년 전과 사실상 달라진 게 없다.

심지어 도시의 나무들은 관리를 제대로 받는다 해도 삶이 녹록지 않다. 개들이 나무둥치에 소변을 보는가 하면 나무들의 뿌리는 아스팔트와 콘크리트에 뒤덮여 있다. 술에 취한 운전자들이 사정없이 나무를 들이받기도 한다. 아테네에서는 공공광장에 그늘을 드리운 뽕나무들이 침입종 좀벌레들 탓에 몰살당하는 일이 있었다.[40] 시카고와 밀워키 같은 미국의 도시들에서 그늘막 나무로 주종을 이루는 물푸레나무의 경우 2000년대 초반 북아메리카에 발을 들인 아시아산 침입종인 호리비단벌레에게 싹쓸이를 당하고 있는 상황이다.[41] 연구 결과 2050년이면 미국에서 호리비단벌레 때문에 죽는 가로수들이 140만 그루에 달할 것이라고 한다.[42] 내가 사는 오스틴에서는 커다란 참나무와 피칸나무가 베어지는 일이 심심치 않게 일어난다. 첨단 IT업계에 종사하는 부유한 청년들이 대형 주택과 수영장을 짓기 위해 이런 일을 벌이지만 법도 규제도 이들을 막지 못한다. 벌금을 내고 말겠다는 심산이기 때문이다. 오스틴에서는 가장 아름답고 유서 깊은 나무는 600년의 수령을 자랑하는 일명 트리티오크Treaty Oak다(도시의 창건자 스티븐 F. 오스틴Stephen F. Austin이 이 나무 밑에서 이 지역의 원주민들을 만나 텍사스주의 경계 조약에 서명했다는 설에 따라 이런 이름이 붙었다). 이 나무는 1989년 한 남자에게 독살당할 뻔했다.[43] 여자에게 퇴짜를 맞은 남자가 흑마술에 관한 책을 읽고는 트리티오크를 죽이면 상심한 마음이 어떻게든 달래질 거라 여기고 나무에 독을 주입한 것이다(이 일로 나무는 심하게 훼손되었지만 죽지는 않았다).

어떤 나무를 심을지 결정하는 일도 간단하지 않다. 질병이나 침입종 생물 때문에 나무가 몰살하는 일을 막으려면 수종의 다양성 확보가 관건이다. 하지만 오늘날 도시들의 기후가 2050년 도시들의 기후와 같을 리가 없다. 그러다 보니 수목 재배가나 도시 설계자는 자연스레 앞을 내다볼 수밖에 없다. 미래 여건에 가장 맞을 듯한 나무들을 살피는 것이다. 파리 중심부에서는 점차 따뜻해지는 날씨에 취약한 플라타너스는 자취를 감추고, 그 자리를 상록수, 참나무, 버크아이 같은 나무들이 메우고 있다. 투손에서는 야자수가 물러가고, 팔로베르데와 메스키트가 발을 들이고 있다. 호주 매쿼리대학교의 연구진은 사람들이 더욱 혹독한 환경에서도 살아남을 식물을 고를 수 있도록 위치플랜트웨어Which Plant Where라는 프로그램을 개발했다.[44] 이 프로그램을 이용하면 집에서 정원을 가꾸는 사람들도 온라인에 들어가 자신들의 위치를 입력하고, 이를테면 2040년의 기후에는 어떤 식물들이 잘 자랄지 추천받을 수 있다. 점차 따뜻해지는 기후가 나무들의 목숨을 앗는 일은 세계 곳곳의 핫스폿에서 이미 벌어지고 있다. 2020년 초 내가 도시 숲 사업을 살펴보기 위해 멜버른을 찾았을 때의 일이다. 어느 날 오후 시드니 왕립식물원을 여기저기 산책하다가 엄청나게 커다란 흰색 참나무가 쓰러진 신처럼 잔디 위에 누워 있는 광경을 마주쳤다.[45] 나무 주위에 서둘러 세운 울타리에는 표지판이 하나 매달려 있었다. 그 내용은 이렇다.

> 기후변화는 현재 우리가 기르는 식물들에도 영향을 끼치고 있다. 앞으로 50년 동안 현재 식물원과 도시에 있는 식물종 중 20~50퍼센트는 역사상 전례 없던 기온을 경험할 가능성이 크다. 지난달 빅토리아의 날씨는 기록이 시작된 이래 가장 덥고 건조한 해에 버금갔다. 그 바람에 150년 이상 멜버른 가든Melbourne Gardens의 오크론에 위풍당당하게 그늘을 드리우던 백참나무가 맥없이 쓰러져, 도시의 가장 대표적 명소에 휑하니 구멍이 생겼다.

가난한 지역에는 나무가 없다

더위에 속수무책인 것은 수령이 오래된 나무들만이 아니었다. 2011년 텍사스에서는 가뭄과 폭염이 겹치면서 도시의 나무 중 10퍼센트가 죽었다. 불과 몇 개월 만에 도시에서 거의 600만 그루가 죽었다. 향후 몇 년간 상황은 더욱 악화될 수 있다. 글로벌어반트리 인

벤토리Global Urban Tree Inventory(164개 도시의 나무 4,734종을 기록한 데이터베이스)의 최근 분석에 따르면, 중간급의 기후온난화 시나리오만 전개되어도 2050년이면 더위와 가뭄이 겹쳐서 도시 나무의 4분의 3이[46] 죽을 가능성이 높다.[47]

이와 함께 공평성의 문제도 있다. 단도직입적으로 말하면 이렇다. 부자들에게 근사한 나무들이 돌아가고 가난한 사람들은 쭉정이만 받는다. 이런 사실이 확연히 드러나는 곳이 멕시코시티다. 어느 여름날 나는 멕시코시티 중심에서 멀지 않은 폴랑코라는 부촌의 번화가를 쏘다녔다. 그때 지나친 에르메스, 카르티에, 테슬라 매장은 하나같이 커다란 자카란다나무의 깊고 사치스러운 그늘 속에 자리 잡고 있었다. 금으로 도금한 우림을 거니는 듯한 기분이었다. 이 여행길에는 어른이 되고부터 죽 멕시코시티에서 거주한 장모님이 동행했다. 빈민과 중산층이 사는 콜로니아("여기가 멕시코인 대부분이 사는 곳"이라고 장모님은 말씀하셨다)는 온통 콘크리트 투성이에다 몇 그루 안 되는 물푸레나무가 살아남으려 사투를 벌인다고 설명하셨다.

휴스턴에서 멀지 않은 리버오크스는 부유한 석유 회사와 가스 회사의 중역들이 모여 사는 곳으로 우람한 나무들이 빼곡히 들어서 있다. 한편 거기서 8킬로미터 이상 떨어지고 사용되는 언어만 30개에 종종 텍사스주의 엘리스섬(미국 최초의 연방이민국이 있던 곳-옮긴이)이라고도 불리는 걸프턴은 콘크리트와 아스팔트 사막이다. 로스앤젤레스에서도 베벌리힐스는 이국적 나무들이 서 있는 신기한 땅이다. 하지만 같은 로스앤젤레스여도 사우스센트럴은 그렇지 못하다. 멜버른도 시내 곳곳의 도시 공원에서는 느릅나무와 고무나무를 볼 수 있지만, 전차를 타고 대도시권의 서쪽 언저리로 나가면 녹색 이파리를 보기가 여간 어려운 게 아니다. 비영리단체 아메리칸포레스트American Forests의 연구에 따르면 미국의 도시 가운데 나무 녹지의 비율이 가장 불평등한 곳은 다름 아닌 오스틴이다.[48] 내가 사는 곳에는 1940년대식의 소박한 주택들은 허물어지고, 그 자리에 4미터 높이의 천장과 검은색 지붕을 인 멋없는 맥맨션McMansions(미국의 중산층에게 판매되는 교외 지역의 대규모 '대량 생산' 주택을 경멸하는 용어–옮긴이)이 하나둘 들어서고 있다. 다행히 아름드리 참나무와 피칸나무들이 그늘도 드리우고 있다. 하지만 자전거를 타고 동쪽으로 조금만 달려도 나무들은 점점 작아지고 햇빛은 점점 뜨거워지고 기온은 점점 올라간다. 다른 많은 도시에서 그런 것처럼 오스틴에서도 시 당국자들과 자원봉사자들이 나무 심기 캠페인을 시작해 나무 불평등 해소에 나섰지만, 많은 사람이 평등하게 그늘을 나눠 쓰기까진 오랜 시간이 걸릴 것이다.

사실 도시의 나무들은 수많은 신도시주의자New Urbanist가 자연을 도시로 다시 들여오겠다며 세운 장대한 목표의 일부일 뿐이다. 이들은 강, 개울, 공원, 정원, 동물은 물론, 끊임없이 확장하는 콘크리트와 아스팔트 포장에 삶의 터전을 잃고 밀려난 생태계 전체를 복원하려 애쓴다. 예를 들어 한국의 서울에서는 9억 달러를 들여 서울 시내 한가운데의 도로를 철거하고 청계천을 복원했다.[49] 덕분에 도시에 절실하던 녹지가 생겼을 뿐만 아니라 개천 주변의 온도도 5℃가량 시원해졌다. 아테네에서는 공원과 녹지에 재생수를 끌어다 쓰겠다는 목표하에 기원후 140년 로마 황제 하드리아누스 치하에서 처음 건설된 수로를 개조하는 계획이 추진되고 있다. 뉴욕시 서쪽에 건설된 고가인 일명 하이라인High Line에 오르면 도시의 콘크리트를 벗어나 녹음 속에서 쉴 수 있다. 이따금 지구상에서 최고의 녹색 도시로 칭송받는 브라질의 쿠리치바는 1인당 녹지 면적이 50제곱미터를 넘는다[50](이에 반해 부에노스아이레스의 녹지 면적은 1인당 2제곱미터다). "우리는 자연이 들어설 공간을 설계한 것입니다."[51] 한 브라질 관리가 말했다.

한편 자연을 위한 설계가 지극히 인위적인 도시들도 몇 군데 있다. 가령 싱가포르에서는 '자연스러운' 데를 단 한구석도 찾아보기 힘들다. 하지만 1960년대 이후 점점 상승하는 기온에 도시를 적응시키려는 노력이 정부 주도하에 지속적으로 이뤄져왔다. 고속도로 위를 무성한 나뭇잎들이 덮개처럼 덮는가 하면, 도시 공원들이 규모를 늘려가고 있으며, 가로수만 수천 그루를 심었다. 최근 싱가포르 시내를 돌아다닐 때 덩굴이며 창문에 매달린 식물들이 얼마나 많던지 정글에 들어와 있는 기분이었다. 싱가포르에 본사를 둔 건축 회사 WOHA가 설계한 초록색의 27층 타워인 오아시아호텔Oasia Hotel은 건물 외벽의 알루미늄 망사판을 식물들이 타고 기어오를 수 있다. 이 알루미늄판과 식물들은 열기를 빨아들이고 자연적인 그늘을 드리워서 햇빛을 차단해준다.

이 모든 녹색 식물들이 싱가포르를 시원하게 만드는 건 사실이다. 하지만 싱가포르는 정유 공장과 전 세계적인 석유 공급망을 통해 엄청난 양의 생태 발자국ecological footprint(의, 식, 주 등 인간의 생존에 필요한 물품을 얻기 위해 자원을 생산하고 폐기하는 데 드는 비용을 토지로 환산한 지수–옮긴이)을 남기고 있는 만큼, 정말로 지구를 시원하게 만드는 데에 일조한다고 보기는 어렵다. “싱가포르 자체가 하나의 정원이 될 수 있는 것은 어딘가에서 늘 농장과 광산을 돌리고 있기 때문이다.” 펜실베이니아대학교의 조경학 교수 리처드 웰러Richard Weller가 썼다. “싱가포르는 겉만 화려한 ‘구찌Gucci’ 생물다양성이라고 해야 하지 않을까. 싱가포르가 거대한 열대우림인 칼리만탄에 자리한 팜유 농장의 자금줄이라는 사실을 외면하지 않는다면 말이다.”[52]

도시 신진대사 개선 작업

파리 개조의 핵심 지점을 꼽으라면 개선문과 콩코르드 광장 사이에 쭉 뻗은 파리의 대표적 명소 샹젤리제 거리다. 고대 그리스인이 신화 속의 낙원이라 믿은 엘리시온 들판에서 이름을 따온 샹젤리제 거리는 루이 14세의 정원사 앙드레 르 노트르André Le Nôtre가 설계했다. 처음에는 튈르리가라고 불리며 논밭과 시장의 정원 사이로 느릅나무와 가시칠엽수가 양옆에 늘어서 있었다. 세월이 흘러 1709년 샹젤리제 거리라는 이름이 다시 붙으면서 도로 폭도 확대되어, 18세기 말에는 사람들이 즐겨 찾는 소풍지가 되었다. 샹젤리제 거리는 과학적 방법론의 창시자인 데카르트와 갈릴레오 같은 17~18세기 사상가들이 머릿속에 그린 도시의 모습이기도 했다. 당시 프랑스 공공건물의 정원들은 기하학적인 디자인을 택해 먼 거리의 풍경까지 한눈에 보이는 형태로 꾸며졌고 새로운 수학적, 과학적 방법들에 따라 설계되었다. "이런 관점에서 보면 샹젤리제 거리는 서구 근대화의 제로마일스톤zero milestone(도로의 기점을 나타내는 표지 - 옮긴이)이라 해도 과언이 아니다."[53] 프랑스의 한 도시역사가가 썼다. "인간 손에 길든 자연이라는 비전을 드러낸 만큼 이 거리는 진보의 대대적인 선전장이 되었다."

1990년 초 파리에 처음 갔을 때 나는 그토록 유명한 거리의 분위기가 너무도 조잡하고 상술이 넘쳐나는 것을 보고 적잖이 충격을 받았다. 타임스스퀘어보다 심하다고 느껴진 것은 거리의 각종 기념물과 애처롭게 양옆에 늘어선 나무들을 보면 한때는 이곳도 대단한 명소였음을 한눈에 알 수 있었기 때문이다. 세월이 흐르면서 샹젤리제 거리는 쇠락을 거듭해 일대의 땅을 소유한 부동산 관계자들은 근심이 커질 대로 커졌다. 결국 파리를 더 시원하고 더 푸르른 도시로 만들겠다는 이달고 시장의 비전을 실현하기 위해 파리 최고의 건축 회사인 PCA스트림PCA-Stream이 고용되었다.

PCA스트림의 공동창립자인 필립 샴바르타Philippe Chiambaretta는 다른 사람들과는 다른 시각으로 도시를 바라본다. 그가 보기에 도시는 각종 사물과 다양한 사람들이 한데 모인 곳이나 거대한 기계라기보다는 그 자체로 살아 있고 항상 변화하며 어딘가로 뻗어나가는 하나의 거대한 유기체다. "도시에도 나름의 신진대사가 있습니다." 그가 말했다. "그 안에서 뭔가가 만들어지고, 에너지가 들락날락하고, 항상 성장이 이뤄집니다. 성장하지 못하면 죽고요." 이제 쉰 후반에 접어든 샴바르타는 현대건축가의 입장에서 파리의 역사를 읊는 것이 무척 신난 듯했다. "다른 유기체들도 그렇지만, 도시도 균형이 잘 잡혀 건강해지기도 하고, 균형을 잃고 약해지기도 하지요. 열이 나는 도시는 열이 나는 아이처럼 아픈 것입니다."

샴바르타와 그의 팀은 4년간 샹젤리제 거리를 모든 각도에서 샅샅이 검토했다. 그들은 인류학, 철학, 물리학, 경제학 등 다방면의 학문을 활용했다. 그러고는 황무지였던 샹젤리제 거리를 이달고의 이른바 "세상 유일무이의 정원"[54]으로 변신시키겠다는 내용의 3억 달러짜리 계획안을 내놓았다.[55] 이 계획에는 차선을 몇 개 줄여서 자전거 전용 도로를 만들고 보행자 도로도 넓히겠다는 구상이 담겨 있었다. 검은색 아스팔트는 걷어내고 밝은 색의 자재를 도로에 깔아 햇빛을 반사시킬 것이었다. 빗물은 따로 받아두었다가 재활용하기로 했다. 이와 함께 공터에는 나무를 1,000그루 이상 심어 나무들의 뿌리가 서로 뒤얽히게 할 것이다("나무들이 서로 이야기를 나눈다는 사실을 알기 때문에 이런 계획을 넣은 것"이라고 샴바르타는 설명했다). 샹젤리제 거리를 더 안전하고, 더 푸르고, 더 재밌는 곳으로 만드는 것도 중요했지만, 가장 중요한 점은 이렇게 거리를 개조하면 인도의 기온이 3.5℃ 이상 떨어지리라는 것이었다.

거기에다 도시들을 정비하는 데는 만만찮은 문제가 있다. 도시들이 나름의 신진대사를 가진 초유기체일지는 모르지만 도시 정비를 책임지고 진행한 나폴레옹 3세나 막강한 정계 실세였던 로버트 모지스Robert Moses(20세기 중반에 뉴욕시 재개발을 가차 없이 밀어붙인 도시계획가) 같은 인물들이 없다면 도시 재정비에는 시간이 걸리는 법이다. 심지어 도시에 자금과 안정적인 정치력이 마련되어 있다고 해도 그렇다. 리진의 계산에 따르면 1년에 약 1퍼센트의 속도로 역사적 가치가 있는 건물들의 재정비가 진행될 경우 건물들에 전부 단열재를 설치하고 최신식으로 정비하는 데에는 75년이 걸린다고 한다. 그런데 샴바르타에 따르면 샹젤리제 프로젝트는 아무리 빨라도 2025년에야 시작될 수 있고, 프로젝트가 완료되기까지는 10년이 걸릴 것이다. "모든 일이 착착 진행되면 2035년쯤에는 마무리될 것입니다." 샴바르타가 말했다. 파리 시내의 대로가 포함된 큰 블록 하나를 재정비하는 데에만 그 정도의 시간이 걸리는 것이다.

하지만 도시 재정비를 가로막는 가장 큰 장애물은 아마도 건축가나 도시 설계자들의 원대한 비전과 실제로 지어질 수 있는 도시의 모습 사이의 괴리일 것이다. 이는 수많은 이해관계자가 얽히는 대규모 공공사업에서는 늘 나타나는 일이다. 특히 대규모 공공사업이 보여주는 비전이 사람들의 기대에 맞지 않을 때 그렇다. 샴바르타도 샹젤리제 프로젝트를 뒷받침해줄 정치적 지원을 확보하려는 과정에서 이미 난관에 부딪혔다. "저희는 파리를 용광로로 만들지 않기 위해 콩코르드 광장의 도로를 연한 색깔의 자재로 포장하려고 합니다. 그런데 보존주의자들이 반대하더군요. '안 돼요, 안 돼. 그 길의 돌 색깔을 함부로 바꾸면 안 됩니다. 그게 파리를 파리답게 만들어주는 건데요!'" 샴바르타가 말했다. "그런가 하면 나무 보호론자들은 또 이렇게 말합니다. '안 돼요, 안 돼. 병들었을지라도 기존 나무는 단 한 그루도 손댈 수 없습니다. 나무를 베어내려고 한다면 우리가 연대해 언론에 알리겠습니다!' 그래서 결국 도시가 어떤 모습이 될지, 이 계획안을 우리가 얼마나 밀어붙일 수 있을지 모르겠습니다. 우리는 미래를 구할 수도 있고 과거를 구할 수도 있지만, 둘을 모두 구할 수는 없어요."

리진은 파리 시내의 오스만식 건물들의 개조를 가로막는 법령과 규제들에 대해서도 같은 우려를 한다. "지금 더위는 조만간 멈출 기세가 아니기 때문에 뭐든 조치를 취해야 합니다." 리진은 말한다. "파리 사람들도 다른 나라 사람들처럼 하겠죠. 그러니까 에어컨을 한 대 사서 창문에 매다는 겁니다. 이건 파리에는 재앙이나 다름없습니다. 당연히 전기 설비에 대한 수요가 늘어날 테고, 그러면 정전 사태가 일어날 위험도 커집니다. 그것도 끔사나운 일일 겁니다."

굳이 그렇게 하지 않고도 건물들을 시원하게 만들 방법들이 있다. 리진은 파리의 수많은 공공건물이 이미 건물 배관을 통해 물을 지하로 보내 냉각시킨 후에 그 물을 순환시키는 방식인 지역 냉방 시스템을 활용하고 있다는 점을 지적한다. 이 시스템을 일반 가정집은 물론 파리의 다른 지역에까지 확대해나갈 수 있을 것이다. 하지만 그러려면 대규모의 공사가 진행돼야 한다.

이와 함께 인공적인 냉방이 전혀 필요하지 않은 건물들을 재정비할 수도 있다. 프랑스의 건축 회사로, 2021년 건축계의 노벨상인 프리커츠상의 공동 수상자들이 설립한 라카통앤바살Lacaton&Vassal은 낡은 건물을 새롭게 재구상하는 작업을 전문으로 한다.[56] 이 회사가 진행한 프로젝트 중에 가장 유명한 것이 보르도 지방의 공공 주택단지를 개선한 것이었다. 멋없고 비효율적인 콘크리트 건물 503개 동을 화사하고, 바람이 잘 통하고, 환기도 잘되는 주거 시설로 바꾼 것이다. 이 프로젝트는 비용이 저렴했을 뿐만 아니라 리모델링 공사 기간에 주민들이 다른 데로 이주할 필요도 없었다. 이 프로젝트는 노후한 건물에 사는 사람들의 삶을 개선한다는 취지를 가진 만큼 프랑스 정부에서 상당한 자금을 지원받았다. 이 사업의 규모를 키워서 파리에 있는 모든 오래된 건물들을 재정비하면 어떨까?

사실 그런 생각을 하지 않은 것도 아니다. 어쨌거나 지금 프랑스는 400억 달러를 들여 파리의 지하철 노선을 도심 너머까지 연장하는 사업을 진행 중이다.[57] 그러면 선로는 201킬로미터 이상 늘어나고(대부분이 지하에 깔린다) 68개 역이 신설된다(그랑파리익스프레스). 먼 교외 지역에 사는 사람들도 굳이 차를 몰지 않고 훨씬 편하게 파리 시내를 드나들 수 있게 되는 것이다. 2030년 완공을 목표로 하는 이 노선 확장 사업이 마무리되면 도로를 달리는 차량이 15만 대 줄어들 것이다.

"지금 우리가 당면한 과제는 오스만식 건물들을 단기간에 변신시켜야 한다는 것입니다. 총 없이, 민주적 절차를 통해서 말이지요." 알렉상드르 플로랑탱이 말했다. 올해 36세인 그는 파리 시의원으로서, 파리시 안에서 아시아 이주자가 가장 많이 모여 사는 파리 13구를 대표하고 있다. 빛의 도시로도 통하는 파리가 극단적인 더위에 생존의 위협을 받는다고 생각하는 젊은이들이 점차 늘어나는 추세이고 플로랑탱도 그런 생각을 하는 젊은이 중 하나다. 아울러 그는 단순히 함석지붕이 문제가 아니라고 말했다. 파리의 학교들은 단열이나 냉방 시설을 제대로 갖추지 않은 데에다 병원들은 더위를 견디기에는 열악한 구조다. 그가 사는 지역의 파리 시민 대다수는 더위에 어떻게 대응하는지 제대로 교육받은 적도 없다. 플로랑탱은 이 도시가 종말로 치닫는 것 같아 걱정스럽다. 여름철 정전이 빈번해지고, 응급실은 만원을 이루고, 식량은 바닥나고, 도시를 탈출하는 행렬로 도로는 끝없이 막히고, 소방관들은 뱅센숲의 산불을 끄다가 열사병으로 목숨을 잃는 상황이 닥칠 것만 같다. "우리는 이미 새로운 기후 및 에너지 패러다임 안에 발을 들였습니다." 플로랑탱이 주장했다. "감히 말하자면 지난 20년 동안 권력을 쥔 사람들이 도저히 상상조차 하지 못했던 수준의 사회적, 문화적 변모가 필요합니다."

어떻게 해야 그런 변모가 일어날까? "정치 운동으로 세력을 형성해야 합니다." 플로랑탱이 말했다. "사람들이 변모를 요구해야만 하고요." 현상 유지만 되어도 괜찮다는 식이어서는 곤란하다. 어떤 식이든 파리는 지난 수세기 동안 전쟁, 질병, 상업에 맞추어 모습을 바꿔왔다. 이제는 극단적인 더위에 맞추어 모습이 바뀌고 있다. 플로랑탱은 일명 "파리 50℃"[58]라는 15인으로 구성된 위원회를 발족시키기도 했다. 이 위원회는 파리 곳곳에서 공청회를 열고 폭염에 맞설 최선의 전략을 다각도로 논의하는 것을 목표로 한다. "이곳 파리에서 사람들에게 주어진 선택지는 세 가지입니다." 플로랑탱이 딱 잘라 말했다. "통째로 구워질 것인가, 도망칠 것인가, 아니면 행동할 것인가."

The Heat Will Kill You First

14장

폭염 시대의 윤리

북극의 영구동토층이 더 빨리 녹기 시작하면, 이산화탄소보다 25배 막강한 메탄이 방출되고 고대 바이러스와 병원체는 전 지구적인 팬데믹으로 번질 것이다. 이것이 바로 인류에게 닥칠 기후 재앙에 관한 최악의 시나리오다.

북극곰과 마주치다

"이봐, 누가 우릴 찾아왔어." 제프 홈스Geoff Holmes가 텐트 밖에서 외쳤다. "나와봐. 총도 가지고."

지금 우리는 캐나다 북극 제도의 배핀섬에 와 있다.* 총 320킬로미터에 이르는 크로스컨트리 스키 길을 절반 정도 달려온 참이다. 나와 함께 여행을 하고 있는 친구들은 캘거리대학교의 응용물리학과 교수인 데이비드 키스David Keith와 캐나다인 공학자로 한때 캐나다에서 가장 물살이 센 강에서 가이드로 일한 적이 있는 제프 홈스다. 45킬로그램 남짓한 캠핑 장비, 식량, 위스키를 플라스틱 썰매에 싣고서 빙판 위로 끌고 가는 이 여행에 나선 처음 2주 동안 우리가 만난 사람들이라곤 1,220미터 높이의 화강암 절벽에서 연안 근처의 피오르로 뛰어내릴 준비를 하던 베이스 점퍼(지상에 있는 건

* 배핀섬은 1616년 북서항로를 찾기 위해 배를 타고 이 지역을 두루 답사한 잉글랜드인 탐험가 윌리엄 배핀Wiliam Baffin에게서 이름이 유래했다. 배핀이 발 들이기 전부터 수천 년 동안 이 섬에 살던 이누이트족은 이 섬을 키키크탈루크Qikiqtaaluk라고 부른다.

물이나 절벽 등에서 낙하산으로 강하하는 스포츠를 베이스 점핑이라 한다－옮긴이) 몇 명이 전부였다.

그때까진 북극곰 역시 단 한 마리도 마주치지 않았다. 배핀섬이 전 세계에서 북극곰이 가장 많이 모여 사는 지역 중 하나라는 점을 생각하면 약간은 놀라운 일이었다. 우리 여행의 출발점은 클라이드강에 자리한 이누이트족 마을이었다. 강을 떠나기 전에 이누이트족 원로 한 분이 조심할 것을 당부하셨다. 그분은 말했다. "(올해는 봄 날씨가 유난히 따뜻해서) 곰들이 많이 눈에 띄던데. 녀석들이 활동하고 있어."

그 말이 맞았다. 홈스의 목소리에서 누가 우리를 찾아왔는지 알 수 있었다. 나는 장화를 신고, 내 침낭 옆에 있던 12게이지 산탄총을 손에 들었다. 평소라면 장전된 산탄총을 끼고 잠을 자는 것은 전혀 내 취미가 아니었다. 하지만 북극에서는 총이 옆에 있어야 안심이 됐다. 우리가 잠자리에 들려고 할 때쯤 홈스는 이런 농담을 던지곤 했다. "여자 친구의 잠자리는 아늑하게 잘 만들어드렸어?"

키스와 나는 멈칫거리며 텐트 밖으로 나섰다. 밤 11시 정도였지만 북극은 어둡지 않았다. 북극에서는 밤에도 해가 지평선 아래로 떨어지지 않고 하늘에 낮게 걸린 채 기다랗고 차가운 땅거미를 드리웠다. 그 속에서는 모든 게 조명을 받은 듯 쨍하게 보였다. 홈스는 텐트에서 약 6미터 정도 떨어진 지점에 용변을 보기 위해 서 있었다. 그리고 홈스 위쪽으로 몇십 미터 떨어진 곳에 방문객이 있었다. 암컷 북극곰과 엄마 옆에 바싹 붙은 새끼 곰 한 마리.

난생처음 야생에서 북극곰을 보니 느낌이 묘했다. 북극곰 하면 우리에게 더없이 친숙한 존재다. 코카콜라 캔과 아이스크림 포장지에 그 모습이 그려져 있는가 하면, 미국 아이들 절반의 침대 위에는 하얀 테디베어가 놓여 있으니까. 더구나 엄마 북극곰과 새끼들이 빙판을 건너는 모습을 찍은 사진들을 보고 '와, 정말 귀엽다!'라는 생각은 다들 한 번씩은 해봤을 테니까. 아닌 게 아니라, 미디어의 북극곰 이미지는 늘 사람들을 혹하게 만들어 북극곰도 분명 야생동물이고 기회만 있으면 언제든 서슴없이 우리를 잡아먹을 수 있다는 사실을 잊게 만들곤 한다. 나도 실제로 북극곰을 보기 전까지는 그랬다.

우리는 암컷 북극곰을 보며 한동안 잠자코 서 있었다. 하늘색의 얼음과 대비돼 녀석의 털 색깔이 약간 누렇게 보였다. 녀석은 양쪽으로 천천히 고개를 흔들더니, 얼음에 거의 닿을 만큼 코를 바싹 갖다 댔다. 새까만 두 눈과 코가 얼굴 위에서 역삼각형 꼴을 이루었다. 새끼는 무서운지 엄마 곁에서 몸을 웅크렸다.

"배가 고픈 모양인데." 홈스가 말했다.

"응." 키스가 말했다. "더 가까이만 오지 말아라."

북극곰 전문가가 아닌 나도 새끼를 데리고 있는 엄마 곰은 언제든 난폭해질 수 있다는 것쯤은 알고 있었다.

"뭐라도 소리를 좀 내보자." 내가 말했다.

"총 쏠 준비는 됐어?" 키스가 물었다.

나는 총을 들어 올려 그에게 보여주었다. 총에는 총알 세 발, 굳이 그 위력을 따지자면 20미터 앞의 탱크 한 대쯤은 멈춰 세울 수 있는 커다란 납덩이 세 개가 장전돼 있었다. 나는 딸깍 하고 안전장치를 풀었다. 하지만 머릿속으론 이런 생각을 하고 있었다. 너 정말 곰을 총으로 쏠 생각이야?

"그럼, 언제든." 내가 말했다.

우리는 팔을 휘두르고 목청껏 소리를 지르기 시작했다. 우리가 뭔가 이야기하려 한다는 걸 곰도 곧바로 알아차린 눈치였다. 녀석은 뒷다리로 버티고 몸을 일으켜 세웠다. 훌쩍 커진 키로 몸을 곧추세우고 안정적으로 균형을 잡은 모습에 뭔가 대단히 숙연해지는 동시에 인간 같다는 생각도 들었다. 녀석은 코를 위로 들어 올리고 우리 정체를 알아내려는 듯 공기 속을 킁킁댔다.

"경고성으로 총을 한 발 쏠까?" 내가 물었다.

"그냥 녀석이 더 가까이 다가오는지 한번 지켜보자." 키스가 말했다.

곰은 더 다가오지는 않았다. 대신 앞발을 내려서 다시 네발로 땅을 디디더니 우리에게 등을 보인 채 반대 방향으로 걷기 시작했다. 후퇴는 아니었지만, 그렇다고 진격도 아니었다. 새끼는 철없이 엄마 뒤를 졸졸 따라갔다. 우리는 지평선을 따라 기다랗게 원을 그리며 사라지는 암곰의 모습을 30분 정도 바라보았다. "그냥 갈 모양인데." 홈스가 그랬으면 좋겠다는 듯 말했다.

야생에서 실제로 북극곰을 보고 있다는 사실이 아직도 믿기지 않았다. 마치 비욘세가 벤틀리를 타고 선셋 대로를 유유히 달리는 광경을 흘깃 바라보는 느낌이었다. 충분히 가능하지만 동시에 비현실적으로 느껴지는 일이 내 눈앞에서 펼쳐지고 있었다. 뿜어져 나오던 아드레날린이 잦아들자 갑작스레 피로와 졸음이 몰려왔다. 그날따라 빙판 위에서 썰매를 끄는 것도 유난히 고달팠던 참이었다. 내가 그때껏 북극을 여행하면서 깨달은 사실이 하나 있다면 두려움과 피로감 사이의 싸움에서 승리하는 건 보통 피로감 쪽이라는 것이었다.

우리는 다시 텐트 안으로 기어들어 갔다. 그러고는 북극곰이 에피타이저로 노스페이스와 파타고니아 중 뭘 더 좋아할지 농담을 주고받았다. 2분 뒤, 나는 곯아떨어졌다.

다음 날 아침 짐을 꾸리는데 뭔가 눈이 휘둥그레질 만한 게 눈에 띄었다. 우리가 잠든 사이 암곰이 다시 돌아와서 일대를 탐색한 흔적이었다. "저기 난 발자국들 크기 좀 봐." 홈스가 발자국을 자세히 살피려고 무릎을 꿇고 앉으며 말했다. 앞발자국 하나가 파이 접시만 했다.

굶주린 곰이라는 이미지

배핀섬은 따뜻한 봄철이었다. 우리는 5월 한 달을 꼬박 빙판에서 보냈다. 차가운 바람이 내 얼굴을 할퀴고, 밤이면 기온이 영하 아래로 떨어지는 날들도 많았다. 하지만 윗도리를 벗은 채로 스키를 탈 정도로 따뜻한 날들도 있었다. 우리 주변에서는 얼음 속에서 잠자고 있던 이끼들이 최소한 4만 5,000년 만에 처음으로 얼음에서 풀려나는 광경을 볼 수 있었다. 한 연구자에 따르면 이는 지금 기온이 "동부 캐나다 북극의 얼음을 전부 녹일 만큼"[1] 충분히 따뜻하다는 뜻일 수 있었다. 우리 역시 스키를 타고 지나는 동안 수많은 빙하가 1950년대에 제작된 지형도보다 1.6킬로미터 이상 뒤로 물러난 것을 확인했다.

추운 지역에서의 더위는 끔찍하기 짝이 없다. 얼음은 그야말로 정밀 온도계나 다름없어서 지극히 미세한 변화까지 다 반영한다. 이 사실을 내 스키 날 아래에서 매일 느낄 수 있었다. 추운 날에는 얼음이 단단해서 스키 타기에 좋았지만, 기온이 단 1~2℃만 올라가도 얼음이 물렁물렁해져서 여간 고역이 아니었다. 얼음 상태는 하루, 아니 한 시간이 멀다 하고 바뀌었다. 따뜻한 날 얼음이 덮인 피오르 위를 스키를 타고 지날 때면 얼음이 쩍쩍 갈라지는 소리가 들리고 단단했던 해빙이 풀리는 것 같은 느낌이 들었다. 해빙에 균열의 조짐이 나타나도 그 폭이 30센티미터 정도면 스키를 타고 지나갈 수 있었다. 하지만 그 밑을 보면 으스스 몸이 떨렸다.

북극곰에게 더위는 곧 굶주림이나 다름없다. 북극곰은 해빙에 의지해야만 물개를 사냥할 수 있다. 해빙이 온데간데없이 사라지면 북극곰도 더는 사냥을 하지 못한다. 원래 북극곰은 봄과 초여름에 물개를 사냥해서 배불리 먹고 한 해의 남은 기간은 단식하며 몸에 저장된 에너지로 목숨을 이어가거나, 혹은 운이 좋으면 어쩌다 해변으로 떠밀려온 고래 사체를 먹고 살아간다. 그해 5월 우리가 배핀섬에 있을 때는 곰들이 먹을 것을 구하기 위해 안달이 나 있었다. 녀석들은 먹이 시즌이 점점 지나가는 중이기 때문에 지금이 아니면 먹을 기회는 절대 없으리란 사실을 알고 있었다. 반드시 뭘 먹거나 죽거나 둘 중 하나였다.

급격히 녹아내리는 얼음 위에서 어떻게든 살기 위해 애쓰는 굶주린 북극곰들의 사진이야말로 급격히 따뜻해지는 우리 세상의 모습 가운데 가장 친숙하고 또 가슴을 가장 미어지게 하는 이미지일 것이다. 2018년 배핀섬에서 굶어 죽어가는 북극곰 동영상이 인터넷을 타고 급속히 퍼졌다. 이 영상은 전 세계에서 200만 이상의 조회수를 기록하며 사람들의 공분과 연민을 동시에 자아냈다.[2] 이 동영상을 찍은 《내셔널지오그래픽》의 사진작가 폴 니클렌Paul Nicklen은 《뉴욕타임스》와의 인터뷰에서 뼈가 앙상할 만큼 비쩍 마른 채 비척비척 걷는 이 곰을 보면 누구나 "마음이 찢어진다"[3]고 말했다.

일부 과학자들이나 기후운동가들은 이런 식의 감정적인 반응은 순식간에 시들해지는 데다가 지금 우리는 고통받는 곰들이 아니라 인간 때문에 일어나는 기후변화에 초점을 맞춰야 한다면서 이 동영상에 쏟아진 관심을 못마땅해하기도 했다. 하지만 북극곰이 어떤 일을 당하는지 알림으로써 향후 인간에게 닥칠 일을 이해시킬 수 있다고 주장하는 과학자들도 있다. "우리가 북극곰들을 염려하는 건 그들이 앞으로 우리에게 닥칠 일들을 보여주기 때문입니다."[4] 비영리 북극곰 보호단체인 국제북극곰협회Polar Bear International의 수석과학자 스티븐 암스트럽Steven Amstrup이 말한다. "북극곰이 보내는 경고를 귀담아듣지 않으면 그다음은 우리 차례입니다."

최악의 시나리오

북극이라는 개념이 서양인의 머릿속에 처음 등장한 것은 기원전 330년 그리스인 지리학자이자 탐험가였던 피테아스Pytheas가 오늘날의 마르세유 지역을 떠나 배를 타고 극북에 닿으면서였다. 당시 그가 발들인 땅이 정확히 어디였는지는 분명치 않다. 아이슬란드였을 수도 있고, 어쩌면 그린란드였을 수도 있다. 그곳이 어디였든 잉글랜드에서는 북쪽으로 엿새가 걸리고, 피테아스가 "얼어붙은 바다"라 부른, 사람이 "배로 갈 수도 그 위를 걸을 수도 없는"[5] 곳에서는 남쪽으로 하루 걸리는 데였다. 한 문학평론가에 따르면, "아리스토텔레스가 여전히 아고라만 맴돌고 있을 때 피테아스는 이미 총빙叢氷을 발견했다."[6]

피테아스는 자기 눈앞에 마주한 땅을 툴레Thule라고 불렀다. 세상에 알려진 모든 땅 너머를 뜻하는 라틴어 울티마 툴레ultima Thule에서 따온 말이었다. 그리스인들이 극북을 가리키던 말에는 여러 가지가 있는데 툴레도 그중 하나였다. 또 다른 말인 북극Arctic은 '큰곰의'라는 의미를 갖는 라틴어 아르크티코스Arktikos가 어원이다. 여기서 큰곰은 북극곰이 아니라(유럽에 북극곰의 존재가 알려진 것은 11세기였다) 극지방 부근의 북쪽 하늘에서 가장 밝게 빛나는 별자리인 큰곰자리를 말한다.

19세기에 접어들면서 유럽인들은 북극을 향해 꽤 커다란 열의를 불사르게 된다. 당시 사람들이 북극에 매료된 것은 북서항로 탐색 덕분이었다. 오래도록 유럽과 아시아 사이에 나 있으리라 믿어온 이 지름길을 찾기만 하면 세계 무역의 속도도 획기적으로 빨라지리란 기대가 있었다. 그런가 하면 "가장 먼 북쪽 땅"[7] 다시 말해 지금까지 인간의 발길이 닿은 땅 가운데 가장 고위도에 위치한 곳을 누가 차지할 것인가의 영광에 집착하는 사람들도 있었다.

북극에 대한 열의는 북극곰에 대한 열의로도 이어져서 사람들은 북극곰을 우리에 가둔 채 배에 실어와 유랑 서커스단이나 소규모 쇼의 주된 볼거리로 내놓곤 했다. 사람들은 북극곰의 새하얀 몸에서 특히나 눈을 떼지 못했다. 소설 『모비딕』에서 허먼 멜빌은 흰색은 "감미롭고, 고결하고, 장엄한"[8] 것들과 연관성을 갖고 있으면서도 왜 "영혼을 공포"에 빠뜨리는지 모르겠다고 했다. 멜빌은 소설에서 북극곰이 "천상의 무결함과 사랑을 상징하는 듯한 털"로서 "무분별한 흉포성"[9]을 숨긴다고 말했다.

수백 년 동안 북극은 영웅심 넘치는 극지 탐험가들이 한번은 가닿고자 했던 목적지였다. 1909년에는 미국인 로버트 피어리Robert Peary가 북극에 도달했다고 주장했지만 사실이 아니라는 것이 현재의 중론이다. 인간이 드디어 북극에 발을 들였다고 확실히 인정받은 첫 사례는 영국인 탐험가 월리 허버트 경Sir Wally Herbert이다.[10] 그는 개들과 팀을 꾸려서 1969년 4월 6일 북극에 도달했다. 하지만 허버트의 북극 정복 100주년이 될 때쯤에는 급격한 온난화로 인해 아마 배를 타고 북극 일대를 돌아야 할 가능성이 크다.

그런데 북극이 점차 사라지는 것은 단순히 우리가 기후를 변화시키고 있다는 상징에 그치지 않는다. 북극이 사라지면 지구상 거의 모두의 삶이 실질적인 영향을 받을 것이다. 북극이 더 온난해지면 지구 대기의 열역학이 바뀔 것이고, 그러면 폭염을 일으키는 기압 경도pressure gradient(같은 높이에 있는 두 지점의 기압 차를 그 사이의 거리로 나눈 값. 일기도에서 등압선의 간격이 좁은 곳은 기압 경도가 크고 바람이 강하다−옮긴이)가 변화하는 한편 유럽과 아시아의 강우 패턴도 바뀌어 식량 생산에도 커다란 여파를 미칠 것이다. 북극의 빙판이 급격히 녹으면 해수면 상승 속도가 빨라지면서 전 세계 연안 도시들이 침수되는 한편 수십억 달러 가치의 부동산이 무용지물이 되고 수천만 명이 고지대로 이주해야 할 것이다.

북극의 온난화로 영구동토층이 녹는 속도도 갈수록 빨라지고 있고, 이 때문에 조만간 엄청난 양의 메탄(이산화탄소보다 25배는 더 막강한 힘을 가진 온실가스)이 방출될 것이다.[11] 더 많은 메탄가스는 온난화의 심화를 의미하고, 그러면 다시 더 많은 메탄가스가 방출될 것이다. 인류에게 닥칠 기후 재앙을 이야기할 때 과학자들이 가장 우려하는 시나리오가 바로 이것이다. 더구나 북극의 영구동토층에 단지 메탄가스와 털매머드의 뼈만 갇혀 있는 게 아니라는 것도 문제다. 앞장에서도 언급했듯이 북극의 영구동토층에는 예전에 살던 바이러스와 병원체들도 갇혀 있다. 그런데 얼음이 녹아 이것들이 우리 세상에 들어오면 전 지구적인 팬데믹으로 걷잡을 수 없이 번질 수도 있다(수많은 공공보건상의 이슈에 대해 시종일관 낙천주의를 보여주는 빌 게이츠도 영구동토층이 녹아 병원체들이 풀려날 생각을 하면 뜬눈으로 밤을 지새우게 된다고 내게 이야기한 적이 있다).

얼음이 사라질수록 북극곰들도 사라질 것이다. 북극곰은 아주 특정한 생태학적 틈새, 다시 말하면 얼음과 물개가 주를 이루는 환경 속에서 살아남도록 진화했다. 북극곰의 몸을 뒤덮은 새하얀 털은 얼음색에 섞여 잘 구별되지 않는다. 바다에서 물개를 홱 낚아채는 용도에 맞추어 정교하게 진화한 북극곰의 앞발은 어딘가를 기어오르거나 땅을 파거나 사냥하기에 좋도록 진화한 다른 곰들의 발보다 크다. 게다가 다른 곰들의 발톱이 칼 모양이라면 북극곰의 발톱은 낚싯바늘 모양에 더 가깝다.

물론 북극곰을 회색곰과 교배시켜서 잡종을 만들어낼 수도 있지만, 이것이 북극곰의 생존 전략이 될 수는 없다. 앞으로 북극곰의 개체수는 얼음과 함께 점차 줄어들고, 서식지도 점점 북쪽으로 밀려날 것이라고 야생생물학자들은 내다본다. 그렇게 되면 북극곰 구조 단체들은 남은 곰들이라도 살리려고 헬리콥터에서 먹을 것을 떨어뜨릴 공산이 크다(이는 벌써 열띤 논쟁의 주제가 되고 있다). 북극곰의 개체수가 훌쩍 줄수록 북극곰의 유전자 풀도 함께 줄어들 것이다. 그러면 북극곰은 질병에 더 취약해지는 한편 변화에 적응하는 능력은 떨어지게 된다. 북극곰 몇 마리를 한동안 동물원에서 애지중지 돌볼 수도 있겠지만, 우리가 앞으로 10~20년 안에 기후가 더욱 뜨거워지는 상황을 막지 못한다면 야생 북극곰이 이 세상에 살아남을 가망은 없다.

어쨌거나 이게 대다수 과학자들의 생각이다. 그런데 자연과 깊은 유대를 맺고 논쟁적인 아이디어를 기꺼이 탐구한 끝에 북극의 얼음, 더 나아가 북극의 곰들도 구할 방법이 있지 않을까 의문을 던지는 과학자도 세상에 적어도 하나쯤은 있다. 그 과학자가 바로 데이비드 키스다.

지구 기후 조작 기술

키스는 훤칠한 키에 강단 있어 보이는 사내다. 그가 무언가에 집중할 때면 갸름한 얼굴 위의 이글거리는 녹색 눈에서는 레이저빔이 나오는 것 같다. 길거리에서 마주치면 저 사람은 과학자구나 하는 생각이 들 정도다. 그가 점심시간이면 실내 암벽등반장에서 운동하길 좋아한다는 사실은 누구도 짐작하지 못할 것이다. 배핀섬 스키 횡단 여행은 그가 오래전부터 꿈꾸던 일이었다. 그래서 이 여행이 실현되는 데에는 키스의 역할이 컸다.

키스에게 추운 북쪽 지방은 모험을 할 수 있는 아름다운 땅이다. 캘거리에 있는 그의 집 데크에서 함께 맥주잔을 기울이며 나는 오타와에서 자란 키스의 성장기를 들었다. 북극 탐험가로서 1920년대에 배핀섬을 지도에 올린 그레이엄 롤리Graham Rowley가 그의 이웃이었다고 했다. "그분 집엔 바다코끼리 엄니가 그득했지. 그분은 날 보면 늘 북극곰을 만난 이야기를 해주셨어." 키스는 회상했다. "나중에 커서 꼭 아저씨처럼 되고 싶다고 생각했지." 대학 졸업 후에 키스는 캐나다 북극권 지역에 있는 던다스섬의 판잣집에서 넉 달을 지내며, 야생생물학자이자 세계 최고의 북극곰 권위자였던 이언 스털링Ian Stirling과 함께 바다코끼리를 연구했다.

내가 키스를 처음 만난 것은 지구공학geoengineering(지구온난화의 영향을 줄이기 위해 지구의 기후를 대규모로 조작하는 기술) 관련 이야기를 취재할 때였다.[12] 당시 키스가 대기에서 이산화탄소를 긁어내는 기계를 만들고 있다면서 그렇게 모은 이산화탄소는 압축해 지하 깊숙이에 묻을 수 있다고 했다. 내가 키스를 처음 만난 10년 전만 해도 급진적으로만 여겨졌던 생각이었다. 하지만 지금은 이 기술이 이른바 공기 포집air capture으로 알려지며, 구글이나 마이크로소프트 같은 기업들로부터 수십억 달러의 투자금을 끌어들이고 있다. 키스는 결국 카본엔지니어링Carbon Engineering이라는 회사를 설립했다. 현재 이 회사에서는 170명의 직원이 일하면서 에어버스 같은 대기업을 상대로 탄소 포집 프로젝트를 세우고 있다.

키스는 선구적 사상가로서 지구공학보다 훨씬 더 생소해 보이는 방안을 내놓기도 했다. 고도 비행 항공기 선단으로 성층권 상부에 황산염 입자를 살포해서 지구의 기온을 떨어뜨린다는 구상이다. 이렇게 하면 황산염 입자가 대기 중에서 미세 반사체 노릇을 함으로써 햇빛이 그대로 지구에 내리꽂히지 못하고 미세한 양만큼 산란하게 된다. 이 발상은 황을 대기 중에 쏘아 올린다는 면에서 화산분출 효과를 모방한 것으로 볼 수도 있다. 황이 산소와 만나 황산이 되고, 황산이 모인 미세입자들이 하늘을 떠다니며 햇빛을 반사한다는 원리다. 이 입자들이 지구를 얼마나 시원하게 할지는 분출 규모에 따라 달라진다. 가령 1991년 필리핀 피나투보산이 분출했을 때는 1,500만 톤의 이산화황이 대기 중으로 뿜어져 나왔다.[13] 이 때문에 한 해 동안 기온이 0.5℃ 정도 떨어졌었다. 태양빛을 인위적으로 조정하려는 계획 역시 이와 비슷한 원리로 작동한다. 대강 표현하자면 지구 기후를 원하는 대로 조절할 수 있는 온도조절장치 손잡이를 하나 단다고 보면 된다.

"우리는 이 구상을 도덕적 의무감을 갖고 진지하게 받아들여야 해." 우리가 만나고 얼마 지나지 않았을 때 키스가 말했다. "우리가 이 방안을 반드시 실행시켜야 한다는 건 아니야. 하지만 태양광 지구공학 기술을 못마땅해하는 비판자들조차도 이 방법이 기술적, 과학적 면에서 지구를 시원하게 만든다는 데에는 다들 동의해. 결국 문제는 이 기술로 누가 혜택을 받고 누가 고통을 받느냐지."

물론 도덕적 해이(성층권에 입자들을 흩뿌려서 지구를 시원하게 만들 수 있는데, 뭐 하러 귀찮게 화석연료 사용을 그만두겠는가?)를 비롯해, 대기 중의 입자들이 비와 함께 떨어져 내릴 것을 감안해 거의 해마다 입자를 보충해야 한다는 점 등 수백만 가지의 문제점이 있다. 키스도 누구보다 이 점을 잘 알기 때문에 대중에게 설명할 때는 태양광 지구공학은 화석연료 사용을 자유롭게 하는 기술이 아니라 온실가스 배출량을 0으로 줄일 때까지 더위를 누그러뜨리는 하나의 방법일 뿐임을 애써 강조한다.

가장 걱정되는 점은 따로 있다. 바로 태양광 지구공학 기술이 우기에 어떤 영향을 미칠 것인가다. 우기에 전 세계 수백만 명이 생존에 필요한 작물을 키우는 데에 필요한 물을 공급받기 때문이다. 하지만 약한 햇빛이 작물이나 강수 패턴의 변화에 어떤 영향을 미칠지를 따로 모형화하기는 쉽지 않다(오히려 다수의 보고서에는 작물 생산성이 증대되는 것으로 입증됐다). 이와 함께 태양광 지구공학 기술과 관련한 논의에는 으레 유쾌하지만은 않은 사망자 증감 수치도 등장한다. 더 많은 입자를 대기에 투입하면 십중팔구 그것을 들이마실 사람도 생겨날 것이기 때문이다. 대기오염으로 인한 사망자 수도 이미 연간 1,000만 명에 이르는데 말이다.[14] 하지만 키스의 주장에 따르면 대기 중에 늘어난 황으로 인한 사망자 수보다는 폭염으로 인한 사망자 수가 더 많이 줄어들면서 그 영향은 상쇄될 것이다. 감소하는 사망자의 수가 아마 10~100배는 더 많을 것이다.[15]

키스에 따르면, 최근 태양광 지구공학 기술을 모형화한 결과 지구의 가장 뜨거운 지역의 극빈층에게 특히 커다란 혜택이 돌아가는 것으로 나타났다. "이 사실만으로도 이 기술을 진지하게 고려해야 할 중대한 윤리적 이유가 있는 셈이지."

하지만 태양광 지구공학 기술을 받아들이는 것이 누구에게나 쉬운 일은 아니다. 지구온난화를 막는 최선책은 화석연료 사용을 멈춤으로써 대기 중에 쌓이는 이산화탄소양을 줄이는 것이다. 이렇게만 된다면 지구의 온도도 더는 오르지 않을 것이다. 그리고 수십 년, 나아가 수백 년이 흐르면(미래의 인간들이 화석연료를 태우고 이산화탄소를 대기 중에 방출하지 않는 한) 지구의 기온도 차츰차츰 떨어질 것이다.

그런 일이 빨리 일어나길 바라는 마음은 우리 모두 같다. 하지만 안타깝게도 지금 당장은 전 세계의 산업화한 국가들이 아직도 매해 360억 톤 남짓한 이산화탄소를 대기 중으로 쏟아내고 있다.[16] 이는 대자연의 활동으로 배출된 이산화탄소보다 10배가량 많은 양이다. 심지어 과거 대멸종 사태 때도 이렇게 많은 이산화탄소는 방출되지 않았다.

그렇다면 당연히 이런 질문이 고개를 든다. 이 지구의 열을 빨리 식히는 것이 정말로 절실한 일이라는 것에 전 세계인이 동의한다면, 어떻게 해야 그게 가능할까? 우리에게 더위를 누그러뜨릴 도구들은 있는가? 배핀섬에 머물던 어느 날 이 의문이 내 입 밖으로 튀어나왔다. "폭염이 맹위를 떨치는 세상에서 지구에 에어컨을 단다면 그건 어떤 모습일까?"

"지구의 에어컨은 썩 훌륭한 비유가 아닌데." 키스가 대답했다. 우리는 평평한 얼음 위에 앉아 이야기를 나누는 중이었다. 주변엔 온통 하늘과 바위 그리고 얼음, 어디로 눈을 돌려도 늘 더 많은 얼음만 펼쳐져 있었다. "굳이 비유하자면 햇빛 가림막이란 표현이 낫겠어."

"하지만 하늘에 미세입자를 잔뜩 흩뿌린다면서."

"그렇지." 키스가 말했다. "난 이 문제에서 손놓고 있으면 안 된다는 뜻에서 그런 방법이라도 이야기하는 거야. 적어도 방법을 계속 연구하고 관련 리스크들을 더 알아나가야 해."

"그렇긴 한데, 대부분의 사람이 리스크가 너무 크다고 말하지 않을까. 네 말은 지구 전체의 시스템을 엉망으로 만든다는 이야기로 들리거든."

"그래, 인정해. 하지만 우리 인간은 이미 온갖 방식으로 지구 전체의 시스템을 엉망으로 만들고 있어. 지금 농업의 실태에 대해 어떻게 생각해? 우리가 차에 시동을 걸 때마다 우리는 대기에 오염물질을 쏟아부으면서 대기를 어지럽히고 있다고. 우리가 지구를 지배하고 있다면 최선을 다해 그것을 관리하는 것도 우리의 일이야."

위험천만한 여행

북극곰은 껴안아주고 싶을 만큼 귀엽게 생겼지만, 그래 봬도 극북의 최상위 포식자다. 한마디로 북극곰의 영역에는 북극곰을 잡아먹는 동물은 없다. 북극곰의 세상에는 북극곰이 두려워할 존재가 하나도 없다는 뜻이다. 북극곰의 영역에 존재하는 것은 무엇이든 먹지 못하는 것이라고 판명되기 전까지는 북극곰의 먹잇감이다. 잡식성인 다른 곰들과 달리(회색곰들은 식물 뿌리부터 엘크까지 뭐든 다 먹는다) 북극곰들은 오로지 고기만 먹는다. 즐겨 먹는 식사는 물개지만 바다코끼리, 흰고래를 먹기도 하고 궁할 때는 서로를 잡아먹기도 한다. 수컷 북극곰은 새끼 곰을 잘 잡아먹기 때문에 어미 곰은 새끼들을 어떻게든 수컷 곰 곁에서 떼어놓으려 한다.

여행 첫 2주 동안에는 배핀섬 연안에 형성된 피오르를 누비는 것이 주된 여정이었다. 그나마 이 부근은 얼음이 단단했다. 우리 생각에 곰들은 전부 부빙 가장자리(섬 바깥으로 뻗은, 대양과 얼어붙은 바다가 만나는 지점)에 나가 있을 것이었다. 북극곰에게 최고의 사냥 명당인 부빙 가장자리에 자리 잡고 있으면 숨을 쉬기 위해 바다 위의 얼음 구멍으로 고개를 내밀거나, 휴식을 취하기 위해 바다 위의 얼음덩어리 위로 무거운 몸을 끌어올리는 물개를 잡을 수 있기 때문이다. 그 부빙의 가장자리가 정확히 어디인지는 모르지만 연안에서 몇 킬로미터 정도 떨어져 있으리라는 것이 우리 예상이었다. 그리고 지금 북극곰들은 그 부빙에서 한창 사냥하기에 바쁠 것이고, 우리는 피오르로 둘러싸인 섬의 해안에만 꼭 붙어 있으면 꽤 안전하리라는 게 우리 생각이었다.

하지만 배핀섬에서 처음으로 북극곰과 마주친 뒤로는 우리 생각이 꼭 맞는 것만은 아니라는 사실을 알았다. 그날 이후 북극곰들이 지나다닌 흔적이 갈수록 우리 눈에 많이 띄었다. 며칠 전에 생긴 흔적들도 있지만, 우리가 도착하기 5분 전쯤에 생긴 듯한 흔적들도 있었다. 곰들이 부빙 가장자리를 오가며 잘 다져둔, 우리가 농담 삼아 곰 고속도로라 부르는 그런 길들이 나오면 우리는 그 길과 엇갈리게 방향을 잡았다. 하루는 방랑하는 곰 한 마리가 별 이유도 없이 한자리를 뱅글뱅글 맴돈 흔적도 볼 수 있었다. 하지만 엇갈리게 방향을 잡아도 배핀섬 바깥으로 향할수록 곰 발자국은 더 많이 눈에 띄었다.

당연하게도 우리가 실제 목격하는 곰들도 점점 늘어났다. 적어도 우리 생각에는 그랬다. 보통 곰은 어두운 빛깔의 화강암 노두를 배경 삼아 꿈틀대는 형체로 저 멀리에 어렴풋이 보일 뿐이었다. 그게 정말 곰인지는 사실 확실치 않았다. 키스는 스키를 타고 죽 나아가다 갑자기 멈춰서는 저 멀리를 뚫어지게 바라보곤 했다. 나는 그가 뭘 하는 중인지 즉시 알아챘다.

"뭐라도 있어?" 나는 묻곤 했다.

"확실하진 않아." 그는 말했다.

그럴 때면 나도 쌍안경을 꺼내 들고 그쪽을 살폈다. 더러 뭉그적뭉그적 걷는 곰이 눈에 들어오기도 했다. 아니면 곰을 봤다고 생각한 것일 수도 있다. 그저 바위일 뿐이거나 안개일 수도 있었다. 북극곰의 나라에 깊숙이 발을 들일수록 우리가 걸음을 멈추고 주변을 살피는 일도 부쩍 많아졌다. 내 두뇌는 곰이라곤 한 마리도 없는 데서 마치 곰을 본 듯한 착각을 일으키곤 했다. 곰의 나라로 깊숙이 들어갈수록 스멀스멀 피어오르는 두려움의 표현일 것이었다. 설마 곰들이 우리 뒤를 밟고 있는 건가? 모를 일이었다.

눈이 내리거나 구름이 잔뜩 껴서 시야가 흐려지는 날이 최악이었다. 어떤 날은 우리 앞의 20미터 거리도 잘 보이지 않았다. 짙은 안개가 낀 어느 하루는 찍힌 지 한 시간도 채 안 된 듯한 어미 곰과 새끼 곰의 발자국을 마주치기도 했다. 녀석들이 우리 근처에 있다는 뜻이었다. 전에 보았던 그 곰 가족일까? 하지만 아무것도 눈에 띄지 않았다. 꼭 유령에게 사냥당하는 듯한 기분이었다.

하루는 바다 얼음 안에 우뚝 솟은 빙하가 꼼짝없이 갇혀 있는 걸 보고, 키스와 나는 정상에 올라 주변 경관을 감상하기로 했다. 홈스는 얼토당토않은 생각이라면서 자신은 안전한 곳에 멀찍이 떨어져 있겠다고 했다. 빙하는 말 그대로 바다 위를 떠다니는 커다란 얼음덩어리일 뿐이라서, 표면 아래의 얼음이 녹아 중력의 중심이 바뀌면 순식간에 뒤집히기로 악명이 높다. 그래도 키스와 나는 이 빙하만은 바다 얼음 안에 안전하게 갇혀 있으니까 문제없을 것이라 믿고 등반을 감행하기로 했다. 나는 총을 홈스에게 건네주었다. "혹시 우리가 뭔가를 만날 수도 있으니까." 나는 말했다.

그 빙하의 높이는 30미터 남짓이었고, 정상에 이르는 사이사이에 평평한 노두(암석이나 지층이 지표 위로 드러난 곳 – 옮긴이)가 여럿 있었다. 키스는 빙하 한쪽을 기어오르고, 나는 그 반대편에서 올라가기 시작했다. 얼음도끼로 얼음을 깨서 손으로 잡을 데와 발 디딜 데를 만들었다. 나는 높이 15미터쯤에서 넓고 평평하게 펼쳐진 첫 번째 노두에 다다를 수 있었다.

그런데 노두 위로 몸뚱이를 힘겹게 끌어올린 순간 나는 깜짝 놀라서 거의 뒤로 자빠질 뻔했다. 얼음 위 바로 내 앞에 곰이 방금 싸놓은 배설물이 덩그러니 놓여 있었던 것이다. 갓 싼 똥이었다. 싼 지 몇 시간, 어쩌면 몇 분도 안 된.

"여기 위에 곰이 있어!" 나는 겁에 질린 목소리로 키스에게 소리쳤다. 우리는 거의 강하하다시피 빙하에서 뛰어내렸다. 홈스는 수백 미터 떨어진 곳에서 우리를 기다리고 있다가 새파랗게 질린 얼굴로 우리 둘을 맞았다. "이 얼간이들아." 그가 말했다. "여기서 세상 하직하고 싶은 거지?"

여행을 떠나기 한 달 전쯤의 어느 날 밤, 키스와 홈스 그리고 나는 키스네 집 거실에서 머리를 맞대고 앉아 북극곰 퇴치 전략을 의논했다. 키스의 설명에 의하면 바람이 많이 부는 곳에서는 곰 스프레이가 별 소용이 없었다. 북극곰 나라를 여행하는 사람들은 더러 개들을 데려갔다. 개들이 곰의 존재를 알려주기 때문이다. 하지만 개는 뒤치다꺼리할 게 너무 많았다. 무엇보다 밤에 목줄을 묶어야 하는 데다가, 개 먹이만도 썰매에 한가득 싣고 다녀야 했다.

키스에게 그보다 나은 방책이 있었다. "곰 철조망을 이용하는 거야." 그가 말했다. 그 작동 원리는 이랬다. 매일 밤 텐트를 치고 난 뒤 텐트에서 10미터 정도 떨어진 거리에 울타리처럼 원형으로 스키폴을 세우고 땅속에 박아 넣는다. 그런 다음 얇은 구리선을 폴 사이사이에 치고, 그 양쪽 끝을 배터리와 버저가 장착된 자그만 상자 안에 연결한다. 그러면 만에 하나, 곰이 우리 야영지 안으로 들어와 구리선을 끊을 경우 알람이 울리면서 몇 초 동안 경고음이 울린다는 것이었다.

"그다음에는 어떻게 할 건데." 내가 물었다.

"고래고래 소리를 지르고 물건들을 집어 던져야지." 키스가 대답했다. "그래도 소용없으면 총을 쏘고."

우리는 비행기를 타고 캐나다 누나부트준주의 주도 이칼루이트까지 날아갔다. 거기서 다시 수상비행기를 타고 네 시간을 비행한 끝에 클라이드강에 다다랐다. 나무는 물론 초록색은 눈을 씻고 봐도 없는 풍경 속에 서 있으니 뭔가 막막한 기분이었다. 마을도 빙판의 흙먼지 길과 소박한 집이 몇 채 뒤섞인 게 전부였다. 아이들이 전지형차ATVs(사륜 오토바이를 포함해 도로 이외 지형을 달리는 탈것들을 지칭하는 용어 – 옮긴이)를 타고 빙판 위를 쌩 지나쳤다. 마을을 떠나기 전에 나는 마을의 유일한 점포에 들러 총알을 한 상자 더 샀다. 이미 한 상자가 있었지만, 나는 만전을 기해야 한다고 생각했다.

다른 친구들은 모르겠지만 빙판 위에서의 처음 한두 밤이 내게는 정말 끔찍했다. 바람이 한 차례 거세게 일 때마다 저건 분명 곰일 거란 생각이 들었다. 하지만 며칠을 더 보내고 나자 차차 걱정이 희미해졌다. 오히려 하루하루가 갈수록 우리가 누비고 있는 얼어붙은 세상의 장엄한 아름다움이 눈에 들어왔다. 피오르의 우뚝 솟은 화강암 절벽을 마주했을 때는 절로 요세미티계곡이 떠올랐다

(키스와 홈스는 둘 다 노련한 등산가여서 어디로 가야 스키로 화강암 절벽을 잘 탈 수 있을지 가상 경로를 잘도 짜냈다). 그런가 하면 까마귀 한 마리가 따라붙어서 우리 곁에 나타났다 사라지길 반복하며, 이 추운 북쪽 땅의 삶에 대해 들려줄 얘기가 많다는 듯이 으스스하지만 거의 알아들을 것 같은 목청으로 말을 걸어왔다.

여행은 하루하루가 그 자체로 자그만 모험의 향연이었다. 그 안에는 근육통, 물집, 공포, 지루함, 거세게 몰아치는 바람이 늘 뒤섞여 있었다. 하루는 우리가 더할 나위 없이 기분 좋게 스키를 타고 나아가는데 발밑의 얼음이 푹 꺼지면서 갑자기 내가 물에 풍덩 빠진 일도 있었다. 마침 우리가 있던 데가 해안이라 물 깊이가 60센티미터 정도밖에 되지 않았던 것이 천만다행이었다. 우리는 다 같이 웃음을 터뜨렸다. 물론 난 내심 뭐가 그렇게 재밌을까 생각했지만. 나는 재빨리 옷을 갈아입고 길을 재촉했다.

하지만 하루하루 지날수록 급격하게 녹아내리는 북극에서 여행하는 것이 얼마나 위험한지가 점점 더 분명히 드러났다. 해안을 벗어나 바깥으로 멀리 나갈수록 우리는 바다 얼음의 쩍 벌어진 틈을 위태롭게 지나야 했다. 그 아래의 물은 무척이나 깊어 보였다. 하지만 가장 겁났던 것은 그 아래로 떨어져 익사하는 것보다 구덩이에 빠져 온몸이 홀딱 젖는 것이었다. 구덩이의 물에서 얼른 빠져나오지 못하면 텐트를 치고 그 안에서 바람을 피하며 마른 옷으로 갈아입었다. 그렇게 몸의 체온을 높여주었다. 당시 우리가 열을 낼 수 있는 장비로는 1구짜리 휴대용 난로가 전부였다. 그게 있으면 얼음을 한 무더기 퍼 와서 물을 한 주전자 끓일 수 있었지만 이글이글 타오르는 모닥불처럼 뼛속까지 몸을 녹이기엔 턱없이 부족했다.

굶주린 북극곰은 위험한 북극곰이 된다는 사실을 우리는 너무도 잘 알고 있었다. 곰의 경우(물론 이 문제에 있어서는 인간을 비롯한 다른 동물들도 마찬가지지만) 굶주린 상태에서는 리스크 계산을 평상시와 다르게 한다. 곰은 아사 직전의 상황에 내몰리면 먹이를 찾는 문제와 관련해서는 더욱 공격성을 띨 가능성이 높다. "수컷 곰들, 그 중에서도 특히 준성체(새끼와 성체 사이의 중간 – 옮긴이) 단계의 곰들이 가장 공격적인 성향을 띠지요."[17] 한 북극곰 학자가 내게 말했다. "북극의 빙판 위에 있는 사람들에게 더욱 위험한 곰은 단 하나, 영양분을 확보해야 한다는 스트레스를 받는 어미 곰뿐입니다."

북극곰에게서 공격받을 때의 위험성은 회색곰이나 흑곰에게 공격받을 때의 위험성과는 사뭇 다르다. 회색곰이나 흑곰은 목숨을 노리고 공격해도 어느 정도 방어할 수 있다. 등산로 모퉁이에서 흑곰을 만나면 우리도 놀라지만 곰도 그만큼 놀라고 위협을 느껴서 우리를 공격한다. 반면 북극곰의 공격은 사냥이 목적이다. 북극곰들은 먹잇감(그게 물개든 바다코끼리든 혹은 인간이든)을 몰래 따라다니는 성향이 있다.

하지만 곰들도 인간이나 개와 고양이를 비롯한 다른 모든 고등동물과 마찬가지로, 나름의 성격들을 갖고 있다. 까탈스러운 곰이 있는가 하면 유순한 곰도 있고, 호기심 많은 곰이 있는가 하면 앞뒤 안 가리는 곰도 있으며, 어릴 때 어미가 너무 빨리 떼어놓은 곰이 있는가 하면 어린 시절을 건강하게 보낸 곰도 있다. 작가이자 야외활동 애호가로서 몇 년간을 글레이셔국립공원Glacier National Park 근처의 회색곰들과 생활한 적이 있는 더크 피콕은 그 시절 자신이 곰들 사이에서도 무사히 살아남을 수 있었던 것은 곰을 이런저런 종류로 구별할 수 있는 능력, 나아가 어떤 곰이 위험하고 어떤 곰은 안전한지를 한눈에 알아보는 능력 덕분이었다고 했다.[18]

키스, 홈스, 그리고 나는 흐물흐물한 봄철의 얼음 위를 스키로 지치면서, 점점 따뜻해지는 날씨가 곰들에게 무엇을 뜻하는지를 너무도 또렷이 깨달았다. 이때 살을 찌워두지 않으면, 곰들은 굶주린 채로 긴 여름을 보내야 한다.

그와 함께 우리는 북극곰이 공격해올 위험을 줄이기 위해 우리가 할 수 있는 일은 별로 없다는 것도 너무 잘 알았다. 스키를 타고 가는 동안 우리는 늘 눈에 불을 켜고 지평선을 훑으며 우리를 따라오는 게 없는지 잘 살폈다. 하지만 텐트를 치고 그 안에서 잠들 때는 무방비상태나 다름없었다. 우리가 의지할 것이라곤 곰 철조망이 전부였다. 종종 누운 채로 오렌지색 텐트 지붕을 멍하니 바라보며 바깥에서 들려오는 갖가지 소리에 귀를 기울이노라면 북극곰 나라에서 가느다란 구리선 하나만 믿고 누워 있는 나 자신이 멍청하게 느껴졌다.

여행이 종반에 접어들수록 곰 발자국이 사방에서 눈에 띄었다. 오래된 발자국, 새로 찍힌 발자국, 새끼들의 발자국까지. 꼭 곰들이 다 같이 우리 주변을 맴돌면서 포위망을 점점 좁혀오는 것만 같았다. 그럼에도 우리가 할 수 있는 건 아무것도 없었다. 매일 밤 우리는 똑같이 텐트와 곰 철조망을 치고 올리브유에 오트밀을 약간 버

무려 먹은 다음(그때 남은 음식이 그게 전부였다) 집에서 챙겨간 자그만 태양광 스피커를 틀어놓고 한 시간 정도 조니 캐시Johnny Cash 같은 이들의 음악을 들었다. 그러고는 12구경 산탄총을 재차 확인하고 잠자리에 들었다. 매일 아침 우리는 잠에서 깰 때마다 살아 있는 걸 천만다행으로 여겼다.

곧 녹아 없어질 세상 끝에서

여행을 시작하고 한 달간 우리는 집에 전화하지 않은 것은 물론 이메일, 뉴스, 소셜미디어도 모두 끊고 지냈다(비상 상황에 대비해서 위성전화기를 한 대 챙겨오기는 했지만, 걸려 오는 전화를 받지 못하게 전원은 계속 꺼두었다). 클라이드강을 떠난 이후 사람이라곤 우리 외엔 아무도 보지 못했다. 자연 속에 나 혼자인 것 같은 것은 난생처음이었다. 하늘과 얼음을 바라보고 지평선을 죽 훑으며 이 모든 것이 그렇게 쉽게 부서질 수 있다는 것을 절감했다.

하지만 그때 나는 혼자가 아니었다. 연결이 끊어진 것도 아니었다. 나는 시시각각 변화하는 풍경 속에 있었다. 그 풍경은 지난 200년간 태워진 화석연료, 지난 200년 동안 이용된 증기기관, 석탄발전소, 승용차, 트럭, 선박, 비행기를 통해 만들어진 것이었다. 지난 200년간 이용된 전기, 지난 200년 동안의 개간 작업, 가축 사육, 데이터 프로세싱, 그리고 지난 200년 동안 우리 모두가 손쉽게 '발전'이라 정의했던 그 모든 것들을 통해서 말이다. 지금 우리 세상은 과거가 미래의 모습을 결정짓는 타임머신이나 다름없고, 북극에 간다고 이런 현실을 피할 수 있는 것도 아니다. 오히려 이런 외딴 곳에 오면 그런 연결을 훨씬 더 절실히 느끼게 된다.

더구나 우리가 스키를 타고 누비는 이 세상이 빠른 속도로 사라지고 있다는 걸 나는 알 수 있었다. 여기서 지구의 기온이 몇 도 더 오르고 한 달쯤 지나면 얼음은 쩍 갈라져 녹아 없어질 것이다. 북극곰들은 이 사이클의 일부로 진화했다. 북극곰들의 하얀 털, 물개를 낚아채는 커다랗고 강한 앞발은 이런 환경에 딱 맞게 적응한 결과다. 이 추운 세상이 그들의 골딜록스 존인 것이다. 하지만 배핀섬 여행에서 내가 배운 것이 있다면, 그들의 골딜록스 존이 빠르게 사라지고 있다는 사실이었다. 우리의 골딜록스 존이 그런 것처럼.

빙판 위에서 한 달을 지낸 끝에 우리는 마지막 야영지에 도착했다. 우리가 이누이트족 가이드들과 만나기로 한 장소에 관해 아는 거라곤 GPS 좌표가 전부였다. 거기에서 이누이트족이 우리를 스노모빌에 태우고 스키 여행이 불가한 산악지대를 따라 마지막으로 8킬로미터를 이동시켜줄 것이다. 바로 폰드인레트Pond Inlet로. 하지만 우리가 약속 장소에 도착했을 때 이누이트족 가이드들은 아직 도착하지 않았다. 더욱 심란한 사실은 그 지점이 하필 북극곰들의 도살장이었다는 것이다. 얼음 위로 물개들의 시뻘건 피가 도처에 흩뿌려져 있었고, 물개들의 물갈퀴, 꼬리, 창자들도 여기저기 널려 있었다. 가장 섬뜩한 것은 어마어마한 크기의 곰 발자국들이었다.

키스와 나는 서로를 바라보며 젠장, 이건 뭐 하자는 거지? 하는 표정을 지었다. 홈스는 평소처럼 그 상황에서도 뭔가 재밌는 말을 툭 내뱉었다. "신께서 일하시는 방식은 묘하나니, 그렇지?" 우리는 위성전화로 이누이트족 가이드들에게 전화를 걸어 약속 장소를 바꾸려고 했지만 아무도 전화를 받지 않았다.

우리는 몇 킬로미터 더 스키를 타고 가서 야영한 뒤, 아침에 다시 약속 장소로 돌아올까도 생각했다. 하지만 그때 우리는 이미 잔뜩 지쳐 있었다. 여기까지 오기 위해 우리의 모든 에너지는 물론 물자까지 대부분 써버린 뒤였다. 단 0.5킬로미터라도 스키를 더 타야 한다는 생각만으로도 진저리가 났다. 스키를 타고 320킬로미터나 달린 뒤라 내 몸은 완전히 녹초가 되어 있었다.

머리를 맞대고 몇 분 정도 고심한 끝에 우리는 서쪽으로 약 150미터 정도 더 가기로 했다. 거기에는 표면이 매끄러운 얼음 지대가 있어서 텐트를 치기에 적합했다. 이누이트족 가이드들이 아침에는 약속 장소에 도착할 거라고 우리는 믿어 의심치 않았다. 그리고 우리는 그 계획을 정말로 실행에 옮겼다. 무섭지 않았느냐고? 당연히 무서웠다. 내가 피로를 못 이기고 정신을 완전히 놓기 전까지는. 그 뒤로는 아무 느낌도 없었다.

다음 날 아침에 눈을 떴을 때 나는 살아 있다는 사실에 뛸 듯이 기뻤다. 나는 텐트 밖으로 고개를 내밀고는 아름답고 쾌청한 파란 하늘을 바라보았다. 어머니 자연이 우리 여행이 끝났다며 한바탕 파티라도 열어준 것 같았다. 우리는 마지막 남은 오트밀로 아침을 때우고 마지막으로 침낭을 돌돌 말았다. 텐트는 이누이트족이 스노모빌을 몰고 나타나기를 기다리는 동안 바람막이용으로 그냥 세워두기로 했다. 우리는 텐트 밖으로 나가 이것저것 장비들을 매만지면서 집에 돌아가 사랑하는 이들을 보고 따뜻하고 보드라운 침대에서 잠을 자면 얼마나 좋을지 신나게 떠들었다. 그때만큼 행복했던 적이 없었다.

그러다 오전 10시 30분 우리는 마지막 차를 마시기 위해 다시 텐트로 돌아왔다. 키스가 난로에 불을 붙인 뒤 우리는 빙 둘러앉았다. 우리는 그간 참 많은 일을 함께 겪어왔고, 셋이서 이런 경험은 두 번 다시 못 할 거라는 것도 잘 알았다. 가족 이외의 사람들에게서 이렇게까지 친밀감을 느낀 적은 없었다.

그런데 몇 분 뒤, 차를 호호 불며 컵 속의 물결을 보고 있는데 곰 철조망에서 알람이 울렸다.

"또 바람이군." 키스가 별생각 없이 말했다.

홈스도 고개를 끄덕였다. "음, 이제 이 짓도 끝이야!"

텐트 입구에서 가장 가까운 건 나였다. "내가 한번 볼게."

나는 차를 흘리지 않도록 조심스레 컵을 내려놓은 뒤 몸을 돌려 텐트의 지퍼를 열었다. 입구가 좁아서 엉거주춤한 자세로 기어 나가지 않으면 안 됐다. 텐트에서 나와 몸을 일으킨 순간, 녀석이 눈에 들어왔다. 나와 15미터 떨어진 거리에서 암컷 북극곰 한 마리가 텐트를 향해 공격적으로 다가오고 있었다. 새끼 두 마리가 엄마 뒤를 졸졸 따르고 있었다.

녀석은 나를 보자마자 그 자리에 멈춰서더니 몸을 일으켜 세우고 뒷발로 섰다. 나보다 훨씬 더 키가 컸다. 녀석의 아랫배가 지저분한 것이 눈에 띄었다. 새끼들은 엄마 옆에서 꼼짝하지 않았다.

녀석은 코를 킁킁대더니 괴상하게 씩씩대는 소리를 냈다. 녀석의 까만 두 눈이 내 눈과 마주쳤다. 앞으로 무슨 일이 벌어질지 정확히 안다는 듯한 눈초리였다.

하지만 녀석은 우리 쪽으로 움직이진 않았다. 길게만 느껴진 몇 분 동안 우리를 뚫어져라 내려다보더니, 개들이 몸에서 물을 털어내듯이 고개를 좌우로 거세게 몇 차례 흔들고는 천천히 네 발로 땅을 디뎠다. 그때쯤에는 홈스와 키스도 텐트의 다른 쪽 입구로 나와 내 곁에 서 있었다. 키스가 텐트를 가로질러 곰을 향해 산탄총을 겨누었다. 녀석이 우리를 향해 한 걸음이라도 더 내디디면 방아쇠를 당길 작정이었다. 녀석도 그걸 알았던 모양이다. 그 순간 텐트에서 몇 발짝 뒤로 물러났으니 말이다. 하지만 녀석은 곧 생각을 고쳐먹은 듯 다시 우리를 향해 다가와 몸을 곧추세우고 코를 킁킁대며 숨을 씩씩거렸다. 다시 우리를 뚫어져라 노려보았다. 그러고는 다시 발을 내리더니 몸을 돌려 반대편으로 걸어갔다. 새끼들이 졸졸 그 뒤를 따랐다.

녀석의 모습을 가만히 지켜보는 동안 나는 죽음 직전에 사형 집행이 연기된 죄인이 된 것 같았다. 이 따뜻해진 봄 때문에 녀석과 새끼들이 어떤 고통을 당했든, 자기들 세상을 녹이기에 혈안이 된 다른 동물과 지구를 나누어 쓰느라 자신들이 어떤 고초를 견뎌야 하든, 그 죗값을 지금 당장 우리에게 묻지는 않겠다고 녀석은 결정한 것 같았다.

에필로그

위대한 이야기

우리는 하나의 여정에 올라 있다

사시사철 윙윙 대는 모기와 새로운 전염병, 실험실에서 키운 고기와 알래스카에서 재배한 포도, 삼엄해지는 국경 경계와 물에 잠긴 도시들…. 골딜록스 존을 벗어난 더위는 우리 세상을 180도 바꿀 것이다.

골딜록스 존 너머의 미래

골딜록스 존 가장자리에는 표지판도, 경계를 지키는 경비대원도 없다. 우리가 경계를 넘는다고 경보음이 울리는 것도 아니다. 사는 데가 어디냐에 따라 이 경계를 더 빨리 넘게 되는 사람도 있을 것이다. 하지만 지금 당장 과감한 행동에 나서지 않으면 우리는 어느덧 골딜록스 존 바깥에서 살아가는 게 어떤 것인지 다 같이 실감하게 될 것이다. 그렇게 되면 인간 종족(피라미드를 짓고 아이폰을 만들고, 장대한 사랑 노래를 지어내고 로큰롤이라는 독특한 장르를 만들고, 먼 옛날의 신들을 숭배했다가 지금은 할리우드 스타들을 떠받들고 있는)은 우리가 나고 자란 세상 너머, 우리의 심장이 형성되고 우리의 유전자가 벼려져온 세상 너머에 존재하게 될 것이다. 이 의미를 끝까지 파고들어 가면 결국 그때에는 온전히 인간 혼자의 힘으로만 살아가야 한다는 말이다.

삶을 그렇게 바꿔놓는 동력은 다름 아닌 더위일 것이다. 우리를 골딜록스 존에서 몰아내고 있는 이 더위는 지구를 향해 날아든 소행성처럼 어쩌다 생겨나지는 않았다. 이건 만들어진 더위다. 계획된 더위다. 지금 우리는 "판사님, 저희가 1급 더위를 만든 죄를 지었습니다. 부디 선처해주십시오"라고 해야 할 판이다. 화석연료를 태우면 기후에 그 영향이 미친다는 사실을 우리는 오래전부터 알고 있었다. 미국인 발명가 유니스 푸트가 대기 중의 이산화탄소가 열을 가둔다는 사실을 발견한 것은 1856년이었다.[1] 스웨덴 과학자 스반테 아레니우스가 화석연료를 태우면 대기가 뜨거워진다는 사실을 증명한 것은 1896년이었다.[2] 더구나 이런 실상을 단지 과학자들만 알았던 것도 아니다. 1965년 린든 B. 존슨 대통령은 이와 관련한 경고를 전해 들었고,[3] 그의 뒤를 이은 수많은 대통령도 마찬가지였다. 1977년 무렵 엑손(현재의 엑손모빌)은 화석연료를 수십 년 태우면 대기가 뜨거워질 수 있다는 사실을 알았을 뿐만 아니라 그런 변화를 놀라울 만큼 정확하게 예측한 사내 기후 모델도 만들어냈다.[4] 그럼에도 우리는 화석연료를 계속 태워온 것은 물론, 닥치는 대로 태우는 일도 멈추지 않았다. 아니면 이왕 이렇게 되었으니 더위를 동력으로 삼는 로켓을 하나 만들어서 그걸 타고 골딜록스 존 바깥으로 휙 날아가면 되지 않겠느냐고 말하는 사람도 있을지 모르겠다.

하지만 아직 그 단계는 아니다. 세상이 뜨겁긴 하지만 우리 조상들이 수백만 년 동안 곁에 두고 살아온 것들, 깊은 숲, 시원한 바다, 꼭대기가 눈으로 덮인 산들이 아직 우리 곁에서 존재감을 드러내며 우리의 동반자가 되어주고 있으니까. 필요한 변화를 실제로 일으키기란 무척 힘든 일이다. 정치적 지도력이 필요한 것은 물론, 우리 인간이 서로서로, 나아가 우리가 살아가는 세상과도 하나로 연결돼 있다는 더욱 깊이 있는 이해가 필요할 것이다. 하지만 그것이 우리 능력 밖의 일은 아니다. "인간은 앞으로 세상이 얼마나 더워질지, 나아가 [앞으로 닥칠] 역경과 소란을 헤치고 서로를 얼마나 많이 보호해줄 수 있을지를 통제할 엄청난 힘을 갖고 있다."[5] 《뉴욕타임스》의 기후 전문 기고가 데이비드 월러스 웰스는 주장한다. 월러스 웰스도 지적했지만, 이 세상이 10년 전 그 누가 예상했던 것보다 이산화탄소에서 빨리 벗어나고 있다는 사실은 참으로 반가운 소식이 아닐 수 없다. 더구나 수십 년의 혁신 덕에 지금은 세계 대부분의 지역에서 화석연료보다 청정연료가 더 값싸게 이용되고 있다. 이 말은 굳이 석탄, 가스, 석유에 의지하지 않더라도 수억 명의 사람들을 에너지 빈곤에서 벗어나게 할 방책이 있다는 뜻이다. 다만 화석연료에서 탈피하는 데에 가장 큰 걸림돌을 꼽으라면, 현실 안주, 정치적 부패, 거대 석유 회사와 정유 회사라 하겠다.

물론 우리가 기어이 골딜록스 존 너머로 나가더라도 당분간은 괜찮을 것이다. 우리가 적응해서 살아남게 도와줄 갖가지 도구와 첨단기술이 있으니까. 적어도 운 좋은 사람들은 그렇다. 하지만 결국 우리 세상은 백팔십도 다른 모습으로 변모할 것이다. 어린 시절 내가 타고 놀던 나무는 죽어버릴 것이고, 내가 연인과 키스했던 해변은 물에 잠길 것이며, 모기를 비롯한 각종 벌레가 사시사철 우리 곁을 떠나지 않을 것이다. 새로운 질병들이 등장할 것이고 시원함을 숭배하는 풍조가 나타나 얼음의 영적 순수함이 찬미받을 것이다. 실험실에서 키운 '고기' 토막을 그릴에 구워먹을 것이고 알래스카에서 키운 포도로 만든 진판델 와인을 마실 것이다. 손목의 디지털시계는 우리의 심부체온을 상시 모니터해줄 것이고 국경선의 경계는 한층 삼엄해질 것이다. 기업가들은 우리에게 마이크로 냉각 장치를 팔아 떼돈을 벌 것이고 7월 4일 독립기념일 기념 파티는 이제 목숨 건 행사가 될 것이다. 눈은 딴 세상 얘기가 될 것이고 말이다.

일부 열대지역에서는 야외 생활이 사실상 불가능해질 것이다. 사람들은, 살아 있는 다른 수많은 생물체와 마찬가지로, 더 높은 지대, 더 시원한 기후대를 찾아 도망치듯 길을 떠날 것이다. 이제 전 세계 많은 지역에서는 단순히 깨끗한 물, 양호한 먹거리, 의료 서비스가 있다고 생존이 가능하지 않을 것이다. 시원한 공간을 이용할 수 있는가, 무더운 날에 바깥에서 일할 필요가 없는 일자리를 가졌는가, 필요할 경우 폭염이라는 기상 이변에서 도망칠 방책이 있는가가 생존을 좌우하게 될 것이다. 그런 곳들에서는 운 좋은 이들이 창밖을 내다보며 무더위 속에서 송전선을 수리하거나 집을 짓는 이들을 딱하고 불쌍하게 여기는 동시에 어쩌면 약간은 무섭다고 느끼게 되지 않을까. 의식이 조금이라도 깨어 있는 사람이라면 자신들과, 우리 세상을 돌아가게 하기 위해 땀 흘리는 사람들 사이의 간극이 얼마나 먼지 알아챌 것이다. 왜냐하면 우리 인간 종족이 골딜록스 존 밖에 나오게 됐을 때 제일 먼저 벌어질 일이 바로 온도에 따른 분열일 것이기 때문이다. 시원함과 고통 사이, 운 좋은 사람과 팔자 기구한 사람 사이를 가르는, 눈에 안 보이지만 아주 현실적인 선이 사람들 사이에 생겨날 것이다.

골딜록스 존 가장자리까지 밀려난 미래를 상상할 때 우리가 가장 알아차리기 어려운 부분이 바로 이 온도 격차다. 코로나19 사태를 통해 확실히 증명된 게 하나 있다면 우리는 다른 이의 죽음을 의외로 정말 빨리 그리고 손쉽게 받아들일 줄 안다는 점이다. 그들이 아프거나 늙었거나, 혹은 그밖에 다른 식의 궁지에 처해 있을수록 특히 더 그랬다. 코로나 당시 사망자 수는 미국 한 곳에서만 하루에 1,000명에 달했다.[6] 물론 그 와중에도 사람들을 위해 영웅적으로 헌신한 의사들과 간호사들 이야기가 신문 헤드라인을 장식하며 곳곳에 소개되기도 했다. 친구나 사랑하는 이를 잃은 사람들의 상심은 이루 말할 수 없이 컸을 것이고 말이다. 하지만 코로나에 대한 초반의 충격과 두려움이 가신 후에는 죽음이 일상으로 자리 잡았다. 미국에서 자동차 사고로 매년 4만 3,000명이 목숨을 잃어도 더는 사람들이 다 같이 애통해하지 않는 것과 똑같다.[7] 공기 오염으로 매년 전 세계에서 900만 명이 죽어도, 예멘이나 아이티에서 사람들이 기아로 죽어도, 먼 타지의 전쟁으로 대거 사상자가 발생해도 마찬가지다. 이런 일들은 이제 우리가 살아가는 세상의 당연한 일부처럼 여겨지고 있다.

두려운 일이지만, 폭염 때문에 발생할 고통과 죽음 역시 이런 대접을 받을지 모른다. 그것도 21세기의 삶을 구성하는 일부, 우리가 그냥 무덤덤하게 받아들이면서 일상에서 크게 신경 쓰지 않아도 될 무언가가 될 것이다.

그러나 날씨가 더워질수록 더위로 인한 고통과 죽음은 더욱 힘든 일이 될 것이다.

아니 어쩌면 그 반대의 상황이 벌어질 수도 있다. 세인트루이스나 뉴델리에서 급작스러운 폭염으로 2만 명이 죽는다면 순식간에 불붙듯 혁명이 일어날지 모른다. 내가 이 책을 집필하기 위해 만난 사람 중에는 그들 곁에서 돌아가는 정치와 경제 체제를 도저히 구제 불능이라고 보는 이들이 있었다. 파리의 건물들은 재정비만으로 어찌어찌 문제를 해결할 수 있을지 몰라도 파리의 정치는 재정비만으로는 문제가 해결되지 않는다는 게 그들의 주장이다. 결국 모든 걸 불살라 없애고 처음부터 다시 시작하는 것이 답이다. 그리고 그 시점은 빠르면 빠를수록 좋다고 그들은 주장한다.

한편 우리의 신경 체제가 단순히 현대 생활의 갖가지 문제에 적응하는 데에 원래 어설프다고 생각하는 이들도 있다. 이런 현상은 당쟁이 팽배하고 정치가 제기능을 하지 못해서 화석연료를 금지하거나 폭염의 위험성을 사람들에게 알리는 문제보다 책 출간 금지가 더 화급한 문제로 다루어지는 오늘날 미국 같은 부유한 민주주의 사회에서 특히 더 심하다고 그들은 이야기한다. 허리케인이 그 어느 때보다 막강한 위세로 멕시코만 연안 도시들을 휩쓸어도, 작황이 줄줄이 좋지 않아도, 뜨거운 여름날 배달 기사들이 도로에서 픽픽 쓰러져 죽어도 배우 매튜 매커니히는 여전히 석유를 잔뜩 잡아먹는 SUV를 TV에서 광고한다. 한 사회비평가는 이렇게 표현했다. "지금 우리는 재앙에는 완전히 속수무책인 동시에 상황을 전혀 진지하게 대하지도 않는 우를 범하고 있다. 마치 로마 전체에 불이 번지고 있는데, 우리가 할 수 있는 일이라곤 사소한 일로 꼬투리를 잡아 왈가왈부하는 게 전부인 것 같다."[8]

장기적으로 봤을 때 폭염은 결국 생물체를 멸종시키는 힘이다.

모든 생명체, 심지어 바다 가장 밑바닥의 열수구에서 번성하는 미생물조차 나름의 온도 한계치가 있다. 심지어 우리의 전화기나 인터넷에 전력을 공급해주는 서버팜server farm도 나름의 온도 한계치가 있다. 인간 중에도 그렇듯 생명체 중에도 유달리 온도에 취약한 것들이 있게 마련이지만 결국에는 과학자 제임스 핸슨이 썼듯 "지구는 비너스 익스프레스Venus Express(유럽 우주국ESA이 2005년 11월 9일 금성의 온실효과를 규명하기 위해 발사한 유럽 최초의 금성 탐사선-옮긴이)호에 기대기 바쁠 것이다."[9]

그런데 행성이 극도로 더워지면 생명체가 얼마나 어떻게 죽을지 그 증거를 찾기 위해 굳이 금성에 갈 것도 없다. 텍사스주 과들루프산맥국립공원Guadalupe Mountains National Park에만 가도 그 증거를 볼 수 있으니까.

아주 오래된 미래 위에서

과들루프산맥국립공원은 미국의 국립공원 중에서 사람들의 발길이 가장 뜸한 곳 중 하나다. 요세미티나 글레이셔국립공원처럼 탄성이 절로 나는 빼어난 풍광에 익숙한 감상 위주의 관광객들에게는 과들루프산맥국립공원이 사막에 바윗덩어리가 엄청나게 쌓인 광경으로만 보일 것이다. 하지만 오늘날 사막으로 보이는 이곳은 고대에는 해저였다. 집채만 한 바윗덩어리도 사실 멕시코만과 북극 사이의 광대한 내해에서 자라던 2억 6,000만 년 된 암초의 잔해다.

오늘날 도마뱀들이 사는 곳을 한때는 상어들이 헤엄쳐 다녔다. 이 오래된 암초의 꼭대기, 마침맞게도 엘카피탄이란 이름이 붙은 정상부는 텍사스주에서 가장 고도가 높은 곳으로 손꼽힌다(해발고도 약 2,464미터). 그 정상부가 사막 한가운데에 어마어마한 선박의 뱃머리처럼 어렴풋이 떠 있다.

엘카피탄은 얼핏 보면 산 같지만 사실은 한때 이 암초에 살았던 생물체의 뼈대가 어마어마하게 쌓인 더미다. 날씨가 너무 무더워서 극지방 얼음까지 다 녹아 없어지고 해수면은 지금보다 100여 미터는 높았던 시절 지구에 살았던 생물체들의 합동 무덤이 탑처럼 우뚝 솟아 있는 셈이다. 동시에 날씨가 오늘날처럼 더울 경우 상황이 훨씬 더 혹독해질 수 있음을 적나라하게 보여주는 증거이기도 하다.

어느 가을날 시몬과 나는 이 오래된 암초를 탐험하기 위해 차를 몰고 길을 나섰다. 먼 길을 달려가는 도중에 우리는 고속도로 위를 재빠르게 질주하는 길달리기새를 마주치는가 하면 크레오소트 관목숲을 충충대며 누비는 코요테들도 어렴풋이 볼 수 있었다. 그러다 드디어 엘카피탄 기슭에 도착해 인근의 공원 본관에 차를 대고는 등산로 지도를 들고 유리 진열장에 전시된 화석 전시물을 둘러보았다. 지평선 바로 저 너머로는 미국 최대의 석유 및 가스 산업의 유원지인 퍼미언분지Permian Basin의 우물집들이 눈에 들어왔다. 바로 저 땅을 드릴로 뚫고 파쇄해 파이프라인을 집어넣은 다음 한때 이 바다에서 헤엄치던 고대 동물들의 유해를 빨아들여, 그날 우리가 타고 간 차량의 휘발유를 비롯한, 현대 생활에 필요한 동력을 얻고 있었다. 그 광경을 보고 있자니 지금 우리의 삶이 화석연료와 얼마나 깊이 얽혀 있는지가(이런 인식을 노리고 만든 것인지는 모르겠지만) 확실히 실감 났다.

우리는 퍼미언 암초길Permian Reef Trail 쪽으로 올라갔다. 이 길의 안내소에서 만난 공원 관리인은 성격이 아주 나긋나긋한 20대 여성으로, 자신도 석유 기술자였던 아버지와 함께 이 길을 많이 오르내렸다고 했다. 이 길이야말로 "미국 최고의 지질학 하이킹 코스"라는 게 그녀의 평이었다. 암초 꼭대기에 이르려면 약 13킬로미터를 걸어야 했다.

그 길을 따라 우리는 올라갔다. 그 길에서 우리는 바운드스톤boundstone이라는, 물속 조류가 해면 주변에서 자라면서 생겨난 바위를 만나는가 하면, 수백만 년 전 벌레들이 먹이를 찾기 위해 해저를 파헤치고 들어간 흔적들도 발견할 수 있었다. 또 완족류라고 불리는 조개처럼 생긴 생물체의 파편들과 함께 키가 2.7미터에 이르는 암초 바위도 볼 수 있었다.

그 길을 오르면서 우리는 이 암초가 살아 있을 때 세상은 어떤 모습이었을지 상상했다. 그때는 지구의 땅덩어리들이 전부 판게아라고 불리는 하나의 초대륙으로 합쳐져 있었다. 지금으로부터 약 3억 년 전에 시작된 페름기는 대체로 오늘날보다 날씨가 약간은 시원했다. 그때도 땅 위에는 나무들과 식물들이 자라고 있었다. 침엽수도 자라났지만 오늘날의 소나무 같은 모습은 아니었다. 등에 돛이 달린 덩치 큰 양서류들과 육식성의 고르고놉스(티라노사우루스 렉스와 검치호 사이의 교배종을 상상하면 된다)가 최상위 포식자들이었다. 온몸이 비늘로 덮인 생쥐 같은, 오늘날 포유류의 가장 오랜 조상이라 할 견치류도 종종거리며 돌아다녔다. 바다에서는 거대한 상어와 뼈가 앙상한 물고기들이 헤엄쳐 다녔고 해저에는 삼엽충을 비롯해 크기와 모양이 다양한 완족류들이 수없이 많았다.

페름기는 5,000만 년 정도 이어졌다. 그러다 약 6만 년 정도의 세월을 거치면서(지질학의 시간 개념으로 보면 그야말로 눈 깜짝할 사이에) 급작스레 모든 게 죽었다. 정확히 말하면 거의 모든 것이. 페름기에 생명체들이 죽은 것은 극단적 더위 탓이었다. 시베리아의 화산들이 격렬하게 분출하면서 수십억 톤에 이르는 이산화탄소를 단번에 대기 중으로 쏟아낸 것이 화근이었다. 이 사태로 지구의 기온이 거의 14℃나 껑충 뛰면서 60℃에 달하는 폭염을 지상에 몰고 왔던 것 같다. 열대지방에서는 바다 온도가 40℃까지 올랐으니, 이 정도면 자쿠지 욕조의 물 온도에 맞먹었다. 화산의 아가리에서는 용암도 얼마나 많이 분출되었는지 미국 전체 면적의 땅을 0.8킬로미터 두께의 용암이 뒤덮을 정도였다. 지구가 회복되어 다시 생명력을 되찾기까지는 1,000만 년의 시간이 걸렸다.

페름기 말의 멸종은 우리의 상상력으로는 다 헤아릴 수 없는 무시무시한 사태였다. 한마디로 많은 것들이 다 같이 열사병에 걸려 죽음을 맞은 것이었으니까.

지금은 21세기이니 여기 과들루프산맥이 생겨난 것은 우리와는 동떨어진 시절의 일인 것만 같다. 그런데 그렇지 않다. 너무 뜨거운 행성에서의 삶이 얼마나 위험한지 지금껏 아무리 많은 것을 알아냈어도, 또 기술이 제아무리 정교하게 발달하고 역사를 잘 알아도 우리가 지금 걸어 올라가는 길은 그때와 똑같다. 더구나 그 끝은 생물체의 유해 더미 위에 탁 트인 전망대로도 통하지만 골딜록스 존 너머의 사막으로도 통한다. "지금 당장, 우리가 현재라고 여기는 이 놀라운 시점에 우리는 어떤 진화의 길이 계속 우리에게 열려 있고 어떤 길이 영영 닫힐지를 별 생각 없이 시시각각 결정하고 있다."[10] 엘리자베스 콜버트가 『여섯 번째 대멸종』에 썼다. "다른 생물체는 지금껏 이런 상황을 감당해본 적이 없다. 안타까운 얘기지만 여섯 번째 멸종이야말로 우리가 지구에 길이길이 남길 유산일 것이다."

이 책을 쓰는 내내 나는 생각지 못한 모험을 했다. 이제 아침에 커피잔을 집어 들면 분자들의 진동이 느껴진다. 엄밀히 말하면 느낀다고 생각하는 것이겠지만. 또 건물에 들어설 때마다 나도 모르게 온도 지능thermal intelligence을 계산하곤 한다. 이제 호수나 강들은 일종의 냉방 시설로 보인다. 아스팔트 주차장은 패배한 문명의 잔해처럼 느껴진다. 정치인들을 평가할 때도 우리 세상이 정말 빠르게 변하고 있다는 사실을 얼마나 잘 이해하느냐를 기준으로 삼곤 한다. 사람들은 기후위기 책을 쓰는 일이, 아울러 앞으로 닥칠 고난과 고통을 상상하는 일이 힘들지 않았느냐고 묻곤 한다. 그때마다 나는 한결같이 이렇게 대답한다. 이것은 우리 시대의 위대한 이야기라고, 이걸 주제로 내가 뭔가를 말할 수 있어서 정말 영광이라고. 물론 이따금 어둠이 드리울 때도 있다. 하지만 이 책을 쓰면서 나는 끝없이 영감을 얻을 수 있었다. 미래를 위해 싸워나가며 이 행성 위에서의 삶과 관련한 모든 것을 다시 상상해보는 이들을 수도 없이 많이 만날 수 있었기 때문이다. 여러분도 이 책을 통해 그중 몇몇을 만나본 셈이다. 그들의 도움, 나아가 그들과 비슷한 다른 이들의 도움 덕에 나는 우리가 원하기만 하면 이 세상을 더 나은 곳으로 만들 수 있다고 믿게 됐다. 물론 말은 쉬워도 그걸 실행하기란 어려운 일이며, '더 나은'이 어떤 뜻인지도 사람들에 따라 천차만별이라는 걸 나도 잘 안다. 우리가 나선 이 여행에는 지도도 없을뿐더러 앞에 펼쳐질 길을 미리 보여주는 가상현실도 없다. "무엇이 위기에 몰려 있고, 그걸 해결하기 위해 할 일이 얼마나 많은지 그 진실을 우리는 어떻게 해야 똑바로 마주할 수 있을까요?"[11] 해양과학자이자 기후운동가인 아야나 엘리자베스 존슨이 던지는 질문이다. "어떻게 해야 곤경에 몰려도 포기하지 않을 용기를 낼 수 있을까요? 어떻게 해야 문제를 풀어줄 해법, 나아가 상황을 역전시키기 위해 우리 각자가 해야 할 일에 집중할 수 있을까요?"

이런 질문들에는 나도 답해줄 수 없다. 하지만 3년 동안 이 책을 작업한 후 나는 더위라는 짐을 우리와 나누어서 지고 살아가는 다른 생물체들을 종전과 다른 식으로 생각하게 됐다. 박쥐가 저문 하늘을 쏜살같이 가르는 것을 보면 더 선선한 밤에 사냥할 수 있으니 정말 운 좋은 동물이라는 생각이 든다. 여름날 밤 우리 집 마당의 차로를 엉금엉금 기어가는 아르마딜로를 보면 저 녀석은 자기 몸을 뒤덮고 있는 저 무거운 비늘을 벗어던지고 싶지 않을까라는 생각이 든다. 이파리가 갈색으로 시들어가는 피칸나무를 보면 더위 때문에 스트레스가 심한 것은 아닌지, 또 근처의 다른 나무들에게 이 혹독한 시절에 대해 뭐라 말할지 궁금하다. 그리고 배핀섬에서 날 잡아먹지 않았던 북극곰이 생각나는 동시에 지금 그 새끼들은(지금까지 살아 있다면 그 녀석들이 이젠 엄마 아빠나 할아버지 할머니가 돼 있겠지만) 점점 사라져가는 얼음 속에서 어떻게 삶을 헤쳐 나가고 있을까 생각한다. 새로운 사냥 기술을 습득했을까? 기후에 영리하게 대응하는 곰들이 되었을까?

이 책을 쓰면서 더위가 정말로 손쉽게, 그리고 순식간에 우리 목숨을 앗아갈 수 있다는 사실을 알았다. 또한 우리가 서로 연결되어 있을 뿐만 아니라 살아 있는 모든 존재들과 그야말로 깊이 연결돼 있다는 것을 깨달았다. 어디를 향해 가든 우리는 지금 다 같이 하나의 여정에 올라 있다.

감사의 글

이 책의 구상이 처음 싹튼 건 애리조나주의 기온이 47.2℃까지 오른 어느 날이었고, 그것이 완전히 무르익은 것은 내가 아내 시몬과 함께 한밤중에 차를 몰고 오래도록 텍사스주를 드라이브하면서였다. 그때 아내는 더위는 책으로 다뤄야 할 중요한 화두이고, 내가 그런 책을 써야 한다고 설득했다. 그래서 지금 이렇게 책이 나왔다. 하지만 수많은 이들의 도움과 지원이 없었다면 나는 절대 책을 써낼 수 없었을 것이다.

나의 에이전트 헤더 슈로더Heather Schroder는 내가 숱한 진창을 건너고 높다란 산을 넘도록 이끌어주었다. 리틀브라운출판사에서는 필 머리노Phil Marino와 브루스 니콜스Bruce Nichols에게 고마운 마음이며, 특히 세상을 다른 방식으로 보는 책을 쓸 수 있게끔 나를 거세게 몰아붙여준—그 어느 때보다 내게 패기를 불어넣어준—내 담당 편집자 프로노이 사카Pronoy Sarkar에게 고마움을 전한다. 바버라 페리스Barbara Perris는 이번에도 복잡하게 꼬인 문장들을 의미가 잘 통하게 매만져주었다. 탈고하기까지 내내 초고의 방향을 잡아준 린다 애런즈Lindad Arends에게도 감사한 마음이다.

이 책에는 《롤링스톤》에 썼던 기사 내용을 토대로 구성된 장들이 많은데, 지난 수년간 기후변화 취재가 얼마나 다급한 일인지를 잘 아는 이들과 일할 수 있어서 정말 다행이었다. 잔 웨너Jann Wenner, 윌 데이나Will Dana, 제이슨 파인Jason Fine, 피베 나이들Phoebe Neidl, 노아 샤크트먼Noah Shachtman, 해너 머피Hannah Murphy, 캐던스 뱀베넥Cadence Bambenek, 특히 오랜 세월 내 담당 에디터이자 전쟁 동지였던 션 우즈Sean Woods에게 고마움을 전한다.

아드리엔 아슈트 록펠러재단 회복력 센터는 지금껏 나와 긴 여정을 함께해왔으며, 타의 추종을 불허하는 기후 문제 전사戰士 케이시 바우만 맥레어드에게 각별히 고마운 마음이다. 모리코 로다스Mauricio Rodas와 엘레니 마이리빌Eleni Myrivil은 시작부터 나와 이 여정을 함께하며 줄곧 힘을 북돋워주었다.

키쉬나 모한Kishna Mohan, 아쉬위니 치담바람Ashwini Chidambaram, 버네사 피터Vanessa Peter는 연고가 전혀 없는 세상에서 나를 사람들과 연결해주었다. 남극에서 나와 한 배를 탔던 이들, 특히 롭 라터, 앨스테어 그레이엄Alastair Graham, 라스 보엠, 제임스 커컴James Kirkham, 바스티엔 쿠에스트, 길럼 보르톨로토, 안나 왈린에게 고마움을 전한다. 선장 브랜든 벨, 일등 항해사 릭 윔켄, 3등 항해사 루크 젤러Luke Zeller가 애써준 덕에 우리는 빙하를 무사히 헤치고 집으로 돌아올 수 있었다. 지난 몇 년에 걸쳐 무척 커다란 도움을 준 과학자들, 마이클 만, 켄 칼데이라, 제케 하우스패더, 안드레아 더튼, 제이슨 박스Jason Box, 앤드루 데슬러에게도 고맙다. 내 담당 연구원들이었던 루시 마리타 야쿠브Lucy Marita Jakub, 엘리자베스 모리슨Elizabeth Morison은 내가 기후 공부를 시작하게 도와주었다. 멜버른을 두루 둘러보게 해준 토비 켄트Toby Kent에게도 감사를 전한다. 마르크 쿠데르트Marc Coudert는 복잡한 질문들에 허심탄회하게 답변해주었다. 앤드루 그룬슈타인Andrew Grundstein, 다니엘 베켈리오Daniel Vecellio, 제프리 로스 이바라Jeffrey Ross-Ibarra, 존 화이트먼John Whiteman, 샘 슈브롱, 질 프러츠Jill Pruetz, 피터 칼머스Peter Kalmus는 내가 전문서를 읽어나가게 도와주었다.

훌륭한 이웃이 된다는 게 어떤 것인지를 몸소 보여준 마이크 더건Mike Dugan에게도 감사를 전한다. 카를 쾨니히 박사Dr. Karl Koenig는 내가 계속 몸 성히 활동할 수 있게 해주었고, 댄 듀덱Dan Dudek은 그간 내가 써온 모든 책에 지혜를 채워주었다. 배핀섬에서 무사히 살아남을 수 있게 해준 데이비드 키스와 제프 홈스에게도 인사를 전한다. 나와 오랜 친구로 지내며 훌륭한 편집자의 안목을 보여준 에릭 노낙스Eric Nonacs에게도 감사한 마음이다. 그리고 내가 이 책을 마무리하는 중 우리 곁을 떠난, 훌륭한 인간과 훌륭한 작가는 별개가 아님을 삶으로 증명해 보인 내 친구 러셀 뱅크스Russell Banks에게도 고마움을 전한다.

매기와 개리 위차 부부Maggie and Gary Wicha에게는 함께 지내게 해준 데 대해—아울러 그러는 동안 무척이나 큰 힘을 준 데 대해!—무슨 말로 내 사랑과 감사를 표현해야 할지 모르겠다. 니콜, 르네, 에릭, 울란, 애밀 덕에 내 세상은 한결 더 따뜻해졌다. 용감하고 인자하신 우리 어머니 아를린 워들로Arlene Wadlow는 내게 아낌없이 모든 걸 다 주신 분이다. 누이 질은 그 어느 때보다 영웅이 절실한 시절에 영웅의 면모를 유감없이 보여주었다. 그레이스, 조지아, 밀로는 내가 이 책을 쓰는 이유이자 내가 희망을 거는 미래다.

마지막으로 시몬, 나의 뮤즈, 나의 바위, 나의 여행 동반자, 나의 괴물 조련사에게 한마디 하겠다. 우리는 지금도, 그리고 앞으로도 언제나 뜨거울 거야.

용어 해설

- **알베도**albedo: 사물 혹은 사물 표면이 햇빛, 나아가 햇빛에서 나오는 열을 함께 반사하는 능력. 흰색 지붕은 알베도가 높고 검은색 아스팔트 도로는 알베도가 낮다. 알베도가 더 높은 자재로 전환하는 것이 도시 열섬효과를 억제하는 핵심 전략이다.
- **심부체온**core body temperature: 심장, 간, 두뇌, 혈액 등 인체 내부 장기의 온도. 심부체온은 말초체온과는 차이가 나며(이상 고열 여부는 심부체온으로 더욱 확실히 알 수 있다) 피부 표면이나 그 가까이에서 재는 말초체온은 환경의 영향을 받는다.
- **골딜록스 존**Goldilocks Zone: 너무 뜨겁거나 너무 춥지 않아서 액체 상태의 물이 행성 표면에 존재할 수 있는 별 주변부 지역. 서식 가능 지역habitable zone이라고도 한다.
- **열돔**heat dome: 며칠 심지어 몇 주를 한 구역에 머물며 그 아래에 뜨거운 공기를 가두고 있는 고기압권. 냄비 뚜껑과 비슷한 역할을 하는 셈이다. 북쪽 위도에서는 보통 기압계가 서쪽에서 동쪽으로 이동하는데, 종종 제트기류가 약해지거나 걷잡을 수 없이 거세지면 이들 기압계가 움직이지 못하기도 한다. 제트기류는 지구 표면 위의 높은 곳에서 부는 일단의 강한 바람으로, 이 기류가 있으면 근처에 저기압권이 발달해 이동하기 더 쉬워진다.

- **열탈진**heat exhaustion: 열 스트레스가 심해진 상태. 열탈진에 걸리면 과도한 땀 분비, 현기증, 구토, 기절 같은 증상이 나타날 수 있다.
- **열지수**heat index: 상대습도와 기온을 조합해 계산한 값. 1979년 물리학자 로버트 스테드먼Robert Steadman이 날씨 조건이 사람에게 어떻게 체감되는지를 더 정확하게 측정하기 위해 만든 모형에서 개발되었다(때로 열지수를 '체감'온도라고 칭하는 것도 이 때문이다). 미국 국립기상청은 열지수 값에는 그늘과 약간의 바람이 가정돼 있다는 점에 유의해야 한다고 말한다. 햇빛에 직접 노출되면 열지수 값은 9℃ 정도 높아질 수 있다는 것이다. 캘리포니아대학교 버클리의 기후과학자 데이비드 롬프스David Romps가 증명한 바에 의하면, 고온에서는 국립기상청의 열지수 계산값이 점점 더 부정확해져, 실제 열지수보다 12℃나 낮게 나올 수 있다고 한다.
- **열 스트레스**heat stress: 신체가 과도한 열을 떨쳐내지 못하는 것. 약간의 땀 분비와 빠른 심장박동이 초기 증상으로 나타난다. 스트레스가 더 심해지면 열탈진이나 열사병으로 이어지기도 한다.
- **열사병**heatstroke: 생명을 위협하는 병으로, 보통 심부체온이 40℃ 이상으로 걷잡을 수 없이 치솟으면서 섬망, 경련, 혼수, 사망 등의 중추신경계 기능부전이 나타난다.
- **이상 고열**hyperthermia: 체온이 비정상적으로 높은 것으로, 우리 몸이 방출할 수 있는 것보다 더 많은 열이 흡수되거나 만들어질 때 일어난다. 우리 몸이 발생시킬 수 있는 양보다 더 많은 열을 잃으면 일어나는 증상인 저체온증과는 정반대다.
- **열 장벽**thermal barrier: 열이 어떤 사람의 몸 혹은 어떤 공간에서 다른 사람의 몸이나 다른 공간으로 이동하는 것을 줄여주는 것. 포유동물의 경우에는 모피가 열 장벽 역할을 한다. 건물 안에서는 단열재가 열 장벽이 된다. 이 말은 열 경계heat boundary의 맥락에서 사용되기도 하는데, 로켓이 공력가열(어떤 물체가 엄청나게 빠른 속도로 공기를 가를 때의 마찰력에서 생겨난다)에 들어가기 전 로켓의 철 표면이 변형되거나 녹아내릴 수 있는 온도가 일종의 열 경계다.
- **열 쾌적성**thermal comfort: 주변 환경이 너무 덥거나 너무 춥다는 느낌을 정하는 개인의 마음 상태. 물리적 상태를 설명하는 이상 고열이라는 말과 달리 열 쾌적성은 심리 상태를 설명하는 말이다. 달리 표현하자면 특정 온도가 개인에게 어떻게 느껴지는지는 그 느낌을 실제 겪는 사람에 따라 달라진다. 열 쾌적성에는 나이, 기

초 건강, 의복, 약물 사용 등 많은 요인이 상당한 영향을 미칠 수 있다.

- **증산작용transpiration**: 식물을 통해 물이 이동하고 증발하는 것. 식물들은 뿌리를 통해 땅에서 끌어올린 물을 광합성이 일어나는 이파리로 보낸다. 하지만 이파리까지 다다른 물은 이산화탄소와 산소를 교환하기 위해 기공(이파리 표면에 나 있는 구멍 모양의 미세한 구조)이 열리고 닫히는 과정에서 거의 전부 날아간다. 수증기는 증발하면서 식물을 시원하게 만들어준다. 인간이 땀을 흘리면 몸이 시원해지는 것과 비슷한 원리다. 커다란 나무는 하루에 많게는 약 113리터의 물을 증산작용을 통해 내보내기도 하는데, 그러면 나무가 주변의 열에너지를 끌어들여 근방의 공기가 시원해진다.
- **도시 열섬urban heat island**: 인구가 몰려 있는 지역이 인간이 조성한 인공물과 인간의 활동들로 인해 주변의 시골 지역에 비해 더 따뜻한 것. 포장도로, 콘크리트, 강철은 모두 열을 빨아들였다가 다시 방출하는 특성이 있다. 건물들은 시원한 바람이 지나다니지 못하도록 막는다. 나무의 수가 적다는 것은 그만큼 그늘도 적고 증산작용으로 인한 냉각 효과도 줄어든다는 뜻이다. 자동차, 트럭, 에어컨, 발전소, 공장을 비롯해 각종 기계에서 나오는 폐열廢熱도 열부하를 더욱 높이는 원인이 된다. 그 결과 도시들은 근처의 시골 지역보다 기온이 9~12℃ 더 높을 수 있으며, 이 같은 기온 차는 밤에 가장 크게 벌어질 때가 많다.
- **매개 감염 질병vector-borne disease**: 모기나 진드기 등의 감염된 절지동물에게 신체 일부가 물려 기생충, 바이러스, 박테리아 따위가 인체에 들어왔을 때 걸리는 병. 절지동물들은 모두 냉혈동물이고 따라서 온도와 기후변화에 특히 민감하다.
- **습구흑구온도wet bulb globe temperature, WBGT**: 직접적 햇빛에 들어 있는 열 스트레스를 측정한 값으로, 온도, 습도, 풍속, 태양복사를 고려해 계산한다.

  "습구흑구온도는 더위로 인한 사상자 발생을 예방할 더 나은 방법을 찾으려고 애초 군대에서 사용한 방법이었습니다." 조지아대학교의 지리학 교수 앤드루 그룬트스타인Andrew Grundstein이 내게 한 말이다. "문제는 기상예보관들은 이 수치 사용을 꺼린다는 것인데, 실제 기온보다 수치가 낮게 나올 수 있어 사람들을 헷갈리게 하기 때문입니다." 예를 들어 내가 이 글을 쓰고 있는 이 순간 오스틴의 기온은 35℃에 습도는 40이고 바람이 약하게 불고 있다. 열지수는 37.2℃다. 하지만 습구흑구온도는 30.2℃다. 구름이 약간 뒤덮고 있는 데에다 습도가 (텍사스주치고는)

상대적으로 낮기 때문이다.

- **습구온도**wet bulb temperature, WBT: 물의 증발을 통해 최대한으로 낮아질 수 있는 온도를 계산한 값. 이 온도를 만들어낸 건 20세기 초에 활동한 영국 의사 J. S. 홀데인J. S. Haldane이다. 그는 습열濕熱이 노동자들에게 미치는 영향을 밝혀내기 위해 직접 콘월 땅속의 덥고 습한 주석 광산으로 내려갔다. 홀데인은 습도를 비롯해, 땀 증발로 몸이 얼마나 잘 식는지에 초점을 맞춘 온도 측정법을 개발했다.

  '습구'라는 표현은 온도계를 젖은 면이나 양말로 감싸 바깥에 놔두고 측정했다는 사실을 나타낸다. 천에서 물이 증발하면 온도계의 온도가 내려가 땀이 온도를 얼마나 식혀줄 수 있는지를 대략적으로 알려준다. 공기가 건조할 때는 더 많은 물이 증발해 습구온도계의 온도가 내려가지만 습할 때는 증발 효과가 적어서 건조할 때보다 온도가 더 높다.

  연구자들은 때로 인체를 통한 열전달의 열역학 한계치를 정할 때 습구온도를 이용한다. 습구온도는 습구흑구온도(위의 항목 참조)와는 다르다. 훨씬 나중에 만들어진 습구흑구온도에는 바람과 태양복사의 효과도 포함돼 있다.

주

8쪽

1. Luke Kemp et al. "Climate Endgame: Exploring Catastrophic Climate Change Scenarios." *Proceedings of the National Academy of Sciences 119*, no. 34 (2022), e2108146119. https://www.pnas.org/doi/10.1073/pnas.2108146119
2. Colin Carlson et al. "Climate Change Increases CrossSpecies Viral Transmission Risk." *Nature* 607 (2022), 555–562. https://doi.org/10.1038/s41586-022-04788-w
3. "Global Food Crisis." World Food Programme website. 2022년 10월 접속. https://www.wfp.org/emergencies/global-food-crisis
4. Ariel Ortiz-Bobea et al. "Anthropogenic Climate Change Has Slowed Global Agricultural Productivity Growth." *Nature Climate Change* 11 (2021), 306–312. https://doi.org/10.1038/s41558- 021- 01000-1
5. Qi Zhao et al. "Global, Regional, and National Burden of Mortality Associated with Non-Optimal Ambient Temperatures from 2000 to 2019: a Three- Stage Modelling Study." *The Lancet Planetary Health*, vol.5, issue 7 (July 2021), 415–425. https://doi.org/10.1016/S2542-5196(21)00081-4

특별 서문

1. Copernicus Climate Change Service. "Copernicus: 2023 is the Hottest Year on Record, with

Global Temperatures Close to the 1.5°C Limit." Press release, January 9, 2024. https://climate.copernicus.eu/copernicus-2023-hottest-year-record

2. Rebecca Hersher. "Frankly Astonished: 2023 was Significantly Hotter Than Any Other Year on Record". *NPR news*, January 12, 2024. https://www.npr.org/2024/01/12/1224398788/frankly-astonished-2023-was-significantly-hotter-than-any-other-year-on-record
3. Damian Carrington. "'Gobsmackingly Bananas': Scientists Stunned by Planet's Record September Heat." *The Guardian*, October 4, 2023. https://www.theguardian.com/environment/2023/oct/05/gobsmackingly-bananas-scientists-stunned-by-planets-record-september-heat
4. Michael Wilson. "Orange Skies and Burning Eyes as Smoke Shrouds New York City." *The New York Times*, June 7, 2023. https://www.nytimes.com/2023/06/07/nyregion/nyc-wildfire-smoke-scenes.html
5. Dinah Voyles Pulver. "101.1 Degrees? Water Temperatures off Florida Keys Among the Hottest in the World". *USA Today*, July 25, 2023. https://www.usatoday.com/story/news/nation/2023/07/25/water-temperatures-in-florida/70463489007/
6. "Cyclone Freddy Among Africa's Deadliest Storms." *Reuters*, March 20, 2023. https://www.reuters.com/business/environment/cyclone-freddy-among-africas-deadliest-storms-2023-03-15/
7. Maricopa County. 2023 Weekly Heat Mortality/Morbidity Reports. 2024년 1월 접속. https://www.maricopa.gov/1858/Heat-Surveillance
8. Rodrigo Viga Gaier. "Taylor Swift Fan Died of Heat Exhaustion at Rio Concert, Police Say." *Reuters*, December 27, 2023. https://www.reuters.com/world/americas/taylor-swift-fan-died-heat-exhaustion-rio-concert-police-say-2023-12-27/
9. Zeke Hausfather. "State of the Climate: 2023 Smashes Records for Surface Temperature and Ocean Heat." Carbon Brief, January 12, 2024. https://www.carbonbrief.org/state-of-the-climate-2023-smashes-records-for-surface-temperature-and-ocean-heat/
10. NASA Earth Observatory. "Five Factors to Explain the Record Heat of 2023." January 13, 2024. https://earthobservatory.nasa.gov/images/152313/five-factors-to-explain-the-record-heat-in-2023
11. Ibid.
12. Ibid.
13. Jonathan Watts. "World Will Look Back at 2023 as Year Humanity Exposed its Inability to Tackle Climate Crisis, Scientists Say." *The Guardian*, December 29, 2023. https://www.theguardian.com/environment/2023/dec/29/world-will-look-back-at-2023-as-year-humanity-exposed-its-inability-to-tackle-climate-crisis
14. Oliver Milman. "Global Heating Will Pass 1.5℃ Threshold This Year, Top Ex-NASA Scientist Says." *The Guardian*, January 8, 2024. https://www.theguardian.com/environment/2024/jan/08/global-temperature-over-1-5-c-climate-change
15. Damian Carrington. "2023 Smashes Record for the World's Hottest Year by Huge Margin." *The Guardian*, January 9, 2024. https://www.theguardian.com/environment/2024/jan/09/2023-record-world-hottest-climate-fossil-fuel
16. Nathaniel Meyersohn. "Biden's Climate Law has Led to 86,000 New Jobs and $132 Billion in Investment, New Report Says". *CNN*, August 14, 2023. https://www.cnn.com/2023/08/14/business/climate-clean-energy-jobs-biden/index.html

17. International Energy Agency. "Electricity 2024" January 2024. https://www.iea.org/reports/electricity-2024
18. Dan Neil. "You've Formed Your Opinion on EVs. Now Let Me Change It." *The Wall Street Journal*, January 19, 2024. https://www.wsj.com/lifestyle/cars/youve-formed-your-opinion-on-evs-now-let-me-change-it-6c6fd1c1?mod=hp_trending_now_article_pos3
19. "UN: 258 Million People Faced Acute Food Insecurity in 2022". *AP*, May 3, 2023. https://apnews.com/article/un-hunger-ukraine-covid-f4c0eda5f48eee25163ab14e835e666d
20. Michael Grunwald. "Why Vertical Farming Just Doesn't Work". *Canary Media*, June 28, 2023. https://www.canarymedia.com/articles/food-and-farms/why-vertical-farming-just-doesnt-work
21. Paul Njie and Natasha Booty. "Cameroon Starts World-First Malaria Mass Vaccine Rollout." *BBC News*, January 22, 2024. https://www.bbc.com/news/world-africa-68037008
22. World Health Organization. "Dengue and Severe Dengue." WHO fact sheet, March 17, 2023. https://www.who.int/news-room/fact-sheets/detail/dengue-and-severe-dengue
23. Kaitlin Naughten et al. "Unavoidable Future Increase in West Antarctic Ice-Shelf Melting Over the Twenty-First Century." *Nature Climate Chang*e 13, 1222–1228 (2023). https://doi.org/10.1038/s41558-023-01818-x
24. Clive Cookson. "'It Looks Like We've Lost Control' of Our Ice Sheets". *Financial Times*, November 30, 2023. https://www.ft.com/content/87695156-d715-4cd7-8621-0dc3858a4965
25. Damien Carrington. "Greenland Losing 30m Tonnes of Ice an Hour, Study Reveals." *The Guardian*, January 17, 2024. https://www.theguardian.com/environment/2024/jan/17/greenland-losing-30m-tonnes-of-ice-an-hour-study-reveals?
26. Rene M. Van Westen et al. "Physics-based Early Warning Signal Shows that AMOC is on Tipping Course." *Science Advances*, vol. 10, issue 6 (2024). https:// doi.org/10.1126/sciadv.adk1189
27. Bob Berwyn. "Extreme Climate Impacts From Collapse of a Key Atlantic Ocean Current Could be Worse Than Expected, a New Study Warns." *Inside Climate News*, February 4, 2024. https://insideclimatenews.org/news/09022024/climate-impacts-from-collapse-of-atlantic-meridional-overturning-current-could-be-worse-than-expected/
28. Damian Carrington. "Failure of Cop28 on Fossil Fuel Phase-out is 'Devastating', Say Scientists." *The Guardian*, December 14, 2023. https://www.theguardian.com/environment/2023/dec/14/failure-cop28-fossil-fuel-phase-out-devastating-say-scientists
29. The AP-NORC Center for Public Affairs Research. "Americans' Views on Climate, Energy Policy and Electric Vehicles." Press release, April 2023. https://apnorc.org/projects/americans-views-on-climate-energy-policy-and-electric-vehicles/
30. Andrew Dessler. "'Where is Everybody?': The Fermi Paradox, the Drake Equation, and Climate Change." The Climate Brink, January 4, 2024. https://www.theclimatebrink.com/p/where-is-everyone-the-fermi-paradox
31. Zoë Schlanger. "Prepare for a 'Gray Swan' Climate." *The Atlantic*. January 22, 2024. https://www.theatlantic.com/science/archive/2024/01/climate-change-acceleration-nonlinear-gray-swan/677201/
32. W. S. Merwin. "To the New Year" from Present Company (Port Townsend, Washington: Copper Canyon Press, 2005)

프롤로그

1. James Ross Gardner. "Seventy-Two Hours Under the Heat Dome." *The New Yorker*, October 11, 2021.
https://www.newyorker.com/magazine/2021/10/18/seventy-two-hours-under-the-heat-dome
2. 미국 국립기상청 포틀랜드 지부와의 사석 대화, 2022년 10월
3. Bob Berwyn. " 'We Need to Hear These Poor Trees Scream': Unchecked Global Warming Means Big Trouble for For-ests." *Inside Climate News*, April 25, 2020.
https://insideclimatenews.org/news/25042020/forest-trees-climate-change-deforestation/
4. Hannah Knowles. "'Hawkpocalypse': Baby birds of prey
have leaped from their nests to escape West's extreme heat." *Washington Post*, July 17, 2021.
https://www.washingtonpost.com/nation/2021/07/17/heat-wave-baby-hawks/
5. JoNel Aleccia. "As Extreme Heat Becomes More Common, ERs Turn to Body Bags to Save Lives." *Kaiser Health News*, July 22, 2021.
https://khn.org/news/article/killer-heat-body-bags-ice-heatstroke-emergency-treatment-climate-change/
6. 저자와의 사석 대화, 2021년
7. Ibid.
8. Kristie L. Ebi. "Managing Climate Change Risks is Imperative for Human Health." *Nature Reviews Nephrology* 18, vol. 2 (2021), 74–75. http://doi.org/10.1038/s41581-021-00523-2
9. Jaelen Ogadhoh. "14 in Clackamas County Die So Far in Summer Heat Waves." *Canby Herald*, August 10, 2021.
https://pamplinmedia.com/wlt/95-news/518067-413985-14-in-clackamas-county-die-so-far-in-summer-heat-waves
10. Gardner. "Seventy-Two Hours Under the Heat Dome."
11. Vjosa Isai. "Heat Wave Spread Fire That 'Erased' Canadian Town." *New York Times*, July 10, 2021. https://www.nytimes.com/2021/07/10/world/canada/canadian-wildfire-british-columbia.html
12. Norimitsu Onishi. "After Deadly Fires and Disastrous Floods, a Canadian City Moves to Sue Big Oil." *New York Times*, August 29, 2022. https://www.nytimes.com/2022/08/29/world/canada/vancouver-floods-fires-lawsuit.html
13. Cathy Kearney. "B.C. Man Says He Watched in Horror as Lytton Wildfire Claimed the Lives of his Parents." *CBC News*, July 2, 2021.
https://www.cbc.ca/news/canada/british-columbia/son-recounts-horror-of-losing-parents-in-lytton-bc-fire-1.6088297
14. Valerie Yurk. "Pacific Northwest Heat Wave Killed
More Than a Billion Sea Creatures." *E&E News*, July 15, 2001.
https://www.scientificamerican.com/article/pacific-northwest-heat-wave-killed-more-than-1-billion-sea-creatures/

15. 극한 추위로 인한 사망과 극한 더위로 인한 사망을 비교하는 것은 쉽지 않다. 첫째, 워싱턴대학교의 전염병학자 크리스티 에비는 사람들이 더위로 사망한다는 증거는 잘 정리되어 있다고 말한다. "하지만 사람들이 실제로 추위로 사망한다는 연구는 흩어져 있고, 힘이 있지도 않습니다."라고

그녀는 주장한다. 많은 연구에서 겨울철 심혈관 질환이 증가한다는 사실이 밝혀졌지만, 추위와 계절적 요인을 분리하는 것은 어려운 일이다. "겨울철에는 평균적으로 혈압, 혈액농도, 콜레스테롤 수치가 올라갑니다. (중략) 하지만 낮의 길이와 행동 변화 및 기타 요인과는 별개로 기온이 얼마나 영향을 미치는지는 알 수 없습니다." 둘째, 추위로 인한 사망률과 폭염 사망률을 비교하는 것은 때로 사과와 오렌지에 비유된다(겨울은 계절, 폭염은 기온 현상이기 때문이다). 셋째, 전 세계 기온이 오르며 열 관련 사망률이 오를 것으로 예상되는데, 관건은 열로 인한 사망자가 누구이며 어디에서 발생할 것인가다. 온난화가 진행되면 추위로 인한 사망자 수가 줄어들어 폭염으로 인한 사망자 수를 상쇄할 수 있다는 주장에 대해서는 다음과 같이 설명한다. "이 주장의 핵심은 조 삼촌이 추위로 죽지 않을 것이기에 해리엇 이모가 더위로 죽어도 괜찮다는 것을 암시합니다." 에비는 말한다. "이 주장은 개인의 도덕적 함의를 고려하지 않습니다."

16. Elaina Dockterman. "How 'Hot or Not' Created the Internet We Know Today." *Time*, June 18, 2014. https://time.com/2894727/hot-or-not-internet/
17. Dennis Wong and Han Huang. "China's Record Heat Wave, Worst Drought in Decades." *South China Morning Post*, August 31, 2022. https://multimedia.scmp.com/infographics/news/china/article/3190803/china-drought/index.html
18. quoted in Michael Le Page. "Heatwave in China is the Most Severe Ever Recorded in the World." *New Scientist*, August 23, 2022. https://www.newscientist.com/article/2334921-heatwave-in-china-is-the-most-severe-ever-recorded-in-the-world/
19. Testimony before the House Select Committee on the Climate Crisis. "Making the Case for Climate Action: The Growing Risks and Costs of Inaction." April 15, 2021. https://docs.house.gov/meetings/CN/CN00/20210415/111445/HHRG-117-CN00-Wstate-McTeerToneyH-20210415.pdf
20. Solomon Hsiang et al. "Estimating Economic Damage from Climate Change in the United States." *Science*, Vol. 356, Issue 6345 (2017), 1362–1369.
21. Christopher Flavelle. "Hotter Days Widen Racial Gap in U.S. Schools, Data Shows." *New York Times*, Oct. 5, 2020. https://www.nytimes.com/2020/10/05/climate/heat-minority-school-performance.html
22. Bruce Bekkar et al. "Association of Air Pollution and Heat Exposure With Preterm Birth, Low Birth Weight, and Stillbirth in the US: A Systematic Review." *JAMA Network Open 3*, no. 6 (2020).
23. Barrak Alahmad et al. "Associations Between Extreme Temperatures and Cardiovascular Cause-Specific Mortality: Results From 27 Countries." *Circulation* vol. 147, issue 1 (2023), 35–46. https://www.doi.org/10.1161/CIRCULATIONAHA.122.061832
   Woo-Seok Lee et al. "High Temperatures and Kidney Disease Morbidity: A Systematic Review and Meta-analysis." *Journal of Preventative Medicine & Public Health* 52, vol. 1 (2019), 1-13. https://doi.org/10.3961%2Fjpmph.18.149
24. Yoonhee Kim et al. "Suicide and Ambient Temperature: A Multi-Country Multi-City Study." *Environmental Health Perspectives* 127, vol. 11 (2019).
25. Andreas Miles-Novelo and Craig A. Anderson. "Climate Change and Psychology: Effects of Rapid Global Warming on Violence and Aggression." *Current Climate Change Reports* 5 (2019) 36–46. https://doi.org/10.1007/s40641-019-001212

26. Annika Stechemesser et al. "Temperature Impacts on Hate Speech Online: Evidence from 4 Billion Geolocated Tweets from the USA." *The Lancet Planetary Health* 6, no. 9 (2022), 714–725. https://doi.org/10.1016/S2542-5196(22)001735
27. Kim et al.
28. Damian Carrington. "Almost 8,000 US Shootings Attributed to Unseasonable Heat." *The Guardian*, December 16, 2022. https://www.theguardian.com/world/2022/dec/16/almost-8000-us-shootings-attributed-to-unseasonable-heat-study
29. Josephus Daniel Perry and Miles E. Simpson. "Violent Crimes in a City: Environmental Determinants." *Environmental Behavior* 19, no. 1 (1987). https://doi.org/10.1177/0013916587191004
30. Marshall B. Burke et al. "Warming Increases the Risk of Civil War in Africa." *Proceedings of National Academy of Sciences* 106, no. 49 (2009), 20670–20674. https://doi.org/10.1073/pnas.0907998106
31. Katrin G Burkart et al. "Estimating the Cause-Specific Relative Risks of Non-Optimal Temperature on Daily Mortality: a Two-Part Modelling Approach Applied to the Global Burden of Disease Study." *The Lancet* 398, no. 10301 (2021), 685–697. https://doi.org/10.1016/S0140-6736(21)01700-1
32. Rebecca R. Buchholz et al. "New Seasonal Pattern of Pollution Emerges from Changing North American Wildfires." *Nature Communications* 13, no. 2043 (2022). https://doi.org/10.1038/s41467-022-29623-8
33. Megan Sever. "Western Wildfires' Health Risks Extend Across the Country." *ScienceNews*, June 17, 2022. https://www.sciencenews.org/article/wildfire-health-risks-air-smoke-west-east-united-states
34. William J. Broad. "How the Ice Age Shaped New York." *New York Times*, June 5, 2018. https://www.nytimes.com/2018/06/05/science/how-the-ice-age-shaped-new-york.html
35. Andrew Dessler. *Introduction to Modern Climate Change* (Cambridge, England: Cambridge University Press, 2022), 33.
36. "Global Warming of 1.5°C." Intergovernmental Panel on Climate Change Special Report, 2018. https://www.ipcc.ch/sr15/
37. Robert Rohde. "Global Temperature Report for 2022." Berkeley Earth website. January 12, 2023. https://berkeleyearth.org/global-temperature-report-for-2022/
38. Ibid.
39. *Attribution of Extreme Weather Events in the Context of Climate Change* (Washington, DC: National Academies Press, 2016), 91.
40. "Western North American Extreme Heat Virtually Impossible Without Human-Caused Climate Change." *World Weather Attribution*, July 7, 2021. https://www.worldweatherattribution.org/western-north-american-extreme-heat-virtually-impossible-without-human-caused-climate-change/
41. Damian Carrington. "Oceans Were Hottest Ever Recorded in 2022, Analysis Shows." *The Guardian*. January 11, 2023. https://www.theguardian.com/environment/2023/jan/11/oceans-were-the-hottest-ever-recorded-in-2022-analysis-shows
42. Jason Samenow and Kasha Patel. "It's 70 Degrees Warmer than Normal in Eastern Antarctica.

Scientists are Flabbergasted." *Washington Post*, March 18, 2022. https://www.washingtonpost.com/weather/2022/03/18/antarctica-heat-wave-climate-change/

43. Chi Xu et al. "Future of the Human Climate Niche." *Proceedings of the National Academy of Sciences* 117, no. 21 (2020).
https://doi.org/10.1073/pnas.1910114117
44. Camilo Mora et al. "Global Risk of Deadly Heat." *Nature Climate Change* 7 (2017), 501–506.
https://doi.org/10.1038/nclimate3322
45. Eun-Soon Im, Jeremy S. Pal, and Elfatih A. B. Eltahir. "Deadly Heat Waves Projected in the Densely Populated Agricultural Regions of South Asia." *Science Advances*, Vol. 3, Issue 8 (2017). http://doi.org/10.1126/sciadv.1603322
46. Andrew May. "The Goldilocks Zone: The Place in a Solar System that's Just Right." *Live Science*, April 1, 2022. https://www.livescience.com/goldilocks-zone

1장

1. 마리포사카운티 경관의 보고, 사건번호 MG2100896. 2021년 8월 18일. 부록 01, 1.
2. 페이스북 게시물, 2022년 10월 접속. www.facebook.com/sjeffe
3. 마리포사카운티 경관의 보고, 2021년 8월 19일, 부록 06, 2.
4. Steve Rubenstein. "Remote Hiking Area Where Northern California Family Was Found Dead Treated as a Hazmat Site." *San Francisco Chronicle*, August 18, 2021. www.sfchronicle.com/bayarea/article/Remote-hiking-area-where-Northern-California-16395803.php
5. "Down and Out: A Collection of Tales from my 20 Years as a Cave Explorer." 리처드 게리시 웹사이트, 2022년 10월 접속. richardgerrish.weebly.com/down-and-out.html
6. 저자와의 사석 대화, 2022년 9월.
7. 저자와의 사석 대화, 2022년 9월.
8. AllTrails 게시물, 2022년 7월 검색.
9. 마리포사카운티 경관의 보고, 부록 10. 1.
10. Jose A. Del Rio. "Ferguson Fire Forces Largest Closing of Yosemite in Decades." *New York Times*, July 26, 2018.
www.nytimes.com/2018/07/26/us/california-today-ferguson-fire-yosemite.html
11. AllTrails 게시물, 2022년 7월 검색.
12. Ibid.
13. Steven C. Sherwood and Matthew Huber. "An Adaptability Limit to Climate Change Due to Heat Stress." *Proceedings of the National Academy of Sciences* 107, no. 21 (2010) 9552– 9555.
https://doi.org/10.1073/pnas.0913352107
14. Amby Burfoot. "The Last Run." *Runner's World*, January 18, 2007. https://www.runnersworld.com/runners-stories/a20801399/the-dangers-of-running-in-the-heat/
15. Sarah Trent. "Philip Kreycik Wasn't Supposed to Die This Way." *Outside*, May 27, 2022. www.outsideonline.com/outdoor-adventure/environment/heat-related-illness-trail-running-death-philip-kreycik/
16. Gordon Wright. "Michael Popov's Last Run." *Outside*, August 15, 2012. www.outsideonline.

com/health/running/michael-popovs-last-run-coming-grips-sudden-death-exceptional-ultra-runner/#close

17. John S. Cuddy and Brent S. Rudy. "High Work Output Combined With High Ambient Temperatures Caused Heat Exhaustion in a Wildland Firefighter Despite High Fluid Intake." *Wilderness & Environmental Medicine* 22, no. 2 (2011), 122– 125. https://doi.org/10.1016/j.wem.2011.01.008
18. 저자와의 사석 대화, 2022년 4월.
19. Ibid.
20. Cecilia Sorensen, MD, and Ramon Garcia-Trabanino, MD. "A New Era of Climate Medicine — Addressing Heat Triggered Renal Disease." *New England Journal of Medicine* 381, no. 8 (2019), 693– 696. http://doi.org/10.1056/NEJMp1907859
21. Joshua Bote. " 'Can you help us': Final Text from California Family Found Dead on Hike Near Yosemite Released." *SFGate*, February 18, 2022. www.sfgate.com/bayarea/article/Final-texts-released-Chung-Gerrish-deaths-16930376.php
22. Ibid.
23. 저자와의 사석 대화, 2022년 4월.
24. Veronique Greenwood. "Why Does Heat Kill Cells?" *The Atlantic*, May 11, 2017. www.theatlantic.com/science/archive/2017/05 /heat-kills-cells/526377/
25. "Federal officials close river after mysterious deaths of California family and their dog." *CBS News*, September 6, 2021. www.cbsnews.com/news/john-gerrish-ellen-chung-daughter-deaths -merced-river-closed/
26. Michelle Blade. "Carbon monoxide Could Have Killed Lancaster Man and His Family on California Hiking Trail." *Lancaster Guardian*, August 19, 2021. www.lancasterguardian.co.uk/news/people/carbon-monoxide-could-have-killed-lancaster-man-and-his-family-on-california-hiking-trail-3352070
27. 마리포사카운티 경관의 보고, 2021년 8월 26일, 부록 16.1
28. Adrian Thomas. "Mariposa County Sheriff: 'I've Never Seen a Death Like This.'" Yourcentralvalley.com, August 18, 2021. www.yourcentralvalley.com/news/local-news/mariposa-county-sheriff-ive-never-seen-a-death-like-this/
29. Emily J. Hall et al. "Incidence and Risk Factors for Heat-Related Illness(Heatstroke) in UK Dogs Under Primary Veterinary Care in 2016." *Scientific Reports* 10, no. 9128 (2020). https://doi.org/10.1038/s41598-020-66015-8
30. Eric Roston. "These Very Good Dogs Will Suffer Most From a Warming Climate." *Bloomberg Green*, June 19, 2020. www.bloomberg.com/news/photo-essays/2020-06-19/these-dog-breeds-are-the-most-vulnerable-to-heat-climate-change
31. Leigh Arlegui et al. "Body Mapping of Sweating Patterns of Pre-Pubertal Children During Intermittent Exercise in a Warm Environment." *European Journal of Applied Physiology* 121 (2021). https://hdl.handle.net/2134/16831309.v1
32. 저자와의 사석 대화, 2022년 4월.
33. Nisha Charkoudian and Nina S. Stachenfeld. "Reproductive Hormone Influences on Thermoregulation in Women." *Comprehensive Physiology* 4, no. 2 (2014) https://doi.org/10.1002/cphy.c130029

34. Nisha Charkoudian et al. "Autonomic Control of Body Temperature and Blood Pressure: Influences of Female Sex Hormones." *Clinical Autonomic Research* 27 (2017). https://doi.org/10.1007/s10286-017-0420-z
35. 마리포사카운티 경관의 보고, 2021년 10월 19일, 부록 50, 1.

2장

1. Carl Zimmer. *Life's Edge: The Search for What It Means to Be Alive* (New York: Dutton, 2021), 242– 246.
2. Ibid., 245.
3. Kevin Rey et al. "Oxygen Isotopes Suggest Elevated Thermometabolism Within Multiple Permo-Triassic Therapsid Clades." *eLife* 6 (2017). https://doi.org/10.7554/eLife.28589
4. Michael Logan. "Did Pathogens Facilitate the Rise of Endothermy?" *Ideas in Ecology and Evolution*, 12 (2019), 1– 8. https://doi.org/10.24908/iee.2019.12.1.n.
5. 저자와의 사석 대화, 2021년 4월.
6. Lewis Dartnell. *Origins: How Earth's History Shaped Human History* (New York: Basic Books, 2019), 14–15.
7. 다른 고고학적 발견물들을 근거로 하면 이족 보행은 연대가 훨씬 더 전으로 올라간다. 1976년 루이스 리키(Louis Leakey)가 탄자니아에서 발견한 라에톨리(Laetoli) 호미니드의 발자국은 지금으로부터 370만 년 전에 만들어졌다. 아리디피테쿠스 라미두스 화석에서도 이족 보행이 지금으로부터 440만 년 전에 시작되었을 수 있음을 시사하는 특성들이 발견되었다. 다음 글도 함께 참조하라. Clare Wilson. "Human Ancestors May Have Walked on Two Legs 7 Million Years Ago." *New Scientist*, August 24, 2022.
8. Daniel E. Liberman. "Human Locomotion and Heat Loss: An Evolutionary Perspective." *Comprehensive Physiology* 5, (2015), 99–117. http://doi.org/10.1002/cphy.c140011
9. Robin C. Dunkin et al. "Climate Influences Thermal Balance and Water Use in African and Asian Elephants: Physiology can Predict Drivers of Elephant Distribution." *Journal of Experimental Biology* 216, no. 15 (2013) 2939– 2952. http://doi.org/10.1242/jeb.080218
10. Jake Buehler. "World's Fastest Ants Found Racing Across the Sahara." *National Geographic*, October 16, 2019. https://www.nationalgeographic.com/animals/article/silver-saharan-ants-fastest-desert
11. Mulu Gebreselassie Gebreyohanes and Awol Mohammed Assen. "Adaptation Mechanisms of Camels (Camelus dromedarius) for Desert Environment: A Review." *Journal of Veterinary Science & Technology* 8, no. 6 (2017) http://doi.org/10.4172/2157-7579.1000486
12. Carl Zimmer. "Hints of Human Evolution in Chimpanzees That Endure a Savanna's Heat." *New York Times*, April 27, 2018. https://www.nytimes.com/2018/04/27/science/chimpanzees-savanna-evolution.html
13. Dartnell. *Origins*. 12.
14. Kevin Hunt. *Chimpanzee: Lessons from Our Sister Species* (Cambridge, England: Cambridge University Press, 2021), 480– 484.
15. Rick Weiss. "Healthy Hypothesis Curries Favor in Evolution of Spice" *The Washington Post*,

March 2, 1998. https://www.washingtonpost.com/archive/politics/1998/03/02/health-hypothesis-curries-favor-in-evolution-of-spice/e025c5ab-76c4-4d71-b1bc-9b36cef22bc0/

3장

1. "Phoenix Flights Cancelled Because It's Too Hot for Planes." *BBC News*, June 20, 2017. https://www.bbc.com/news/world-us-canada-40339730
2. 미국 국립기상청 피닉스 지부와의 사석 대화, 2022년 5월.
3. "Cool Neighborhoods NYC: A Comprehensive Approach to Keep Cities Cool in Extreme Heat." Report by the City of New York, Office of the Mayor. https://www1.nyc.gov/assets/orr/pdf/Cool_Neighborhoods_NYC_Report.pdf
4. Maricopa County Public Health. "Heat-Associated Deaths in Maricopa County, AZ Final Report for 2021." ww.maricopa.gov/ArchiveCenter/ViewFile/Item/5494
5. Friederike Otto. *Angry Weather: Heat Waves, Floods, Storms and the New Science of Climate Change* (Berkeley/Vancouver: Greystone, 2020), 94.
6. Cascade Tuholske et al. "Global Urban Population Exposure to Extreme Heat." *Proceedings of the National Academy of Sciences*, 118 (2021). https://doi.org/10.1073/pnas.2024792118
7. "68% of the World Population Projected to Live in Urban Areas by 2050, Says UN." United Nations website, May 16, 2018. 2022년 10월 접속. https://www.un.org/development/desa/en/news/population/2018-revision-of-world-urbanization-prospects.html
8. National Weather Service. "Extremely Powerful Hurricane Katrina Leaves a Historic Mark on the Northern Gulf Coast." https://www.weather.gov/mob/katrina
9. Marty Graham. "Power Restored in Southwest, Mexico After Outage." *Reuters*, September 8, 2011. http://www.reuters.com/article/us-outage-california/power-restored-in-southwest-mexico-after-outage-idUSTRE7880FW20110909
10. A. S. Ganesh. "The Ice King of the Past." *The Hindu*, September 13, 2020. http://www.thehindu.com/children/the-ice-king-of-the-past/article32529190.ece
11. Bloomberg News. "How One of the World's Wettest Major Cities Ran Out of Water." *Bloomberg News*, February 3, 2021. http://www.bloomberg.com/news/features/2021-02-03/how-a-water-crisis-hit-india-s-chennai-one-of-the-world-s-wettest-cities
12. Ibid.
13. Mujib Mashal. "India Heat Wave, Soaring Up to 123 Degrees, Has Killed at Least 36." *New York Times*, June 13, 2019. http://www.nytimes.com/2019/06/13/world/asia/india-heat-wave-deaths.html
14. Bloomberg News. "How One of the World's Wettest Major Cities Ran Out of Water."
15. Ibid.
16. R. K. Radhakrishnan. "Flood of Troubles." *Frontline*, May 27, 2016. https://frontline.thehindu.com/the-nation/flood-of-troubles/article8581086.ece
17. Elizabeth Whitman. "On 107-Degree Day, APS Cut Power to Stephanie Pullman's Home. She Didn't Live." *Phoenix New Times*, June 3, 2019. https://www.phoenixnewtimes.com/content /

printView/11310515

18. Ibid.
19. Ibid.
20. Ibid.

4장

1. Rickie Longfellow. “Route 66: the Mother Road.” US Department of Transportation website. 2022년 10월 접속. https://www.fhwa.dot.gov/infrastructure/back0303.cfm
2. Sonia Shah. *The Next Great Migration: The Beauty and Terror of Life on the Move* (New York: Bloomsbury, 2020), 5.
3. Ibid.
4. Ibid.
5. Ibid.
6. Ibid.
7. Ibid.
8. James Bridle. “The Speed of a Tree: How Plants Migrate to Outpace Climate Change.” *Financial Times*, April 1, 2022. https://www.ft.com/content/7d7621cd-7bb5-4f97-94f1-6985ce038e13
9. Ibid.
10. Emily S. Choy et al. “Limited Heat Tolerance in a Cold-Adapted Seabird: Implications of a Warming Arctic.” *Journal of Experimental Biology* 224, no. 13 (2021). https://doi.org/10.1242/jeb.242168
11. Matthew L. Keefer et al. “Thermal Exposure of Adult Chinook Salmon and Steelhead: Diverse Behavioral Strategies in a Large and Warming River System.” *PLoS One* 13, no. 9 (2018). http://doi.org/10.1371/journal.pone.0204274
12. Christian Martinez. “Wildlife Officials Truck Chinook Salmon to Cooler Waters in Emergency Move to Help Them Spawn.” *Los Angeles Times*, May 20, 2022. https://www.latimes.com/california/story/2022-05-19/northern-california-chinook-salmon-trucked-to-cooler-waters
13. Quoted in Bob Brewyn. “Bumblebee Decline Linked With Extreme Heat Waves.” *Inside Climate News*, February 6, 2020. https://insideclimatenews.org/news/06022020/bumblebee-climate-change-heat-decline-migration/
14. 저자와의 사석 대화, 2022년 10월.
15. US Census Bureau. “More Than Half of U.S. Counties Were Smaller in 2020 Than in 2010.” US Census Bureau website. 2022년 10월 접속. https://www.census.gov/library/stories/2021/08/more-than-half-of-united-states-counties-were-smaller-in-2020-than-in-2010.html
16. Richard Hornbeck. “The Enduring Impact of the American Dust Bowl: Short- and Long-Run Adjustments to Environmental Catastrophe.” *American Economic Review*, American Economic Association 102, no. 4 (2012) 1477–1507. https://www.nber.org/papers/w15605
17. World Bank Group. “Groundswell: Preparing for Internal Climate Migration.” World Bank

report, 2018. https://www.worldbank.org/en/news/infographic/2018/03/19/groundswell—preparing-for-internal-climate-migration

18. Christina Goldbaum and Zia ur-Rehman. "In Pakistan's Record Floods, Villages Are Now Desperate Islands." *New York Times*, September 14, 2022. https://www.nytimes.com/2022/09/14/world/asia/pakistan-floods.html
19. Abrahm Lustgarten. "The Great Climate Migration." *New York Times*, August 23, 2020. https://www.nytimes.com/interactive/2020/07/23/magazine/climate-migration.html
20. Lily Katz and Sebastian Sandoval-Olascoaga. "More People Are Moving In Than Out of Areas Facing High Risk From Climate Change." *Redfin News*, August 25, 2021. https://www.redfin.com/news/climate-migration-real-estate-2021/
21. US Government Accountability Office. "Climate Change: A Climate Migration Pilot Program Could Enhance the Nation's Resilience and Reduce Federal Fiscal Exposure." GAO Report to Congressional Requesters, July 2020. https://www.gao.gov/assets/gao-20-488.pdf
22. Katz and Sandoval-Olascoaga, "More People Are Moving In than Out."
23. Ibid.
24. quoted in Saul Elbein. "Five Reasons Extreme Weather is Bigger in Texas." *The Hill*, September 1, 2022. https://thehill.com/policy/equilibrium-sustainability/3622655-five-reasons-extreme-weather-is-bigger-in-texas/
25. Jeff Goodell. *The Water Will Come: Rising Seas, Sinking Cities, and the Remaking of the Civilized World* (New York: Little,Brown, 2017.)
26. 텍사스 주민 246명이 폭풍으로 사망했으며(실제 사망자 수는 훨씬 많았을 것으로 추정됨), 그 중 상당수는 집이나 거리에서 추위로 인해 사망했다. Patrick Svitek. "Texas Puts Final Estimate of Winter Storm Death Toll at 246." *Texas Tribune*, January 2, 2022. https://www.texastribune.org/2022/01/02/texas-winter-storm-final-death-toll-246/
27. Ghosts of lost travelers are everywhere in Luis Alberto Urrea's *The Devil's Highway: A True Story* (New York: Little, Brown, 2004).
28. Jason Motlagh. "The Deadliest Crossing." *Rolling Stone*, September 30, 2019. https://www.rollingstone.com/politics/politics-features/border-crisis-arizona-sonoran-desert-882613/
29. Sugam Pokharel and Catherine E. Shoichet. "This 6-Year-Old From India Died in the Arizona Desert. She Loved Dancing and Dreamed of Meeting Her Dad." *CNN*, July 12, 2019. https://www.cnn.com/2019/07/12/asia/us-border-death-indian-girl-family/index.html

5장

1. Simon Levey. "Climate Scientist in TIME100 Most Influential List to Join Imperial." *Imperial College London News*, September 15, 2021. https://www.imperial.ac.uk/news/229993/climate-scientist-time100-most-influential-list/
2. Joshua J. Mark. "Ancient Egyptian Warfare." *World History Encyclopedia*. https://www.worldhistory.org/Egyptian_Warfare/
3. "tapas." *Encyclopedia Britannica*, February 28, 2011. https://www.britannica.com/topic/tapas.
4. Joseph Bruchag. *The Native American Sweat Lodge: History and Legends* (Freedom, CA: Crossing

Press, 1993), 24–29.

5. Martin Goldstein and Inge F. Goldstein. *The Refrigerator and the Universe: Understanding the Laws of Energy* (Cambridge, MA: Harvard University Press, 1993), 29.
6. *Ibn-Sina–Al-Biruni Correspondence* (Alberta, Canada: Center for Islam and Science, 2003), 8.
7. Razaullah Ansari. "On the Physical Researches of Al-Biruni." *International Journal of Health Sciences* 10, no. 2 (1975), 198–217.
8. Martin Goldstein and Inge F. Goldstein. *The Refrigerator and the Universe*, 33–34.
9. Phil Jaekl. "Melting Butter, Poisonous Mushrooms and the Strange History of the Invention of the Thermometer." *Time*, June 1, 2021. https://time.com/6053214/thermometer-history/
10. 럼퍼드의 삶과 업적에 대한 서술에서는 G. I. Brown, *Scientist, Soldier, Statesman, Spy: Count Rumford, the Extraordinary Life of a Scientific Genius* (United Kingdom: Sutton Publishing, 1999)와 Sanborn C. Brown, Benjamin Thompson. *Count Rumford* (Cambridge, MA: MIT Press, 1981)의 내용을 많이 발췌했다. Hans Christian Von Baeyer. *Warmth Disperses and Time Passes: The History of Heat* (New York: Modern Library, 1999)도 무척 큰 도움이 됐다.
11. Jane Merrill. *Sex and the Scientist: The Indecent Life of Benjamin Thompson, Count Rumford* (1753–1814) (Jefferson, North Carolina: McFarland & Company, 2018).
12. D. S. L. Cardwell. *From Watt to Clausius: The Rise of Thermodynamics in the Early Industrial Age* (Ithaca, NY: Cornell University Press, 1971), 33.
13. Martin Goldstein and Inge F. Goldstein. *The Refrigerator and the Universe*, 29–35.
14. Von Baeyer. *Warmth Disperses and Time Passes*, 3.
15. Brown. *Scientist, Soldier, Statesman Spy*, 86.
16. Brian Greene. *Until the End of Time: Mind, Matter, and our Search for Meaning in an Evolving Universe* (New York: Knopf, 2020), 87.
17. Fred Pearce. "Land of the Midnight Sums." *New Scientist*, January 25, 2003. https://www.newscientist.com/article/mg17723795-300-land-of-the-midnight-sums/
18. Spencer R. Weart. *The Discovery of Global Warming* (Cambridge, MA: Harvard University Press, 2008). 2022년 10월 온라인 접속. https://history.aip.org/climate/impacts.htm
19. Ibid.
20. Roger Revelle in United States Congress, House of Representatives, Committee on Appropriations, *Report on the International Geophysical Year* (Washington, DC: Government Printing Office, 1957), 104–106.
21. Philip Shabecoff. "Global Warming Has Begun, Expert Tells Senate." *New York Times*, June 24, 1988.
22. Otto. *Angry Weather*, 94.
23. Myles Allen. "Liability for Climate Change." *Nature* 421 (2003), 891–892. https://doi.org/10.1038/421891a
24. Peter Stott et al. "Human Contribution to the European Heatwave of 2003." *Nature* 432 (2004) 610– 614. https://doi.org/10.1038/nature03089
25. Hannah Hoag. "Russian Summer Tops 'Universal' HeatwaveIndex." *Nature*, October 29, 2014. https://doi.org/10.1038/nature.2014.16250
26. Otto. *Angry Weather*, 64.

27. Ibid.
28. Ibid, 84.
29. Ibid, 105.
30. Sjoukje Philip et al. "Attributing the 2017 Bangladesh floods from Meteorological and Hydrological Perspectives." *Hydrology and Earth System Sciences*, 23 (2019), 1409–1429. https://doi.org/10.5194/hess-23-1409-2019
31. Sjoukje Philip et al. "Rapid attribution analysis of the extraordinary heatwave on the Pacific Coast of the US and Canada June 2021." Self-published by World Weather Attribution. https://www.worldweatherattribution.org/wp-content/uploads/NW-US-extreme-heat-2021-scientific-report-WWA.pdf
32. Efi Rousi, Kai Kornhuber, et al. "Accelerated Western European Heatwave Trends Linked to More-Persistent Double Jets Over Eurasia." *Nature Communications* 13, no. 3851 (2022). https://doi.org/10.1038/s41467-022-31432-y
33. Chelsea Harvey. "Heat Wave 'Virtually Impossible' Without Climate Change." *E&E News*, July 8, 2021.
https://www.eenews.net/articles/heat-wave-virtually-impossible-without-climate-change/
34. "Update of Carbon Majors 1965–2018." Climate Accountability Institute, December 20, 2020. https://climateaccountability.org/pdf/CAI%20PressRelease%20Dec20.pdf

6장

1. Monique Brand. "As Temperatures Rise, Agriculture Industry Suffers." *Lampasas Dispatch Record*, July 25, 2022.
https://www.lampasasdispatchrecord.com/news/temperatures-rise-agriculture-industry-suffers
2. Bob Sechler. "'Difficult times': Heat, Drought Bringing Pain for Texas Farmers and Ranchers." *Austin American-Statesman*, July 25, 2022.
https://www.statesman.com/story/business/economy/2022/07/25/texas-weather-heat-drought-farmers-ranchers-impact-bringing-pain/65377249007/
3. Ibid.
4. Megan Durisin. "Smallest French Corn Crop Since 1990 Shows Drought's Huge Toll." *Bloomberg*, September 13, 2022.
https://www.bloomberg.com/news/articles/2022-09-13/smallest-french-corn-crop-since-1990-shows-drought-s-huge-toll
5. Arshad R. Zargar. "Wheat Prices Hit Record High as India's Heat Wave-driven Export Ban Compounds Ukraine War Supply Woes." *CBS News*, May 17, 2022. https://www.cbsnews.com/news/india-heat-wave-wheat-prices-soar-climate-change-ukraine-war-supplies/
6. Wailin Wong. "Russia has Blocked 20 Million Tons of Grain from Being Exported from Ukraine." *All Things Considered*, June 3, 2022.
https://www.npr.org/2022/06/03/1102990029/russia-has-blocked-20-million-tons-of-grain-from-being-exported-from-ukraine
7. Ibid.

8. Jen Kirby. "Sri Lanka's protests are just the beginning of global instability." *Vox*, July 16, 2022.
9. Eyder Peralta. "Drought and Soaring Food Prices from Ukraine War Leave Millions in Africa Starving." *NPR*, May 18, 2022.
https://www.npr.org/2022/05/18/1099733752/famine-africa-ukraine-invasion-drought
https://www.vox.com/23211533/sri-lanka-protests-food-fuel-ukraine-war
10. Edward Wong and Ana Swanson. "How Russia's War on Ukraine is Worsening Global Starvation." *New York Times*, January 2, 2023. https://www.nytimes.com/2023/01/02/us/politics/russia-ukraine-food-crisis.html
11. Yuka Hayashi. "Ukraine War Creates Worst Global Food Crisis Since 2008, IMF Says." *Wall Street Journal*, September 20, 2022.
https://www.wsj.com/articles/ukraine-war-creates-worst-global-food-crisis-since-2008-imf-says-11664553601
12. "Food Loss and Waste." US Food & Drug Administration website. 2022년 10월 접속.
https://www.fda.gov/food/consumers/food-loss-and-waste
13. Michael Grunwald. "Biofuels are accelerating the food crisis — and the climate crisis, too." *Canary Media*, April 19, 2022.
https://www.canarymedia.com/articles/food-and-farms/biofuels-are-accelerating-the-food-crisis-and-the-climate-crisis-too
14. Elizabeth Kolbert. "Building a Better Leaf." *The New Yorker*, December 6, 2021.
https://www.newyorker.com/magazine/2021/12/13/creating-a-better-leaf
15. Tim Searchinger et al. "Creating a Sustainable Food Future." World Resources Report, 2019.
https://research.wri.org/wrr-food
16. Ariel Ortiz-Bobea et al. "Anthropogenic Climate Change has Slowed Global Agricultural Productivity Growth." *Nature Climate Change* 11 (2021), 306–312.
https://doi.org/10.1038/s41558-021-01000-1
17. Chuang Zhao et al. "Temperature Increase Reduces Global Yields of Major Crops in Four Independent Estimates." *Proceedings of the National Academy of Sciences* 114, no. 35 (2017), 9326–9331. https://doi.org/10.1073/pnas.1701762114
18. "David Lobell. "Heat and Hunger." 애리조나주립대학교에서의 강연, 2013년 3월 25일.
19. Eric J. Wallace. "Americans Have Planted So Much Corn That It's Changing the Weather." *Atlas Obscura*, December 3, 2018. https://www.atlasobscura.com/articles/corn-belt-weather
20. Mingfang Ting et al. "Contrasting Impacts of Dry Versus Humid Heat on US Corn and Soybean Yields." *Scientific Reports* 13, article 710 (2023).
https://doi.org/10.1038/s41598-023-27931-7
21. E. Marie Muehe et al. "Rice Production Threatened by Coupled Stresses of Climate and Soil Arsenic." *Nature Communications* 10, no. 4985 (2019).
https://doi.org/10.1038/s41467-019-12946-4
22. "Rice Consumption and Cancer Risk." Columbia Public Health. 2022년 10월 접속.
https://www.publichealth.columbia.edu/research/niehs-center-environmental-health-northern-manhattan/rice-consumption-and-cancer-risk
23. Chunwu Zhu et al. "Carbon Dioxide (CO_2) Levels This Century Will Alter the Protein, Micronutrients, and Vitamin Content of Rice Grains with Potential Health Consequences for the

Poorest Rice-Dependent Countries." *Science Advances* 4, no. 5 (2018). https://doi.org/10.1126/sciadv.aaq1012

24. Naveena Sadasivam. "The Making of the 'Magic Valley.'" *Texas Observer,* August 21, 2018. https://www.texasobserver.org/the-making-of-the-magic-valley/
25. A. Park Williams et al. "Rapid intensification of the emerging southwestern North American megadrought in 2020– 2021." *Nature Climate Change* 12 (2022), 232– 234. https://doi.org/10.1038/s41558-022-01290-z
26. US Drought Monitor. 2022년 2월 접속. https://droughtmonitor.unl.edu
27. University of California Davis Botanical Conservatory. "The Genus Aloe." *Botanical Notes* 1, no. 1, July 2009. https://greenhouse.ucdavis.edu/files/botnot_01-01.00.pdf
28. Ibid.
29. Jeff Goodell. "Is Texas' Disaster a Harbinger of America's Future?" *Rolling Stone,* February 17, 2021. https://www.rollingstone.com/culture/culture-news/austin-texas-ice-storm-climate-change-1129183/
30. Anthony J. Ranere et al. "The Cultural and Chronological Context of Early Holocene Maize and Squash Domestication in the Central Balsas River Valley, Mexico." *Proceedings of the National Academy of Sciences* 106, no. 13 (2009), 5014–5018. https://doi.org/10.1073/pnas.0812590106
31. Aaron Viner. "Ethanol Continues to Sustain Corn Prices." *Iowa Farmer Today,* May 26, 2022. https://www.agupdate.com/iowafarmertoday/news/state-and-regional/ethanol-continues-to-sustain-corn-prices/article_2ed66ffc-aabe-11ec-9e9c-cb70dac4ee17.html
32. Lisa Bramen. "When Food Changed History: the French Revolution." *Smithsonian,* July 14, 2010. https://www.smithsonianmag.com/arts-culture/when-food-changed-history-the-french-revolution-93598442
33. The Editors of Encyclopedia Britannica. "Russian Revolution of 1917." *Encyclopedia Britannica.* 2022년 10월 접속. https://www.britannica.com/summary/Russian-Revolution.
34. Joshua Keating. "A Revolution Marches on its Stomach." *Slate,* April 8, 2014. https://slate.com/technology/2014/04/food-riots-and-revolution-grain-prices-predict-political-instability.html
35. quoted in John McCracken. "The Corn Belt Will Get Hotter. Farmers Will Have to Adapt," *Grist,* September 23, 2022. https://grist.org/agriculture/the-corn-belt-will-get-hotter-farmers-will-have-to-adapt/
36. 앱하비스트는 2021년 초 회사가 상장된 후 거침없이 성장해 약 34억 달러의 시가총액까지 기록했다가 2022년 10월에는 1억 7,200만 달러까지 떨어졌다.
37. "Heat Stress Blamed for Thousands of Cattle Deaths in Kansas." *PBS News Hour,* June 17, 2022. https://www.pbs.org/newshour/economy/heat-stress-blamed-for-thousands-of-cattle-deaths-in-kansas
38. Rob Williams. "Texas Cattle Fever Back With a Vengeance." *Texas A&M AgriLife Communications,* February 2, 2017. https://entomology.tamu.edu/2017/02/02/texas-cattle-fever-ticks-are-back-with-a-vengeance/
39. Latika Bourke. " 'Boiled Alive': New Footage Shows Full Scale of Live Exports Horror," *Sydney Morning Herald,* May 5, 2018.

https://www.smh.com.au/politics/federal/boiled-alive-new-footage-shows-full-scale-of-live-exports-horror-20180503-p4zd9q.html

40. "Everything You Need to Know about Fungi-based Proteins," Nature's Fynd website. 2022년 10월 접속. https://www.naturesfynd.com/blog/fungi-based-protein
41. Rebecca Zandbergen. "Massive Cricket-Processing Facility Comes Online in London, Ont." *CBC News*, July 1, 2022. https://www.cbc.ca/news/canada/london/cricket-farm-london-ontario-1.6506606

7장

1. "Looking Back at the Blob: Record Warming Drives Unprecedented Ocean Change." NOAA Fisheries News, September 26, 2019. https://www.fisheries.noaa.gov/feature-story/looking-back-blob-record-warming-drives-unprecedented-oceanchange
2. Ibid. See also the "Blob Tracker" maintained by California Current Integrated Assessment. https://www.integratedecosystemassessment.noaa.gov/regions/california-current/cc-projects-blobtracker
3. Jon Brooks. "How 'The Blob' Has Triggered Disaster for California Seals." KQED, November 23, 2015. https://www.kqed.org/science/373789/how-warmer-waters-have-led-to-emaciated-seals-on-california-beaches
4. "Alaska Cod Populations Plummeted During the Blob Heatwave." NOAA Fisheries News, November 8, 2019. https://www.fisheries.noaa.gov/feature-story/alaska-cod-populations-plummeted-during-blob-heatwave-new-study-aims-find-out-why
5. Meredith L. McPherson et al. "Large-Scale Shift in the Structure of a Kelp Forest Ecosystem Co-Occurs with an Epizootic and Marine Heatwave." *Communications in Biology* 4, no. 298 (2021). https://doi.org/10.1038/s42003-021-01827-6
6. Adam Vaughan. "Marine Heatwave Known as 'the Blob' Killed a Million US Seabirds." *New Scientist*, January 15, 2020. https://www.newscientist.com/article/2229980-marine-heatwave-known-as-the-blob-killed-a-million-us-seabirds
7. Stella Chan and Joe Sterling. "Death Toll in Camp Fire Revised Down by one to 85" *CNN*, February 8, 2019. https://www.cnn.com/2019/02/08/us/camp-fire-deaths
8. Conel M. O'D. Alexander. "The origin of inner Solar System water." *Philosophical Transactions of the Royal Society* 375. http://dx.doi.org/10.1098/rsta.2015.0384
9. 저자와의 사석 대화, 2020년 1월 14일.
10. "How Much of the Ocean Have We Explored?" NOAA Ocean Facts. 2022년 10월 접속. https://oceanservice.noaa.gov/facts/exploration.html
11. Bob Holmes. "Ocean's Great Fish All But Gone." *New Scientist*, May 14, 2003. https://www.newscientist.com/article/dn3731-oceans-great-fish-all-but-gone/
12. Sarah Kaplan. "By 2050, There Will be More Plastic than Fish in the Ocean, Study Says." *Washington Post*, January 20, 2016. https://www.washingtonpost.com/news/morning-mix/wp/2016/01/20/by-2050-there-will-be-more-plastic-than-fish-in-the-worlds-oceans-study-says/
13. Lijing Cheng et al. "Past and Future Ocean Warming." *Nature Reviews Earth & Environment*

(2022). https://doi.org/10.1038/s43017-022-00345-1

14. Chris Mooney and Brady Dennis. "Oceans Surged to Another Record-High Temperature in 2022." *The Washington Post*, January 11, 2023. https://www.washingtonpost.com/climate-environment/2023/01/11/ocean-heat-climate-change/
15. Lijing Cheng et al. "Upper Ocean Temperatures Hit Record High in 2020." *Advances in Atmospheric Science* 38(2021), 523–530. https://doi.org/10.1007/s00376-021-0447-x
16. National Oceanic and Atmospheric Association. "Atmospheric Rivers: What Are They and How Does NOAA Study Them?" *NOAA Research News*, January 11, 2023. https://research.noaa.gov/article/Ar tMID/587/Ar t icleID/2926/Atmospher ic-Rivers-What-are-they-and-how-does-NOAA-study-them
17. quoted in Chris Mooney and Brady Dennis. "Oceans Surged to Another Record-High Temperature in 2022."
18. "The Economic Value of Alaska's Seafood Industry." Report by Alaska Seafood Marketing Institute, January 2022. https://www.alaskaseafood.org/wp-content/uploads/MRG_ASMI-Economic-Impacts-Report_final.pdf
19. "Fisheries Economics of the United States Report, 2019." NOAA Fisheries. https://www.fisheries.noaa.gov/resource/document/fisheries-economics-united-states-report-2019
20. Ibid.
21. *IPCC Special Report on the Ocean and Cryosphere in a Changing Climate* (Cambridge, England: Cambridge University Press, 2019), 18. https://doi.org/10.1017/9781009157964
22. Jon Henley. "Mediterranean Ecosystem Suffering 'Marine Wildfire' as Temperatures Peak." *The Guardian*, July 29, 2022. https://www.theguardian.com/profile/jonhenley/2022/jul/29/all
23. Ibid.
24. Darryl Fears. "On Land, Australia's Rising Heat is 'Apocalyptic.' In the Ocean, it's Worse." *Washington Post*, December 27, 2019. https://www.washingtonpost.com/graphics/2019/world/climate-environment/climate-change-tasmania/
25. Chris Mooney and John Muyskens. "Dangerous New Hot Zones Are Spreading Around the World." *Washington Post*, September 11, 2019. https://www.washingtonpost.com/graphics/2019/national/climate-environment/climate-change-world/
26. Kimberly L. Oremus et al. "Governance Challenges for Tropical Nations 2Losing Fish Species Due to Climate Change." *Nature Sustainability* 3 (2020), 277– 280. https://doi.org/10.1038/s41893-020-0476-y
27. quoted in Harrison Tusoff. "Fleeing Fish." *The Current*, February 24, 2020. https://www.news.ucsb.edu/2020/019806/fleeing-fish
28. Damien Cave. "'Can't Cope': Australia's Great Barrier Reef Suffers 6th Mass Bleaching Event." *New York Times*, March 25, 2022. https://www.nytimes.com/2022/03/25/world/australia/great-barrier-reef-bleaching.html
29. Terry P. Hughes et al. "Emergent Properties in the Responses of Tropical Corals to Recurrent Climate Extremes." *Current Biology* 31, no. 23 (2021), 5393–5399. https://doi.org/10.1016/j.cub.2021.10.046
30. Reef 2050 Long-Term Sustainability Plan 2021–2025, Commonwealth of Australia 2021.

Commonwealth of Australia. 2022년 10월 접속. https://www.dcceew.gov.au/parks-heritage/great-barrier-reef/long-term-sustainability-plan

31. Terry Hughes. "The Great Barrier Reef Actually is 'in Danger.'" *The Hill*, July 26, 2021. https://thehill.com/opinion/energy-environment/564778-the-great-barrier-reef-actually-is-in-danger/
32. Nicola Jones. "Finding Bright Spots in the Global Coral Reef Catastrophe." *Yale e360*, October 21, 2021. https://e360.yale.edu/features/f inding-bright-spots-in-the-global-coral-reef-catastrophe

8장

1. 여기에 나오는 페레즈의 삶과 죽음에 대한 이야기는 그의 가족과 친구들을 인터뷰한 내용을 토대로 하고 있다. 이들 중 상당수는 이민자 신분이었기 때문에 비공개를 전제로 나와 이야기를 나누었다.
2. Jen M. Cox-Ganser et al. "Occupations by Proximity and Indoor/Outdoor Work: Relevance to COVID-19 in All Workers and Black/Hispanic Workers." *American Journal of Preventative Medicine* 60, no. 5 (2021), 621–628. http://doi.org/10.1016/j.amepre.2020.12.016
3. Umair Irfan. "Extreme Heat is Killing American Workers." *Vox*, July 21, 2021. https://www.vox.com/22560815/heat-wave-worker-extreme-climate-change-osha-workplace-farm-restaurant
4. Jamie Goldberg. "Two Oregon Businesses Whose WorkersDied During Heat Wave Fight State Fines." *Oregonian*, May 6, 2002.
https://www.oregonlive.com/business/2022/05/two-oregon-businesses-whose-workers-died-during-heat-wave-fight-state-fines.html
5. Livia Albeck-Ripka. "UPS Drivers Say 'Brutal' Heat Is Endangering Their Lives." *New York Times*, August 20, 2022. https://www.nytimes.com/2022/08/20/business/ups-postal-workers-heat-stroke-deaths.html
6. Twitter post by Teamsters for a Democratic Union, August 2, 2022. https://twitter.com/JimCShields/status/1554827644230717441?s=20&t=I_998pFBIDu2EiowCl7z9g
7. Annie Kelly, Niamh McIntyre, and Pete Pattirson. "Revealed: Hundreds of Migrant Workers Dying of Heat Stress in Qatar Each Year." *The Guardian*, October 2, 2019.
https://www.theguardian.com/global-development/2019/oct/02/revealed-hundreds-of-migrant-workers-dying-of-heat-stress-in-qatar-each-year. 다음도 보라. "World Cup 2022: How Many Workers Have Died in Qatar?" *Reuters*, December 14, 2022.
https://www.reuters.com/lifestyle/sports/world-cup-2022-how-many-migrant-workers-have-died-qatar-2022-11-24/
8. quoted in Andrew Freedman and Jason Samenow. "Humidity and Heat Extremes Are on the Verge of Exceeding Limits of Human Survivability, Study Finds." *Washington Post*, May 8, 2020. https://www.washingtonpost.com/weather/2020/05/08/hot-humid-extremes-unsurvivable-global-warming/
9. Diane M. Gubernot. "Characterizing Occupational Heat-Related Mortality in the United States, 2000–2010: An Analysis Using the Census of Fatal Occupational Injuries Database." *American Journal of Independent Medicine* 58, no. 2 (2015), 203– 211.

https://doi.org/10.1002/ajim.22381
10. "Farm Workers and Advocates on Heat Wave Affecting Ag Workers and the Urgency for Citizenship." United Farm Worker Foundation press call, July 7, 2021. https://www.ufwfoundation.org/farm_workers_and_advocates_heat_wave_affecting_ag_workers_adds_urgency_to_citizenship_push
11. Richard J. Johnson. "Chronic Kidney Disease of Unknown Cause in Agricultural Communities." *New England Journal of Medicine* 380 (2019), 1843–1852. http://doi.org/10.1056/NEJMra1813869
12. Cecilia Sorensen, MD, and Ramon Garcia-Trabanino, MD. "A New Era of Climate Medicine — Addressing Heat-Triggered Renal Disease." *New England Journal of Medicine* 381 (2019), 693– 696. http://doi.org/10.1056/NEJMp1907859
13. Christopher Flavelle. "Work Injuries Tied to Heat Are Vastly Undercounted, Study Finds." *New York Times*, July 17, 2021. https://www.nytimes.com/2021/07/15/climate/heat-injuries.html
14. "Extreme Heat: the Economic and Social Consequences for the United States." Report by Vivid Economics and Adrienne Arsht-Rockefeller Foundation Resilience Center, August 2021. 2022년 10월 접속. https://www.atlanticcouncil.org/wp-content/uploads/2021/08/Extreme-Heat-Report-2021.pdf
15. "Hot Cities, Chilled Economies." Report by Vivid Economics and Adrienne Arsht-Rockefeller Foundation Resilience Center, August 2022. 2022년 10월 접속. https://onebillionresilient.org/hot-cities-chilled-economies-dhaka/
16. Nina Jablonski. *Skin: A Natural History*(Los Angeles and Berkeley: University of California Press, 2013), 78.
17. Walter Johnson. *River of Dark Dreams: Slavery and Empire in the Cotton Kingdom* (Cambridge, MA: Harvard University Press, 2013), 173.
18. Johnson, *River of Dark Dreams*, 199–204.
19. Alan Derickson. "A Widespread Superstition: The Purported Invulnerability of Workers of Color to Occupational Heat Stress." *American Journal of Public Health* 109, no. 10 (2019), 1329–1335. http://doi.org/10.2105/AJPH.2019.305246
20. Ibid.
21. Ibid.
22. Ibid.
23. Ibid.
24. Ibid.
25. Ibid.
26. Ibid.
27. Ibid.
28. Ibid.
29. Ibid.
30. Associated Press. "Farm Where Worker Died Cited Earlier for Safety Violations." *Seattle Times*, July 2, 2021. https://www.seattletimes.com/seattle-news/farm-where-worker-died-earlier-cited-for-safety-violations/
31. Jamie Goldberg. "Marion County Farm Where Worker Died was Previously Cited for Work-

place Safety Violations." *Oregonian*, July 1, 2001.
https://www.oregonlive.com/business/2021/07/marion-county-farm-where-worker-died-was-previously-cited-for-workplace-violations.htm

9장

1. The International Thwaites Glacier Collaboration is a shared research initiative of the US National Science Foundation and the UK Natural Environment Research Council. https://thwaitesglacier.org/
2. Jeff Goodell. "The Doomsday Glacier." *Rolling Stone*, May 9, 2017. https://www.rollingstone.com/politics/politics-features/the-doomsday-glacier-113792/
3. "Quick Facts." National Snow and Ice Data Center website. 2022년 10월 접속. https://nsidc.org/learn/parts-cryosphere/ice-sheets/ice-sheet-quick-facts
4. IPCC. *Climate Change 2021: The Physical Science Basis. Contribution of Working Group I to the Sixth Assessment Report of the Intergovernmental Panel on Climate Change* (Cambridge: Cambridge University Press, 2021), 1216–1217.
5. Ibid.
6. Jeff Goodell. "Will We Miss Our Last Chance to Save the World from Climate Change?" *Rolling Stone*, December 22, 2016. https://www.rollingstone.com/politics/politics-features/will-we-miss-our-last-chance-to-save-the-world-from-climate-change-109426/
7. Andrea Dutton et al. "Sea-level Rise Due to Polar Ice-sheet Mass Loss During Past Warm Periods." *Science* 349, no. 6244 (2015). https://doi.org/10.1126/science.aaa4019
8. Sabrina Shankman. "Trillion-Ton, Delaware-Size Iceberg Breaks Off Antarctica's Larsen C Ice Shelf." *Inside Climate News*, July 12, 2017. https://insideclimatenews.org/news/12072017/antarctica-larsen-c-ice-shelf-breaks-giant-iceberg
9. Eric Rignot et al. "Four decades of Antarctic Ice Sheet Mass Balance from 1979– 2017." *Proceedings of the National Academy of Sciences* 116, no. 4 (2019), 1095–1103. https://doi.org/10.1073/pnas.1812883116
10. "The Scientist Who Predicted Ice Sheet Collapse — 50 Years Ago." *Nature* 554 (2018), 5– 6. https://doi.org/10.1038/d41586-018-01390-x
11. John Mercer. "West Antarctic Ice Sheet and CO_2 Greenhouse Effect: a Threat of Disaster." *Nature* 271 (1978) 321– 325. https://doi.org/10.1038/271321a0
12. Ibid.
13. Ibid.

10장

1. Timothy C. Winegard. *The Mosquito: A Human History of Our Deadliest Predator* (New York: Dutton, 2019), 2.
2. Joshua Sokol. "The Worst Animal in the World." *The Atlantic*, August 20, 2020.

https://www.theatlantic.com/health/archive/2020/08/how-aedes-aegypti-mosquito-took-over-world/615328/

3. J. G. Rigau-Perez. "The Early Use of Break-Bone Fever(Quebranta huesos, 1771) and Dengue (1801) in Spanish." *American Journal of Tropical Medicine and Hygiene* 59, no. 2 (1998), 272–274. http://doi.org/10.4269/ajtmh.1998.59.272
4. World Health Organization. "Dengue and Severe Dengue." WHO factsheet. https://www.who.int/news-room/fact-sheets/detail/dengue-and-severe-dengue
5. Ibid.
6. Ibid.
7. Simon Hales et al. "Potential Effect of Population and Climate Changes on Global Distribution of Dengue Fever: an Empirical Model." *Lancet* 360, no. 9336 (2002), 830–834. https://doi.org/10.1016/S0140-6736(02)09964-6
8. Jane P. Messina et al. "The Current and Future Global Distribution and Population at Risk of Dengue." *Nature Microbiology* 4 (2019), 1508–1515. https://doi.org/10.1038/s41564-019-0476-8
9. Camilo Mora et al. "Over Half of Known Human Pathogenic Diseases can be Aggravated by Climate Change." *Nature Climate Change* 12 (2022), 869–875. https://doi.org/10.1038/s41558-022-01426-1
10. David M. Morens, Anthony S. Fauci. "Emerging Pandemic Diseases: How We Got to COVID-19." *Cell* 182, no. 5 (2020), 1077–1092. https://doi.org/10.1016/j.cell.2020.08.021
11. World Health Organization. WHO Coronavirus (COVID-19) Dashboard. 2022년 10월 접속. https://covid19.who.int/
12. Ibid.
13. "1918 Pandemic (H1N1 virus)." Center for Disease Control website. 2022년 10월 접속. https://www.cdc.gov/flu/pandemic-resources/1918-pandemic-h1n1.html
14. Ali Raj et al. "Deadly bacteria lurk in coastal waters. Climate change increases the risks." Center for Public Integrity website, Oct. 20, 2020. https://publicintegrity.org/environment/hidden-epidemics/vibrio-deadly-bacteria-coastal-waters-climate-change-health/
15. Frances Stead Sellars and Sabrina Malhi. "In Florida, Flesh-Eating Bacteria Follow in Hurricane Ian's Wake." *Washington Post*, October 18, 2022. https://www.washingtonpost.com/health/2022/10/18/flesh-eating-bacteria-florida/
16. Craig Welch. "Half of all Species on the Move —and We're Feeling it." *National Geographic*, April 26, 2017. https://www.nationalgeographic.com/science/article/climate-change-species-migration-disease
17. Shah. *The Next Great Migration*, 7.
18. Colin Carlson et al. "Climate Change Increases Cross-Species Viral Transmission Risk." *Nature* 607 (2022), 555-562. https://doi.org/10.1038/s41586-022-04788-w
19. Ed Yong. "We Created the 'Pandemicene': " *The Atlantic*, April 28, 2022. https://www.theatlantic.com/science/archive/2022/04/how-climate-change-impacts-pandemics/629699/
20. David Quammen. *Spillover: Animal Infections and the Next Human Pandemic* (New York: W. W. Norton & Company, 2012), 13–19.

21. Michael Worobey et al. "The Huanan Seafood Wholesale Market in Wuhan was the early epicenter of the COVID-19 pandemic." *Science* 377 no. 6609 (2022), 951– 959. https://doi.org/10.1126/science.abp8715
22. Elahe Izadi. "Tracing the Long, Convoluted History of the AIDS Epidemic." *Washington Post*, February 24, 2015. https://www.washingtonpost.com/news/to-your-health/wp/2015/02/2/tracing-the-long-convoluted-history-of-the-aids-epidemic/
23. Quammen. *Spillover*, 324.
24. Ibid.
25. Ibid.
26. Emily S. Rueb. "Peril on Wings: 6 of America's Most Dangerous Mosquitoes." *New York Times*, June 28, 2016. https://www.nytimes.com/2016/06/29/nyregion/mosquitoes-diseases-zika-virus.html
27. David M. Morens, Anthony S. Fauci et al. "Eastern Equine Encephalitis Virus — Another Emergent Arbovirus in the United States." *New England Journal of Medicine* 381 (2019), 1989–1992. http://doi.org/10.1056/NEJMp1914328
28. "Dengue Fever — Nepal." WHO Disease Outbreak News. 2022년 10월 접속. https://www.who.int/emergencies/disease-outbreak-news/item/2022-DON412
29. "Malaria." WHO factsheet. 2022년 10월 접속. https://www.who.int/news-room/fact-sheets/detail/malaria
30. Colin Carlson et al. "Climate Change Increases Cross-Species Viral Transmission Risk." *Nature* 607 (2022), 555–562. https://doi.org/10.1038/s41586-022-04788-w
31. Sadie Ryan et al. "Shifting Transmission Risk for Malaria in Africa with Climate Change: a Framework for Planning and Intervention." *Malaria Journal* 19, no. 170 (2020). https://doi.org/10.1186/s12936-020-03224-6
32. Emily Waltz. "Biotech Firm Announces Results from First US Trial of Genetically Modified Mosquitoes." *Nature News*, April 18, 2022. https://www.nature.com/articles/d41586-022-01070-x
33. David M. Morens, Anthony S. Fauci et al. "Eastern Equine Encephalitis Virus — Another Emergent Arbovirus in the United States." *New England Journal of Medicine* 381 (2019). http://doi.org/10.1056/NEJMp1914328
34. https://www.youtube.com/watch?v=R_kGHqNpOQM. 2022년 10월 접속.
35. "Crimean-Congo Haemorrhagic Fever." WHO factsheet. 2022년 10월 접속. https://www.who.int/health-topics/crimean-congo-haemorrhagic-fever
36. 저자와의 사석 대화, 2020년 12월.
37. Ibid.
38. Meghan O'Rourke. "Lyme Disease is Baffling, Even to Experts." *The Atlantic*, September 2019. https://www.theatlantic.com/magazine/archive/2019/09/life-with-lyme/594736/
39. "What You Need to Know About Asian Longhorned Ticks — A New Tick in the United States." Centers for Disease Control and Prevention. 2022년 10월 접속. https://www.cdc.gov/ticks/longhorned-tick/index.html
40. Ben Beard et al. "Multistate Infestation with the Exotic Disease–Vector Tick Haemaphysalis longicornis." *Morbidity and Mortality Weekly Report* 67 (2018), 1310–1313.

http://dx.doi.org/10.15585/mmwr.mm6747a3external icon

11장

1. Arthur Miller. "Before Air-Conditioning." *The New Yorker*, June 14, 1998. https://www.newyorker.com/magazine/1998/06/22/before-air-conditioning
2. Salvatore Basile. *Cool: How Air-conditioning Changed Everything* (New York: Fordham University Press, 2014), 23.
3. Ibid, 24.
4. Ibid.
5. Eric Dean Wilson. *After Cooling: On Freon, Global Warming, and the Terrible Cost of Comfort* (New York: Simon & Schuster, 2021), 38.
6. Ibid, 54.
7. Thomas Thompson. *Blood and Money: A True Story of Murder, Passion, and Power* (New York: Doubleday, 1976), 19.
8. Wilson. *After Cooling*, 161.
9. Ibid, 175.
10. Ibid, 176.
11. William Styron. "As He Lay Dead, a Bitter Grief." *Life*, July 20, 1962.
12. William Faulkner. *The Reivers* (New York: Random House, 1962), 182.
13. Joel D. Treese. "Keeping Cool in the White House." White House Historical Association website. 2022년 10월 접속. https://www.whitehousehistory.org/keeping-cool-in-the-white-house
14. Ibid.
15. Michael Simon. "Why Aretha Franklin Didn't Rehearse for Her VH1 'Divas Live' Performance." *Hollywood Reporter*, August 21, 2018. https://www.hollywoodreporter.com/tv/tv-news/why-aretha-franklin-didnt-rehearse-her-vh1-divas-live-performance-1136286/
16. Steven Johnson. *How We Got to Now: Six Inventions That Made the Modern World* (New York: Riverhead Books, 2014), 88.
17. Angie Maxwell. "What We Get Wrong About the Southern Strategy." *Washington Post*, July 26, 2019. https://www.washingtonpost.com/outlook/2019/07/26/what-we-get-wrong-about-southern-strategy/
18. "Control of HFC-23 Emissions." EPA website. 2022년 10월 접속. https://www.epa.gov/climate-hfcs-reduction/control-hfc-23-emissions
19. International Energy Agency. *The Future of Cooling* (Paris: IEA, 2019), 13. https://www.iea.org/reports/the-future-of-cooling
20. Yoshiyuki Osada. "Daikin Buys Goodman for $3.7 Billion, Gains North America Reach." *Reuters*, August 29, 2012. https://www.reuters.com/article/us-goodman-daikin/daikin-buys-goodman-for-3-7-billion-gains-north-america-reach-idUSBRE87S0A820120829
21. HVAC Distributors. "Daikin's New Comfortplex Texas Facility Closer to Completion." *HVAC News*, February 11, 2016. https://hvacdist.com/daikins-new-comfortplex-texas-facility-clos-

er-to-completion/
22. Sneha Sachar, Iain Campbell, and Ankit Kalanki. "Solving the Global Cooling Challenge: How to Counter the Climate Threat from Room Air Conditioners." Rocky Mountain Institute report, 2018. 2022년 10월 접속.
http://www.rmi.org/insight/solving_the_global_cooling_challenge.
23. Ibid, 6.
24. quoted in Stephen Buranyi. "The Air-conditioning Trap: How Cold Air is Heating the World." *The Guardian*, August 29, 2019. https://www.theguardian.com/environment/2019/aug/29/the-air-conditioning-trap-how-cold-air-is-heating-the-world
25. State of Florida Administrative Hearing. "State of Florida, Agency of Health Care Administration vs. Rehabilitation Center at Hollywood Hills, LLC." Case 17-005769, filed July 16, 2018, 16.
26. Daniel A. Barber. "After Comfort." *Log* 47, 45– 50.
27. Ibid.

12장

1. Aryn Baker. "What It's Like Living in One of the Hottest Cities on Earth — Where It May Soon Be Uninhabitable." *Time*, September 12, 2019.
https://time.com/longform/jacobabad-extreme-heat/
2. Zofeen Ebrahim. "How Will Pakistan Stay Cool While Keeping Emissions in Check?" *The Third Pole*, March 11, 2022. https://www.thethirdpole.net/en/climate/pakistan-cooling-action-plan/
3. "CO_2 Emissions Per Capita." Worldometer website. 2022년 10월 접속.
https://www.worldometers.info/co2-emissions/co2-emissions-per-capita/
4. "Blue Marble — The Image of Earth from Apollo 17." NASA website. 2022년 10월 접속.
https://www.nasa.gov/content/blue-marble-image-of-the-earth-from-apollo-17
5. Bob Dyer. "Iconic Image from Kent State Shootings Stokes the Fires of Anti-Vietnam War Sentiment." *Akron Beacon Journal*, May 4, 2020.
https://www.cincinnati.com/in-depth/news/history/2020/05/01/kent-state-shooting-photos-mary-ann-vecchio-impacts-nation-jeffrey-miller-john-filo/3055009001/
6. Tom Junod. "Who Was the Falling Man?" *Esquire*, September 9, 2021. https://www.esquire.com/news-politics/a48031/the-falling-man-tom-junod/
7. "From Selma to Montgomery: Stephen Somerstein's Photographs of the 1965 Civil Rights March," New York Historical Society & Library website. Accessed October 2022. https://www.nyhistory.org/blogs/from-selma-to-montgomery-stephen-somersteins-photographs-of-the-1965-civil-rights-march
8. Baker. "What It's Like Living in One of the Hottest Cities."
9. 사진은 저자 웹사이트에 게재. www.jeffgoodellwriter.com.
10. Christopher Adams. "Austin Just Experienced its Hottest Seven Day Stretch in History." KXAN weather blog. 2022년 7월 접속. https://www.kxan.com/weather/weather-blog/austin-just-experienced-its-hottest-7-day-stretch-in-history/

11. Tristan Crocker. “Daily Cartoon: Thursday, May 12.” *The New Yorker* website. 2022년 10월 접속. https://www.newyorker.com/cartoons/daily-cartoon/thursday-may-12th-dragon-warming
12. Michael G. Just et al. “Human Indoor Climate Preferences Approximate Specific Geographies.” *Royal Society Open Science* 6 (2019). https://doi.org/10.1098/rsos.180695
13. quoted in Nala Rogers. “Americans Make Their Homes Feel Like the African Savannah Where Humans First Evolved.” *Inside Science*, March 19, 2019. https://www.insidescience.org/news/americans-make-their-homes-feel-african-savannah-where-humans-first-evolved
14. “What is the AccuWeather RealFeel Temperature?” *AcccuWeather News*, June 18, 2014. https://www.accuweather.com/en/weather-news/what-is-the-accuweather-realfeel-temperature/156655#
15. NOAA. “Why Do We Name Tropical Storms and Hurricanes?” NOAA website. 2022년 10월 접속. https://oceanservice.noaa.gov/facts/storm-names.html
16. “Richter Scale.” US Geological Survey website. 2022년 10월 접속. https://earthquake.usgs.gov/learn/glossary/?term=richter%20scale
17. National Weather Service. “Heat Watch vs. Warning.” NWS website. 2022년 10월 접속. https://www.weather.gov/safety/heat-ww
18. “WFO Non-Precipitation Weather Products(NPW) Specification.” National Weather Service Instruction 10-515, December 27, 2019. 2022년 10월 접속. https://www.nws.noaa.gov/directives/sym/pd01005015curr.pdf
19. David Hondula et al. “Spatial Analysis of United States National Weather Service Excessive Heat Warnings and Heat Advisories.” *Bulletin of the American Meteorological Society* 103, no. 9 (2022) E2017– E2031. https://doi.org/10.1175/BAMS-D-21-0069.1
20. Ibid.
21. Caitlin Einhorn and Christopher Flavelle. “A Race Against Time to Rescue a Reef Against Climate Change.” *New York Times*, December 5, 2020. https://www.nytimes.com/2020/12/05/climate/Mexico-reef-climate-change.html
22. John Sledge. “Solano’s Storm.” *Mobile Bay*, September 3, 2020. https://mobilebaymag.com/solanos-storm/
23. Eric Jay Dolin. *A Furious Sky: the Five Hundred Year History of America’s Hurricanes* (New York: Liveright, 2020), 123.
24. Ibid, 207.
25. Ibid, 210.
26. Ibid.
27. “Names for Heat Waves,” *Northside Sun*, November 5, 2021. https://www.northsidesun.com/editorials-local-news-opinion/editorial-names-heatwaves
28. “Europe Swelters Under a Heat Wave Called ‘Lucifer.’” *New York Times*, August 6, 2017. https://www.nytimes.com/2017/08/06/world/europe/europe-heat-wave.html
29. Barbara Marshall. “European Heat Wave Called Lucifer: What Should We Call South Florida’s?” *Palm Beach Post*, August 8, 2017. https://www.palmbeachpost.com/story/lifestyle/2017/08/08/european-heat-wave-called-lucifer/6763660007/
30. Jason Samenow. “Heat Wave ‘Hugo?’ New Coalition Seeks to Name Hot Weather Like Hurricanes.” *Washington Post*, August 6, 2020.

https://www.washingtonpost.com/weather/2020/08/06/naming-heat-waves/

31. Letter to Baughman McLeod and members of Adrienne Arsht-Rockefeller Foundation Resilience Center, August17, 2020.
32. Laurence Kalkstein et al. "A New Spatial Synoptic Classification: Application To Air-Mass Analysis." *International Journal of Climatology* 16, no. 9 (1996), 983–1004. https://doi.org/10.1002/(SICI)1097-0088(199609)16:9<983:AID-JOC61>3.0.CO;2-N
33. Ashifa Kassam. "Seville to Name and Classify Heat Waves in Effort to Protect Public." *The Guardian*, June 26, 2022. https://www.theguardian.com/world/2022/jun/26/seville-name-classify-heatwaves-effort-to-protect-public
34. Marco Trujillo. "Spain Melts Under the Earliest Heat Wave in Over 40 Years." *Reuters*, June 14, 2022. https://www.reuters.com/world/europe/spain-melts-under-earliest-heat-wave-over-40-years-2022-06-13/
35. Ashifa Kassam. " 'They're Being Cooked': Baby Swifts Die Leaving Nests as Heatwave Hits Spain." *The Guardian*, June 16, 2022. https://www.theguardian.com/world/2022/jun/16/spain-heatwave-baby-swifts-die-leaving-nest
36. quoted in Ibid.
37. Ciara Nugent. "Zoe, the World's First Named Heat Wave, Arrives in Seville." *Time*, July 25, 2022. https://time.com/6200153/first-named-heat-wave-zoe-seville/
38. unpublished research shared with the author, October 2022.
39. Akshaya Jha and Andrea La Nauze. "US Embassy Air-Quality Tweets Led to Global Health Benefits." *Proceedings of the National Academy of Sciences 199*, no. 44 (2022), e2201092119. https://doi.org/10.1073/pnas.2201092119
40. WMO. "Considerations Regarding the Naming of Heat Waves." October 2022. https://library.wmo.int/index.php?lvl=notice_display&id=22190
41. Ashley R. Williams. "California Becomes First US State to Begin Ranking Extreme Heat Wave Events." *USA Today*, September 12, 2022. https://www.usatoday.com/story/news/nation/2022/09/12/california-becomes-first-state-start-ranking-extreme-heat-waves/8061975001/

13장

1. 2003년 폭염에 대한 상세 설명은 다음을 보라. Richard Keller's *Fatal Isolation: The Devastating Heat Wave of 2003* (Chicago: University of Chicago Press, 2015).
2. Keller. *Fatal Isolation*, 41.
3. Ibid.
4. "Report on Behalf of the Commission of Inquiry on the Health and Social Consequences of the Heat Weather." French National Assembly, No. 1455, Vol. 1. https://www.assemblee-nationale.fr/12/rap-enq/r1455-t1.asp#P201_9399
5. Keller. *Fatal Isolation*, 41.
6. Alexandra Schwartz. "Paris Reborn and Destroyed." *The New Yorker*, March 19, 2014. https://www.newyorker.com/culture/culture-desk/paris-reborn-and-destroyed

7. Jeff Goodell. "Will the Paris Climate Deal Save the World?" *Rolling Stone*, January 13, 2016. https://www.rollingstone.com/culture/culture-news/will-the-paris-climate-deal-save-the-world-56071/
8. Helene Chartier. "The Built Environment Industry has a Huge Responsibility in the Climate Crisis." *ArchDaily*, September 22, 2022. https://www.archdaily.com/989430/the-built-environment-industry-has-a-huge-responsibility-in-the-climate-crisis
9. Dana Rubenstein. "A Million More Trees for New York City: Leaders Want a Greener Canopy." *New York Times*, February 12, 2022. https://www.nytimes.com/2022/02/12/nyregion/trees-parks-nyc.html
10. Laura Millan Lombrana. "One of Europe's Hottest Cities Is Using 1,000-Year-Old Technology to Combat Climate Change." *Bloomberg News*, August 18, 2022. https://www.bloomberg.com/news/articles/2022-08-18/one-of-europe-s-hottest-cities-has-a-climate-change-battle-plan
11. Peter Yeung. "Africa's First Heat Officer Faces a Daunting Task." *Bloomberg News*, January 21, 2022. https://www.bloomberg.com/news/features/2022-01-21/how-africa-s-first-heat-officer-confronts-climate-change
12. Christina Capatides. "Los Angeles is Painting Some of its Streets White and the Reasons Why are Pretty Cool." *CBS News*, April 9, 2018. https://www.cbsnews.com/news/los-angeles-is-painting-some-of-its-streets-white-and-the-reasons-why-are-pretty-cool/
13. "Green Roofs are Sprouting in India." *Times of India* website video. April 26, 2018. 2022년 10월 접속. https://timesofindia.indiatimes.com/videos/city/chennai/green-roofs-are-sprouting-in-chennai/videoshow/63929209.cms?from=mdr
14. Franck Lirzin. *Paris face au changement climatique* (Paris: l'Aube, 2022).
15. Alistair Horne. *Seven Ages of Paris* (New York: Vintage Books, 2004), 259.
16. Ibid, 342.
17. Ibid, 363– 386.
18. Ibid, 363.
19. Henry W. Lawrence. *City Trees: A Historical Geography from the Renaissance through the Nineteenth Century* (Charlottesville: University of Virginia Press, 2006), 237.
20. Joan DeJean. *How Paris Became Paris: The Invention of the Modern City* (New York: Bloomsbury, 2014), 300.
21. Horne. *Seven Ages of Paris*, 374.
22. "Les Toits de Paris." Report from Atelier Parisian D'Urbanisme, October 2022, 14. 2022년 11월 접속. https://www.apur.org/sites/default/files/bd_toitures_paris.pdf
23. Ibid.
24. David Chazan. "Paris Wants its 'Unique' Rooftops to be Made UNESCO World Heritage Site." *The Telegraph*, January 28, 2015. https://www.telegraph.co.uk/news/worldnews/europe/france/11375145/Paris-wants-its-unique-rooftops-to-be-made-Unesco-world-heritage-site.html
25. 저자와의 사석 대화, 2022년 12월.
26. Nadia Razzhigaeva. "Are Cool Roofs the Future for Australian Cities?" UNSW Sydney news release, June 12, 2022. https://newsroom.unsw.edu.au/news/art-architecture-design/are-cool-

roofs-future-australian-cities
27. Goodell, *The Water Will Come*, 116–144.
28. Lauren Ro and Alissa Walker. "Paris's Plan to Ban Cars from the Seine Holds up in Court." *Curbed*, October 25, 2018. https://archive.curbed.com/2016/9/27/13080078/paris-bans-cars-seine-right-bank-air-pollution-mayor-anne-hidalgo
29. Madeline Schwartz. "Bike Lane to the Elysee." *New York Review*, March 24, 2022. https://www.nybooks.com/articles/2022/03/24/bike-lane-to-the-elysee-une-femme-francaise-hidalgo/
30. Kim Willsher. "Anne Hidalgo: 'Being Paris Mayor is Like Piloting a Catamaran in a Gale.' " *The Guardian*, March 3, 2020. https://www.theguardian.com/world/2020/mar/03/anne-hidalgo-paris-mayor-second-term-interview
31. Treepedia website. 2022년 10월 접속.
32. Anthony Cuthbertson. "Europe Heatwave: Paris Records its Hottest Temperature in History." *The Independent*, July 25, 2019. https://www.independent.co.uk/news/world/europe/paris-hottest-temperature-record-europe-heatwave-france-latest-a9019716.html
33. Vivian Song. "Admiring the Trees of Paris." *New York Times*, August 9, 2022. https://www.nytimes.com/2022/08/09/travel/paris-trees.html
34. Marcus Fairs. "Forestami Project Will See 'One Tree for Every Inhabitant' Planted in Milan." *Dazeen*, September 24, 2021. https://www.dezeen.com/2021/09/24/forestami-project-trees-planted-milan/
35. Elizabeth Pennisi. "Earth Home to 3 Trillion Trees, Half as Many as When Human Civilization Arose." *Science*, September 2, 2015. https://www.science.org/content/article/earth-home-3-trillion-trees-half-many-when-human-civilization-arose
36. Ibid.
37. Manuel Ausloos. "Heatwave in Paris Exposes City's Lack of Trees." *Reuters*, August 4, 2022. https://www.reuters.com/world/europe/heatwave-paris-exposes-citys-lack-trees-2022-08-04/
38. Katherine McNenney. "It Costs $4,351.12 to Plant One Tree in LA." City Watch, December 1, 2022. https://www.citywatchla.com/index.php/neighborhood-politics/26031-it-costs-4-351-12-to-plant-one-tree-in-la
39. "Tree and Shade Master Plan." City of Phoenix, 2010. 2022년 11월 접속. https://www.phoenix.gov/parkssite/Documents/PKS_Forestry/PKS_Forestry_Tree_and_Shade_Master_Plan.pdf
40. Nick Kampouris. "Athens' Unique Mulberry Trees on the Brink of Extinction Due to Insect Damage." *Greek Reporter*, February 11, 2020. https://greekreporter.com/2020/02/11/athens-unique-mulberry-trees-on-the-brink-of-extinction-due-to-insect-damage/
41. Patty Wetli. "The Ash Trees Last Stand, and Why It Matters." *WTTW News*, March 10, 2020. https://news.wttw.com/2020/03/04/ash-tree-last-stand-chicago-and-why-it-matters
42. Elizabeth Gamillo. "1.4 Million Trees May Fall to Invasive Insects by 2050." *Smithsonian*, March 17, 2022. https://www.smithsonianmag.com/smart-news/14-million-urban-trees-may-fall-to-invasive-insects-by-2050-180979752/
43. Rosie Ninesling. "The Year a Love-Sick Occultist Poisoned Austin's Treaty Oak." *Austin Monthly*, March 2022. https://www.austinmonthly.com/the-year-a-love-sick-occultist-poisoned-

austins-treaty-oak/
44. Macquarie University website. 2022년 11월 접속. https://www.whichplantwhere.com.au/
45. Zach Hope. "Amid the Mourning, New Life for one of Melbourne's Most-Loved Trees." *The Age*, June 27, 2020. https://www.theage.com.au/national/victoria/amid-the-mourning-new-life-for-one-of-melbourne-s-most-loved-trees-20200619-p5545i.html
46. "Texas Tree Death Toll from Drought Hits 5.6 Million, says Forest Service." *Houston Chronicle*, February 17, 2012. https://www.chron.com/neighborhood/champions-klein/news/article/Texas-tree-death-toll-from-drought-hits-5-6-9505128.php
47. Manuel Esperon-Rodriguez et al. "Climate Change Increases Global Risk to Urban Forests." *Nature Climate Change* 12 (2022), 950–955. https://doi.org/10.1038/s41558-022-01465-8
48. American Forests Tree Equity Score. American Forests website. 2022년 10월 접속. https://www.americanforests.org/tools-research-reports-and-guides/tree-equity-score/
49. Colin Marshall. "Story of Cities #50: The Reclaimed Stream Bringing Life to the Heart of Seoul." *The Guardian*, May 25, 2016. https://www.theguardian.com/cities/2016/may/25/story-cities-reclaimed-stream-heart-seoul-cheonggyecheon
50. Brian Barth. "Curitiba: the Greenest city on Earth." *The Ecologist*, March 15, 2004. https://theecologist.org/2014/mar/15/curitiba-greenest-city-earth
51. 저자와의 사석 대화, 2022년 7월.
52. Jared Green. "Earth Day Interview with Richard Weller: A Hopeful Vision for Global Conservation." *The Dirt*, April 18, 2022. https://dirt.asla.org/2022/04/18/earth-day-interview-with-richard-weller-a-bold-vision-for-global-conservation/
53. Champs-Elysees Committee. "The Champs-Elysees History & Perspectives." Exhibition at Pavillon de l'Arsenal, February 14 to September 13, 2020. https://www.pavillon-arsenal.com/fr/expositions/11463-champs-elysees.html
54. Kim Willsher. "Paris Agrees to Turn Champs — Elysees into 'Extraordinary Garden.' " The *Guardian*, January 10, 2021. https://www.theguardian.com/world/2021/jan/10/paris-approves-plan-to-turn-champs-elysees-into-extraordinary-gardenanne-hidalgo
55. Nadja Sayej. "Paris's Champs-Elysees Is Getting a Major Makeover — But What Does That Mean for the Locals?" *Architectural Digest*, January 29, 2021. https://www.architecturaldigest.com/story/pariss-champs-elysees-getting-major-makeover-what-does-that-mean-locals
56. Tom Ravenscroft. "Anne Lacaton and Jean-Philippe Vassal Win Pritzker Architecture Prize 2021." *Dazeen*, March 16, 2021. https://www.dezeen.com/2021/03/16/anne-lacaton-jean-philippe-vassal-pritzker-architecture-prize-2021/
57. Shefali Anand. "With Grand Paris Express, Paris Hopes to Expand Its Borders — And Metropolitan Might." *Wall Street Journal*, July 2, 2018. https://www.wsj.com/articles/with-grand-paris-express-paris-hopes-to-expand-its-borders-and-metropolitan-might-1530553113
58. Emeline Cazi and Audrey Garric. "How Paris is preparing for life 'at 50°C.'" *Le Monde*, July 17, 2022. https://www.lemonde.fr/en/environment/article/2022/07/17/how-paris-is-preparing-for-life-under-50-c_5990462_114.html

14장

1. Roni Dengler. "Ancient Mosses Suggest Canada's Baffin Island is the Hottest It's Been in 45,000 Years." *Science News*, October 30, 2017. https://www.science.org/content/article/ancient-mosses-suggest-canada-s-baffin-island-hottest-it-s-been-45000-years
2. Ashifa Kassam. " 'Soul-crushing' Video of Starving Polar Bear Exposes Climate Crisis, Experts Say." *The Guardian*, December 8, 2017. https://www.theguardian.com/environment/2017/dec/08/starving-polar-bear-arctic-climate-change-video
3. Matt Stevens. "Video of Starving Polar Bear 'Rips Your Heart Out of Your Chest.' " *New York Times*, December 11. 2017. https://www.nytimes.com/2017/12/11/world/canada/starvingpolar-bear.html
4. quoted in Katharine Hayhoe. "Yeah, the Weather Has Been Weird." *Foreign Policy*, May 31, 2017. https://foreignpolicy.com/2017/05/31/everyone-believes-in-global-warming-they-just-dont-realize-it/
5. Katheryn Schultz. "Literature's Arctic Obsession." *The New Yorker*, April 17, 2017. https://www.newyorker.com/magazine/2017/04/24/literatures-arctic-obsession
6. Ibid.
7. Ibid.
8. Herman Melville. *Moby Dick: or, the Whale* (Berkeley: University of California Press, 1983), 196.
9. Ibid, 197.
10. Wally Herbert and Roy M. Koerner. "The First Surface Crossing of the Arctic Ocean." *Geographical Journal* 136, no. 4(1970), 511–533. https://doi.org/10.2307/1796181
11. EPA "Importance of Methane." Global Methane Initiative website. 2022년 10월 접속. https://www.epa.gov/gmi/importance-methane
12. Jeff Goodell. "Can Geoengineering Save the World?" *Rolling Stone*, October 4, 2011. https://www.rollingstone.com/politics/politics-news/can-geoengineering-save-the-world-238326/
13. NASA. "2018's Biggest Volcanic Eruption of Sulfur Dioxide." NASA website. 2022년 10월 접속. https://www.nasa.gov/feature/goddard/2019/2018-s-biggest-volcanic-eruption-of-sulfur-dioxide
14. David Wallace-Wells. "Air Pollution Kills Ten Million People a Year. Why Do We Accept That As Normal?" *New York Times*, July 8, 2022. https://www.nytimes.com/2022/07/08/opinion/environment/air-pollution-deaths-climate-change.html
15. David Keith, "What's the Least Bad Way to Cool the Planet?" *New York Times*, October 1, 2022. https://www.nytimes.com/2021/10/01/opinion/climate-change-geoengineering.html
16. International Energy Agency. "Global CO_2 Emissions Rebounded to Their Highest Level in History in 2021." IEA press release, March 8, 2022. https://www.iea.org/news/global-co2-emissions-rebounded-to-their-highest-level-in-history-in-2021
17. 저자와의 사석 대화, 2021년 7월.
18. Doug Peacock. *Grizzly Years: In Search of the American Wilderness* (New York: Holt Paperbacks, 1996), 139.

에필로그

1. Joseph D. Ortiz and Jackson Roland. "Understanding Eunice Foote's 1856 experiments: Heat Absorption by Atmospheric Gases." *Royal Society Journal of the History of Science Notes and Records* 76 (2020), 67– 84. http://doi.org/10.1098/rsnr.2020.0031
2. Svante Arrhenius. "On the Influence of Carbonic Acid in the Air upon the Temperature of the Ground." *Philosophical Magazine and Journal of Science* 5, no. 41 (1896), 237–276. https://www.rsc.org/images/Arrhenius1896_tcm18-173546.pdf
3. Dana Nuccitelli. "Scientists Warned the US President About Global Warming 50 Years Ago Today." *The Guardian*, November 15, 2015. https://www.theguardian.com/environment/climate-consensus-97-percent/2015/nov/05/scientists-warned-the-president-about-global-warming-50-years-ago-today
4. Neela Banerjee, Lisa Song, and David Hasemyer. "Exxon's Own Research Confirmed Fossil Fuels' Role in Global Warming Decades Ago." *Inside Climate News*, September 16, 2015. https://insideclimatenews.org/news/16092015/exxons-own-research-confirmed-fossil-fuels-role-in-global-warming/
5. David Wallace-Wells. "Beyond Catastrophe A New Climate Reality is Coming into View." *New York Times Magazine*, October 26, 2022. https://www.nytimes.com/interactive/2022/10/26/magazine/climate-change-warming-world.html
6. Holly Yan and Christina Maxouris. "The US Just Topped 1,100 Coronavirus Deaths a Day. One State is Getting National Guard Help, and Others Keep Breaking Records." *CNN*, October 22, 2020. https://www.cnn.com/2020/10/22/health/us-coronavirus-thursday/index.html
7. "Newly Released Estimates Show Traffic Fatalities Reached a 16-Year High in 2021." National Highway Traffic Safety Administration press release, May 17, 2022. https://www.nhtsa.gov/press-releases/early-estimate-2021-traffic-fatalities
8. Brink Lindsey. "What is the Permanent Problem?" Brink Lindsey website. September 28, 2022. https://brinklindsey.substack.com/p/what-is-the-permanent-problem
9. James Hansen. *Storms of My Grandchildren: The Truth About the Coming Climate Catastrophe and Our Last Chance to Save Humanity* (New York: Bloomsbury, 2009), 175.
10. Elizabeth Kolbert. *The Sixth Extinction: An Unnatural History* (New York: Henry Holt, 2014), 268–269.
11. The Jane Goodall Hopecast. "Dr. Ayana Elizabeth Johnson: Hope is Courage and Taking Action Together." May 31, 2021.

옮긴이 **왕수민**

서강대학교에서 철학과 역사를 전공했다. 전문번역가로 활동하며 주로 인문 분야의 책들을 우리말로 옮겼다. 『바른 마음』, 『나쁜 교육』, 『클라이브 폰팅의 세계사』, 『조너선 하이트의 바른 행복』, 『유럽: 하나의 역사』, 『문명이야기 1, 4』(공역), 『더 타임스 세계사』(공역) 등을 옮겼다.

폭염 살인

초판 1쇄 발행 2024년 6월 3일
초판 9쇄 발행 2024년 11월 18일

지은이 제프 구델
옮긴이 왕수민

발행인 이봉주 **단행본사업본부장** 신동해
편집장 김예원 **책임편집** 정다이 **편집** 조승현
디자인 studio forb **교정교열** 윤정숙
마케팅 최혜진 이인국 **홍보** 허지호
국제업무 김은정 김지민 **제작** 정석훈

브랜드 웅진지식하우스
주소 경기도 파주시 회동길 20
문의전화 031-956-7362(편집) 031-956-7089(마케팅)

홈페이지 www.wjbooks.co.kr
인스타그램 www.instagram.com/woongjin_readers
페이스북 www.facebook.com/woongjinreaders
블로그 post.naver.com/wj_booking

발행처 (주)웅진씽크빅
출판신고 1980년 3월 29일 제 406-2007-000046호

ISBN 978-89-01-28347-0 03300